CHINA'S ECONOMY SINCE 1978

改革开放以来的
中国经济

1978 — 2018

厉以宁 著

中国大百科全书出版社

图书在版编目（CIP）数据

改革开放以来的中国经济：1978—2018/厉以宁著．—北京：中国大百科全书出版社，2018.5

ISBN 978-7-5202-0277-0

Ⅰ.①改… Ⅱ.①厉… Ⅲ.①中国经济—经济发展—研究—1978-2018 Ⅳ.①F124

中国版本图书馆CIP数据核字（2018）第088256号

策 划 人	郭银星
责任编辑	程广媛
封面设计	今亮后声 HOPESOUND pankouyugu@163.com
版式设计	程 然
责任印制	魏 婷
出版发行	中国大百科全书出版社
地 址	北京市阜成门北大街17号 **邮政编码** 100037
电 话	010-88390093
网 址	http://www.ecph.com.cn
印 刷	三河市华成印务有限公司
开 本	787毫米×1092毫米 1/16
印 张	31.75
字 数	464千字
印 次	2018年5月第1版 2020年3月第6次印刷
书 号	ISBN 978-7-5202-0277-0
定 价	88.00元

代 序

摆脱路径依赖，在新思路指导下前进

一、为什么会留恋旧的发展方式

第二次世界大战结束以后，亚洲、非洲一些独立的国家想早日摆脱贫困状态，于是听从了某些发展经济学家的意见，致力于引进外资，结果，虽然经济增长率高了，人均 GDP 增大了，但没有改变原来的体制，依然处于贫困之中。

这些发展中国家的困难，逐渐被一些经济学家从新的角度做了批评解释，都认为发展中国家只顾发展，只顾引进外资，盲目发展，盲目开放投资，盲目输出资源而不改体制，这是有害的，就会使他们陷入低收入陷阱。中等收入也能达到，但同样会陷入中等收入陷阱。这样就产生了一个新的名词，叫路径依赖。路径依赖是什么意思？就是说，走老路是最保险、最安全的，因为前人是这么做的，后人跟着他们的脚步走，这样的话不承担责任，同时也就回避了走新路可能遭遇的风险。在这种情况下，于是很多国家虽然感到现在的旧发展方式有问题、有矛盾，但还是坚持它的路径依赖。

留恋旧的方式渐渐成为一种惯例，即使某些发展中国家能够从低收入陷阱走出来，进到了中等收入陷阱，但到了中等收入阶段怎么办？还跟过去旧方式一样，结果就陷入了旧的陷阱。这种情况也有例外，希腊就是一个例外。希腊在20世纪转到21世纪的阶段中，人均收入或者人均GDP的收入都超过了过去，超过了人均GDP 1.2万美元。1.2万美元被认为是条杠杠，超过以后，联合国、世界银行就纷纷祝贺，你超过了中等收入。但又怎么样？制度不改，金融风暴一来，它受到波及，马上又下去了，又回到了中等收入陷阱阶段。所以，从低收入陷阱和中等收入陷阱就可以看出，走老路并不一定是没有风险的，而且风险绝不比改成新模式的风险小。

二、新旧发展模式更替如何成为革命

这是全世界很多经济学家在讨论的问题。对中国来说，旧发展方式的影响是深远的，旧发展模式持续了多年，在社会上有许多人信它。严格来说，在中国，只有中共十八大以后，中共中央才把新旧模式更替作一场革命，是发展方式的革命。尽管在强调开展供给侧结构性改革的时候，一再提到新发展方式对旧发展方式要替代，但路径依赖的影响不可轻视。不少人认为按中国的国情还是慢为好，慢慢地改，新发展方式还在推。这是一个大问题，就是说，传统发展模式是不会自动退出的，要挤它，这样才能找到新发展方式。路径依赖在思想上成为一个障碍，这个障碍是什么？就是说，既然要改，那就慢慢改，所以说它没有一种急迫性，并且还认为这种发展方式的改变，实际上是跟资源配置的改变结合在一起的。

所以，我们可以得出这样一个结论，先要分清楚什么叫旧发展方式，什么叫新发展方式。旧的发展方式就是走老路，跟着走，责任前人负了，这里没有新东西，反而可以避免创新的风险。这就是旧方式。新方式呢？就一定要通过重要的改革，通过一些革命性的改革才能做到。最重要的是改革什么？比如说让企业成为市场主体，这就是一种改革，改革以后，就能够使企业真正地自己经营、自负盈亏。还有，通过新发展方式改革重在科技创新。科技创新能提供新产品、新产能、新功能等，这个是重要的。你不搞这个，旧的怎么被替代，新的怎么把旧的赶走？

根据以上所说的，我们可以看得很清楚，在中国，市场一定是要摆在重要位置，是决定资源配置的主要方式。但经济中还有一些例外，比如说公益性部门，比如说跟国家安全有关的部门，还有特别重要的新科技的研究单位。这种情况之下，虽然要利用市场调节，但政府也应该发挥规划、引领、支柱的作用。那就是说，一般情况下，怎么样把经济转型呢？就是市场来调节，不改就被淘汰了。但是特殊的行业、非营利性行业、纯粹公益性行业就采取另外的方式，政府发挥引领的作用、扶持的作用，等等。

三、改革是不能拖的

这个问题为什么现在这么急？改革是不能拖的，不能长期在这里较量，是旧生产模式好，还是新的生产模式好。经济在前进，企业有同行，国外有同行，国内也有同行，你不改就被淘汰了，不改就竞争不过别人了。

再走以前的道路，路径依赖的道路，最后只能延迟经济的转变。这个转变是什么？我们可以简单地说，旧的会转新的。旧的是重数量、重速度，新的是重质量、重效果。企业是相互观看的，所以说不是不变，它没有感到压力不会变，压力在前面了，你不变你就被淘汰，就是这种情况。置之死地而后生，应该有这样一种想法，但我们现在却不是这样。

我们现在怎么样？认为转变是可以的，得慢慢来，别那么着急。

为什么？一转变快了，失业问题怎么解决？一转变快了，东西稀缺，引起物价的上升吗？你这样做，新产品的销路何在？你在没有初始把握之前，你的创新是不是会带来更大的风险？有各种各样的争论，这些争论靠什么？靠深入学习十九大理论。十九大理论上讲得很清楚，我们重在发展理念的转变。发展理念转变了，你才能够前进，发展理念不转变，仍然是修修补补的方式，甚至盲目认为现在路线已经都通了，不能再大干快上，这对长期的转变、转型来说是不够的。所以这里应该提出这个问题。

世界上很多国家走过的高速发展都是暂时的、不能维持的，因为经济学家都知道高速度不是常态。中高速增长对某些国家来说，走过了也不是常态，还在变，还在往下走。因为经济在发展，所以说在中国目前的情况下，不要再留恋高速度，中高速度就够了。中高速度以后怎么样？看情况。我们把中高速度作为常态，能够持久。至于说去库存、补短板、降成本等，要不要做？还需要做。因为你有这些需要来补的短板，需要继续前进的机会的话，你不利用，别的企业就用了。每一个企业家都应该这样的，并不是我用不用的问题，而是我的工人能不能继续在这里就业的问题，我的市场是不是被别人夺走的问题。对我们来说，中高速增长是维持经济常态的一个必要。

就中国来说，怎样保证今后的发展能够继续下去？首要就是在今后的日程中，我们应该注意到企业的对手也是企业。当别的企业试验成功了，有新产品、新产能的时候，逼着你改，你不改他兼并你，你就垮了。这个不是坏事，真正的经济发展方式的转变，是在竞争中出现的，是在有所为、有所不为，放弃一些东西，才能够坚持下去的。这一点企业应该看得很清楚。企业应该看到，转型阶段正是为未来人力资本做准备的阶段，这样一旦铺开了是快的。我们认识到这一点就行了。

改革是不可能止步的，你按旧方法就待在这里了，迟早要被淘汰。那就不如出来拼，出来改。所以现在是叫二次创业，对民营企业来说特别重要，民营企业今天正面临着二次创业的阶段，如果没有二次创业怎么来应付下一阶段的竞争。人才的培育，也应该朝这个方向走。人才大大不够，培训以后更多的人是在新的工作岗位上把技术提高了，知识提高了。不要害怕，这就行了。不能再去依赖过去的路径，我们只有通过竞争自己、改造自己、创新路子，中国企业才有更美好的前途。

（原载《中国经贸导刊》2018 年第 4 期）

目　录

技术教育和资本主义工业化

——西欧和美国技术力量形成问题研究

任何国家要实现工业化，都必须具备相应的技术力量，包括一定数量和质量的科学研究人员、工程技术人员和熟练工人。但任何国家在开始进行工业化时，本国现有的技术力量总是不足的。工业化的需要和现有技术力量不足之间存在着尖锐的矛盾。西方一些资本主义国家在工业化过程中，曾经采取哪些措施来促进技术力量的形成？它们的经验和教训对我们有哪些借鉴作用？这就是本文所要考察的主题。

一

资本主义工业化开始于十八世纪末到十九世纪初的英国。资本主义工业化的第一阶段通常称做产业革命，即由工场手工业转变为机器大工业的过程。“大工业的起点是劳动资料的革命，而经过变革的劳动资料，在工厂的有组织的机器体系中获得了最发达的形式。”[①] 大工业所使用的新劳动资料是怎样制造出来的？“经过变革的劳动资料”又是如何

---

① 马克思：《资本论》第1卷，人民出版社1975年版，第432—433页。

与劳动者相结合的？对于第一个进行产业革命的国家来说，这些问题尤其值得注意，因为在它的资本主义工业化开始时，社会上还不存在足够数量的技术人员和掌握了先进技术的熟练工人。

中世纪西欧传统的手工业技术为十八世纪英国的产业革命提供了必要的物质准备和人力准备。钟表制造业作坊是为未来培养优秀机械工匠的最好的场所，因为钟表匠的手工技艺是高超的，能较熟练地使用当时各种先进的机械，他们的制品达到较高的精密度。英国的制磨匠也是优秀的。据记载，即使是普通的制磨匠也具有一定的数学知识，懂得水平测量和度量法，能够计算速度和强度，能画平面图等。[①] 这些钟表匠和制磨匠是产业革命时期英国第一代技术力量的重要组成部分，他们不但成为若干种新产品和新设备的设计者和制造者，而且某些人还改行成为新设备的操作者。

但钟表匠、制磨匠以及其他有较高手工技艺的手工业者（如唧筒制造匠、马车制造匠、装配匠、铁器制造匠等）的人数毕竟是有限的，在数量上不能满足英国资本主义工业发展的需要。特别是各种机械的技术要求不同：纺纱机、织布机和某些工具机械的制造相对来说比较简易，而像蒸汽机这样的机械，则要求有更高的技术来制造。当詹姆士·瓦特领到了特许状，准备制造自己设计的蒸汽机时，英国著名的工程学家约翰·斯米顿就曾预言，瓦特的机器是无法制造出来的，因为它要求的精确度很高。[②] 瓦特为了制造成可供商业应用的蒸汽机，到处寻找熟练的技术工人，但由于很难找到合适的工人，以致汽缸铸得不好，活塞漏气，无法操作。瓦特先后共花费了二十年时间来使自己的设计在生产上得到应用。不仅蒸汽机的制造是这种情况，英国产业革命时期炼铁工业的发展也深感技术工人的不足。英国的一些铁厂主往往不惜耗费巨资，到全国各地去招募技术工人，甚至远到比利时去聘请。

---

① 《剑桥欧洲经济史》第6卷，第1册，第296页。

② 《剑桥欧洲经济史》第6卷，第1册，第333页。

由于英国是最早进行产业革命的国家，它的技术力量的形成显然具有历史的特点。英国技术力量的形成是一个比较缓慢的过程：从熟练地运用手工工具进行生产到掌握先进的机器生产和制造技术，从依靠钟表匠、制磨匠到培养出能进行专门的机器生产机械工匠和“工程师”，大约用了两代人的时间。①

英国技术力量形成过程中的另一个历史特点是：学校教育在这一过程中所起的作用是比较有限的。技术人员的成长主要依靠个人的摸索和自身经验的积累，熟练工人的培养主要依靠个人之间技能和知识的传授。这一特点也取决于当时英国所处的特殊经济地位。

马克思指出：“在以前的生产阶段上，范围有限的知识和经验是同劳动本身直接联系在一起的，并没有发展成为同劳动相分离的独立的力量，因而整个说来从未超出制作方法的积累的范围，这种积累是一代代加以充实的，并且是很缓慢地、一点一点地扩大的。（凭经验掌握每一种手艺的秘密）。”② 第一个进行产业革命的英国，在技术力量的形成方面还不可能摆脱中世纪手工业方式的严重影响。通过学校教育特别是高等教育来培养技术力量的做法，不受人们重视。十八世纪六十年代，当英国开始产业革命，迫切需要高等学校培养技术人员之时，英国没有一所适应这种需要的高等技术院校。直到过了将近一百年，即到了十九世纪中期，伯明翰、曼彻斯特、伦敦、利物浦等城市的市立大学才担负了培养技术人员的使命。1851 和 1864 年，才建立两所专业性的高等技术学院——皇家矿业学院和皇家造船工程学院。

在迫切需要熟练工人的产业革命时期，对熟练工人的培养在英国同样不受重视。产业革命初期，除了在曼彻斯特的一些乡村地区有些私立补习学校传授数学和商业知识之外，中等技术学校之类的机构较晚才受到关切。资产阶级普遍感到，工人最好保持无知状态，以免桀骜不驯。

① 《剑桥欧洲经济史》第 6 卷，第 1 册，第 334 页。

② 马克思：《机器。自然力和科学的应用》，人民出版社 1978 年版，第 206—207 页。

资产阶级对工人受学校教育的任何计划都抱着怀疑和抵制的态度。[1]工业在发展，机器在推广使用，熟练工人人数不足，这是事实。但工厂主们把学徒当作廉价的劳动力。因此宁肯多招学徒，也不要技工学校。产业革命开始六十年之后，即1823年，伦敦和格拉斯哥这样一些大工业城市才开办正式的技工学校，以后各城市也相继创设。直到1851年，英国政府才准许建立工业夜校。但这时距离产业革命的开始已经九十年了。

为什么英国长时期内一直采取师徒之间个人传授技艺的手工业方式来培养本国的技术力量？英国是最早进行产业革命的国家。在实现资本主义工业化的道路上，它无法借鉴其他国家的发展资本主义大工业的经验，这是可以理解的。当时社会上不存在一支熟悉机器生产的技术队伍，从而英国不得不依靠中世纪手工业的传统技术和传统学艺方式，这也是不可避免的。但应当着重指出的是，英国的资本主义工业化是在“人皆落后，唯我先进”的环境中开始的。英国丝毫不曾感到“速度问题”的压力，也丝毫不曾觉察到“增长率”的重要性和迫切性。竞争对手还不曾出现。加速培养技术力量的必要性究竟在哪里？既然廉价的学徒制至此仍能保证英国资产阶级获得高额利润，为什么要花钱开办技术学校来造就一批虽然文化程度较高、知识较多、成长较快，但可能不那么“听话”的技术工人呢？这就是当时英国资产阶级的想法。

二

西欧大陆各国和美国的资本主义工业化晚于英国三四十年甚至更长一些时间。当它们从工场手工业转向机器大生产时，英国已先后建立了当时先进的纺织、机械制造、运输等部门。面临着英国已经建立的工业优势，这些较晚进行产业革命的西方资本主义国家几乎无例外地采取

① 费尔恰尔德：《劳工和产业革命》，伦敦，1923年，第131页。

了以下两种做法，一是借用英国的技术力量，二是重视学校教育，培养本国技术力量。

在1825年英国解除技工移居国外的禁令以前，其他国家就一再以高工资来吸引英国技工，鼓励英国技工偷越国境。据统计，1825年时，西欧大陆上的英国技工至少有两千人，可能还要超过这个数字。[①]禁令解除后，各国更是大量招聘英国技工。英国技工移入西欧大陆，以十九世纪四十年代以前为第一个浪潮，这时他们主要在纺织工业、机器制造业中工作，十九世纪四十年代以后为第二个浪潮，他们主要在铁路、运河、桥梁建筑工地工作。[②]某些有特殊技能的英国工人格外受到外国资本家的欢迎。例如，在美国，约翰·菲奇为了制造蒸汽机，就设法雇用曾替瓦特工作过的英国技工。又如，塞缪尔·斯莱特从英国来到美国后，由于他能凭记忆照样造出一架在英国先进的阿克赖特纺纱机，而且还有所改进，因此大受美国人的欢迎。在十九世纪前半期的法国，炼铁厂、机器制造厂、棉纺织厂中都雇用英国技工。有的工厂一家就雇了好几百名英国人，从管理人员、技术专家、工头直到普通工人。荷兰、比利时和德国也大量雇用英国技术专家和技工。西欧大陆上最初建造的一条铁路，从设计到铺轨都依靠英国的技术力量。甚至在铁路建成以后，西欧各国仍聘请英国专家和技工担任经营管理和机车维修工作。英国技术人员在西欧大陆各国资本主义工业化初期的作用是不可低估的。他们的最大作用并不在于他们本身所干的技术工作，而在于他们对先进技术的推广和传授。[③]

在美国资本主义工业化过程中，对国外技术力量的依靠也十分重要。据统计，从1820年到1859年，共有105万名技术工人和11,200

---

① 《剑桥欧洲经济史》第6卷，第1册，第377页。

② 《剑桥欧洲经济史》第6卷，第1册，第379页。

③ 《剑桥欧洲经济史》第6卷，第1册，第378页。

名专业人员移入美国。[①] 如果没有这样多的技术人员入境，即使美国从国外输入了先进机器设备或自己制造出先进机器设备，也很难使它们发挥效力。

较晚进行产业革命的西方资本主义各国在工业化过程中，虽然在较大程度上依靠过英国的技术力量，但普遍感到这种依赖不可能是长久的。对美国来说，情况比较特殊，因为入境的技术工人和专业人员随即成为美国本国技术力量的一部分。而对西欧大陆各国来说，招聘来的英国技术人员和熟练工人毕竟是外国人。他们工资高，不那么服从，而且不安心在西欧大陆工作，思乡心切。[②] 同时，随着这些国家的资本主义经济的发展，对技术人员和熟练工人的需求量越来越大，单靠外国的技术力量不能满足这一要求。当然，在这些国家也存在着学徒制，但这些国家并不像英国那样强调依靠学徒制，主要通过学校教育来培养本国技术力量，较早成为这些国家在资本主义工业化过程中技术力量形成的重要途径。

德国和美国是这些国家中两个最突出的例子。德国人感到自己在工业发展方面比英国晚了整整五十年，如果重复英国人用过的老办法，那是永远不会赶上英国的，所以德国要走发展技术教育和创办高等技术院校的道路。[③] 德国从十九世纪初期起，就实行初等教育的义务教育制。学龄儿童入学率不断提高，在普鲁士，学龄儿童入学率在 1816 年为 43%，1846 年为 68%，六十年代达到了 97.5%。[④] 德国的中等教育和技术教育都驰名全欧。德国的学校不仅强调应用科学教学，而且强调基础理论训练。德国各地开办了许多工艺学校和职业学校。特别是德国对于工厂中的青年工人和学徒的技术教育十分重视。业余技术夜校和星期

① 诺尔斯：《工业化初期美国的资本形成：问题的重新考察》，载福格尔和恩格尔曼编：《美国经济史的重新解释》，1971 年，纽约，第 279 页。《美国历史统计：1789—1945》，华盛顿，1949 年，第 34 页。

② 《剑桥欧洲经济史》第 6 卷，第 1 册，第 294 页。

③ 威尔本：《英国的工业扩张》，载《劳埃德银行评论》1972 年 10 月，第 44 页。

④ 《剑桥欧洲经济史》第 6 卷，第 1 册，第 569 页。

日学校相当普遍。德国规定，工厂厂主应对本厂青年工人和学徒的业余技术教育负责，进入夜校学习和星期日学校学习往往是强迫性的。在厂方与学徒订立的合同中，就有学徒接受业余教育的规定，双方都应遵守。德国的高等学校也非常着重自然科学理论和应用科学研究人员的培养。据当时的调查和比较研究，德国在国民的读、写、计算能力方面，工人的技巧方面，工程师的科学原理和应用训练相结合方面，高水平的科学研究方面都居于欧洲各国的首位，而英国在所有这四个方面，也许除了第二项（工人的技巧）以外，都远远落后。① 以教育经费而言，德国居于欧洲第一位。据统计，1880 年的教育费用为 6,900 万美元，占国民生产总值的 1.6%，1900 年教育费用为 15,000 万美元，占国民生产总值的 1.9%。② 这样的增长速度和在国民生产总值中的比重，只有美国才能与德国相比。

美国也是早就着重通过学校教育来培养技术力量的。早在 1773 年，在马萨诸塞州的萨勒姆就有私人开办的一些技术学校，培养当时急需的海员。以后，这一类学校不断增加。到 1890 年，165 个城镇中共有夜校 808 所，学生达 150,770 人。③1825 年，美国成立第一所高等技术学院，即纽约特洛伊的伦塞莱尔工艺学院。六十年代以后，高等技术院校发展很快，到 1904 年，已经有 147 所高等技术院校。其中，有 36 所是国家和州政府支持或部分支持的，有 102 所是与大学相联系的。④ 这种情况与英国恰好成为鲜明的对比。

较晚进行产业革命的德国和美国在培养本国技术力量方面不重复英国走过的老路，也就是说，主要依靠学校教育和在工业化初期依靠国外技术力量来传授先进技术，这是它们在经济上赶上和超过英国的原因之一。

---

① 《剑桥欧洲经济史》第 6 卷，第 1 册，第 567 页。

② 费希洛:《十九世纪美国教育投资水平》，载《美国经济史的重新解释》，1971 年，纽约，第 271 页。

③ 德克斯特:《美国教育史》，1904 年，纽约，第 543 页。

④ 德克斯特:《美国教育史》，1904 年，纽约，第 344 页。

三

在美国和德国的技术力量不断壮大的同时，坚持以传统方式来培养本国技术人员和熟练工人的英国越来越显得落后。这一点在十九世纪末和二十世纪初充分表现出来。

以英国造船业为例，英国在二百年的时间内保持了海上霸主的地位，它的造船技术是无与伦比的。十九世纪后期起，虽然英国在冶金、机械制造、化学、电力等重要工业部门中相继被美国和德国所赶上，但在造船工业中英国仍遥遥领先。例如，1900年以后，当德国的克虏伯公司为了设法得到日本的订货，曾强调它的制造军舰的能力与英国设计的最好式样的军舰一样。① 同一时期，美国政府曾打算邀请英国造船业最大企业维克斯公司或阿姆特朗公司在美国建立现代化的船坞和海军兵工厂，以帮助美国发展军舰制造业。② 可是英国究竟能把这种优势保持多久呢？就在十九世纪末，也就是在英国造船业仍然处于世界最先进地位的时候，了解内情的人就察觉到，英国造船业由于技术力量不足，看来已好景不长了。要知道，直到此时为止，英国造船业仍按传统的方式培训技术队伍，忽视正规的和业余的技术教育。英国资产阶级继续把学徒看做最廉价的劳动力，在造船厂中大量使用学徒。在海军部各工厂，机械工实行的是七年学徒制。一般私营造船厂中，学徒也要五年出师。五年内，第一年在翻砂场干些生火、拖地等杂活，接着两年在木工方面受些不规则的训练，一年或两年在装配场干些金属活，如果学徒运气好，可能由此进入制图室，在这里再从头学起。学徒期满，他没有什么

---

① 特列比尔科克：《英国的军火工业和欧洲的工业化》，载《经济史评论》1973年5月，第256页。

② 特列比尔科克：《英国的军火工业和欧洲的工业化》，载《经济史评论》1973年5月，第257页。

理论上的知识，并且忘掉了在开始当学徒前学过的一切。[①] 而且大部分学徒是订好合同的，不能中途离厂。然而这段时期，造船技术发展很快，学徒出身的造船工人适应不了技术发展的需要。有些工厂也办了技术夜校，以便提高学徒和青年工人的技术水平。但由于造船厂工作时间长（上午 6 时到下午 5 时），又常有超时作业，业余技校的效果很小。造船业的正规技术教育也与业余技术教育一样不受重视。虽然 1864 年就创办了皇家造船工程学院（1873 年它并入皇家海军学院），但皇家造船工程学院和皇家海军学院的造船班毕业生，在 1865 年到 1904 年四十年间一共只有 166 名。[②] 另一个培养高级造船技术人才的正规学校是格拉斯哥大学。它的造船班在二十世纪初每年大约有 40 人登记入学。但由于当时规定入学的学生需有五年学徒工龄，而他们在当学徒期间无法作适当准备，结果平均每年只有两人完成自己的学位要求。对比之下，当时德国在夏洛登堡和但泽的全日制造船班则有 280 名学生，美国在康奈尔大学、麻省理工学院、密歇根大学和韦伯学院的全日制造船班有 100 多名学生，人数都比英国多。[③] 特别应当注意的是，当时德国规定高等技术院校入学的学生在入学前只要有一年实际经验，美国则不要求入大学前有实际经验。这样，英国过长的学徒制和入学前五年学徒工龄的规定，不仅限制了入学的人数，不必要地增大了在校学生的年龄，而且中断了学习的连贯性，使学生在接受高等技术教育时基础较差，因为过去学过的东西已经遗忘了。[④]

为什么英国直到这时仍然不重视技术教育，而坚持通过学徒制来

---

① 保罗·罗伯逊:《英国造船和船用引擎工业中的技术教育，1863—1914》，载《经济史评论》1974 年 5 月，第 225 页。

② 保罗·罗伯逊:《英国造船和船用引擎工业中的技术教育，1863—1914》，载《经济史评论》1974 年 5 月，第 232 页。

③ 保罗·罗伯逊:《英国造船和船用引擎工业中的技术教育，1863—1914》，载《经济史评论》1974 年 5 月，第 231—232 页。

④ 保罗·罗伯逊:《英国造船和船用引擎工业中的技术教育，1863—1914》，载《经济史评论》1974 年 5 月，第 225、232 页。

培养技术人员？除了英国资产阶级把学徒看成是廉价的劳动力而外，另一个重要原因是：英国资产阶级始终把学校教育看成是对自己弊多利少的事情。以造船业来说，英国造船业资本家认为，开办技术学校将训练出有能力的技术人才，但这些人才不一定有利于英国（因为他们可能为英国的竞争对手服务），也不一定有利于本公司（因为他们可以被其他公司雇用）。他们认为，只要通过学徒制而培养出来的造船工人能够操纵当时使用的各种机器设备，只要造船工人凭自己的手艺和经验能够制造出当时仍备受国外称赞的各种船舶，这就够了。造船工业的科学研究、设计和生产中的创新和变革，以及它们与技术教育的关系，则是很少被认真考虑的。

轻视技术教育在英国工业发展中的作用，短期内可能看不出其严重后果，但在较长时期内，所造成的损失是难以估计的。这正是教育与物质生产部门的区别之一。工农业生产如果遭到破坏，后果十分显著，而且很快就被觉察到。而教育受到忽视，暂时觉察不到其严重影响，但等到发现这一点时，往往已经带来较大的危害。并且，要弥补这种损失也困难得多，因为教育的周期较长。以英国造船工业来说，二十世纪初期，十八九岁的学徒成为两次世界大战期间造船厂的骨干力量。他们凭个人经验而积累起来的一点本事，越来越不适应科学技术新水平，他们对于同船舶制造有关的其他学科的新成就毫无接触，也缺乏了解它们的必要的理论基础。他们的个人经验显得片面和狭隘，他们的某些技能落伍了、过时了。尽管这时英国造船业资本家已经改变了对技术教育的态度，已变得比较重视技术教育，但前一时期轻视技术教育所带来的严重后果这时充分暴露出来。二十世纪二十年代和三十年代，英国造船工业一直停留在二十世纪开始时的水平。

十九世纪后期以来英国造船业的衰落是有典型意义的。造船业曾经是英国确立海上霸权地位的支柱之一，是英国高度技术水平的象征，因为一艘战列舰是当时达到的冶金、机械制造、通讯、火炮等先进技术的集中体现。然而这个部门在英国却无可挽回地衰落了。英国经济被美国和德国所超过。这是资本主义政治经济发展不平衡规律起作用的结果。由于后起的资本主义国家不受大量旧的固定资本的束缚，可以广泛地利用新的科学技术成果，因而能在较短的时间内跳跃式地向前发展，迅速赶上和超过老牌资本主义国家，而老牌资本主义国家则受到旧工业部门和旧机器设备的束缚，发展速度就比较缓慢。但西方资本主义各国经济发展的历史清楚地表明，技术力量的成长始终是保证经济发展的基本条件之一，而一支能够保证和促进经济发展的技术力量的形成和壮大又取决于教育事业的发展及其水平。因此，不重视技术教育必然会对英国经济的相对落后起着不可忽视的作用。十九世纪内英国对技术教育的不重视具有深远的影响。两次世界大战期间英国经济的停滞，在一定程度上正是十九世纪内英国不重视技术教育所造成的后果。

四

十九世纪末年，科学活动方式上的变化远远没有像生产组织形式的变化那样大，科学仍然是一人或几个人独自研究或简单合作的领域，科学研究还没有被组织到大工业中去，也没有发展为集体活动的事业。这种情况在十九世纪和二十世纪之交开始发生重大的变化。在工业发展到一定高度之后，科学研究的规模越来越庞大，仪器设备越来越复杂，需要的助手和协作者越来越多，需要的投资也越来越多。于是受到大企业支持的科学研究机构在许多领域内代替了单个发明家的活动。到了二十世纪三十年代以后，由于生产和科学研究的进一步发展，特别是由于某些高度综合性的科学研究课题的需要，资本主义国家组织和指导的联合研究机构越来越占据重要的地位。

科学研究的新活动方式加速了研究工作的进展。垄断的存在固然阻碍着某些对垄断本身不利的科技成果的应用，但军备方面的要求和垄断之间竞争的压力，仍把发现、发明和它在实际生产上应用之间的时间差距不断缩短，使近年以来西方资本主义生产技术变革的速度大大加快了。

新的科学活动方式和加速的生产技术变革，对技术力量的成长提出了比以往任何时期更加迫切的要求。甚至连资本主义工业化初期轻视技术教育作用的英国也早已改变了对技术教育的看法，它总结自己的历史经验，承认自己在人才培养和训练方面不如美国和德国。如今，包括英国在内的所有西方资本主义国家都把正规的和业余的技术教育看成是发展本国技术力量的重要途径。学徒制尽管依旧存在，但显然已不占重要地位。在现代科学技术条件下，发达的资本主义国家早已不再主张过长的学徒年限，也不把较长的工龄作为进入高等技术院校的必要条件了。

各国越来越认识到技术教育对于经济增长的重要作用。这种作用表现于以下几个方面：

第一，它向社会提供一支能在科学上有发现、发明，在生产技术上有创新、变革的科学研究和设计队伍。如果没有这样一支队伍，在科学技术上至多只能步别国的后尘，很难取得重大的突破。

第二，它向社会提供一支能掌握和运用先进生产方法的技术队伍。如果没有这样一支队伍，即使有了先进的生产工具和生产方法，它们也不可能充分发挥作用。

第三，它向社会提供一支适应于工业化水平的生产和技术管理人员的队伍。如果没有这样一支队伍，就会造成生产过程中人力、物力、财力的巨大浪费，就不能发挥先进生产技术的优越性。

第四，它提高全社会的科学文化水平，为新产品的推广使用、为先进科学技术知识的普及和提高准备条件，同时也为今后技术力量的成长提供广阔的基础，为源源不断的高质量的科研人员、工程技术人员、管理人员和熟练工人的供给提供保证。

第五，它使社会积累起来的科学知识和生产经验得以保存和传播，这种传播可以不受国界的限制，也不受时间的限制。积累起来的科学知识和生产经验作为人类共同财富，通过教育从一个民族传播给另一个民族，从这一代传播给下一代。

近年来，随着生产和科学之间的关系日益密切，随着技术变革速度的加快，随着生产技术的精密性越来越高和技术要求越来越复杂，所以包括技术教育在内的整个教育事业在促进一国经济增长中的作用也就不可避免地越来越显著。

美国经济学家库兹涅茨对各国的经济增长进行了比较研究。库兹涅茨在研究中得出的下述看法对我们来说仍有一定参考性。例如他认为，在现代经济增长中，“知识存量”具有超越国界的性质，任何一个国家在经济增长中都要依赖跨国性的“知识存量”。① 他解释道，以往的手工工艺是同个人相结合的，它体现在个人的身上，而现代经济增长所需要的经过检验的知识则体现于数学公式中，它具有一种公开性，易于在世界范围内交流和被利用，因此现在必须依靠教育来传授经过检验的知识，而不能再靠手工业方式和师徒关系来传授个人的知识了。②

美国经济学家登尼森对经济增长的源泉进行了分析。据他的估算，促使一国经济增长的因素分为三大项：劳动投入量的增加（包括就业人数和工时总数的增加，以及劳动质量的提高等）；资本投入量的增加；每单位投入量的产出量的增加。1929—1957 年，美国实际国民收入平均年增长率为 2.93%，其中由于劳动投入量和资本投入量的增加，使国民收入平均每年增长 2%，由于每单位投入量的产出量的增加，使国民收入平均每年增长 0.93%。③

根据登尼森的分析，在 1929—1957 年间，美国国民收入的增长有 23% 归功于劳动质量的提高，32% 归功于每单位投入量的产出量的增加。同时，就业和工时的增加在经济增长中所起的作用是相对下降的。现代经济增长主要不是靠增加就业人数和增加工时数。④ 教育在这里所

① 库兹涅茨：《现代经济增长》，耶鲁大学出版社 1966 年版，第 287 页。

② 库兹涅茨：《现代经济增长》，耶鲁大学出版社 1966 年版，第 287、290 页。

③ 登尼森：《美国经济增长的源泉》，1962 年，纽约，第 266 页。

④ 登尼森：《美国经济增长的源泉》，1962 年，纽约，第 266 页。

起的日益重要作用是不言而喻的，因为劳动质量的提高与教育有关，每单位投入量的产出量的增加（包括资源利用效率提高、经营规模合理性的增加，科学进步和它在生产中被应用的时间间隔的缩短等）也与教育有关。

登尼森在1967年出版的《为什么增长率不同？西方九国战后的经验》一书中，说明了由于重视教育而造成的劳动质量的提高对西欧主要资本主义国家经济增长所起的作用。以英国来说，1950—1962年间，年平均增长率为2.29%，劳动质量年平均增长率为0.37%，可见，增长总量中有12%归功于劳动质量的提高。劳动质量提高在英国经济增长中所起的作用已经大于法国、意大利、西德、荷兰、丹麦、挪威等国。这表明英国在经历了十九世纪到二十世纪初年轻视教育在技术力量形成中的作用的“失败阶段”之后，终于把教育看成是提高经济增长率的重要因素。第二次世界大战以来，只有某些发展中国家或者由于历史的原因，或者由于政府当局对教育在技术力量形成中的作用估计不足，而使得劳动质量提高缓慢。例如，墨西哥自1940到1964年，年平均增长率为6.34%，劳动质量年平均增长率为0.39%，可见增长总量中只有3%归功于劳动质量的提高，印度自1950年到1960年，年平均增长率为3.74%，劳动质量年平均增长率为0.03%，增长总量中只有1%归功于劳动质量的提高。[①] 在这里，姑且不去评论登尼森所使用的经济增长因素法是否有科学的经济理论依据，也不去探讨教育在经济增长中的实际作用能否按照登尼森的方法被准确计算出来，至少他的下述结论对于了解教育与经济增长之间的关系而言仍有一定的参考性：一国经济越是发达，对技术力量的需求越是迫切，教育对技术力量发展所起的作用越大，从而教育对经济增长的作用也就越重要。

正因为如此，所以美国尽管在技术力量方面居于资本主义世界的

① 恩格尔曼：《人力资本、教育和经济增长》，载《美国经济史的重新解释》，纽约，1971年，第253页。

首位，但仍然把加速培养高水平的技术人员作为国家的迫切任务之一。据美国劳工部的资料，1968 年，美国成年工作者（25 岁以上）中，有 850 万人至少完成四年大学教育，3,700 万人高中毕业，大约不到 700 万人不曾受过八年学校教育，到 1980 年，美国成年工作者（25 岁以上）中，将有 1,300 万人至少完成四年大学教育，5,200 万人高中毕业，大约 500 万人不曾受过八年学校教育。① 据估计，从 1968 年到 1980 年，美国大约需要 1,040 万新的大学毕业生，其中 430 万人将代替那些死亡的、退休的和因其他原因离开工作岗位的工作者，另外 610 万人将因适应经济和技术的发展而被任用。② 在这段时间内，美国的高等教育将加速发展，与 1968 年相比，到 1980 年时，美国得到学士学位的人数将增加三分之二，得到硕士学位和博士学位的人数将增加一倍。据美国劳工部的预测，到 1980 年，美国仍会感到工程师供不应求；在科学领域内，化学家、地质学家和地球物理学家也将感到不足。此外，美国还需要更多的计划和管理人员。③

五

以上，我们从历史上考察了产业革命以来西方资本主义国家技术力量形成和发展的一般情况。在这一节，我们将着重分析一下资本主义经济发展过程中技术力量形成的局限性问题。随着资本主义经济的发展，资本主义基本矛盾日益尖锐。在技术力量的形成方面，它表现为资本主

① 美国劳工部：《就业趋势：计划和含义》，载罗旺编：《劳动经济学和劳工关系文选》，伊利诺伊州霍姆渥德，1976 年，第 27 页。

② 美国劳工部：《就业趋势：计划和含义》，载罗旺编：《劳动经济学和劳工关系文选》，伊利诺伊州霍姆渥德，1976 年，第 31 页。

③ 美国劳工部：《就业趋势：计划和含义》，载罗旺编：《劳动经济学和劳工关系文选》，伊利诺伊州霍姆渥德，1976 年，第 32 页。

义各个使用技术力量的单位的有组织性与整个社会在技术力量形成和发展中的无政府状态之间的矛盾。这个矛盾是资本主义经济所固有的。

技术力量的形成和发展从根本上服从于资本主义生产的需要。对技术力量的需要，对这些技术力量的培训和使用，以及技术方面的劳动组织和生产组织，都取决于资本主义企业获得更多的剩余价值的目的。从这一点来看，各个培训和使用技术力量的单位能有某种程度的计划性和组织性。但就整个社会而言，企业与企业处于彼此激烈竞争的状态中，技术力量的培养单位（学校）与使用单位（企业）基本上处于隔绝的状态，包括科研人员、技术人员和熟练工人在内的整个劳动力市场依然受到供求规律的调节，而资本主义经济危机及其周期性不可避免地影响到技术力量的培养和使用。因此，不管资本主义各国政府怎样制定所谓“人力政策”和“人力计划”，也不可能实现全社会技术力量形成和发展的有计划性。

失业和职位空缺的并存是资本主义制度下固有的现象。马克思在《资本论》中曾引用1866年10月31日《工厂视察员报告》里的一段话，说明当时在英国，一方面有大批工人失业，另一方面“由于缺乏劳动力，许多机器不得不停工”。① 在科学研究人员和技术人员中，同样存在着失业和职位空缺并存的情况。以美国的现实状况为例，虽然劳工部在抱怨工程师供不应求或化学家人手不足，虽然某些大企业在竭力招聘高级科技人才，但据1972年的资料，大约有10万名工业方面的科学家、工程师和技术人员失业，② 化学系毕业生中，每四个人中就有一人找不到工作。③

在资本主义雇佣劳动制的条件下，劳动力市场上的竞争是激烈的，对科学研究人员和技术人员来说也并不例外。特别是近年来，由于科学

① 马克思：《资本论》第1卷，人民出版社1975年版，第704页。

② 《幸福》杂志1972年4月，第69页。

③ 《商业周刊》1972年9月23日，第54页。

研究工作的进展和技术变革速度的加快，某些专业人员即使在某些领域内曾经适应当时先进的技术的需要，但如果没有机会继续从事有关学科的研究和学习，或脱离了最新的生产实际或科研实际，马上就会变得落后于时代，成为雇主所不需要的“多余的人”。1971 年美国《幸福》杂志上发表了题为《工程师们正重新设计他们这一行》的调查报告，其中有一个发人深省的小标题：《不再是英雄》。文内写道：技术的发展无情地把工程师的知识很快变为陈旧的东西，刚从大学毕业不过几年的人也感到沮丧，因为具有更新的知识的较年轻大学毕业生正给他们以威胁，他们面临着被淘汰的下场。它接着写道，据调查，有 40% 的工程师声称：“如果他们有机会重新开始选择职业的话，他们会选择另一行。”①

失业的存在意味着人力资源的巨大浪费，职位空缺的存在意味着物质资源的巨大的浪费（表现为技术设备的闲置和原材料未能得到有效利用）。失业与职位空缺的并存，是资本主义制度下技术力量形成过程中不可避免的现象。

* * *

对西方资本主义经济发展过程中技术力量形成问题的研究具有重要的现实意义。我们需要弄清楚的是：在培养本国技术力量方面，西方资本主义国家有哪些经验和教训可供我们借鉴？

第一，工业化开始较晚但发展较快的西方资本主义国家在发展技术教育方面曾经采取的若干有效措施，可供我们学习。例如在工业化过程中对中小学教育的重视，对中学数学和自然科学基础知识教育的强调，积极举办多种形式的正规和业余技术教育等。

第二，随着工业化的进展，西方资本主义国家都曾增加教育经费支出，并且使教育经费支出在国民生产总值中所占比重逐渐增加，这种做法是必要的。

① 《幸福》杂志 1971 年 6 月，第 72 页。

第三，学徒制虽然在培养技术工人方面起过一定作用，但随着工业化的进展，以及科学与生产之间的关系日益密切，不能不把重心转到发展学校教育上来。对学徒应加强业余教育和严格考核。像十九世纪英国那样对学校教育的不重视，热衷于依靠传统的手工业方式传授个人技艺，已被历史证明是失败的。

第四，实际工作经验对进入高等技术院校的学生来说是重要的，但不应当片面强调实际工作经验而忽视学习的连贯性、学生的年龄，以及理论对实践的指导作用。像十九世纪英国规定的有五年工龄的造船工厂学徒才能进入造船工程学院和大学造船工程班的做法，是不利于加速培养技术力量的。大学可以招收并照顾有较长工龄的工人入学，但不应当以较长工龄作为必备的入学资格。

第五，在引进国外先进技术的同时，应注意技术队伍的形成和壮大，以便能够掌握先进技术，能够有所创新。如果本国技术力量暂时不足（数量上和质量上），那么在一定时期内未尝不可以聘请一些外国专家和技术工人。西欧大陆各国在工业化初期都这样做过，成绩是比较显著的。应该让他们起到传授技术和经验的作用，迅速培养起本国技术力量。

我们有优越的社会主义制度。西方资本主义国家技术力量形成过程中那种以能否获取更多的剩余价值作为行动准则的情况，那种伴随着人力资源和物质资源巨大浪费的现象，不应存在于我们的社会主义社会中。历史上，英国用了两百多年的时间才建立今天这样一支适应现代生产条件的技术力量，美国和德国从产业革命开始时算起，也都大体上用了一百五十年的时间。这是漫长的过程。我们坚信，我国将在较短的时间内建立一支宏大的、优秀的技术队伍。

（原载《社会科学战线》1978 年第 4 期）

论资本密集型经济和劳动密集型经济在发展中国家现代化过程中的作用[①]

产品实际生产成本是按劳动的耗费来计算的。生产产品时耗费的生产资料是物化劳动。在生产中还要耗费工人的活劳动。因此产品实际

① “资本密集型经济”和“劳动密集型经济”原是西方经济学中的概念。国外一些经济学家按照产品成本所耗费的物化劳动和活劳动的比例来划分经济类型，把那些物化劳动耗费所占比例大的称作资本密集型经济，把活劳动耗费所占比例大的称作劳动密集型经济。

这两个概念只把物化劳动称为资本，而把活劳动排除在资本范畴之外，这是不科学的。资产阶级一向把资本同生产资料混为一谈，即把资本看作物，而不是看作一种生产关系。我们知道，任何一个产业资本家都必须把他的资本分为两部分，一部分用来购买生产资料，一部分用来购买劳动力。按照马克思主义的概念，前者称为不变资本，后者称为可变资本。马克思把资本划分为不变资本和可变资本是一个伟大的功绩，这对揭露剩余价值的真正来源具有重大意义。

生产资料和劳动力的比例，属于资本构成的范畴。按照马克思主义的观点，资本的构成，从实物形态上看，每一个资本总是由一定数量的生产资料和劳动力构成的。这两者之间存在着一定的比例，这个比例一般取决于生产技术的发展水平。生产技术水平越高，每一个劳动力所推动的生产资料的数量也越多，产品成本中耗费的物化劳动也越多；生产技术水平越低，则相反。正因为生产资料和劳动力之间的这种比例反映着生产技术的发展水平，所以称之为资本的技术构成。资本的构成不仅表现在实物方面，而且也表现在价值方面。从价值形态上看，资本是由生产资料的价值和劳动力的价值即不变资本和可变资本构成的。这两部分资本价值之间的比例，马克思称作资本的价值构成。

生产成本包括物化劳动消耗和活劳动消耗两个部分。由于生产技术和产品的特点，各种产品实际生产成本中物化劳动消耗和活劳动消耗所占的比例是不一样的。按产品成本中物化劳动消耗和活劳动消耗的比例来划分经济类型，产品成本中活劳动消耗所占比重较大的那部分经济，可以称做劳动密集型经济，产品成本中物化劳动消耗所占比重较大的那部分经济，可以称做资本密集型经济。这种划分与技术创新的类型相联系：如果采用“节约劳动的”（即能使产品成本中活劳动消耗所占比重有所减少的）技术措施，经济中资本密集的部分将增大；如果采用“节约资本的”（即能使产品成本中物化劳动消耗所占比重有所减少的）技术措施，经济中劳动密集的部分将增大。① 本文准备按照产品实际生产成本中物化劳动消耗和活劳动消耗所占比重的经济类型划分方式，考察发展中国家现代化过程中的经济结构变化，并试图从理论上探讨一条对发展中国家近期和长远说来都比较有利的技术创新途径。

资本主义工业化的传统方式是首先发展劳动密集型经济

从经济史考察，最早进行资本主义工业化的国家所采用的新技术

资本的技术构成和价值构成之间存在着密切的联系。技术构成的变化通常会引起价值构成的变化，而价值构成的变化则通常反映着技术构成的变化为了表明二者之间的有机联系，马克思把由资本技术构成所决定并反映着技术构成变化的资本价值构成叫做资本的有机构成（即C：V）。资本有机构成是马克思主义政治经济学的一个重要概念，它对于研究和说明资本主义经济过程中的许多重大问题，如相对人口过剩，平均利润和生产价格问题，都具有重要的意义。

由此可见，“资本密集型经济”和“劳动密集型经济”，实际上指的是资本有机构成高和资本有机构成低的两种不同经济类型。但由于这两个概念仍能从一些方面反映经济中的要素构成状况，因此可以使用它们。

① 一项技术改革可能既使产品成本内物化劳动消耗下降，又使活劳动消耗下降，这时将按照产品成本内哪一个部分下降幅度更大来分类。如果物化劳动消耗和活劳动消耗同比例下降，则此项技术改革被称做“中性的”。

中，既有“节约劳动的”新技术（如采用飞梭、珍妮机，大大提高了织布和纺纱的劳动生产率），也有“节约资本的”新技术（如以蒸汽机代替水轮机，从而使产品成本中活劳动消耗所占比重增大，资本要素在产品成本中的比重下降）。[①] 但从整个国民经济的角度来看，劳动密集型经济在国民经济结构中占主要地位。英国、法国、美国和德国都是首先发展棉纺织工业。在当时的技术条件下，与国民经济其他部门的产品相比，棉纺织品实际成本中工资成本所占比重较大，棉纺织工业所需要的资本设备投资相应地较少。在这些国家，只是在棉纺织工业发展到一定程度后，钢铁和机器制造等资本密集部门才逐渐发展起来。关于这一点，经济学界早有定论。

发展劳动密集型经济对一国的经济发展主要有三方面的作用：第一，由于所需要的投资较少，见效较快，所以能在较短时间内获得盈利，增加积累；第二，在一定的投资量的前提下，能容纳较多的劳动力；第三，在工资水平较低的条件下，它有较大的国际竞争能力，能使产品迅速进入国际市场。但在资本主义工业化初期，资本主义国家在发展劳动密集部门时，主要着眼于上述第一个方面，而对第二和第三方面考虑较少。

在最早进行资本主义工业化的国家内，工业中可用于投资的资本是不足的。当时还缺少可以广泛动员国内的资金，使之投资于工业的金融机构、证券市场和信用手段，或者，这些机构、市场和手段虽已出现，但未充分发挥作用。较多的资本存在于商业领域内，或掌握在非工业资本家手中。英国（十八世纪末至十九世纪初）、法国和德国（十九世纪前半期）在工业化开始时，工业资本家的经济力量较小，创办工业企业主要依靠国内的积累，新建企业是中小规模的。美国（十九世纪前半期）虽然能利用由西欧输入的外资，但输入的外资多半用于运输业

---

① 彼得·特明：《十九世纪初期的蒸汽机和水力》，载《美国经济史的重新解释》，纽约，1971 年，第 229—230、234 页。

和公用事业，只有少量投入工业中。[①] 在美国，资本仍然十分缺乏，以致利息率较高。这样，英、法、德、美等国在工业化开始时共同遇到的迫切问题，首先是资本不足。它们当时不可能发展资本密集型经济，而只可能首先发展劳动密集型经济。

容纳较多的劳动力就业，这在资本主义工业化初期不是突出的问题。当时的城镇人口较少，农业中的劳动生产率一直很低，无固定职业者和失业者有较多的机会移居国外，所以这些资本主义国家的政府并不把安排就业作为一项政策目标，私人资本家则根本不关心这些问题。尽管工业化初期劳动密集型经济的发展不以安置社会闲散劳动力和失业者为着眼点，然而从客观效果上来说，当时劳动密集型经济的发展却顺带吸收了一大批城乡待业人口。

使产品具有较大的国际竞争能力，便于占领国外市场，这是资本主义工业化初期各国发展劳动密集型经济的着眼点。英国是第一个进行工业化的资本主义国家，它用当时先进的技术生产出来的产品，无论是资本密集部门的产品还是劳动密集部门的产品，都足以在国际市场上占优势，因为它们都是没有对手的。对于法国、美国和德国的产品来说，虽然它们敌不过英国的产品，但它们不仅仍有较大的国内市场，而且还有机会进入毗邻地区的市场，不至于失去销路。国际市场上的商品竞争远没有达到后来那种越演越烈的程度。工资相对水平较高条件下的劳动密集部门的产品，仍是可以销售出去的。当时特定的历史环境，使得这些工资相对水平较高的最先开始工业化的国家有可能首先发展经济中的劳动密集部门。

---

① 肯尼思·贝里尔：《外资与起飞》，载《由起飞进入持续成长的经济学》，伦敦，1963年，第291、293、297页。

发展中国家首先发展资本密集型经济的做法是难以奏效的

发展中国家准备进行工业化的时间比先进工业国开始工业化的时间晚了许多年。在这段时间内，世界政治、经济和技术条件都发生了重大的变化。而发展中国家本身由于历史方面的种种原因，也具有若干不同于先进工业国开始工业化时期的特点。一般说来，可以把这些变化和特点归结为以下五个方面：

第一，由于科学技术的不断进步，无论在资本密集部门或劳动密集部门都有先进的技术可以被引进、被采用。

第二，由于资本输出早已成为垄断资本主义的特征，并且由于国际金融机构和信用手段的充分发展，在经济发展中有可能大量利用外资，以弥补国内积累之不足。

第三，政府在经济发展中所起的作用普遍受到了重视。像工业化初期英国、美国和法国那样主要依靠私人资本家来建立新工业部门的做法，被认为是收效较慢的。在建立新工业部门的过程中，要求政府扶植和直接参与的呼声越来越高，而政府也认为自己有责任这样做。

第四，由于生产力的增长，世界市场上的商品量不断增加，各国之间的商品竞争大大加剧。成本高、价格贵、式样旧、质量差的产品迅速被淘汰，被排斥在世界市场之外。

第五，过去长时期的殖民掠夺和统治，使发展中国家处于出口原料、进口工业品的经济附庸地位，加工制成品和初级产品之间的不等价交换使发展中国家经济上遭受很大的损失。发展中国家的人民迫切要求改变这种状况。工业化、现代化已成为这些国家的当务之急。任何一个执政党都必须把这一点放在施政目标的前列。这种情形是一百多年前最初进行工业化的资本主义国家中未曾出现的。

由于上述这些变化和特点，所以发展中国家很自然地在准备进行现代化时考虑首先发展经济中的资本密集部门，因为资本密集部门是用先进技术装备起来的，劳动生产率高，其产品中活劳动所占的比例是较少的。发展中国家清楚地看到，在现阶段的国际市场竞争中，各个先进工业国正是凭借其资本密集程度，凭借其高度的劳动生产率，而使产品具有很大的国际竞争能力。在发展中国家内，许多人也能够认识到，如果不引进“节约劳动的”先进技术，不建立本国的资本密集部门，不提高本国的资本密集程度，是赶不上先进工业国的。

从客观条件上说，发展中国家也并不是没有发展资本密集型经济的可能性。在现有的世界生产技术条件下，有现成的“节约劳动的”先进技术和成套设备可以引进；如果本国资本不足，那么只要答允一定的条件或承担一定的义务，一般是可以得到外资的；如果私人资本家经济力量不够或不愿承担风险，政府往往采取扶植或直接参与的做法。总之，如果发展中国家打算首先发展资本密集型经济，它们将比一百多年前进行资本主义工业化的国家方便得多。[①]

二十世纪四十和五十年代内，西方经济学界关于发展中国家实现工业化、现代化的途径的一些论著中，反映了这样一种主张，即发展中国家必须尽快发展本国的、有先进技术装备的加工工业，以这些产品来替代从外国进口的工业品，并以这些靠先进技术生产的工业品来代替传统的出口商品——初级产品。按照这种主张，发展中国家在进行工业化时应当首先引进“节约劳动的”技术，发展经济中的资本密集部门，建立劳动生产率高的、足以同先进工业国的资本密集部门的产品相竞争的冶炼、机器制造、运输设备等部门，因为唯有这样，才能减少从先进工业国进口的工业品（主要是资本密集部门的产品）。这种主张恰好符合发展中国家急于实现工业化、现代化，提高本国劳动生产率，改变国内技术经济落后状况的想法。四十年代和五十年代内着手进行工业化的亚洲、拉丁美洲某些国家，实际上正是以这种主张作为制定经济发展政策的指导的。

① P.T. 鲍尔：《关于发展的异议：发展经济学研究和争论》，哈佛大学出版社 1972 年版，第 473—474 页。

但实践证明，发展中国家首先发展资本密集型经济的做法并未取得成效，经济增长率并未提高；不仅如此，这种做法还给经济发展带来了一系列新的困难和阻力。

固然发展中国家在经济发展过程中有可能利用外资，引进“节约劳动的”先进技术，但这些新建企业的产品一般仍然缺乏在国际市场上的竞争能力。这是因为：

第一，在企业或部门的发展中，存在着“规模经济”方面的问题。资本密集型的企业只有在一定的规模条件下才能充分发挥其技术经济上的有利性、优越性。[①]发展中国家建立的资本密集型企业如果在规模上不如先进工业国同类企业那样适宜，相形之下，其产品仍然缺少国际竞争能力。如果要达到与先进工业国同类企业那样的规模，在财力上和经营管理上都有相当大的困难。

第二，一个用先进技术装备起来的、具有高度劳动生产率的资本密集型企业或部门，只有在其他有关企业和部门的配合和协作之下，才能充分发挥其技术经济上的有利性、优越性。它不是孤立存在的，它应当处于一个先进的生产技术经济体系之中。与先进工业国不同，发展中国家缺少这样一个先进的生产技术经济体系，因此即使建立了个别高度资本密集型的企业或部门，也难以充分发挥作用，使其产品具有国际竞争能力。[②]

第三，在科学技术不断进步的条件下，资本密集型企业或部门即使是按当时先进水平建立的，但它仍然需要不断创新，不断采用更为先进的科学技术成果。为此，必须有相应的科学技术力量、研究手段。在这些方面，发展中国家的条件远远不如先进工业国的同类部门和企业。所以在隔了一段时间之后，发展中国家按当时先进水平建立的资本密集

① M. 麦克奎恩：《发展经济学：问题和政策》，伦敦，1973 年，第 107—108 页。

② H.W. 辛格：《在讨论罗斯托的〈主导部门和起飞〉一文的会议上的发言》，载《由起飞进入持续成长的经济学》，伦敦，1963 年，第 303 页。

型企业或部门仍然会落后于国际上同类企业或部门的技术水平，其产品还是缺少国际竞争能力。

发展中国家如果首先发展资本密集型企业或部门，结果并不能达到预期的替代由先进工业国进口的资本密集型企业或部门产品，或替代本国传统出口商品——初级产品——的目标。反之，资本密集型企业和部门所需要的投资多，建设期限长，而其产品由于缺少国际竞争能力，不能靠之取得足够的外汇收入，以致外债难以偿还，利息费用增加，使本国的工业化、现代化进程受到阻碍。①

加之，发展中国家往往是劳动力资源比较丰富的国家，过去长时期的经济停滞使社会上有大量的待业人口，特别是在农业中，劳动力得不到利用的现象是普遍的。在工业化、现代化过程中，随着经济的发展，应当使这些待业人口和从农业中游离出来的劳动力获得就业机会，否则将增加社会不安定因素。但如果着重引进和采用“节约劳动的”，即资本密集型的新技术，首先发展资本密集型经济，那么新建工业中只能够吸收少量劳动力，而改建的企业和部门还会多余出一批劳动力。这样，发展中国家在开始进行工业化时就会遇到先进工业国在后来才遇到的社会失业问题。相应地，出于政治上的考虑，发展中国家在开始进行工业化时就不得不像先进工业国现在这样把“充分就业”和“非贫困化”作为主要政策目标。②但是，一旦把“失业救济”等费用列入财政支出之内，就会扩大本来就已存在的财政困难。

① P.T.鲍尔：《关于发展的异议：发展经济学研究和争论》，哈佛大学出版社1972年版，第156页。

② 欧玛·阿德曼：《发展经济学——目标的再估价》，载《美国经济评论》1975年5月，第306—307页。

发展中国家只着重发展劳动密集型经济，无法根本摆脱经济依附地位

六十年代内，西方经济学界关于发展中国家实现工业化、现代化过程中的技术创新途径问题，形成了另一种观点，即主张发展中国家不宜于采用“节约劳动的”技术创新，不宜于花费较大的力量去建立和发展本国的资本密集型经济，而应着重发展劳动密集型经济。六七十年代，亚洲某些原来经济不发达的国家和地区经济增长率持续保持较高水平与在国际市场上受到先进工业国家重视的事实，使得持有上述主张的西方经济学家们更加振振有辞，似乎他们的观点是完全站得住脚的。①

实际上这种观点是片面的，归根到底是不利于发展中国家摆脱其经济依附地位的。

不可否认，发展中国家在开始工业化时着重发展劳动密集型经济可以像最早进行工业化的资本主义工业化的国家在发展劳动密集型经济时一样地收到以下各种效果。第一，需要的投资较少，见效较快，能够在较短时间内获得盈利，增加积累。如果需要利用外资的话，那么可以少借些外债，少负担些利息费用，清偿也较快。第二，在一定的投资量的前提下，可以容纳较多的劳动力，有助于缓和就业问题。第三，有利于使产品进入国际市场。特别是由于发展中国家一般说来劳动力资源丰富，工资相对水平较低，如果发展劳动密集型经济，采用国际上现成的技术进行生产，其产品是具有国际竞争能力的。这样就可以获得外汇收入。

同样不可否认的是，在其他一切条件相等的情况下，发展中国家发展劳动密集型经济比发展资本密集型经济还具有另外两个有利的条件：一是劳动密集型经济相对于资本密集型经济而言，对劳动力的技术

---

① C. K. 海莱纳：《不发达国家的加工出口品和跨国公司》，载《经济学杂志》1973 年 3 月，第 22 页。

熟练程度的要求较低。发展中国家一般缺少庞大的熟练的技术队伍，这对于发展资本密集型经济是一种障碍，而如果着重发展劳动密集型经济，这种障碍相对地将小一些；二是“节约资本的”或劳动密集型的新技术相对于“节约劳动的”或资本密集型的新技术而言，较易于实施和推广。如果发展中国家要发展劳动密集型的新技术，一般不要求改变现有的生产体系，往往只需要选择某些现成的生产技术项目，加以采用和推广，或者只需要实行生产活动的重新布局。劳动密集型的技术创新主要是加工过程的改革，易于模仿。第一个采用这种新技术的企业固然可以得到高额利润，但其他企业也能相继采用同样的新技术，它们之间在技术上的差距不会长久保持，所以技术变革的速度一般是比较快的。①

上述这些情况表明了发展中国家着重发展劳动密集型经济的有利性。但这只是问题的一面。人们在强调这一面的同时，很容易忽略了具有长期战略意义的另一面。

首先，在强调发展中国家着重发展劳动密集型经济的主张的西方经济学论著中，是把发展中国家经济作为纯粹开放型经济来对待的。这就是说，设计中的发展中国家经济将完全建立在依靠世界市场的基础上。大规模的进口与大规模的出口成为这些发展中国家经济借以生存的条件。当然，纯粹封闭型的经济对一国经济发展是十分不利的。但如果走到另一个极端，一国靠对外贸易立国，以世界市场为本国工业品的主要归宿或在原料和资本设备上主要依赖进口，那么这样的经济将是脆弱的、经不起挫折的。从长远的观点看，这样做决非明智。

其次，如果发展中国家在实现工业化、现代化的过程中，使本国的经济建立在依靠世界市场的基础上，那么即使不发生严重世界经济危机、大规模战争或其他巨大的动荡，资本主义世界范围内持续的通货膨胀仍将给国内经济以不利的影响。如前所述，发展中国家如果首先发展

① C. K. 海莱纳：《不发达国家的加工出口品和跨国公司》，载《经济学杂志》1973 年 3 月，第 32—34 页。

资本密集型经济，财政赤字、外债和利息负担、国际收支逆差等将导致国内通货膨胀，反过来，如果只着重发展劳动密集型经济，在完全依赖或很大程度上依赖世界市场的情况下发展经济，那么由世界性通货膨胀引起的物价上涨将会不可避免地促使国内物价上涨。

再次，在发达的资本主义国家与发展中国家贸易之间存在的不等价交换的格局，并未因发展中国家着重发展劳动密集型经济而发生实质性的变化。如果发展中国家出口的是劳动密集部门生产的初级产品，那么它们与发达资本主义国家出口商品的交换性质仍与发展中国家进行工业化以前一样。如果发展中国家出口的是劳动密集型的加工制成品，那么当它们与发达资本主义国家出口的资本密集型加工制成品交换时，不等价交换的性质仍然存在，因为发达资本主义国家出口的资本密集型加工制成品是独占性的，发展中国家自己生产不出来，而发展中国家出口的劳动密集型加工制成品是非独占性的，发达资本主义国家同样可以生产出来，只是由于发展中国家的工资相对水平较低，在价格上处于比较有利的地位，这类产品才能在世界市场上出售。这意味着，发达资本主义国家出口的资本密集型加工制成品生产者可以操纵其产品价格，而发展中国家出口的劳动密集型加工制成品价格将取决于市场上的竞争。发展中国家在贸易中仍然处于劣势，不能免除发达资本主义国家的剥削和勒索。

最后，发展中国家着重发展劳动密集型经济这一主张的设计者们，在提出这一主张时完全回避了发展中国家建立本国的先进国防工业体系问题。而先进的国防工业体系的建立必须以高度资本密集型经济的发展为条件。

因此，可以得出这样的结论，发展中国家只着重发展劳动密集型经济，无法根本摆脱经济依附地位。但这种不利性很容易被国民生产总值增长、国民收入增长、经济增长率提高等总量概念所掩盖，以致发展劳动密集型经济的有利性被夸大了。国民生产总值并不反映产品的组成状况，并不反映一国经济对世界市场的依赖程度，国民收入增长也不反映国内的收入分配结构的变化，以及一国出口品售价指数与进口品售价指数之间比率的变化。高经济增长率既可能意味着一国出口品单一程度的加剧，也可能意味着一国国内对国民经济有重要意义的部门的急剧衰落，而对国民经济的重要性较小的部门畸形扩张。不进行国民经济的部门分析、结构分析，要想了解发展中国家着重发展劳动密集型经济的实际效果是不可能的。

发展中国家应当从本国具体情况出发，选择技术创新类型

四十至五十年代内一些西方经济学家论著中主张发展中国家采用“节约劳动的”新技术，首先发展资本密集型经济的观点，已被实践证明是难以奏效的。六十年代以来西方经济学家论著中主张发展中国家采用“节约资本的”新技术，着重发展劳动密集型经济的观点，又具有很大的片面性，其结果仍将不利于发展中国家。那么，发展中国家究竟应当选择什么样的新技术，发展哪一种密集型的经济呢？这个问题仍是有待于进一步研究的。但至少必须肯定这样一点：一切应从本国的实际情况出发，现实中并不存在一个固定的、不变的发展模式。

从自然资源和人力资源的角度来看，有的发展中国家这两方面都是丰富的，也有一些发展中国家只有丰富的自然资源，但人口较稀少，或者人力资源丰富，但已探明的自然资源不多。从经济发展的现有水平来看，由于历史上形成的不同条件，有的发展中国家还处在工农业都十分落后的状态，而有的发展中国家的现代工业已具有初等的水平。与此密切有关的是，各国的科学文化水平和劳动者的技术熟练程度也不一样。这样，对于自然资源丰富、人口较稀少、但国际收支状况良好的发展中国家来说，引进和推广“节约劳动的”新技术，建立资本密集型的企业和部门，不是没有条件的。只要其他社会经济条件能配合好，就可以避免和减少首先发展资本密集型经济时将会遇到的困难和阻力。而对

于人口密度较大，自然资源比较贫乏，暂时非依靠大宗进出口贸易不足以维持生存的地区和国家来说，如果它们现存的国际收支状况已经恶化，那么在这样的条件下，引进和采用“节约劳动的”新技术，建立资本密集型企业和部门，简直是不可能的或绝对不利的事情，唯一可能的方式是首先发展劳动密集型经济，缓和已经相当尖锐的就业和国际收支问题。但是，上面所说的这两个极端只是例外的、非普遍的情形。

比较常见的是那些自然资源比较丰富、人口较多、工业发展已有初等水平、在一般情况下国际收支虽有逆差，但逆差并不过大的发展中国家。在这样的国家中，比较合理的方式是同时采用和推广“节约劳动的”新技术、“节约资本的”新技术和“中性的”新技术（既不偏重于“节约劳动”，也不偏重于“节约资本”的新技术，也就是使产品实际生产成本中物化劳动消耗和活劳动消耗同比例减少的新技术[①]），比较合理的经济结构类型是资本密集型经济和劳动密集型经济并重和保持适宜的比例。为什么这种发展方式比较合理？政治上和国防上的理由是很清楚的，因为本国的先进的国防工业生产体系必须建立在高度资本密集型经济之上。从经济上考虑，这样能同时收到发展劳动密集型经济和发展资本密集型经济的效果。

在上述这种类型的发展中国家中，在进行工业化、现代化时，经济方面必须同时注意解决以下五个问题：（一）增加积累和提高投资率；（二）安置社会上的大量待业人口；（三）增加外汇收入；（四）使国民经济有比例地发展，改变历史遗留下来的经济单一性和部门结构畸形状态；（五）在劳动生产率增长的基础上提高实际工资水平。这五方面的问题是彼此联系、相互制约的。如果处理不当，经济停滞、失业率增大、国际收支逆差、国民经济比例失调、实际工资下降之间的恶性循环是难

① 在概念上，不可把“中性的”技术与“中间技术”混为一谈。前者按产品成本各个部分的比例来确定，后者以技术的规模与先进程度来划分。“中性的”技术可能是“大型技术”（往往也是最先进技术）或“中间技术”（往往是比较先进的技术）。而“中间技术”可能是“节约劳动的”，或是“节约资本的”，或是“中性的”。

以避免的。五十年代以来发展中国家之中不乏反面的教训。发展劳动密集型经济与发展资本密集型经济并重有助于兼顾这些问题。

采用“节约劳动的”新技术，建立具有先进水平的资本密集型企业和部门，将能迅速提高劳动生产率，为整个国民经济的技术改造提供条件，同时还能填补国民经济部门结构和产品方面的空白，使历史遗留下来的经济单一性和部门结构畸形状态逐步发生变化。

但在建立资本密集型企业和发展资本密集部门的同时，劳动密集型企业和部门必须相应地发展，因为只有这样才能缓和社会就业问题，使社会上已经存在的待业人口和将要从劳动生产率提高了的企业和部门游离出来的劳动力得到安置，只有这样才能增加盈利、增加积累、提高投资率，同时也只有这样才能增加劳动密集型的工业品出口，扩大外汇收入，为进一步引进国外先进技术创造必要的前提。

从技术创新类型来看，发展中国家经济中的任何一个部门，不应当单纯着眼于以高劳动生产率的机器来代替人力，从而偏重于采用和推广“节约劳动的”新技术。如果那样，即使资金充裕的程度容许这样做，但由于资本密集型经济在国民经济中的比重提高得太快，劳动力安置问题也将难以解决。因此，“节约资本的”技术创新和“中性的”技术创新决不应当被忽视。下面，试举钢铁工业、电视机工业和农业三个部门为例。

钢铁工业中采用“节约劳动的”新技术可以使钢铁产量在工人人数减少的情况下保持不变，但也可以采用“节约资本的”新技术，使炼铁焦比下降或使每吨钢的耗电量下降。在钢铁产量保持不变的前提下，前一种技术创新将使社会上增加失业的钢铁工人，后一种技术创新则仍维持原来数量的钢铁工人。两种技术创新都能降低产品生产成本，但在产品成本中，物化劳动消耗与活劳动消耗的比例却朝着不同的方向变化。电视机工业的情况也是如此。建立新的自动化的电视机工厂或把原有的非自动化电视机工厂改造为自动化的电视机工业，表现为每个工人每年电视机生产量的显著提高。如果产量不变，所需要的工人人数就要裁减；即使产量增长，对新工人的需要量将相对减少。这都会增加社会的就业紧张程度。但如果采取技术措施，在现有生产设备和现有人力的基础上，减少原材料消耗定额，降低次品率，则同样可以收到加强产品国际竞争能力的效果，而又不必裁减工人。在农业中，如果不只是着重采用“节约劳动的”新技术（以机器代替人力），而且也强调采用“节约资本的”新技术（例如每亩耕地上以较少的化肥、种子、耗油耗电量而获得同样的产量），那么可以防止在技术变革过程中资本密集程度提高得过快，而使大量农业劳动力无法安置。

总之，在发展中国家内就整个国民经济而言，农业、电视机工业相对于钢铁工业来说是劳动密集型经济；但就其中任何一个部门而言，它都包括资本密集型的部分和劳动密集型的部分。要使发展中国家在进行工业化、现代化过程中兼顾下述五个经济目标——增加积累、扩大就业、增加外汇收入、填补国民经济中部门与产品的空白、在劳动生产率增长基础上提高实际工资水平，不仅整个国民经济范围内劳动密集部门与资本密集部门要按比例地、协调地发展，而且每一个部门中的劳动密集型部分与资本密集型部分也要按比例地、协调地发展。而要实现这一点，那就需要在进行工业化、现代化过程中，根据本国实际情况和每一个经济部门的具体条件，选择技术创新类型，使“节约劳动的”“节约资本的”和“中性的”新技术同样得到重视和采用，并使各类技术创新保持适当的比例。①

① 本文探讨的是按“节约资本”和“节约劳动”分类的技术创新，而不涉及引进的技术的先进程度问题。引进的无论是“节约资本的”技术还是“节约劳动的”技术，都有最先进和比较先进之分。根据五十年代发展中国家的经验，引进最先进的技术不一定都是最有利的。在某些方面，引进对发达资本主义国家不是最先进的，但对发展中国家仍是比较先进的技术更加有利，收效也更快。参看鲍尔前引书，第 273 页。

劳动密集型经济与资本密集型经济并重的做法是否切实可行

从理论上说，发展中国家同时发展劳动密集型经济和资本密集型经济无论对近期或对长期而言都是有利的，因为这样可以兼收二者之长，而避二者之短。但在实践中，将会遇到一系列新的问题，诸如：能否制止通货膨胀？劳动力的部门间和地区间转移是否易于实行？同类产品中劳动生产率较低的企业能否在竞争中继续生存下去？等等。

这里所涉及的问题显然已超出技术创新经济学的讨论范围以外。我们知道，这里所谈到的发展中国家是就生产力发展水平而言的。而从生产关系方面看，发展中国家中包括建立在不同生产资料所有制基础上和按不同方式组织与管理经济的国家。技术创新有助于解决发展中国家在实现现代化过程中所遇到的某些问题，但不能解决一切问题。而且，即使技术创新有助于解决的那些问题，其解决的程度也因生产关系不同而有所差别。

发展中国家技术创新过程中的通货膨胀问题在资本主义生产关系基础上是难以解决的。即使采取发展资本密集型经济与发展劳动密集型经济并重的方式，使财政与国际收支状况不至于像首先发展资本密集型经济时那样恶化，但由于国内经济与资本主义世界市场密切地联系在一起，世界通货膨胀所引起的物价上涨会波及到国内，而国内实行的反通货膨胀措施或者将影响国内的经济增长率和技术变革速度（如采取财政和信贷收缩政策），或者将影响国际收支（如采取收入指数化政策）。在现存资本主义世界贸易体系和金融体系之下，以资本主义生产关系为基础的发展中国家无法将其国内经济部分与涉外经济部分（开放经济部分）截然分开。所以这个难题看来是长期存在的。

发展中国家如果要同时发展资本密集型经济与劳动密集型经济，并使二者保持协调，那么必须设法合理地配置劳动力，使劳动力适应国家经济发展的需要，配置于各个部门和地区。在资本主义制度下，劳动力市场的供求原则发挥作用。假定劳动者的生活方式、习惯、居住地点等因素不发生作用，劳动者可以自由转移，那么影响劳动力配置的主要因素将是工资率。但雇主是根据预期利润率和劳动力供求来议定工资率的。在劳动产率过低和预期利润率太少的情况下，雇主或者停止经营，或者把工资率大大降低。在资本密集型经济与劳动密集型经济同时发展，以及在同一个部门内资本密集型企业与劳动密集型企业并存的条件下，必然有一些部门、企业和地区缺乏劳动力，因为雇主不愿增加工资，工人不愿转移到他们认为工资过低的那些地方去。唯一的办法是国家长期给雇主以利润补贴或给工人以工资补贴，从而大大增加财政开支。即使如此，事实上也不能解决劳动力合理配置问题，因为生产技术装备程度不同，资本密集程度不同，对劳动力的技术要求也不同。劳动力在部门间和地区间的转移并不是不受技术条件限制的。

与此相似的是，在资本主义条件下，雇主之间存在着激烈的竞争。当发展中国家同时发展资本密集型经济和劳动密集型经济的时候，当同一个部门或产品有可替代性的部门中资本密集型企业与劳动密集型企业并存的时候，雇主必然力求采取先进的技术装备，以维持自己的生存和扩大自己的生产。技术装备较差的企业会被淘汰、挤垮。资本将向更有利可图的部门转移。在发达资本主义国家中成为惯例的加速折旧、提前更新设备的做法，同样会出现于这样一些发展中国家内。整个经济中的资本密集程度将在激烈竞争中不断提高。于是资本密集型经济和劳动密集型经济的按比例地、协调地发展将变成一句空话。竞争与生产无政府状态也使得“节约劳动的”技术创新与“节约资本的”技术创新之间不可能保持恰当的比例。要使得技术装备较差的私营企业不被挤垮，要维持劳动生产率低的私营中小企业的生存，国家必须长期给予大量补贴。这又是财政上的一笔巨大开支。

由此看来，如果听任私人市场经济自行发挥作用，如果最大利润原则仍然是支配经济活动的根本原则，那么资本密集型经济和劳动密集型经济并重的做法在发展中国家是很难实现的。对社会有好处的并不一定对私人资本家个人有好处。私人资本将朝着对自己最有利的方向发展。

国民经济中某些部门将衰落，另一些部门将畸形地、过快地增长。

因此，在私人资本主义生产资料所有制的基础上，同时发展资本密集型经济和劳动密集型经济的做法在发展中国家中遇到很大阻力。这个问题从根本上说是由资本主义工业化、现代化的性质决定的。以资本主义“计划化”作为私人市场经济的补充，国家调节，若干产业部门国有化，浮动汇率和进口限额制等，可以在某种程度上使经济中的资本密集型部分与劳动密集型部分在发展过程中的矛盾有所缓和，但这些都不可能是解决问题的根本途径。

这一切清楚地告诉我们，社会主义经济制度在实现现代化过程中具有很大的优越性。资本密集型经济与劳动密集型经济并重，这两部分经济按比例地、协调地发展，有计划地选择适合本国具体情况的技术创新类型，因地制宜地发展不同资本密集程度的农业、轻工业和重工业，充分利用本国丰富的劳动力资源并合理地配置于各个部门和地区，这些都只有在社会主义经济制度之下才真正切实可行。同时，在发展资本密集型经济和发展劳动密集型经济的过程中，由于一方面利用外资、引进先进技术，另一方面依靠本国的有利条件，加强产品的国际竞争能力，扩大出口，国内经济与世界市场的关系将会日益密切起来，这样会不会受到资本主义世界性通货膨胀的强烈影响呢？社会主义经济制度的优越性在这里充分表现出来：它有可能通过外贸、外汇政策的实行，防止或大大减轻资本主义世界性通货膨胀对国内经济的影响，保证社会主义经济建设的顺利进行。而这一点也是资本主义工业化、现代化过程中难以做到的。

（原载《世界经济》1979 年第 6 期）

论教育在经济增长中的作用

两年前，我在《技术教育和资本主义工业化：西欧和美国技术力量形成问题研究》一文（1978年北京大学“五四”科学讨论会上的报告，发表于《社会科学战线》1978年第4期）中，曾从经济史的角度对教育同经济增长的关系作过一些分析。在那篇文章里，我所着重考察的是：教育是培养一国技术力量的主要途径；后进国家提高经济增长率以及在经济上赶上和超过先进国家的原因之一就是重视教育、重视人才的培养。关于教育在经济增长中的作用，我在该文中归纳为以下五点：

第一，它向社会提供一支能在科学上有发现、发明，在生产技术上有创新、变革的科学研究和设计队伍。如果没有这样一支队伍，在科学技术上至多只能步别国的后尘，很难取得重大的突破。

第二，它向社会提供一支能掌握和运用先进生产方法的技术队伍。如果没有这样一支队伍，即使有了先进的生产工具和生产方法，它们也不可能充分发挥作用。

第三，它向社会提供一支适应于工业化水平的生产和技术管理人员的队伍。如果没有这样一支队伍，就会造成生产过程中人力、物力、财力的巨大浪费，就不能发挥先进生产技术的优越性。

第四，它提高全社会的科学文化水平，为新产品的推广使用，为先进科学技术知识的普及和提高准备条件，同时也为今后技术力量的成长提供广阔的基础，为源源不断的高质量的科研人员、工程技术人员、管理人员和熟练工人的供给提供保证。

第五，它使社会积累起来的科学知识和生产经验得以保存和传播，这种传播可以不受国界的限制，也不受时间的限制。累积起来的科学知识和生产经验作为人类共同财富，通过教育从一个民族传播给另一个民族，从这一代传播给下一代。

本文以两年前发表的那篇文章为基础，继续考察教育同经济增长的关系。但这两篇文章的着重点有所不同。前一篇文章分析教育在促进一国经济增长和提高经济增长率方面的重要作用，本文分析教育在保证一国经济稳定、持续增长，以及有效地解决经济增长过程中发生的或可能发生的各种问题方面的重要作用。换言之，前一篇文章考察的范围在于经济增长本身，本文考察的范围在于经济稳定、持续增长过程中的社会就业、国际收支、收入分配、财政平衡等问题。此外，前一篇文章是从西欧和美国经济史的角度进行考察的，本文则以当前我国社会主义经济作为考察的对象。

本文分为四部分，分别考察教育与社会就业、国际收支、收入分配、财政平衡之间的关系，说明教育在保证经济稳定、持续增长中的作用。

一、我国当前社会就业问题的“结构性”。这种“结构性”就业问题要依靠发展教育和调整教育结构来解决

从理论上说，任何一个国家的经济增长既可以通过增加劳动力数量来实现，也可以不通过增加劳动力数量，而通过增加对机器设备的投资，并相应地提高劳动者的技术水平和熟练程度来实现。在经济增长过程中，由于物质生产部门采用节约劳动的新技术设备，有可能减少对劳动力数量的需要。因此，在一定的人口增长率条件下，经济增长本身并

不能保证充分就业。物质生产部门在增加生产量的过程中究竟能够吸收多少人就业，不仅取决于这些部门的增长速度，而且取决于这些部门采取什么样的经济增长途径。如果一国主要不是依靠增加劳动力数量，而是依靠新技术设备的采用和劳动力文化技术水平的提高来实现经济增长的话，物质生产部门本身能吸收的劳动力将是有限的。

另一方面，一国经济增长的过程也是一国经济结构变化的过程。在物质生产领域内，必然有些部门或行业衰落下去，甚至被淘汰，另一些部门或行业则不断兴起、发展。物质生产领域与非物质生产领域在国民经济中的比重也会发生变化，非物质生产领域的一些部门的发展及其在国民经济中所占比重的增大，是经济增长的不可避免的趋势。在衰落和被淘汰的部门就业的劳动者，随着国民经济结构的变化，需要另谋职业，转移工作部门。在新兴的物质生产部门中，尤其是在日益发展的非物质生产部门中，劳动力则往往是不足的。因此，一国经济增长过程之所以能够增加就业，从长期趋势来看，主要依靠新兴物质生产部门的发展和各种非物质生产部门的发展。

一国经济结构的变化不仅包括部门结构的变化，而且包括地区结构的变化。国内原来经济较不发达的地区在经济增长过程中可能以较快的速度增长，而原来经济比较发达的地区的经济增长速度则可能减缓，或者以相对较慢的速度增长。这样，经济增长率较慢的地区或者经济增长率虽高但主要依靠增加技术设备投资来实现经济增长的地区，劳动力将会过多，这些人也必须另找就业岗位。而经济增长率较高的地区，特别是原来劳动力不足的地区，则有可能吸收就业者。

从上述这些情况来分析，可以清楚地看到，一国经济增长过程中所遇到的社会就业问题，主要是“结构性”就业问题。这就是说，社会就业问题能否顺利地得到解决，要看劳动力的结构（不同技术水平的劳动力、不同工种的劳动力、不同地区的劳动力在劳动力总数中的构成）与经济增长速度是否适应，与经济结构的变化是否适应，要看劳动力本身在技术方面是否符合经济增长的要求。在劳动力结构与经济增长速度、经济结构变化不适应的情况下，在劳动者的技术水平不符合经济增长要求的情况下，经济增长过程中失业与职位空缺的并存将是不可避免的。

失业与职位空缺并存，就是说，一方面是“人找事”，另一方面是“事找人”。经济增长过程中为什么会有失业？这是因为在经济增长主要靠提高劳动生产率来实现，而人口增长率又比较高时，新达到就业年龄的劳动力很可能找不到工作。即使不考虑新达到就业年龄的劳动力，增长率相对缓慢或停滞的部门和地区也会游离出一批劳动力。特别是对发展中国家来说，情况更为显著，因为在这样的国家中，农业一直在国民经济中占有重要地位，而农业中原来的劳动生产率一直是较低的。工业化过程中，从农业中游离出来的大量劳动力在社会上找不到可以容纳他们的工作岗位。因此，失业（包括隐蔽失业）是不可能避免的。

为什么同时又出现职位空缺？这主要是因为新兴的物质生产部门以及非物质生产领域内某些需要熟练劳动力的部门在劳动力结构与经济增长速度、经济结构不适应的情况下，找不到所需要的劳动者，例如技术工人、工程技术人员、科学研究人员、管理人员等。即使是原有的物质生产部门，如果它们的经济增长主要依靠采用新技术装备来实现，那么该部门内原来就业的劳动者也很可能不适合要求。因此这些部门也是缺少劳动力的。此外，职位空缺还可能出现于新发展的地区，因为这些地区本身无法提供所需要的劳动力。这种情况在发展中国家也是很突出的，因为在这些国家中，由于历史的原因，适应于工业化要求的熟练劳动力尤其缺乏。

一般说来，国民经济中的失业人数与职位空缺额不可能恰好相符。二者之间的比率因一国经济增长率、经济结构变化情况和劳动力结构调整情况而异。但即使失业人数与职位空缺额基本上相符，它们也不可能彼此抵消，因为在现代生产技术条件下，不同技术水平和工种的劳动力往往不能替代。所以从长期趋势来看，一国经济增长过程中，失业与职位空缺并存的现象不是暂时性的，而很可能是持久性的，即旧的失业人员就业了，职位空缺现象消失了，但新的失业人员又出现了，新的职位空缺现象又产生了。失业（包括隐蔽失业）是人力资源的浪费，职位空缺是物质资源的浪费，失业与职位空缺的并存不仅不利于经济增长，而且将阻碍新技术的采用和推广，阻碍经济结构的必要的调整，使一国经济停留在长期低效率的状态。特别是失业的长期化还会成为社会不稳定的一个重要因素。

总之，经济增长过程中的社会就业问题，很大程度上可以归结为经济增长过程中失业与职位空缺之间的矛盾无法得到解决。这就是社会就业的“结构性”。

我国的社会就业问题是复杂的。当前我们面临的社会就业问题，既有属于上述一般经济增长过程中带有普遍性的问题，又有作为发展中国家在经济发展过程中遇到的共同问题，还有我国所特有的问题。这三种问题是交织在一起的。属于一般经济增长过程中的问题，主要指先进机器使用和技术装备率提高后，物质生产部门对劳动力的需求相对减少，对非熟练劳动力的需求甚至绝对减少。属于发展中国家经济发展中的共同问题，主要指在从农业社会转向工业社会的过程中，从农业中必然游离出大量非熟练劳动力，需要有就业岗位容纳他们。属于我国特有的问题，除了劳动管理体制不够完善以外，主要指十年动乱给国民经济造成了严重破坏，比例失调，使得劳动就业门路十分狭窄。加上 20 世纪 50 年代末、60 年代初人口增长过速，以致 20 岁左右的青年人如今大批走上或即将走上工作岗位，如果就业问题不能妥善解决，对社会和经济增长都是非常不利的。与此同时，我国当前也存在熟练劳动力供给不足、在职人员劳动生产率低的问题。一方面许多待业青年没有工作岗位，另一方面不少工作岗位找不到适合的工作人员。劳动力总资源等于劳动力数量与劳动者平均技术熟练水平（劳动力质量的主要标志）的乘积。在这个意义上说，目前我国的劳动力总资源并不是十分丰富的，因为劳动力数量虽多，劳动者的平均技术熟练水平却比较低。

要使当前我国的社会就业问题得到妥善解决，归根到底有待于在经济增长过程中不断地创造出新的工作岗位。如果无法增加新的工作岗位，那么即使人口增长率很低，只要采用了新技术，对劳动力的需要仍会减少。但怎样才能增加新工作岗位呢？这里涉及社会主义制度下多种经济成分并存、社会主义公有制多种形式并存的问题，也涉及经济管理体制、技术创新类型、国民经济各部门比例关系以及经济增长速度等问题。这些方面的问题不是本文所要探讨的内容。本文所要讨论的是：假定通过所有制形式、体制、比例关系等方面的调整和改革，假定国民经济有较大幅度的增长，确实创造出相当多的新工作岗位，我国的社会就业问题能否得到解决呢？如果考虑到我国社会就业问题的"结构性"，那么可以断言，在教育事业没有相应的发展，教育结构未作相应的调整的条件下，劳动力结构与经济结构之间不相适应的情况是不会消除的。"人找事"和"事找人"的矛盾将会长期存在。教育对于解决就业问题的重要作用，正在于它有助于解决这一矛盾。

发展教育事业和增加对教育事业的支出，可以使劳动力的结构适合于经济增长对不同技术水平和不同工种的劳动力的需要。在这里，重要的问题是使教育的结构同经济增长速度、经济结构的变化相适应，根据长期经济增长的需要来调整各种类型学校的设置、各种专业的设置，以及作出各种不同学习期限的安排。从长期考察，不外乎以下两种可能性。一种可能性是：从长期看，待业人数和未来新达到就业年龄的人数之和可能小于预计的职位空缺额，那么调整的重点将放在进一步提高教育水平、提高劳动力质量上，使每一个受过教育或训练的劳动力能发挥更大的作用，从而提高劳动生产率，进一步推动新技术的采用。这样，既可以适应经济增长的需要，又可以减少职位的空缺额。另一种可能性是：从长期看，待业人数和未来新达到就业年龄的人数之和可能大于预计的职位空缺额，那么调整时应当是提高与普及并重，既为国民经济培养有较高水平的专家，又使大量待业者有一技之长，便于找到合适的工作。这时，除了有必要进一步调整经济结构，以便增加职位空缺额以外，特别应注意发展中等技术和职业教育，给待业者以就业训练。还可以适当地延长在校学生的学习期限，一方面减少准备加入就业者行列的人数，另一方面提高他们的文化技术水平，以适应今后经济增长的需要。换句话说，与其让青年人在无技术、少知识的情况下待业，不如让他们多学习些知识与技能。

在上述两种可能性中，从我国具体情况来看，可以认为在相当长的时间内后一种可能性更大，所以我国教育事业的发展和教育结构的调整不能只着眼于提高，而忽略教育在解决“结构性”社会就业问题上的作用。

在这里，还应当注意到，教育结构调整不是一劳永逸的。一方面，经济增长本身要求教育部门输送大批有一定技术文化水平的、适应经济增长需要的劳动者，否则经济增长很难稳定地、持续地进行下去；另一方面，随着经济的增长，部门结构和地区结构总是处在不断变动之中，技术构成状况也会不断发生变化，这就要求教育结构相应地与之配合。一定的国民经济发展水平是与一定的教育结构相适应的，前者变动了，后者必须随之变动。这也是我国在制定长期人力资源规划时应当考虑的一个方面。

以上是就“结构性”社会就业问题进行分析。我国当前的社会就业问题主要是“结构性”的，但并不仅仅是“结构性”的。应当承认，我国目前还存在着“个人职业选择性”的社会就业问题。在这种情况下，某些工作岗位空闲着，需要劳动者，但劳动者不是由于缺乏必要的文化和技术，而是出于个人对职业的选择，宁肯待业，而不愿去工作。这种类型的就业问题产生的原因是多方面的。但教育对于这类就业问题的解决也能起到一定的作用，因为教育的任务不仅是传授文化技术知识，政治思想教育、革命人生观教育对于我国的青年学生来说，也始终是不可缺少的。

二、对教育的投资是发展知识密集型经济的前提。逐步增加知识密集型经济的产品出口是我国经济增长过程中改善国际收支状况的战略性措施

关于发展中国家现代化过程中的技术创新类型，我已经在《论资本密集型经济和劳动密集型经济在发展中国家现代化过程中的作用》（载《世界经济》1979 年第 6 期）一文中发表过我的一些看法。由于那篇文章的中心思想在于说明“发展中国家首先发展资本密集型经济的做法是难以奏效的”，因此可以不涉及熟练劳动与非熟练劳动的区分，不涉及劳动密集型经济的发展趋势。而本文的中心思想在于说明对教育的投资如何有利于经济增长的稳定和持续，因此有必要对技术创新类型问题再作进一步的考察，即考察知识密集型经济在经济增长过程中的作用。

从理论上说，一国为了实现经济增长，必须增加积累，筹集可供投资使用的资金。在国内资金供给不足的条件下，可以根据国际资本市场的情况，按照适当的信贷条件，吸收国外资金。利用国外资金有助于克服短期内外汇不足和资金不足的困难，有助于引进国外先进技术，但从长期来考察，必然面临着还本付息问题。如果一国不可能扩大自己的出口或其他来源的外汇收入，那么经济增长过程中将会发生国际收支逆差增大的现象，从而经济的持续增长将遇到很大困难。

假定一国在工业化之前或工业化开始阶段是一个劳动力数量较多、工资水平相对较低的国家，它的传统出口品是劳动密集型经济的产品，这些产品在国际市场上有一定的竞争能力，出口这些产品可以使该国取得一定的外汇收入，以弥补进口技术和其他商品的需要，改善国际收支情况。但是，在该国的工业化进行到一定阶段之后，它在劳动密集型经济的产品出口方面的有利条件将会逐渐丧失，不利条件将会逐渐增多。这是因为：

第一，随着经济增长，国民收入将会逐年增长，平均每人的国民

收入也会逐年增长，工人的实际工资也会有所提高。这样一来，该国的平均工资水平与其他工业发达国家的平均工资水平之间的差距有可能缩小，从而该国以前所拥有的依靠低工资水平而进入国际市场的有利性将会减少。特别应当注意的是，工业化是世界各国共同的趋势，在该国工业化进行到一定阶段之后，另一些原来未开始工业化的后进国家也会相继开始工业化，后者也力图扩大出口，吸收国外先进技术。这些更晚开始工业化的国家很可能也是劳动力数量很多、工资水平甚至还要低一些的国家。它们的出口品也可能是劳动密集型经济的产品。这些产品在国际市场上也许具有更大的竞争能力，因为它们是由工资水平相对更低的劳动力生产出来的。这样，如果该国在经济增长、国民收入增长、工人的实际工资有所提高之后继续以出口劳动密集型经济的产品为主，它在国际市场上将会遇到新的有力的竞争对手。这种情况对它显然是不利的。

第二，劳动密集型经济的产品中有相当大的一部分是初级产品。一国在进行工业化的过程中，随着经济的增长，国内对初级产品的需求可能逐步扩大（例如对矿产品的需求或对农副产品的需求，都将因新工业部门的建立、城市的发展、交通运输的发展、居民物质文化生活水平的提高而扩大）。于是，继续大量出口初级产品的做法要受到国内经济增长和国内对初级产品需求扩大的限制。如果出现了这种情况，对于该国的国际收支状况的影响将是不利的。

第三,一国劳动密集型经济的生产量虽然可以随着该国国民经济的增长而增长，但其增长率一般是较小的。劳动密集型经济的产品供给的扩大不仅要受到自然资源的限制，而且还要受到生产技术方面的限制。这是因为：在劳动密集型经济的产品的生产成本中，活劳动部分所占比重较大，物化劳动部门所占比重较小，劳动密集型经济的劳动生产率的提高也就相对地缓慢些。假定一国在经济增长过程中需要不断引进国外先进技术，并且在吸引外资一定时间之后需要还本付息，那么出口额必须相应地扩大。假定该国一直主要依靠出口劳动密集型经济的产品来取得外汇收入，那么由于这些产品生产量的增长率较小，而供给的扩大又受到限制，该国将不可能采取扩大出口劳动密集型经济的产品的方式来保持国际收支的平衡。如果它想使出口额增大，保持国际收支平衡的话，那么只有从以下三种可供选择的增加出口的方式中任择其一：增加非劳动密集型经济的产品出口，以弥补劳动密集型经济的产品供给的较缓慢增长；压缩国内对劳动密集型经济的产品的需求，抑制这种需求的增长率，以保证继续有足够的劳动密集型经济的产品用于出口；对劳动密集型经济进行生产技术改造，提高其劳动生产率，以便增加劳动密集型经济的产品的生产量，使这些产品的供给增大。在这三种增加出口的方式中，如果按第一种方式去做，它本身就意味着依靠劳动密集型经济的产品出口这一传统做法的改变；如果按第二种方式去做，则要求以压缩国内的需求、限制国内的增长率作为前提，即牺牲国内需求和增长，以扩大出口；如果按第三种方式去做，那么劳动密集型经济中的劳动密集程度将会下降，依靠劳动密集型经济的优势将会逐渐消失。这也就说明，一国在工业化进行到一定阶段之后，要想继续保持以出口劳动密集型经济的产品为主，不仅是困难的，而且也是不符合经济增长规律的。

除了上面所分析过的这些情况以外，还应当指出，即使一国在工业化进行到一定阶段之后仍然享有出口劳动密集型经济的产品的有利性（比如说，该国的工资水平仍然较低；在国际市场上暂时还未遇到有力的竞争对手；该国国内对初级产品的需求的增长还没有达到影响初级产品出口的程度；该国劳动密集型经济的产品的生产量增长率较高，从而这些产品的出口额未受影响，等等），但由于在国际市场上，非劳动密集型经济的产品与劳动密集型经济的产品的不等价交换是由国际经济中的历史和制度条件造成的，并且，这种现象不可能在短期内改变，所以，靠劳动密集型经济的产品出口去换取非劳动密集型经济的产品的进口，在交换方面是不利的。既然如此，那么一国在工业化进行到一定阶段之后，为什么一定要坚持以劳动密集型经济的产品作为自己的主要出口品呢？为什么不设法以贸易条件对自己比较有利的非劳动密集型经济的产品的出口来代替劳动密集型经济的产品的出口呢？

这一点清楚地表明：无论从哪一个角度来看，以劳动密集型经济的产品出口为主的做法虽然在一国刚开始工业化时期是必要的，但在工业化进行到一定阶段之后，这种情况应当有所改变。以劳动密集型经济的产品作为主要出口品的做法，不宜于作为一国长期不变的方针。

这样就产生了一个问题：既然一国在工业化进行到一定阶段之后很难继续以劳动密集型经济的产品出口为主，而且也不适宜以这些产品出口为主，那么该国应当如何解决经济增长过程中的国际收支逆差问题？假定该国非贸易项目的国际收入为既定的，它应当如何增加自己的出口，以应付进口增加以及清偿外债（还本付息）的需要？

它可以发展本国的资本密集型经济，出口资本密集型经济的产品，或用本国的资本密集型经济的产品替代进口的同类产品。这当然是一种可行的办法，但这也不是容易实现的。在国际经济中，某些先进的工业国家通过长期的经营和历史上已经形成的有利的贸易条件，再加上它们拥有充足的资本，从而在资本密集型经济的产品的出口方面享有一定的优势。要同这些国家的资本密集型经济的产品相竞争，并在竞争中占上风，不是一件容易的事。

因此，对于稍后开始工业化的发展中国家来说，在工业化进行到一定阶段后应当大力发展并扩大出口的，应当是另一种类型的产品——知识密集型经济的产品。

所谓知识密集型经济，指从劳动力质量和技术创新的角度着眼的技术创新类型、产业部门与产品的一种经济类型。如前所述，一国劳动力资源的多少不仅表现为劳动力数量的多少，而且表现为劳动力质量的高低。在把国民经济按资本密集型和劳动密集型分类时，并未把劳动力质量因素包括在内。这里所说的资本密集型和劳动密集型，只是就生产中自然单位的劳动投入量与生产资料投入量之间的比例而言，而在计算自然单位的劳动投入量时，把每一个人（或每一工时）看成是等量的劳动的投入，在计算生产资料投入量时，也只是计算其价值额，而未把生产资料所体现的技术先进性同运用这些生产资料的劳动者的科学技术水平联系起来考察。但是，如果从劳动力质量的角度来分析，生产中所投入的劳动很自然地区分为熟练劳动的投入和非熟练劳动的投入，生产中所投入的生产资料也很自然地区分为体现了技术先进性并由熟练劳动者运用的生产资料的投入和未体现技术先进性并由一般劳动者运用的生产资料的投入。于是就出现对经济的另一种分类，即国民经济可以区分为熟练劳动密集型与非熟练劳动密集型两类，在熟练劳动密集型经济中，不仅所投入的劳动是熟练的劳动，而且所投入的生产资料是体现了技术先进性并由熟练劳动者所运用的。产品也可以相应地分为熟练劳动密集型经济的产品和非熟练劳动密集型经济的产品。所谓知识密集型，就是指熟练劳动密集型。

一个劳动力数量较多的国家，如果它不断提高本国劳动者的科学技术水平和熟练程度，使之具有高度的劳动生产率，能在生产技术方面不断地有所创新，能以熟练的劳动者和体现了技术先进性的生产资料进行生产，那么它所生产出来的产品就不是一般意义上的劳动密集型经济的产品，而是熟练劳动密集型或知识密集型经济的产品。这种产品中凝聚了该国的劳动者（包括工人、技术人员、科学研究人员）所拥有的最新科学技术知识和已达到的先进技术水平，反映了该国在生产技术方面的最新成就，反映了该国所达到的高度劳动生产率。如果该国以这些产品出口来换取非熟练劳动密集型经济的产品，而不是用一般意义上的劳动密集型经济的产品来换取资本密集型经济的产品，那么即使国内的实际工资水平随着经济增长而上升，它仍然能够在国际市场的竞争中保持优势，而且还能够不断开辟新的市场，扩大销路。此外，由于它改变了以往那种出口一般意义上的劳动密集型经济的产品的做法，从而也就避免了在现存国际贸易结构中的不利于劳动密集型经济产品的交换条件，避免了不等价交换制度所带来的经济上的损失。

技术创新是无止境的。劳动生产率的提高不会停止在某一个限界之内。一个发展中国家在实现现代化的过程中，只要能使熟练劳动密集型经济不断得到发展，那么它在经济增长和改善国际收支状况这两个方面都将有广阔的前景。

这样就可以清楚地看出对教育的投资在协调经济增长与国际收支二者之间的关系方面的重要作用了。没有连续的、追加的对教育的投资，就不可能普遍地、大幅度地提高劳动者的技术水平和熟练程度，就不可能培养出高质量的本国科学研究人员，就不可能使生产技术不断创新。因此，对教育的投资是发展熟练劳动密集型即知识密集型经济的前提，也是在经济增长过程中扩大出口、改善国际收支状况的前提。

总之，增加对教育的投资是经济增长过程中改善国际收支状况的战略性措施。我国是发展中的社会主义国家，什么是当前我国在国际贸易中的优势？这就是在若干劳动密集型经济的产品的出口方面，我们相对地居于有利的地位。我们应当充分利用这一有利条件，发展这一优势。但这不宜成为长期的对外贸易方针，而且我国目前享有的这一优势很可能随着经济的增长而逐渐减弱。从战略上考虑，我们应当加强每一种出口商品的熟练劳动密集程度，加强出口部门的熟练劳动密集程度。今后，如果我国输出的农产品不再是一般的劳动密集型农产品，而是体现了先进科学技术水平的农产品，即反映最新科研成果的、改良了品种的、高质量的农产品，如果我国输出的工业品不再是一般的劳动密集型加工制成品，而是体现了我国的技术创新特色、反映最新科研成果的、高质量的加工制成品，如果我们不再是出口矿砂、煤炭、原油等矿产品，而是出口利用这些矿产品作为原料进行加工，并反映我国科学技术新成就的各种优质产品，那么我国在国际市场上将能长期保持优势。我国的工业和农业越是成为具有高度劳动生产率的部门，我国在国际竞争中越能居于有利地位。如果做到了这一点，那么实际上我们拥有的就不只是劳动力数量上的优势，而且是劳动力质量上的优势。我们将以输出体现于产品和劳务上的“知识”而在国际市场上立于不败之地。

三、我国当前经济增长过程中的一个重要任务是提高广大职工的收入水平和提高经济效率。这个任务在一定程度上也可以通过对教育的投资来实现

这里所要讨论的是收入分配和经济效率之间的关系。在资本主义经济中，所谓“平等”和效率的交替有其特定的含义，因为在生产资料资本主义所有制条件下，“平等”是建立在承认资本主义雇佣劳动制度的基础之上的，效率则是资本主义竞争的产物。只要存在资本主义雇佣劳动制度，从根本上说就不可能出现真正的平等。关于这一点，不准备在本文中分析。但在我国社会主义经济中，收入分配与经济效率之间的关系倒是值得研究的重要问题。

对人的关心和培养是社会主义生产的目的。发展生产，是为了提高人民的物质和文化生活水平，使劳动者充分发挥自己的才能。但要发展生产，就必须讲究效率，必须调动职工的积极性。从理论上说，如果认真贯彻按劳分配而又正确实行社会福利的措施，那么对生产的发展和效率的提高是有利的。对于劳动者来说，这也是保证在生产发展前提下提高收入水平的途径。然而在我国，职工平均收入水平偏低和收入分配中的平均主义的影响不可低估。收入分配中的平均主义严重阻碍经济增长，挫伤人们的积极性，从而使本来偏低的职工收入更难以提高。长时期内已经形成的平均主义的、职工平均收入偏低的收入分配格局，不是很容易改变的。要扭转这种格局需做很大的努力。

为了更好地说明这个问题，并进而说明教育在调整收入分配和经济效率之间关系方面可能起到的作用，有必要从收入分配的理论谈起。

一般经济增长过程中，可能有两种不同的收入分配方式。一种收入分配方式是，在经济增长过程中，完全根据劳动者的劳动数量和质量给予报酬。另一种收入分配方式是，在经济增长过程中，国家对收入分配采取一定的调节措施，更多地照顾低收入者，并对高收入者的收入加以某种限制或扣除。主张前一种收入分配方式的人认为，经济增长过程

中的这种收入分配方式是合理的，因为这是完全按照劳动者提供的劳动数量和质量给予报酬，每个劳动者所得到的收入的多少意味着社会对每个人提供的劳动或作出的贡献的评价。据说唯有这样，才能鼓励勤劳者，惩罚懒惰者，才能促使每个人尽量发挥自己的力量和才智，为经济增长多作贡献。主张后一种收入分配方式的人认为：完全按照劳动者提供的劳动数量和质量给予报酬并不是一种合理的收入分配，因为一个劳动者提供的劳动数量和质量的多少并不仅仅取决于个人工作的勤劳与否。由于人与人之间有天赋的差别，智力与体力各不相等；各人的家庭条件和受教育的机会不同，从而获得收入的能力也不相等；特别是每个人都在一定的社会环境中工作，工作中所使用的生产资料状况不是自己所能决定的，有人有条件使用有较高生产率的设备，有人则不具备这种客观条件。因此，一个人可能已经竭尽了自己的最大力量，但他所提供的劳动数量和质量却不如一个并未使用最大力量，但天赋、家庭条件和工作环境比较有利的人提供的。这就使得完全按照劳动者提供的劳动数量和质量来给予报酬的做法具有一定的局限性，使得社会上总有一部分人的收入与他们个人工作的努力程度相比是偏低的，并使得社会上还有一部分人的收入与他们个人工作的努力程度相比是偏高的。国家采取适当的收入分配调节措施，给收入低的人某些照顾，对收入高的人的收入进行某种限制，这才是合理的。

经济增长过程中的这两种收入分配方式的主张者还从收入分配对经济增长的效应来说明实行该种收入分配方法的必要性。前一种收入分配方式的主张者认为，如果完全根据劳动者提供的劳动数量和质量给予报酬，这将调动每一个劳动者工作的积极性、主动性，并将促使每一个劳动者不断提高自己的技术水平和熟练程度，其结果将会推动国民经济的增长。反之，如果不按照劳动者提供的劳动数量和质量来给予报酬，或者人为地拉平这种报酬，那就会挫伤劳动者工作的积极性，降低效率。后一种收入分配方式的主张者则认为，如果完全根据劳动者提供的劳动数量和质量给予报酬，社会成员的收入差距有可能扩大，收入差距的扩大将在一部分社会成员的心理上引起反响，某些低收入者会产生沮丧和失望的情绪，不利于调动他们的积极性，不利于经济增长。

一般经济增长过程中的这两种收入分配方式的争论对于资本主义经济而言，并没有实际的意义，因为资本主义社会中既不可能真正按照劳动者提供的劳动数量和质量给予报酬，而其国家政权的阶级实质又决定了它不可能真正按照合理的方式来调节各阶级的收入。社会主义制度的优越性，照理说应当为合理的收入分配创造出先决条件，并且能够通过合理分配收入来最大限度地促进经济增长。然而在我国，社会主义制度在这方面的优越性并未得到充分发挥。当前我国收入分配中的平均主义和职工平均收入水平偏低的形成原因是多方面的。多年来，由于社会主义生产目的不明确，为生产而生产的情形严重，加之，在越“平均”越好的思想支配下，已经造成了这样的局面：既不能合理分配收入，又不能调动职工积极性，结果是经济增长缓慢，劳动生产率低下，职工实际收入不能提高，同时，收入分配中的问题还影响安定团结。这种情况已到了非改变不可的地步。怎样改变呢？我认为，现在要讨论我国经济增长过程中收入分配与经济效率之间关系的协调，必须从客观上已经形成的收入分配格局出发，从长时期来社会上普遍存在的平均主义和职工现阶段平均收入水平出发。历史不能倒转。我们不可能设想一个“假如现在是1949年，我们应该如何如何”的模式。这种模式的探讨固然重要，但不能解决现实中的迫切问题。这是因为，在工资和福利方面存在着“非灵活性”：既定的工资标准，提高容易下降难；既定的福利标准，增加容易减少难。

因此，在我国目前情况下，如果在收入分配上不贯彻按劳动数量和质量给予报酬，不提高平均收入水平，听任平均主义为害，这是不行的。同时，国家如果操之过急，不从承认收入分配和福利措施的现状出发，过分强调完全以劳动数量和质量为标准给予报酬，也是不行的。平均主义的消除，需要有一个较长的过程，但消除它们是势在必行之事。考虑到我国收入分配格局形成的历史条件以及收入分配现状，在发展生产的过程中逐渐提高职工收入是迫切的任务。在收入分配方面，当前，平均主义和职工平均收入水平偏低是主要矛盾所在，从而低效率问题成为经济增长的主要障碍。所以，我们应当把逐步减少平均主义和贯彻按劳分配放在首位，在提高广大职工的实际收入水平的前提下，尽可能按劳动的数量和质量给予报酬。若干年后，职工的收入水平肯定要比目前有较大的提高，但也有可能在平均收入普遍提高的基础上，某些人的收入上升得更快，从而收入分配的差距有扩大的趋势。假定收入分配差距的扩大引起了社会上一部分人的不安，那么到那时再通过国家的适当调节（如提高累进制的个人所得税税率，征收遗产税）使收入分配差距缩小，也还为时不晚。我认为，我们需要预见到这一可能出现的趋势，但不必过早地采取收入限制措施。这个问题将来是可以解决的。

经济增长过程中收入分配与经济效率的协调，不仅与长期形成的收入分配格局，过去和目前的工资和福利制度等有关，而且还涉及意识形态领域内的若干问题。比如说，劳动者的政治思想状况、社会的风尚和评价标准，人们对“平等”和“幸福”的理解，都是意识形态领域内的重要问题，它们都能在某种程度上影响收入分配与经济效率之间的协调，影响在一定收入分配格局下人们的工作热情、主动性和效率。因此，要在我国经济增长过程中既提高广大职工的收入水平，而又不至于挫伤人们的工作积极性，不至于降低效率，必须重视意识形态领域内的措施。

那么，教育事业在协调经济增长过程中收入分配与经济效率之间的关系方面能起到何种作用呢？对教育的投资是否能促进上述任务的解决呢？毫无疑问，教育能使受教育者在意识形态方面受到某种影响，从而有助于他们形成正确的人生观，产生社会责任感，建立新的评价标准。这种影响显然是不能忽视的。关于这一点，通常并没有什么争议，关键在于政治思想教育的内容和教育的方法。我在这里准备探讨的则是经济学方面的问题。我认为以下这四个问题是值得重视的：

第一，由于教育能使受教育者提高文化技术水平，从而提高未来取得收入的能力，所以要提高低收入职工的收入水平，有效措施之一就是使他们受到一定的专业教育和训练。这是因为，如果认真贯彻按劳分配，那么有专业知识和技术水平较高的人的工资收入与缺乏专业知识和技术水平较低的人的工资收入的差额，在其他条件相同的情况下，应当被看成是受一定的教育给个人所带来的收益。多受教育能增加个人取得收入的能力这一点，既适用于正规教育，也适用于业余教育。比如说，通过一定的考试制度，只要达到某一级水平的，就应当承认其学历，给予与其学历相称的报酬。另一方面，从全国范围来考察，发展教育将能提高我国的劳动力质量，使受教育者的工作效率有所提高。特别是在现代科学技术条件下，经济增长中迫切需要高质量的劳动力，质量较低的劳动力人数再多也不能替代他们。如果不发展教育，不使低收入职工受到专业训练，低收入职工的收入总是少的，他们的劳动质量也总是低的，对经济增长是不利的。这就清楚地说明发展教育事业既有利于缩小社会收入分配差距，又能普遍提高效率、促进经济增长，从而提高职工平均收入水平。

第二，劳动力缺乏流动性是不利于提高经济效率和增加收入的一个原因。我国当前劳动力缺乏流动性问题是一个相当复杂的问题。本文不准备讨论劳动力缺乏流动性的原因。这里所要考察的是：假定通过体制等方面的改革和调整，我国的劳动力流动状况有所改进了，那么就劳动力的流动而言，还存在一个重要的问题没有解决，即由于一部分人缺乏专业知识和技能，工作适应能力很差，在经济结构变动和技术不断进步的条件下，不能适应客观的需要而改变工作岗位。特别是，在经济增长过程中，即使农业生产率提高了，并且假定其他部门需要劳动力，但由于农业中大量劳动者工作适应能力差，仍然不能为其他部门所吸收。大批劳动力被继续束缚在农业中而未能得到充分利用，对社会来说是一笔相当大的效率损失。值得注意的是，在这种情况下，低效率、缺乏职业上的适应性同低收入水平三者是联系在一起的。要解决这个问题，同样需要依靠教育事业的发展，即通过教育，使这些低收入者能在需要的时候变更个人的工作岗位，取得较多的收入，同时使他们的力量和才智在新的工作岗位上充分发挥出来，以减少社会的效率损失。

第三，就一般情况而言，低收入职工的收入水平不仅影响他们这一代人，而且将影响他们的下一代。这种情况在我国社会主义条件下也仍然存在。从理论上说，社会主义社会是一个没有职业世袭制、职业歧视和排他性的社会，但由于低收入职工收入少，家庭缺少学习的条件，他们的子女受教育的机会一般比较少，接受较高等教育的机会可能更少，于是他们的子女改变职业的机会也相对地少一些，并且相对地较少有可能到有较高收入的工作岗位去就业。这主要是经济原因造成的。我认为应当承认这一点。如果把低收入家庭与有较高收入的家庭拿来比较，假定第一代人的收入已经形成了差距，那么到了第二代，除了少数家庭有可能改变原来的收入状况外，一般的情况则是收入差距的继续保持，甚至可能扩大。这是因为，就我国的实际状况而言，在四十多岁、五十多岁的一代人中，文化程度较低的职工家庭的子女较多，这些家庭的主妇参加工作的较少，从而家庭按人口平均的收入较低。这样，这些家庭将会遇到一个“受教育少→收入少……”的恶性循环。当然，用行政措施也许可以增加低收入家庭子女的受教育机会，例如规定各种不同文化程度的人的子女升入高等学校的比率。但这种做法只会带来相反的效果，因为在高等教育不发达而封建主义影响还不可忽视的环境中，这种做法只会成为某些人谋取私利的手段，它对社会造成的恶果将会更大，使国民经济的效率损失、人才损失更加严重。因此，要打破低收入家庭所遇到的低收入和受教育少之间的恶性循环，而又不至于影响经济效率和挫伤一切有才能的人的学习积极性，应当从大力发展教育事业、扩大高等教育和职业教育着手，在整个教育事业发展的基础上提高低收入家庭子女的升学率，增加他们未来取得较多收入的能力，同时不致排斥一切有才能的人有深造和发挥才能的机会，不使社会的经济效率受到损失。

第四，从整个国民经济的观点来考察，低收入者的收入水平的提高不可能只依赖于低收入者本人或家庭的努力。如果我国经济仍像史无前例的十年那样动荡和遭受破坏，如果整个经济的增长速度十分缓慢，那么无论个人怎样努力增加自己的收入或提高本人和子女未来取得较多收入的能力，仍无助于改变低收入者收入低下这一社会现象。因此，经济增长过程中收入分配问题的有效解决途径，归根结底仍在于国民经济的发展和国民生产总值的增长，在于技术的不断创新、劳动生产率的不断提高。教育在协调经济增长过程中收入分配和经济效率之间关系方面的主要作用正在于此。因为正如前面一再提到的，劳动力质量的提高是我国今后经济增长的重要条件，而任何技术创新和劳动生产率的提高都可以看成是对教育的投资的累积性的成果。

还应当说明的是，虽然我在文中有时也用了“收入较高”的个人或家庭这样的字眼，但这仅仅是就国内收入分配格局而言的，它仅仅是在国内范围内具有相对的意义。如前所述，我国广大职工和干部的收入水平偏低。假定说各国间平均收入绝对数字的比较没有什么实际意义的话，那么无论如何，消费结构的比较（尤其是食物支出在家庭收入中所占比例的比较）、每小时工资购买力比较（尤其是每小时工资收入与耐用消费品的交换比率的比较）还是很可以说明问题的。因此，在我国经济增长过程中，除了要注意提高低收入家庭的收入水平，还应当提高全体职工、干部、劳动者的收入水平，使每个家庭的消费结构、每小时收入与耐用消费品的交换比率发生变化。这显然是一个艰巨的任务，必须采取多方面的措施才能逐步实现。在这些措施之中，发展教育事业、增加对教育的投资将是具有重要意义的措施之一。因为只有在劳动力质量较高、劳动生产率增长速度较快的前提下，才能使人们的收入普遍提高，使消费品的生产成本和价格下降，才能改变每个家庭的消费结构，才能使人们每小时的收入交换到更多的消费品。并且，所有这些变化都是联系在一起、互相促进的。家庭消费结构普遍发生变化，职工收入普遍增加，就能使社会增加更多的工作岗位，使就业问题较易于解决。

四、在我国经济发展的现阶段，较大幅度增加教育经费固然与维持财政平衡有矛盾，但从长期看，对教育的投资将有助于在经济增长过程中增加财政收入

要发展教育事业，就需要增加教育经费。增加的教育经费来自何处？很自然地会遇到一个尖锐的问题：这样一来，将会加重国家的财政负担。所以，人们经常说，发展教育事业、增加教育经费与维持财政平衡有矛盾。

在我国经济发展的现阶段，财政拨款对于发展我国的教育事业当然是重要的，但这是不是筹集教育经费的唯一途径呢？当然不是。我认为，正如在解决我国当前就业问题、广开就业门路时，不能只着眼于国家的直接投资，而忽视社会集资一样，在对待我国当前教育事业的发展、广开就学门路时，也不能只着眼于财政拨款，而忽视社会集资。但在这里，我们先把教育经费的筹集问题撇在一边，暂不讨论。我们可以暂时假定财政拨款是当前发展我国教育事业的唯一的经费来源。

如果确是如此，那么对于教育经费增加会造成财政赤字的顾虑，不是没有经济理论根据的。假定财政收入为既定，或财政收入增长率较小，而为了发展教育，用于各种投资支出和教师工资支付的款项增长率较大，那么财政赤字将不可避免。财政赤字引起货币流通量增大，其结果将引起物价上涨。再者，如果财政收入为既定，而国防、行政等开支已经压缩到不能再压缩的地步，那么对教育拨款的增加将会直接减少对物质生产部门的投资，结果可能引起物质生产部门的收益下降（或收益增长率减少）和成本增大（或成本下降率变慢），这样，物质生产部门企业收益的下降或较慢增长对国家财政收入的影响是不利的，从而也会不利于维持财政平衡，最终将引起物价上涨。

然而从较长期来考虑，我们还可以看到另一种可能性。增加教育投资不仅有利于经济增长，而且有利于在经济增长过程中维持财政的平衡。在其他条件不变的前提下，就一个企业范围而言，劳动生产率的提

高超过工资成本的提高，依靠劳动生产率增长而实现的商品生产量的扩大和原材料消耗的降低，是企业收益增加的源泉。就整个国民经济而言，劳动生产率的提高以及由此实现的企业收益的增加，是增加财政收入，从而有利于维持物价稳定的可靠途径。只要从这个角度来进行分析，增加教育投资的作用就很清楚了，因为如前所述，劳动生产率的提高可以看成是教育事业发展的结果。

关于这一点，可以从以下三个方面来作进一步的考虑。

第一，对教育的投资，就其性质而言，应当被看成是一种生产性投资。对教育的投资同对物质生产部门的投资（如投资兴建一座工厂，添置一套设备）一样，其结果都将使国民收入增加。二者的区别主要在于，对物质生产部门的投资体现于物质产品数量的增加和质量的提高，对教育的投资体现于现有劳动者文化技术水平的提高，或达到一定规格和标准的劳动者人数的增加。前一种投资易于被察觉，后一种投资则很容易被忽视，以至于长期以来对教育的拨款被当成是非生产性的支出。因此，如果继续按照传统的看法，看不到教育对国民经济发展的促进作用，那么就会认为教育经费的增加是不利于财政平衡的。反之，如果把对教育的支出（人力投资）看成是生产性投资，看成是通过劳动者文化技术水平的提高，从而通过劳动生产率提高而促成经济增长的一种投资，那么，从长期看，教育经费的增加将有利于维持财政平衡。

第二，教育作为一种生产性投资，它的周期较长，甚至比某些基础结构（运输、动力系统等）的建设周期还要长一些。当然，在经济生活中，有时也可以看到对教育的投资能较快地收到经济效果，例如开办某种技术工人短训班等，但一般来说，培养有一定文化技术水平的劳动者，特别是培养达到一定规格、标准的专业人员，所需要的时间较长。这种情况很容易引起一种误解，即认为发展教育是“远水解不了近渴”。其实，如果具有战略的眼光，把教育作为一种能持久地带来收益的生产性投资，以及连续性地看待教育在经济增长中的作用，即不仅看到年复一年地对教育事业的拨款，更要看到过了一段时间之后，具有较高文化技术水平的劳动者人数年复一年地增多，我国的科学技术队伍年复一年地扩大，那么就会从根本上改变上述看法。正如对基础结构的投资一样，对教育投资的收获期较长，未来对国民经济的好处也是较大的。

第三，教育作为一项生产性投资，它的受益者是全社会。对教育投资的社会受益是指它给整个国民经济带来好处。因此，如果不从全社会和整个国民经济的角度来考察，而只着眼于某个局部地区、部门或生产单位，那就很容易忽略对教育投资的经济效果。当然，在某些场合，也可以察觉到对教育的投资给某个局部地区、部门或生产单位带来的好处，例如在本地区开办某种类型的学校，或为本部门或本生产单位培训某种技工，等等。但这是次要的。对教育投资的全社会受益要比它给个别地区、部门或生产单位带来的直接利益大得多。这一方面反映于受过一定训练和教育的劳动者通过工作岗位的变换和工作地区的转移，将分布于国民经济各个部门和各个地区，另一方面，更重要地反映于全民族科学文化水平的提高和新的发明创造的涌现。任何发明创造都是长期对教育的投资的累积的成果，它属于整个社会。社会因这些发明创造而提高了劳动生产率，推进了经济增长，改善了一般劳动者的生活条件和劳动条件，扩大了就业机会，增加了平均每人的国民收入，等等。这些都是社会的受益。总之，只要把着眼点从个别地区、部门和生产单位的受益转到全社会的受益，那就不会仅仅根据本地区、部门、生产部门用于教育方面的支出来判断这种投资的实际经济效果，也就不会用局部的教育投资收益大小来判断对教育投资的有利性了。由此可见，虽然在经济增长过程中因增加教育经费而有可能暂时扩大政府的财政支出或减少个别地区的收入，但从长期看，从整体看，对教育的投资是提高劳动生产率的重要途径，是促进一国国民收入和财政收入有保证地、持久地增长的有效方式。

发展教育从长期来说有利于维持财政平衡这一点，可能不会遭到人们的非议了。那么，我们究竟应当怎样看待短期内增加教育经费与维持财政平衡之间的矛盾呢？现在让我们回到本节开始部分进行分析时所作的两个假定上。

第一个假定是：财政拨款是当前发展我国教育事业的唯一的经费来源。实际上，不必把财政拨款当成教育经费的唯一来源，社会集资的潜力很大，这主要以政策的制定和贯彻为转移。只要我们实行容许社会办学、群众办学甚至个人办学的政策，就可以在教育方面大大节省国家的开支。社会办学、群众办学、集体所有制单位办学，是行之有效的好办法，这方面不乏典型的经验。至于个人办学，这有什么不好？有专长的医师、艺术家、会计师、翻译家等，个人或联合带一些徒弟，传授知识和技能，对国家有利，对青年人也有利。个人办职业学校、文化补习学校甚至专科学校，靠收学费来维持，替社会培养人才，不需要财政拨款，不也是利国利民的好事吗？与其让青年人闲着，上不了学，不如让他们进各类学校去学习。此外，勤工俭学、半工半读的途径也很多。那种强调“正规化”“一个模式”的做法，结果如何呢？要么阻碍教育的发展，要么只好伸手向财政部门要经费，增加国家财政负担。

另一个假定是：假定财政收入为既定的，假定国防、行政等开支已经压缩到不能再压缩的地步，那么对教育拨款的增加将会减少对物质生产部门的投资，结果可能引起物质生产部门收益下降，不利于国家未来的财政收入。其实问题并不是如此简单。我们知道，对物质生产部门的投资只是总产值增长的一个条件，总产值增长的另一个条件是投资的经济效果的大小。如果能够提高物质生产部门投资的经济效果，让资金能周转得更快，让每一元投资能带来更大的产值，那么投资额不是不可以缩小的。长期以来，我们过分看重总产值增长的前一个条件，忽视后一个条件，似乎投资越多越好，积累率越高越好，投资经济效果却可以不计，结果浪费惊人。这方面的教训是很深刻的。为什么我们不能在既定的财政收入前提下，在加速资金周转、提高对物质生产部门的投资效果方面多做些文章呢？加速技术人员、管理人员的培养，恰恰是提高物质生产部门投资经济效果的有效途径。因此，只要我们设法提高投资的经济效果，那么在财政收入既定的条件下，为了发展教育而减少一些对物质生产部门的投资，既不至于影响总产值的增长，又不至于影响企业收益和国家未来的财政收入。

结束语

以上分别考察了对教育的投资在解决我国经济增长过程中的社会就业、国际收支、收入分配、长期财政平衡等方面所能够起到的积极作用。如果要使我国的经济稳定地、持续地增长，有计划地解决经济增长过程中出现的“结构性”就业问题和国际贸易中的优势减弱问题，协调收入分配和经济效率之间的关系，那就不能不加速发展教育事业、增加对教育的投资。从世界各国经济增长的历史可以看到，某段时间内的经济增长并不是难以实现的，难以实现的是经济稳定地、持续地增长，以及在经济增长过程中使社会经济各个方面保持协调。

在资本主义制度下，由于资本主义基本矛盾和阶级对抗关系的存在和激化，失业、通货膨胀、国际收支逆差、收入分配失调与经济增长之间的矛盾纠缠在一起。因此，即使加速发展教育事业，增加对教育的投资，至多也只能暂时缓和一下矛盾，而无法使上述这些问题真正得到解决。在那里，教育在经济增长过程中能够起到的协调社会经济各个方面的作用是有限的。但即使如此，60 年代以来西方资本主义国家的经济学家仍一再强调教育在经济增长中的作用，建议本国政府把人力投资政策和人力资源计划化作为实现长期经济增长的重要措施之一。

社会主义制度是优越的。我国当前在经济方面出现的这些或那些问题，不是来自社会主义制度本身。在消灭生产资料资本主义私有制和贯彻“各尽所能，按劳分配”的基础上，我国经济增长过程中社会经济各方面的协调应当要比在资本主义制度下容易得多。教育在这些方面所能起到的作用也肯定会比在资本主义制度下大得多。但过去这些年，为什么实际上教育并未发挥这么大的作用呢？这是一个值得深思的问题。

我想，除了长时期极“左”路线的干扰、林彪和“四人帮”的破坏以外，对社会主义经济建设缺少战略上的考虑，眼光过于短浅，对教育在长期经济增长中的作用认识不足，也是一个因素。在某些对教育的性质和作用缺乏认识的同志看来，教育是软任务，能挤一点就挤一点，能拖一拖就拖一拖。这种看法当然是错误的。因此，正如两年前我在写《技术教育和资本主义工业化》一文时的想法一样，我写这篇文章的目的仍是为了向国家的决策部门呼吁：必须重视教育，在动员社会集资广开就学门路的同时，较大幅度地增加国家对教育的投资，加速发展我国的教育事业。

（原载《北京大学学报（哲学社会科学版）》1980 年第 6 期）

进口替代还是出口替代？

——我国现阶段进出口战略的探讨

一、什么是进口替代和出口替代？

封闭经济是完全内向型的经济。发展中国家的开放经济又可分为两种类型：一是基本内向型的，另一是外向型的。发展中国家的进出口战略也可以相应地分为两种：进口替代是基本内向型的开放经济的进出口战略，出口替代是外向型的开放经济的进出口战略。

什么是进口替代？进口替代是指：发展中国家过去以进口工业制成品为主，现在改为以本国工业制成品代替同类的进口商品。为此，这些国家需要在国内建立面向国内市场的本国加工工业部门，其目的在于减少本国在工业制成品方面对国外市场的依赖，为本国工业企业保留国内市场。但由于在发展进口替代的过程中，国内通常缺少制造替代进口工业品的设备和某些原料，所以这些设备和原料有赖于进口。而为了支付进口的产品，维持国际收支平衡，除了有必要通过非贸易项目取得一定的外汇收入外，在一定时期内还需要出口初级产品，以换取外汇。在这种情况下，进口替代往往以初级产品的出口作为前提。

什么是出口替代？出口替代是指：发展中国家过去以初级产品出口为主，现在改为以本国工业制成品的出口代替初级产品的出口。为此，这些国家在国内建立面向国外市场为主的加工工业部门，这些工业部门的产品（包括半成品）在国际市场上有竞争能力。出口替代的目的不仅在于以这些工业品（包括半成品）的出口代替原来的初级产品出口，而且主要在于通过有国际市场竞争能力的工业品出口而赚取外汇，加强国际收支地位。但由于在发展出口替代的过程中，国内不可能在设备和原料方面保证充分的供应，而且国内所需要的某些工业制成品仍需要进口，所以进口总值是随着经济增长而有较大幅度的增长。然而，正因为工业品的出口总值也在增长，所以国际收支状况可以维持不变，甚至还可能有所改善。

开放经济的这两种基本的进出口战略的重点是不同的。进口替代的重点放在国内市场上，出口替代的重点放在国际市场上。进口替代实际上是一种"出口是为了进口"的战略，出口替代实际上是一种"进口是为了出口"的战略。在当前西方的经济发展理论中，不少人认为出口替代是较高级的或较发达的出口形式，进口替代则是较低级的或较不发达的出口形式，它迟早必将过渡到出口替代，而这种过渡的完成则被看成是发展中国家经济成熟的标志。怎样看待西方发展经济学家们的上述观点呢？应当承认，尽管这种观点也有部分的道理，但总的说来，它是一种片面的、脱离具体条件的分析所得出的看法，第三世界国家的一些经济学家已经指出其不适用了。我们的看法是：关于进出口战略问题的讨论，必须同特定国家的具体条件结合起来，适用于一切地区、一切时期的不变经济模式是根本不存在的。

二、两类发展中国家：大国和小国

首先遇到的一个问题，是发展中的大国和小国的区别。这里姑且不谈社会制度的不同，而仅仅从国土面积和人口多少来进行考察。发展中的大国是指那些幅员广阔、人口众多的国家，小国则指国土面积小、人口少的国家。在通常情况下，大国的自然资源是比较丰富的，资源的自给率较高，小国的自然资源比较贫乏，资源的自给率较低，或者资源品种的分配极不均匀，某些资源奇缺，而另一些资源的供给却绰绰有余。由于大国和小国在资源条件方面存在着这样的区别，因此，即使两者都属于开放经济类型，其开放程度必然是不同的。从长期发展前景来看，资源比较丰富的大国不像资源自给率较低的小国那样密切地依存于国际市场，依赖于进口和出口。

除资源条件外，还必须进一步考察发展中的大国和小国的国内市场容量问题。大国人口众多，国内市场容量大，小国人口少，国内市场容量小。国内市场容量的大小与工业的规模经济之间有着直接的关系。因为要降低工业品的生产成本，必须使工业企业达到一定的规模。如果工业企业达不到适度规模的标准，工业品的生产成本就高，这不仅会失去国际市场上的竞争能力，甚至连企业本身的存在都会成为疑问，因为它可能是亏损的、无效率的。

从规模经济的角度可以清楚地看出发展中的大国和小国的工业品销售场所的不同。小国人口少，国内市场容量小，如果它的工业以本国市场为主要销售场所，那么不少工业企业很难达到适度规模，这对于该国经济显然是不利的。大国则不然，它的国内市场容量大，如果工业以本国市场为主要销售场所，不少工业企业可以达到适度规模，从而可以盈利。因此，对规模经济的研究表明：小国如果要发展盈利的工业部门，它有必要面向国际市场，即以较少部分的产品满足容量较小的国内市场需求，而把较多部分的产品输往国外。这是一种有利于降低成本、增加盈利的做法。一国国内市场容量越大，采取这种做法的必要性就越小。

三、关于结构性失衡

经济发展中可能出现结构性失衡。结构性失衡是由于经济结构方面的原因而引起的失衡，在资本主义经济中，结构性失衡的激化就是结构性经济危机。结构性失衡和周期性失衡并没有直接的联系，它们可能并发，也可能只有前者而没有后者，或只有后者而没有前者。在非资本主义经济中，结构性失衡是经常出现的一种失衡。它表现为：生产部门之间的不协调，动力、原材料或食物供应不足；生产部门和交通运输部门之间的不协调，运输落后，货物流通受阻滞；从而某些部门开工不足，经济停滞，劳动生产率下降，财政收入减少，物价上涨等。在非资本主义经济中，结构性失衡通常是慢性的，但在一定条件下也会激化，导致生产全面下降，财政赤字急剧增加，失业人数增多，物价有较大幅度的、持续的上涨。

由于结构性失衡是由经济结构方面的原因引起的，因此它一经形成，就不是短时间内所能消除的。对此不能操之过急，否则会产生若干副作用，甚至使失衡激化。结构性失衡应通过逐步地调整结构和改变结构的方式来消除。渐进的调整和改革的措施是必要的。

研究经济发展中的结构性失衡，对于制定一国的进出口战略具有重要的意义。西方发展经济学研究者们通常所说的“以出口减少生产过剩，减少失业”的做法，主要并非针对结构性失衡而言，而是指：当国内市场需求不足的时候，可以用扩大国外市场的办法在一定程度上替过剩的产品找到出路[①]，而通过出口的扩大以及出口收入的增加，又可以进一步增加对本国产品的需求[②]，这样，国内市场也将随着出口的扩大而转入复苏状态。

---

① 这是一种经过简化的论证方式，因为暂不考虑国际间的贸易战或其他国家采取的抵制进口措施或报复措施，也不考虑世界性失衡的同步性问题。

② 这里的前提条件是：假定出口收入中有一定份额用于购买本国的产品，而并非把全部出口收入用于购买进口品或用于储蓄。

但在结构性失衡中，这种“以出口减少过剩和失业”的做法不一定有效，而且也不容易实现。一般地说，扩大国外市场并不都有助于消除结构性失衡。它也许可以使结构性失衡的某些症状稍有缓和，但也很可能加剧原来的结构性失衡，这一切取决于原来的结构性失衡的严重程度和出口品的构成及其在国民总产品中的比重大小。假定出口品的制造所需要的原料和燃料供应本来已经呈现紧张状态，或者，假定出口品的运输本来已经使国内的交通运输呈现紧张状态，那么扩大这些产品的出口固然可以增加外汇收入或国内收入，[①]但原料和燃料供应的紧张以及交通运输方面的紧张可能使结构性失衡更为严重，于是由出口增加所获得的利益还弥补不了结构性失衡的进一步加剧给国民经济带来的损失。这样的出口增长从宏观经济角度来看是得不偿失的。不但如此，这样的出口增长也很难持续下去，因为越来越尖锐的结构性失衡将会阻碍出口的扩大，甚至最终会导致出口的萎缩。

由此可见，笼统地谈什么用出口来解决国内问题，或者谈什么出口替代与进口替代相比的优越性，并不能说明问题的实质。

当然，在结构性失衡条件下，通过出口的扩大可以换取某些设备进口，以缓和国内的结构性失衡，但这通常有一个生产能力形成的过程。在生产能力形成以前，为扩大出口而有可能加剧的某些原材料、燃料的紧张状态，则是必须注意到的。

四、必须正视出口替代战略的缺陷

进口替代战略的优点和缺陷是研究经济发展问题的专家们经常提到的。进口替代的优点在于：它使发展中国家的经济比较稳定，较少受到国际政治经济因素的干扰。进口替代的缺陷通常被认为是：第一，它

① 前面两个注释中所提到的条件，在这里也是适用的。

保护了本国的比较落后的工业部门，使生产技术同国外先进水平保持了一段距离；第二，它易于忽略对外贸易的经济效果，因为既然这时“出口是为了进口”，所以容易只把取得外汇作为目标，而不把盈利作为目标。加之，在一定时期内，它不得不以初级产品的出口去换取进口的生产设备，从而在国际贸易方面显然处于不利的地位，在这一点上，它不如出口替代战略那样有利。

与此相比，出口替代战略的优越性也是研究经济发展问题的专家们经常提到的。例如，它使发展中国家能利用自己的优势，发展有竞争能力的工业品生产，开拓国外市场，甚至使这些工业品进入发达国家，从而取得较多的外汇收入；又如，由于这些发展中国家的工业参加了国际市场的竞争，从而能缩小与国际先进技术水平的差距；再如，由于这时“进口是为了出口”，出口不以单纯取得外汇为目标，而必须注意盈利，因此也就会注意对外贸易的经济效果。所有这些都有一些国家的经验资料作为依据。但正如我们在前面已经指出的那样，适用于一个地区或国家的出口战略不一定适用于另一个地区或国家，出口替代战略的优点并非在任何条件下都能实现。至于出口替代战略的缺陷，通常比较容易被忽视。然而对于我们这样的发展中的社会主义国家来说，这些缺陷却是应该引起足够重视的。

出口替代战略的第一个缺陷是：它将使一国的经济过分依存于其他国家的国内市场需求，以至于一旦作为其产品进口国的国家发生萧条或危机时，出口国本身的经济也会随之发生较大幅度的震荡，如出口锐减、工厂倒闭、工人失业等。

出口替代战略的第二个缺陷是：它将使一国的经济过分依存于国际市场的价格水平，以至于一旦国际市场上产品（包括该国出口的产品和为制造这些产品需要进口的原材料、燃料）价格有剧烈波动时，出口国本身的经济也会随之发生较大幅度的震荡。

出口替代战略的第三个缺陷是：它将使一国的经济过分依存于其他国家的经济政策，以至于一旦其他国家或国家联盟采取关税壁垒、进口限制、出口津贴、货币贬值、原料禁运等经济政策时，出口国本身的经济将会受到较大幅度的影响，甚至迫使出口国也转而采取相应的经济政策作为对抗手段。在这种情况下，出口国本身往往不由自主地参加到国际间激烈的货币战、贸易战、投资战的格局中去。

上述这三个缺陷是出口替代战略本身存在的缺陷。这些缺陷又同国家的大小、经济中失衡的性质和程度联系在一起。国家越小，这些缺陷可能表现得越明显；结构性失衡与周期性失衡相比，一国在结构性失衡条件下将更容易出现采取出口替代战略所引起的弊病；同时，一国结构性失衡越严重，出口替代战略的缺陷也就暴露得越显著。

由于进口替代在一定时期内要以初级产品出口来换取设备的进口，因此，出口替代战略所具有的诸如在较大程度上受其他国家经济萧条或危机的影响、物价波动的影响、经济政策的影响等缺陷，在采取进口替代战略时，它们也会在不同程度上存在。但如前所述，进口替代与出口替代的一个重要的区别在于：进口替代的重点放在国内市场上，“出口是为了进口”；出口替代的重点放在国际市场上，“进口是为了出口”。这样，进口替代所受到的国际政治经济因素干扰的程度相对说来要轻得多。这也是我们所不应该忽视的。

五、现阶段我国不宜采取出口替代战略

以上我们从理论方面对进口替代和出口替代这两种进出口战略进行了一般的比较。接着，让我们转而讨论与我国的经济实际情况有关的问题。我们的总的看法是：西方经济发展理论的研究者们所推崇的出口替代战略，当前对我国并不适用。

为什么得出这样的论断呢？主要根据前面已经讨论过的三点理由：

第一，我国是一个资源丰富和人口众多的大国，而不是一个小国。我国有十亿人口，随着平均每人收入的增长，我国的国内市场的容量是

很大的。从规模经济的角度来看，我们的工业部门和工业企业可以在以国内市场为主要销售场所的条件下达到适度规模的要求，而不像某些较小的发展中国家缺少这样一种广阔的国内市场，而必须以国外作为主要销售场所。从资源自给率程度来看，我国的资源总的来说是比较丰富的，而不像某些较小的发展中国家那样缺少资源，非严重地依赖国际市场不可。这就是说，我国作为一个有广阔国内市场和比较丰富资源的大国，不一定非采取出口替代战略不可。

既然采取出口替代战略的必要性不大，而出口替代战略本身又具有前面所谈到的诸如在较大程度上受其他国家经济萧条或危机的影响、物价波动的影响、经济政策的影响等缺陷，那么我们为什么一定要采取出口替代战略呢?

第二，结构性失衡仍是我国经济中存在的一个严重问题。我国之所以形成结构性失衡，固然有历史遗留下来的因素的影响（例如中华人民共和国成立前，我国半殖民地半封建经济中的经济结构就是极不合理的），但必须对中华人民共和国成立以后长时期内我国结构性失衡形成的原因进行较深入的分析，因为一个社会主义国家在革命胜利 30 年以后还存在着结构性失衡，这就不能简单地把责任推给中华人民共和国成立前的经济结构不合理了。应当承认，中华人民共和国成立以后，我们对经济发展中的结构问题并不曾予以重视。相反地，由于长时期内急于求成的冒进思想的作怪，由于生产领域中片面追求产值的做法的影响，由于对基础结构建设的意义的忽视，特别是由于社会主义生产目的未能被贯彻，这一切造成了至今继续存在的结构性失衡状态。目前和今后一段时期的调整，正是为消除这种结构性失衡。

前面已经指出，在结构性失衡条件下，一般说来，扩大国外市场不一定有助于消除结构性失衡，甚至有时还会加剧结构性失衡。这是因为：假定出口的是“短线”产品，那么已经紧张的国内供应将更加紧张；即使出口的并非“短线”产品，但为了制造这些产品，已经紧张的某些原材料和燃料的供应也会趋于更加紧张；即使生产这些产品的原材料和燃料还不至于紧张到导致国内经济结构性失衡进一步加剧的程度，那么仍然需要考虑交通运输等方面的紧张状态。因此，在结构性失衡条件下，如果实行出口替代战略，由出口增加所获得的利益并不一定能弥补结构性失衡的进一步加剧而给国民经济带来的损失。正是从这一论点出发，所以现阶段我国不宜采取出口替代战略。

第三，我国现阶段还缺乏一个能适应出口替代战略的价格和工资体系。出口替代战略不仅与一国的国内市场容量和经济结构有关，而且与价格和工资体系有关。一个发展中国家转向出口替代战略，需要有能够与出口替代战略相适应的价格和工资体系，才能使出口替代战略真正得以实现。此外，价格和工资体系所涉及的问题还很多，如劳动力管理制度、税收制度、汇率以及企业领导体制等。由于出口替代的成功与否取决于出口的工业品在国际市场上的竞争能力的大小，取决于生产这些出口产品的企业对于变化中的国际市场状况的适应能力的大小，因此不使价格和工资体系与出口替代战略相适应，就不能收到出口替代的利益。

具体联系到我国的情况来看，我们将会发现，从价格和工资体系来看，我们还不能适应出口替代战略的要求。如果要采取出口替代战略的话，那么必须加以彻底的变更。然而，变更决不是轻而易举，必须同一系列经济和社会重要问题联系起来考察。当然，这并不意味着我们现阶段的价格和工资体系已经合理，不需要变更了。价格和工资体系的变更势在必行。但是，即使今后要变更价格和工资体系，其着眼点将是整个经济和社会的利益，而不是仅仅为了实行出口替代而变更这个体系。

六、有选择性的进出口替代兼用的战略

如果说进口替代的缺陷不容忽视，而出口替代战略现阶段又是不适用的，那么我们究竟需要什么样的进出口战略呢？闭关型的自给自足

的经济当然不是我们经济的发展方向，这不仅因为那样是不利于社会主义经济建设的，而且也因为它很难实现。无论是进口贸易还是出口贸易，都需要随着我国的经济增长而增长。开放经济既是我国经济发展的必然趋势，又完全符合我国的利益。就对外贸易这方面来说，问题不在于我们是选择闭关经济还是选择开放经济，而在于我们在开放经济的条件下选择什么样的进出口战略。

由于我国有广阔的国内市场，在资源方面有较高的自给率，由于我国的结构性失衡状态至今仍继续存在，加之，由于我国还缺少一个能与出口替代战略相适应的价格和工资体系，所以当前应当把贸易的重点放在国内市场上。在不忽视进口替代的缺陷和出口替代的某些可取之处的前提下，可以设想一下，我们能否找到一种兼有进口替代和出口替代之利，避免进口替代和出口替代之弊的另一种可供选择的进出口战略？

根据我国30年来对外贸易的经验和教训，并参照世界上其他国家（包括目前的发展中国家和目前发达国家的发展阶段）的经验和教训，运用我国社会主义制度的优越条件，我们可以设想一种新的出口战略，即有选择性的进出口替代兼用的战略。

这里所说的有选择性，是指在国家的统筹安排的前提下，根据产品的具体情况，实行区别对待的办法，对经过选择的若干地区或若干工业部门的产品，或某一工业部门的若干种产品实行出口替代，而对某些地区、某些工业部门的产品，或某一工业部门的若干种产品则实行进口替代。

为了避免加剧国内的结构性失衡，对于实行出口替代的那些工业部门或企业的产品，应当在不影响国内原材料和燃料供应的前提下，面向国际市场进行生产。我国在国际经济中所具有的人力资源的优势，应当在这里充分体现出来，这样才能增加这些产品的国际市场竞争能力，为国家取得较多的外汇收入。在整个价格和工资体系还没有条件进行较大变动的现阶段，可以采取局部性的较灵活的措施，保证这些部门和企业的发展。在它们还不曾打开出口的通道或在国际市场上暂时还缺乏竞争能力时，出口津贴之类的措施仍是必不可少的。

为了保护工业品的国内市场，把它们保留给国内的企业，进口替代应结合进口限制措施来进行。为了避免保护落后的工业部门和企业，而又不让国外的工业挤垮本国的工业，应当在实行进口替代的同时，鼓励国内同类企业的技术合作和交流，并开展竞争。在国内市场上，先进的本国产品排挤落后的本国产品，先进的本国企业胜过落后的本国企业，应当是容许的。生产成本过高和亏损过大的，并且在现实条件下不可能改变这些不利处境的落后企业，应当转产或改造，这样才能真正做到保护国内市场和获取进口替代的利益。

只要我国的结构性失衡没有消除，即使采取了进出口替代兼用的战略，在进口替代与出口替代并存的情况下，以国内市场为主仍是必要的，而某些地区（如沿海省份）或某些部门，则可以实行基本外向型经济。这是适合我国国情的进出口战略。

（1981 年 12 月在中国社会科学院世界经济研究所举办的进出口贸易发展战略座谈会上的发言）

论社会主义有效投资与合理投资

什么是有效投资？可以简单地把它归结为能够迅速形成生产能力，增加社会总产品的供给，促进经济增长的投资。什么是合理投资？可以简单地把它归结为既能促进经济增长，又能维持物价基本稳定、提供较多就业机会、提高劳动者实际收入水平的投资。投资是否有效，以它是否增加社会总产品供给为准，其有效程度则以社会总产品增长率来衡量；投资是否合理，以它是否兼顾经济增长、物价基本稳定、提供较多的就业机会、提高劳动者实际收入水平这四项目标来确定。投资的合理程度，则以它在实现这四项目标方面所取得的实际结果作为评价的尺度。有效投资可能是合理投资，但也有可能不是合理投资。社会主义投资仅仅成为有效投资还不够，应当使它们成为合理投资，而且应使其合理程度尽可能增大。

一、投资是经济增长的第一推动力量

经济活动是一个动态的过程。前一期的生产、分配、交换和消费，制约着后一期的生产、分配、交换和消费。要使后一期的生产、分配、交换和消费在更大的规模上进行，前一期的国民收入中必须有一定的数额作为投资。投资的多少，影响着经济规模的变动程度。因此，在投资效果为既定时，一定的经济增长率总是以一定的投资率（即投资在国民收入中的比例）为前提的。

在任何经济增长中，投资都表现为第一推动力量。第一推动力量是指使停滞的经济得以增长的最初的推动力。如果没有这种最初的推动力，经济就不能摆脱停滞的状态。

在经济活动过程中，由于人口的增长、居民需要的变化、外部竞争条件的变化以及其他情况的变化，供给与需求之间，即生产和消费之间可能出现不协调，各个经济部门和各个经济区域之间也可能出现不协调。这种不协调状态的加剧，将导致经济增长率下降，甚至导致零增长或负增长。为了改变这种不协调状态，保证经济增长的持续性，投资是不可缺少的。在这里，投资仍然表现为第一推动力量，它能促进经济结构的调整，使供给与需求相适应，使经济中各种比例关系相适应。

在经济活动过程中，由于生产技术的停滞、原有的生产设备或工艺的陈旧落后、对生产设备和原材料的利用不当，或由于生产中出现某些薄弱环节而未能及时予以改进，将会引起劳动生产率下降和亏损。这种情况如果迟迟未能改变，不仅经济无法增长，而且还会影响财政收入，因为企业的亏损必定导致财政收入的减少。要扭转劳动生产率下降和企业亏损的局面，除了从经营管理方面采取适当的措施以外，增加投资也是必要的。在这里，投资作为第一推动力量，将导致技术的创新、劳动生产率的提高、企业的赢利和财政收入的增加。

在所有这些场合，投资之所以成为第一推动力量，是因为投资的意义不在于投资本身所造成的需求，而在于投资在经济活动中所引起的一系列连锁反应。投资本身造成的需求毕竟是有限的，投资在经济活动中所引起的一系列连锁反应在国民经济中的作用要大得多。

增加投资能够增加收入，增加了的收入又能使投资增加，如此反复影响，就形成投资带动投资，收入带动收入的累积性过程。经济增长正是这样进行的；技术创新、劳动生产率增长正是这样实现的；企业的赢利、财政收入的增加也正是这样得到保证的。反之，没有最初的投资，也就不可能有后续的投资；没有最初的投资所带来的收入，也就不可能有此后的源源而来的收入。

因此，轻视或忽视投资作为第一推动力量的巨大作用，显然是不正确的。

当然，上述这一切是以经营管理状况既定为前提。经济中常常存在这样的情形：经营管理方面的不善使得劳动生产率处于较低的水平，并引起经济增长率低下和企业亏损，因此，可以不必增加投资，只要改善经营管埋，就能使状况有所改变。

上述这一切也是以劳动者主动性、积极性既定为前提。经济中也常常存在这样的情形：劳动者缺乏主动性、积极性，或劳动者主动性、积极性未被调动和未能充分发挥，使得劳动生产率处于较低的水平，并引起经济增长率低下和企业亏损，因此，也可以不必增加投资，只要采取适当的措施，调动和充分发挥劳动者的主动性、积极性，就能使状况有所改变。

二、有效投资和无效投资

投资的有效性在于它能促进经济增长，但并非任何投资都能起到促进经济增长的作用。投资可能是无效的。无效投资是指投资所引起的是零增长或负增长。

投资的有效性和无效性都有双重含义，即微观经济的含义和宏观经济的含义。就微观经济的含义而言，如果某项投资能使该投资单位的生产增长（即该投资单位的净产值增大），它就是有效的，否则就是无效的；就宏观经济的含义而言，如果某项投资能使国民经济增长（即国民收入增多），它就是有效的，否则就是无效的。由于任何投资从开始投资到生产增长和国民收入增加，总有一个过程，所以要考虑时间因素，即从开始投资到生产增长和国民收入增加之间的时间间隔的长短。各部门的具体情况不同，这种时间间隔的长短也不一样。但无论时间间隔长短，投资的有效性和无效性都是同经济增长（正值增长、零增长或负增长）联系在一起的。

假定不考虑时间间隔的长短，那么，只有那些根本不能形成生产能力的、不能增加社会总产品的投资，才是无效投资。任何最终能形成生产能力和增加社会总产品的投资，都应被称为有效投资。这样，无效投资可能为数甚少，因为大多数投资，多多少少能在一定的时间间隔之后形成生产能力，使社会总产品有所增加，从而在经济增长中有某种程度的贡献。

如果仅仅从这样的角度来区分投资的有效性和无效性，那是远远不够的。必须考虑时间因素，即从开始投资到生产增长和国民收入增加之间的时间间隔的长短。本文在一开始就已规定了有效投资的定义，有效投资指能够迅速形成生产能力的投资，这就是说，迟迟未能形成生产能力的投资，不能称为有效投资。

这里需要讨论的是：为什么要在有效投资的定义中，加上“迅速”二字？如何理解“迅速”二字？如何根据对“迅速”的理解来区分投资的有效性和无效性？我们知道，任何投资都是在一定时期内对现有资金的占有，而投资所占有的现有资金是国民经济中新创造出来的价值的一部分。这笔现有资金在物质生产领域内可能有不同的用途，如果使用得当，它们能使社会总产品增加，使经济增长。因此，它们意味着一定数量的“可能的”或“潜在的”社会总产品增量，意味着一定程度的“可能的”或“潜在的”经济增长率。如果把这笔现有资金用来进行某种能够迅速形成生产能力的投资，那么，“可能的”或“潜在的”社会总产品增量可以转化为现实的社会总产品增量。如果这笔现有资金闲置不用，即不用于任何投资，那么就得不到这种现实的社会总产品增量。把迅速形成生产能力的投资同闲置不用的资金相比，后者显然表示一种损失，即社会总产品的损失、经济增长率的损失。

现在，假定利用这笔资金来进行某种迟迟未能形成生产能力的投资，以至于它们要比通常情形下形成生产能力所需要的时间多出一段相当长的时间。在这段多出的时间内，所占用的资金意味着它们并未发挥作用，也就是未能被用于增加社会总产品和促进经济增长，这就等于社会总产品的损失、经济增长率的损失。如果说这笔投资在经过很长的时间之后才形成生产能力，那么在它形成生产能力之前比通常情形下所多占的时间内，它应当被看成是无效投资。而且，甚至在它已经形成生产能力，并且已经开始提供社会总产品时，它还需要把前一阶段作为无效投资给国民经济造成的损失弥补起来。只有当这些损失被补偿后，这笔投资才能名副其实地被称作有效投资。

这就是在分析投资的有效性时，有必要对形成生产能力所需要的时间长短加以考察的理由。

那么，应当怎样理解“迅速形成生产能力”这一表述中的“迅速”二字呢？由于各个部门、各个具体投资项目的情况不同，所以只能用特定部门、特定投资项目形成生产能力的平均时间作为标准。凡是在平均时间以下的，都可以理解为“迅速”形成生产能力。越低于平均时间，则越“迅速”。凡是超过平均时间的，都可以理解为“迟迟未能形成生产能力”。越高于平均时间，则越是“迟缓”。

按照这一标准来判断，投资的有效性和无效性的定义可以进一步明确地表述如下：

1. 根本不能形成生产能力，不能使社会总产品有所增加的投资，是无效投资。

2. 形成生产能力所需要的时间小于为形成该种生产能力所需要的平均时间的投资，是有效投资。

3. 形成生产能力所需要的时间大于为形成该种生产能力所需要的平均时间的投资，只有在它形成生产能力，提供社会总产品，并补偿了在超过形成该种生产能力所需要的平均时间的期间造成的损失之后，才成为有效投资。在这以前，它是无效投资。

三、合理投资和不合理投资

仅从促进经济增长这一个目标对投资进行分析，是不够的。投资作为经济增长的第一推动力量，它的积极作用既在于增加社会总产品、提高经济增长率，还在于对经济中的各种比例关系起协调作用，对经济发展的各个目标起协调作用。从这个意义上说，投资实际上是经济中的一种平衡力量，或者称之为平衡的推动力量。如果投资能够起到这种平衡的推动力量的作用，那么投资是合理的。

但投资也可能表现出与此恰恰相反的作用：使得经济中的各种比例关系不相适应，使得经济发展的各个目标失调，顾此失彼，此长彼消，以致投资不仅不成为经济中的一种平衡力量，反而成为破坏平衡或加剧不平衡的力量。这样的投资是不合理的。

如果投资是不合理的，那么就短期而言，只要它是有效的投资，社会总产品的增加仍是可能的。但就较长的时期而言，由于经济中各种比例关系的不相适应和经济发展的各个目标的失调，社会总产品很可能停止增长，甚至还会下降。这样，有效投资就变成无效投资了。

由此可见，从投资的合理性和不合理性的角度来对投资进行分析，比从投资的有效性和无效性的角度来分析更为重要。合理投资和不合理投资概念，是宏观投资理论中的范畴。在谈到投资的合理性和不合理性时，投资只具有宏观经济的含义。

投资的合理与否，要根据投资对于经济增长、物价基本稳定、提供较多就业机会、提高劳动者实际收入水平这四方面的作用来判断。只要其中有一个方面的情况比投资以前恶化了，就不能称为合理投资。假定其中有一个方面的情况比投资以前好转了，而其余三个方面的情况维持与投资以前相同的水平而没有恶化，那么就可以称为合理投资。假定有较多方面的情况比投资以前好转了，较少方面的情况维持与投资以前相同的水平而没有恶化，那么投资的合理程度是增大的。

因此，可以把合理投资的定义进一步明确地表述如下：

就投资对于经济增长、物价基本稳定、提供较多就业机会、提高劳动者实际收入水平这四方面的作用而言，投资以后，至少其中有一个方面的情况比过去好转，而没有一个方面的情况比过去恶化，那么这样的投资就是合理投资。

如果在上述四个方面中，投资以后，经济增长了，但其余三个方面仍维持原状，即既没有比过去好转，也没有比过去恶化，那么在这种情况下，有效投资恰好是合理投资，或者说，有效投资与合理投资是同一回事。如果希望投资既具有有效性，又具有合理性，那么投资以后，经济的增长和其余三个方面的维持原状，就是最低限度的要求。

按照最低限度的要求来使有效投资与合理投资统一起来，只是安排投资的一个出发点。应当使得上述四个方面的情况在投资以后都有所好转。投资的合理性越大，不仅投资的有效性越能得到保证，而且还能使有效投资持续不断地进行下去。道理是很清楚的：社会总产品没有增加，物价不能维持基本稳定，国民经济中不能产生较多的就业机会，劳动者实际收入水平下降，其结果将使整个国民经济状况恶化，持续的经济增长也将成为不可能。

正如在考察投资的有效性和无效性时要把时间因素考虑在内一样，在考察投资的合理性和不合理性时，也应当考虑时间因素。这是因为：只有在投资形成生产能力之后，它们才能起到平衡经济的作用，而从开始投资到形成生产能力，将会有一段时间间隔。这段时间间隔的大小，以各个部门和各项投资的特点而定。

这里需要注意的一个问题是：物价稳定、提供较多就业机会、提高劳动者实际收入这三方面的情况是有所不同的。在开始投资与投资形成生产能力之间，由于只有资金的投入而没有社会总产品的产出，所以货币流通量是增长的，这就会对物价的稳定产生消极的影响。如果在投资形成生产能力之后，由于投资而引起的社会总产品增长率仍然小于货币流通量的增长率，那么它仍然会对物价的稳定产生消极的影响。这一点是不容忽视的。以提供就业机会来说，情况则与此不同。从开始投资之时起，投资就有可能提供一定的就业机会，因为这些投资项目本身是吸收劳动力的。投资形成生产能力后，它可能对就业发生十分不同的影响：或者它有可能扩大就业（包括这些投资项目本身增加的就业，也包括由此引起的其他部门和企业增加的就业），或者它有可能引起就业的减少（包括由于投资引起的其他部门和企业的就业的减少，以及由于投资结束而引起的投资项目本身的就业的减少）。再以劳动者实际收入水平而言，除了因投资而引起的物价变动和就业变动这两方面可能引起劳动者实际收入水平变动以外，更重要的是由于投资而引起的劳动生产率的变化，劳动者实际收入水平的变化必然要受到劳动生产率变化的制约。在投资形成生产能力之前，劳动生产率一般并不发生重要的变化，因此从投资开始到投资形成生产能力之间的这段时间内，劳动者实际收入的变动主要同投资引起的物价变动和就业变动有关，而在投资形成生产能力之后，劳动生产率的变化将对劳动者实际收入水平发生越来越有力的影响。

由此可见，投资的合理与否，固然要看投资形成生产能力之后对物价稳定、提供就业机会和提高劳动者实际收入水平等方面的影响如何，也要看开始投资之后到形成生产能力之间这段时间内，投资对物价稳定、提供就业机会和提高劳动者实际收入水平方面的影响。如果只注意到前一种影响而忽视后一种影响，那就有可能造成这种情形，即在投资形成生产能力之前，投资已经给国民经济的平衡带来消极的影响，甚至严重的消极影响，这样，即使投资以后形成了生产能力，但由于在这以前投资给国民经济平衡带来的消极影响过大，以至于妨碍了生产能力的发挥，或抵消了生产能力形成后可以在国民经济平衡方面发生的积极作用。

四、有效投资与合理投资之间的矛盾

前面已经指出，判断有效投资的标准和判断合理投资的标准是不一样的，有效投资在经济中的作用和合理投资在经济中的作用也有所不同。因此，有效投资不一定是合理投资，或者说，有效投资即使是一种合理投资，但也不一定是合理程度最大的（即最合理的）投资；另一方面，合理投资虽然必须是一种有效投资，但它不一定就是有效程度最大的（即最有效的）投资。有效投资与合理投资之间显然存在着矛盾。

例如，某一项投资或某一方面的投资，单纯从增加社会总产品供给的角度来看，它是有效投资，但它有可能在形成生产能力之前因投资额较大，占用资金的时间较长，从而影响货币流通量，对物价稳定发生不利的影响；或者，它有可能在形成生产能力之后，本身吸收的就业和由此引起的其他部门、企业的就业反而减少了；或者，即使它形成了生产能力，但由于物价变动和就业变动的影响，或由于劳动生产率的下降而导致劳动者实际收入水平降低，等等。所以，从兼顾多种目标和平衡国民经济的角度来看，它却是不合理的投资，或合理程度较小的投资。

又如，某一项投资或某一方面的投资，从兼顾多种目标和平衡国民经济的角度来看，它是合理投资，因为它能使经济增长、物价基本稳定、提供较多就业机会、提高劳动者实际收入水平这四个方面的情况中至少有一方面的情况比过去好转，而没有任何一方面的情况比过去恶化。但是，正由于它要兼顾多种目标，因此它不一定是最能促进社会总产品增加的投资（比如说它不一定建成最新的自动化工厂），而可能是为了兼顾其他目标，并非购置最新设备，但仍能在某种程度上促进社会总产品增加的投资，从而它不是有效程度最大的（或最有效的）投资。

怎样对待有效投资与合理投资之间的这种矛盾呢？这个问题可以用规范方法来分析或用实证方法来分析。

用规范方法来分析，就是把投资所要兼顾的多种目标按照轻重缓急、先后次序进行排队，然后根据客观存在的实际条件，把通过投资所要解决的问题和可能解决的手段加以通盘考虑，再决定有效投资与合理投资究竟能在何种程度上协调一致。按照上面的定义，在投资所要解决的四个方面的问题中，只要其中至少有一个方面比过去好转，其余三个方面不比过去恶化，就是合理投资了。那么，应当首先让哪一个方面比过去好转呢？当然，这里涉及的是实现目标的客观可能性问题，所以要根据条件来分析。但这里也有一个价值判断问题，即认为什么任务更重要，什么任务较次要。用规范方法来分析，就是从价值判断的角度来评定各个目标的先后次序，然后再设法使合理投资得以实现。

用实证方法来分析，是按照既定的规范准则，或假定所有目标都同样重要，再拟定使有效投资和合理投资协调一致的途径。有效投资和合理投资之间矛盾的解决，不仅与投资的前提条件有关，而且与投资资金的筹集和运用方式有关。下面，准备从实证分析的角度，对投资的前提条件和投资资金的筹集、运用方式进行一些探讨。

五、有效投资与合理投资的资源与市场条件

无论是有效投资还是合理投资，它们的共同之处在于：二者都必须在有充足的、可利用的经济资源条件下进行，二者都必须使投资形成生产能力之后所生产的产品有市场。这就是说，资源条件和市场条件是投资有效性和投资合理性的共同前提。

经济资源包括物质资源和人力资源两大类。物质资源，也就是指生产资料，包括生产设备、原材料、燃料和动力、运输手段、仓储设备等。人力资源，包括非熟练劳动力和熟练劳动力，而熟练劳动力中，又包括技术、管理等方面的专业人员。这些资源条件是投资所不可缺少的。

以有效投资来说，既然投资的有效与否取决于它能否迅速形成生产能力，增加社会总产品的供给，所以不言而喻，如果缺乏生产资料和人力供给的保证，要迅速形成生产能力将是困难的，甚至是不可能的，否则，即使投资项目已经建成，但由于得不到充足的生产资料（包括原

材料、燃料和动力、供修理和更换用的零部件等），或者得不到适当的劳动力，或者运输和仓储等条件跟不上生产的需要，那么仍然无法增加社会总产品的供给。从这一点来看，投资作为经济增长的第一推动力量，以充足的、可以利用的经济资源的存在为前提。假定客观上存在着闲置的生产资料，又有闲置的各种劳动力可以利用，投资之后迅速形成生产能力是没有困难的。假定客观上暂时没有现成的、足够的闲置生产资料和劳动力，但只要稍加调整就可以保证生产资料和劳动力，那么投资之后也能迅速形成生产能力。或者，即使生产资料和劳动力都供应不足，但如果有足够的外汇储备，可以及时地转向国外市场去取得所缺少的经济资源，那么投资之后仍然有可能迅速形成生产能力，只不过在这种场合，情况会变得复杂些，因为这涉及外贸平衡和国际收支平衡的问题了。假定以上所说的这些条件全都不具备，投资就不可能迅速形成生产能力，它就成为无效投资。

以合理投资来说，既然投资的合理与否取决于它能否兼顾经济增长、物价基本稳定、提供较多就业机会、提高劳动者实际收入水平等多种目标，那么，投资合理性的最低限度要求就是它必须具有有效性，即能够迅速形成生产能力。由于充足的经济资源的供给是迅速形成生产能力的必要条件，所以合理投资也必须具备充足的经济资源供给这一前提，否则就无法对多种目标起到兼顾的作用。

再分析投资的市场条件。市场条件是指投资以后所生产出来的产品要适应市场的需要，要有销路。无论这些产品是供生产消费还是供个人消费，都需要有买主愿意在一定价格条件下购买它们。假定找不到买主，生产只是为某种产量指标或产值指标而生产，生产出来的产品只不过在仓库中积压起来，那就无法实现投资对经济的积极作用。这一点对合理投资来说，是完全可以理解的。因为投资之所以被称为合理的，正在于它能在增加社会总产品供给的同时，对维持物价基本稳定、增加就业机会和提高劳动者实际收入水平起作用，如果投资以后生产出来的产品没有销路，那么投资在所有这些方面本来可以起到的作用也就发挥不出来了。不仅如此，假定产品没有销路，投资对于物价和劳动者实际收入很可能发生消极的影响。这样的投资是不合理的投资。

那么，投资的市场条件这一前提对于有效投资来说是不是也适用呢？也许会有这样一种看法：由于投资的有效与否取决于它能否迅速形成生产能力，能否增加社会总产品的供给，而迅速形成生产能力与否只是同资源条件有关，与市场条件没有直接的联系，所以，只要投资之后能生产出一定数量的产品，不管这些产品是否有销路，它们都可以被称为有效投资。按照这种看法，似乎只有那些根本不形成生产能力或未能迅速形成生产能力的投资才是无效投资，能迅速形成生产能力但产品与市场需要不相适应的投资则不算是无效投资。这种看法无疑是不正确的。

这种看法的错误在于：它仅仅从字面上理解生产能力的形成，而把生产能力同市场条件割裂开来。实际上，这是对生产能力的一种误解。我们知道，如果投资建成了一座工厂，但这座工厂建成后并不从事生产，不提供产品，那么仍然不等于具有实际生产能力，因为这只是一种名义生产能力；如果这座工厂建成后生产的产品不适合市场需要，只是积压在仓库内，那么这种情形至少同该工厂不从事生产一样，因为它同样没有为社会提供可供利用的产品；不仅如此，它甚至比该工厂不从事生产更坏，因为它消耗了其他工厂所生产出来的，本来可以安排其他用途的燃料、动力、原材料等。因此，投资以后形成的生产能力应当是实际生产能力，而不是名义生产能力，应当是为社会提供适应市场需要的产品，而不是生产出没有销路的产品。如果我们从这个意义上来理解有效投资和生产能力的形成，那么就必然把市场条件看作投资有效性的前提之一。

认为投资的有效与否与市场条件没有直接联系的想法，恰恰是混淆了实际生产能力与名义生产能力的区别，误把后者当做前者，而不了解投资的有效性在于它所形成的生产能力乃是实际生产能力，而并非名义生产能力。

六、有效投资与合理投资的赢利性问题

投资赢利性问题是一个重要的理论问题。即使投资以后生产出来的产品有销路，但如果它们只能以低于生产成本和利息费用的价格销售出去，那将会造成什么后果呢？

首先，对投资单位而言，这样的投资不仅不能回收上来，而且在投资以后，仍然需要追加一定的支出才能维持生产，否则它就连原来的生产规模也维持不下去了。这样的投资，即使形成了生产能力，并且形成的是产品有销路的实际生产能力，也只不过是一种对投资单位得不偿失的投资。一般来说，这样的投资是应当避免的。

然而，假定我们把视角由个别投资单位扩大到整个国民经济，那么我们对投资赢利性的问题可能会产生不同的看法。

国民经济是一个整体。国民经济各个部门有机地联系在一起。某些部门或某些企业，从它们本身的情况来分析，经济资源条件是具备的，产品也适应市场的需要，但由于某种原因，产品的价格只可能等于甚至低于生产成本和利息费用，从而是不赢利的。那么，是否应当在这些部门或企业进行投资呢？投资的赢利性是不是这些部门或企业的必不可少的投资前提呢？看来这个问题不可能简单地予以肯定或否定，因为这涉及投资的宏观经济效果的计量。

前面已经提到，有效投资有宏观经济的和微观经济的双重含义，合理投资则是宏观经济学范畴。从宏观经济的角度来看待投资，可能出现这样一种情况，即某些部门或某些企业的投资尽管其本身不具备赢利条件，但投资的结果却有助于其他部门或企业的生产有更大程度的增长，有助于国民经济的综合平衡，有助于协调各个目标之间的关系，那么这样的投资仍是十分必要的，这样的投资仍然可以称为有效投资和合理投资。

但投资的宏观经济效果也有可能成为替某些实际上无效的或不合理的投资进行辩护的借口，硬说这些投资项目不应当中止，否则就是缺

乏宏观经济的考虑，等等。甚至可以说，任何投资都能找到“合理的”根据，因为主张进行这种投资的人总可以提出“理由”，认为该项投资对国民经济如何如何重要，即使不赢利，也是不能取消的。的确，这是一个容易引起争论的问题。假定我们只承认投资的宏观经济效果的存在及其意义，而没有判断宏观经济意义上的投资有效性和投资合理性的标准，那么这个问题就无法解决。

在这种情况下，经济计量学方法是可以采用的。经济计量学方法本身固然有局限性，但在一定的场合，在一定的前提与假定之下，对于宏观经济意义上的投资有效性和投资合理性的分析仍有用处。

首先应当重视投资的资源条件和市场条件。任何投资都需要有充足的生产资料和人力供给的保证，因为这是形成生产能力的前提。投资以后生产出来的产品，也需要与市场需求相适应，否则生产出来的产品只能堆积在仓库里，投资所形成的生产能力只不过是名义生产能力而已。在分析投资的资源条件和市场条件时，可以采取各种计量方法。一般说来，可以采取投入产出分析方法来说明资源供给状况和市场需求状况。

再看投资的赢利性条件。微观经济意义上的投资赢利性，可以采取成本—收益分析方法来计算。在这里，关系是比较简单的。在一定产量和价格条件下，考虑到生产成本和利息费用，可以了解到投资单位的赢利与亏损状况，然后根据生产的时间可以了解到投资的回收期限。投资回收期的长短通常是判断投资单位的微观经济效果的重要尺度。

至于从宏观经济角度来考察投资的赢利与否，问题要复杂得多。物质生产领域内投资的合理性以及宏观经济意义上的投资的有效性，不能离开对国民经济中各种比例关系的考察，不能回避对国民经济各个部门之间投入产出关系的分析。如果甲部门所生产出来的产品除了直接供应消费者以外，还为乙、丙、丁等部门的生产消费所必需，而乙、丙、丁等部门所生产出来的产品除了直接供应消费者以外，还为戊、己、庚、辛等部门的生产消费所必需，如此等等，那么，对甲部门追加一定的投资的效果就不仅仅从甲部门本身所增加的收入中反映出来，而且也从乙、丙、丁、戊、己、庚、辛等部门由此所增加的收入中反映出来。假定一定的收入量与一定的就业量之间存在某种比例关系，那么，对甲部门追加一定的投资的效果既反映于甲部门本身增加的就业量，也反映于其他各部门的就业量的变动。这样，如果采用反事实度量法，至少可以两种方案进行比较。一是不增加甲部门的投资时各个部门的总收入、净收入、就业等变量的大小，二是增加对甲部门的一定量的投资后各个部门的总收入、净收入、就业等变量的变动率。两种方案进行对比的结果，可以了解到投资的宏观经济意义上的赢利性。假定某项投资本身不赢利，但确实能使各个部门的总收入、净收入、就业等有所增长，而增长的结果能使国民经济的受益大于该项投资本身不赢利给予国民经济造成的损失，那么该项投资仍是有利于国民经济的。该项投资实际上仍有一个投资回收期，只不过这种投资回收期反映于国民经济之中。反之，如果两个方案对比的结果，即使某项投资本身有所赢利，但却使各个部门的总收入、净收入、就业等有所减少，或者某项投资本身有亏损，而各个部门的总收入、净收入、就业等增加甚微，以致国民经济的受益仍小于该项投资本身亏损给予国民经济造成的损失，那么，该项投资是不利于国民经济的。如果在这种情况下仍坚持以注意宏观经济效果的名义来从事该项投资，那么这种投资就是不合理的投资和宏观经济意义上的无效投资。

七、投资资金的供给、财政与投资的关系

要使投资成为有效投资和合理投资，必须重视投资资金的供给。如果某项投资具备了资源条件和市场条件，产品又有销路，并且预计销售后还有赢利，但由于资金供给不足，以至于投资无法进行，或者使在建项目中途停顿，那样就不可能迅速形成生产能力，投资也不可能成为

有效投资。不仅如此，由于已经投入但迟迟未能形成生产能力的资金是国民经济的一项损失，因此该项投资也只可能是一种不合理的投资。

另一方面，即使投资能迅速形成生产能力，但如果资金供给过度，投资也可能引起财政或货币流通方面的失调，从而对物价稳定发生不利的影响，这样，它同样不可能成为合理投资。

那么，怎样才能避免资金供给的不当，而使投资具有有效性和合理性呢？首先，让我们对投资与财政之间的关系进行一些探讨。

在社会主义条件下，增加投资所需要的资金的一个重要来源是财政拨款。一般情况下，国家的财政拨款直接影响着投资的数额和规模，影响着投资的有效程度。更重要的是，财政拨款影响着多种目标之间的关系，影响着投资的合理程度。

在协调经济增长与物价基本稳定这两个目标时，一个迫切的问题是如何防止对货币资金的需求量过大，也就是如何防止货币流通量的增长过快。通货膨胀之所以发生，其原因归根结底在于社会总产品的增长率小于货币流通量的增长率。而要防止和消除通货膨胀，或者依靠提高社会总产品的增长率，或者依靠降低货币流通量的增长率，或者双管齐下。

货币流通量之所以会有较大幅度的增长，主要是由财政赤字或银行信贷膨胀引起的。因此，在客观上已经出现较多的财政赤字时，特别是连年有财政赤字时，通过财政拨款方式来增加投资资金，是必须慎重的，否则很可能使货币流通量进一步增大。

但是，由于投资是经济增长的第一推动力量，缺乏必要的投资无法使社会总产品增加，甚至也无法扭转社会总产品增长率小于货币流通量增长率的局面。单纯地紧缩投资，既不能保证消灭财政赤字，也不能保证不发生通货膨胀。这是因为：国民经济中各个部门是有机地联系在一起的，只有不断调整部门结构和产品结构，才能使国民经济的比例关系经常保持协调。但部门结构和产品结构的调整在大多数场合需要追加一定数量的投资。如果为了消灭财政赤字和防止通货膨胀而单纯采取紧缩投资的做法，只会使国民经济的比例不协调和进一步不协调，甚至会使某些本来可以增加产量和赢利的行业或企业因此转为亏损，而无助于财政状况的好转和通货膨胀的消失。

从增加社会总产品的角度来看，技术改造和设备更新是提高劳动生产率的物质条件，而技术改造和设备更新通常需要追加一定数量的投资。如果为了消灭财政赤字和防止通货膨胀而单纯采取紧缩投资的做法，那就很难从物质条件方面着手来提高劳动生产率和增加社会总产品。不仅如此，如果缺乏必要的投资，以致设备无法更新，在其他条件不变的情况下，劳动生产率将会下降，于是某些本来可以照常生产和赢利的行业或企业也会因此转为亏损，这样就会进一步不利于财政，不利于应付通货膨胀。

可见，不能简单地把投资增长看成是财政赤字或通货膨胀的起因。有效投资和合理投资不仅不会加剧财政赤字和通货膨胀，反而是用来消除财政赤字和通货膨胀的手段。只有那种无效的投资、不合理的投资，即迟迟未能形成生产能力的投资、产品无销路的投资、虽然产品有销路但却亏损累累的投资，以及使国民经济各种比例关系不协调的投资，才应对财政赤字和通货膨胀负责。

因此，对财政部门来说，需要注意的是：必须紧缩或停止一切不具备资源条件和市场条件而又没有宏观经济效果的投资，而对于那些能够迅速形成生产能力、产品有销路、有赢利或有助于国民经济各部门总收入和净收入增长的投资，则不应当紧缩或停止。有效投资和合理投资是活跃、繁荣国民经济的推动力量，活跃、繁荣的国民经济则是财政的坚实的基础，是源源不断的财政收入的保证。其实，只要财政部门对待投资持有这种科学的态度，即不该投资的不予投资，有必要投资的给予投资，就有可能避免投资资金供给的不当。

八、投资资金筹集方式的选择

财政拨款是社会主义投资资金的重要来源，但绝不是唯一来源。在社会主义条件下，投资所需要的资金至少有四个国内来源，即财政拨款、社会集资、企业保留资金、银行信贷。银行信贷（包括短期、中期和长期信贷）可以作为不同用途的投资所需要的资金。它的优点在于能够督促投资单位加强经济核算，注意投资的微观经济效果。而银行通过对投资方案的审查和监督资金的使用，还能从增加宏观经济效果方面对投资起一定的作用。社会集资，除了指社会通过储蓄和购买债券方式聚集的资金以外，还包括群众为创办合作企业而筹集的资金、社会各界人士为发展国内建设事业而筹集的资金等。企业保留资金则指企业根据自主权原则而保留的一部分利润。企业可以按照生产的需要，利用这些资金来增添设备，进行技术改造，扩大生产规模，降低成本，增加产量。

这四个国内资金来源中，财政拨款也不是在任何情况下都成为主要的资金筹集方式。由于投资项目的不同和客观经济条件的不同，可以在这些筹集资金的方式中作出适当的选择。但无论采取哪一种筹集资金的方式，前面一再提到的投资的条件都是必须考虑的。任何情况下都应避免无效投资和不合理投资。任何时候都应力求增加投资的有效性和合理性。

很容易被人们遗忘的是，社会集资这种筹集资金的方式不仅与国家的投资之间有一种替代作用，而且还可能成为货币回笼的一种方式。社会集资与国家投资的替代作用表现于：本来社会上的某些投资项目是由财政拨款来承办的，现在改由社会集资来进行了。但投资不只是货币资金的供给，物资的供给保证是不可缺少的。社会集资所聚集起来的货币资金，需要购买生产资料。为投资所需要的生产资料，基本上是国家的生产资料供应部门提供的。如果国家的生产资料供应部门所拥有的为该项投资所需要的生产资料不足，那么这表明该项投资的资源条件还不具备。根据前面在分析投资的条件时已经说明的，不具备充足生产资料供给的投资是无效投资和不合理投资，应当中止。于是此项以社会集资方式出现的投资未能实现，它并不会对国民经济造成不利的后果。如果国家的生产资料供应部门拥有为该项投资所需要的足够数量的生产资料，那么这表明该项投资的生产资料供给条件已经具备，投资可以进行。这时，国家的生产资料供应部门供应生产资料，收回社会上的货币资金，这对于国民经济显然是有利的。否则，如果由国家拨款代替社会集资，虽然也能同样实现该项投资，但却起不到促进货币回笼的作用。

从另一个角度看，如果不进行社会集资，那么保留于社会各界手中的这些货币的出路何在呢？它们可能以储蓄方式存入银行，也可能购买消费品。假定它们存入银行，银行也会遇到如何运用它们的问题，在社会需要进行某项投资时，银行的信贷方式提供资金，其作用与社会集资进行该项投资是一样的。但假定这些货币不存入银行，而转向购买消费品，特别是购买供不应求的消费品，结果将会使市场供应更加紧张。因此，在投资条件已经具备而社会集资又有可能的时候，选择社会集资方式的投资往往是一种更为合理的投资。

（原载《财贸经济》1982 年第 1 期、第 3 期）

教育经济学中的要素分析

本文试图从教育经济学理论的角度，并结合我国具体情况，探讨学校的适度规模、教育的技术构成和学校的合理布局问题。①

要素投入和学校规模

一

为了提高智力投资的经济效果，决策部门应当重视教育单位的投入量的研究。

一个教育单位的投入量由两部分组成：第一部分是不随产出量变动而变动的投入量，第二部分是随产出量变动而变动的投入量。

第一部分投入量称为“投入量Ⅰ”。它包括这样一些教育支出，其中既有直接地对产出量发生作用的投入量，也有间接地对产出量发生作

① 作者在《技术教育和资本主义工业化》（载《社会科学战线》1978 年第 4 期）、《论教育在经济增长中的作用》（载《中国社会科学》1981 年第 2 期）、《论智力投资的宏观经济效果》（载《中国社会科学》1981 年第 4 期）等文章中的有关论述，是本文探讨的出发点。

用或者为产出提供前提和保证的投入量。例如，一个教育单位需要有一定的校舍、课堂设备、教学仪器设备、图书资料等物质资料，这些物质资料的折旧值和维修费属于“投入量Ⅰ”；而为了维修和管理这些物质资料，又需要对一定数量的管理人员支付工资，它们也属于“投入量Ⅰ”。这些是间接对产出量发生作用的投入量。在我国，一切纳入正式编制的教师的基本工资同样被列为“投入量Ⅰ”。这是直接对产出量起作用的投入量。“投入量Ⅰ”的特点是：不管该教育单位一定时间内的产出量（学生知识与技能的增量）是多少，在一定的产出量限度之内，一定数额的“投入量Ⅰ”是不可少的，而且其数量是不变的。甚至在该教育单位的产出量为零（即不对学生进行教学，从而学生的知识与技能增量为零）时，它也需要同等数量的“投入量Ⅰ”。因此，智力投资领域内的“投入量Ⅰ”在某种程度上相似于生产经济学中的固定成本概念，因为固定成本是指生产成本中短期内不随产量变动而变动的费用。但不要把智力投资领域内的“投入量Ⅰ”简单地视为生产经济学中的“固定成本”，因为在生产经济学中，生产者的工资不包括在固定成本之内，管理人员的工资才包括在固定成本内。在生产经济学中，生产者的工资同原材料、燃料一样，随产量变动而变动，从而被列为可变成本。在智力投资领域内，一切纳入正式编制的教师的基本工资都列入“投入量Ⅰ”，因为产出量为零，也需要支付这些教师的基本工资，尽管这些教师直接对产出量发生作用，其地位与生产领域内的生产者相似。

第二部分投入量称为“投入量Ⅱ”。它随产出量的变动而变动。在我国，一个教育单位的管理人员和纳入正式编制的教师的奖金或超工作量报酬，以及不纳入正式编制的代课教师或兼职教师的工资，都属于“投入量Ⅱ”。一个教学单位为增加学生的知识与技能增量而支出的教学和管理方面的支出，如与直接教学有关的实验费用，学生外出实习费用，免费供应学生所需要的教学资料的费用等，也属于“投入量Ⅱ”。如果该教育单位的产出量为零，这种“投入量”也为零；产出量增大，投入量随之增大。因此，智力投资领域内的“投入量Ⅱ”在某种程度上相似于生产经济学的可变成本概念，但它要比生产经济学中的可变成本所包括的范围小一些。因为正如前面已经提到的，直接从事教学的有正式编制的教师的基本工资列入“投入量Ⅰ”，而不列入“投入量Ⅱ”（为了便于分析，这里舍弃了学生助学金问题）。

二

尽管智力投资领域内“投入量Ⅰ”和“投入量Ⅱ”概念与生产经济学中的固定成本和可变成本概念并不完全相同，但生产经济学中关于固定成本和可变成本变动的规律的研究，对于智力投资领域内两部分投入量的变动来说，仍是适用的。

根据“投入量Ⅰ”的定义，一个教育单位不管产出量是多少，在一定的产出量的限度之内，“投入量Ⅰ”是一个常数，因此在以投入量为纵轴，以产出量为横轴的平面坐标图上，“投入量Ⅰ”表现为一条与横轴平行的水平线。

根据“投入量Ⅱ”的定义，当一个教育单位的产出量为零时，“投入量Ⅱ”也为零。随着产出量的增加，“投入量Ⅱ”也随之增加。因此，在以投入量为纵轴，以产出量为横轴的平面坐标图上，“投入量Ⅱ”表现为一条由原点出发向右上方递升的曲线。

由于总投入量等于“投入量Ⅰ”与“投入量Ⅱ”之和，所以总投入量曲线在上述平面坐标图上将是一条从“投入量Ⅰ”与纵轴相交点出发，向右上方递升的曲线。

在智力投资领域内，平均投入量等于总投入量与产出量之比。

平均投入量的变动规律如下：当产出量为零时，由于“投入量Ⅰ”始终存在，所以平均投入量不可能是零，而是一个正值。当产出量从零开始，逐渐增加时，平均投入量将会因产出量的逐渐增加而递减。当产出量增加到一定限度之后，如果产出量再增加，平均投入量就会递增。

因此，在一个以投入量为纵轴，以产出量为横轴的平面坐标图上，平均投入量表现为一条 U 型的曲线，即先下降再上升的曲线。

由于总投入量是由“投入量Ⅰ”和“投入量Ⅱ”构成的，所以平均投入量也可分为“平均投入量Ⅰ”和“平均投入量Ⅱ”。“平均投入量Ⅰ”是“投入量Ⅰ”与产出量之比，“平均投入量Ⅱ”是“投入量Ⅱ”与产出量之比。

“平均投入量Ⅰ”随着产出量的增加而递减。这是因为“投入量Ⅰ”是一个固定的量，它不随产出量变动而变动，所以产出量增加后，平均每个产出量所承担的“投入量Ⅰ”就会递减。产出量越大，则“平均投入量Ⅰ”越小。在上述平面坐标图上，“平均投入量Ⅰ”曲线将呈现向右下方倾斜的形状。

“平均投入量Ⅱ”曲线的图形与平均投入量曲线一样也呈 U 型。这是因为，随着产量的增加，“平均投入量Ⅱ”开始时下降，当产出量增加到一定限度之后，如果产出量再增加，“平均投入量Ⅱ”就会上升。

在智力投资领域内，新增投入量是指：每增加一个单位的产出量所需要增加的投入量。简单地说，新增投入量就是总投入量的增量被产出量的增量除所得到的商数，即：

$$\text{新增投入量}=\frac{\text{总投入量增量}}{\text{产出量增量}}=\frac{\text{“投入量Ⅰ”增量}+\text{“投入量Ⅱ”增量}}{\text{产出量增量}}$$

由于“投入量Ⅰ”是个固定的量，所以在一定限度内“投入量Ⅰ”增量等于零。这样，新增投入量等于“新增投入量Ⅱ”。这样，

$$\text{新增投入量}=\text{“新增投入量Ⅱ”}\ \frac{\text{“投入量Ⅱ”增量}}{\text{产出量增量}}$$

在以投入量为纵轴，产出量为横轴的平面坐标图上，新增投入量曲线呈 U 型，即随着产出量的增加，新增投入量先下降再上升。

就一个教育单位来说，如果新增投入量小于平均投入量，那么平均投入量必定随着产出量的增加而递减，因为新增投入量把平均投入量

拉下来了；如果新增投入量大于平均投入量，那么平均投入量必定随着产出量的增加而递增，因为新增投入量把平均投入量拉上去了；如果新增投入量等于平均投入量，那么新增投入量既不能把平均投入量拉下来，又不能把平均投入量拉上去，所以新增投入量等于平均投入量的那一点，就是 U 型的平均投入量曲线的最低点。

同样的道理，如果“新增投入量Ⅱ”小于“平均投入量Ⅱ”，那么“平均投入量Ⅱ”必定随着产出量的增加而递减；如果“新增投入量Ⅱ”大于“平均投入量Ⅱ”，那么“平均投入量Ⅱ”必定随着产出量的增加而递增；如果“新增投入量Ⅱ”等于“平均投入量Ⅱ”，那么“新增投入量Ⅱ”既不能把“平均投入量Ⅱ”拉下来，又不能把“平均投入量Ⅱ”拉上去，所以“新增投入量Ⅱ”等于“平均投入量Ⅱ”的那一点，也就是 U 型的“平均投入量Ⅱ”曲线的最低点。

了解到智力投资领域内的总投入量、平均投入量和新增投入量之间的上述关系，对于研究一个教育单位的投资经济效果提高问题是有用的。

由于在智力投资领域内，“投入量Ⅰ”在总投入量中所占的比重很大，所以“投入量Ⅱ”所占的比重是很小的。这与物质生产领域内的情况不同，在那里，生产者的工资列入可变成本，而不列入固定成本，并且，在可变成本中，随产量变动而变动的原材料、燃料的支出也占有相当大的比重，而智力投资的“投入量Ⅱ”中不存在相类似的情况。因此，在分析教育单位投入量时所要考虑的问题，一方面与生产经济学中分析成本时所要考虑的问题相似，另一方面它们又有自身的特点。可以把一个教育单位的投入量确定的依据归纳如下：

要确定一个教育单位的投入量，应当了解平均投入量和新增投入量变动的规律性。在新增投入量等于平均投入量时的投入量是最有利的。这时，平均投入量最低。如果在平均投入量曲线达到这一最低点之前就中止了投入，那就不能得到平均投入量递减的全部好处，因为这时继续追加投入量，还能够使平均投入量继续降低。如果在越过平均投入量曲线这一最低点之后才中止投入，那么将会遭到平均投入量递增的损失，因为在越过平均投入量曲线最低点之后，每追加一个单位投入量，平均投入量就会提高。

前面已经提到新增投入量等于“新增投入量Ⅱ”。因此，在新增投入量（即“新增投入量Ⅱ”）等于“平均投入量Ⅱ”时的投入也是比较有利的。这时，“平均投入量Ⅱ”最低。如果在“平均投入量Ⅱ”曲线达到这一最低点之前中止了投入，那就不能得到“平均投入量Ⅱ”递减的全部好处，因为这时继续投入量，还能够使“平均投入量Ⅱ”继续降低。如果在越过“平均投入量Ⅱ”曲线这一最低点之后才中止投入，那么将会遭到“平均投入量Ⅱ”递增的损失，因为在越过“平均投入量Ⅱ”曲线最低点之后，每追加一个单位投入量，“平均投入量Ⅱ”就会提高。

问题在于：平均投入量曲线最低点之时的投入量和产出量与“平均投入量Ⅱ”曲线最低点之时的投入量和产出量是不一致的。由于平均投入量由“平均投入量Ⅰ”和“平均投入量Ⅱ”两部分所组成，而根据智力投资领域的特点，“平均投入量Ⅰ”所占比重很大，“平均投入量Ⅱ”所占比重很小，因此，新增投入量曲线在与“平均投入量Ⅱ”曲线相交之时，平均投入量曲线远没有下降到最低点。如果在“平均投入量Ⅱ”曲线最低点之时就中止投入，那么不能得到平均投入量为最小时的全部好处。

对一个教育单位来说，不应当在“平均投入量Ⅱ”曲线最低点之时中止投入，而应当继续追加投入量，一直到平均投入量曲线最低点之时才中止投入。在越过“平均投入量Ⅱ”曲线最低点之后和达到平均投入量曲线最低点之前，每追加一个单位投入量，随着产出量的增加，尽管会使“平均投入量Ⅱ”提高，但会使平均投入量继续降低。这对于该教育单位显然是有利的。

三

在这里，我们把教育单位的总投入量作为教育单位规模的标志，即一个教育单位总投入量的多少表明它的规模的大小。增加一个教育单位的总投入量意味着它的规模的扩大。

如上所述，总投入量分为“投入量Ⅰ”和“投入量Ⅱ”两部分；在产出量增加的过程中，“投入量Ⅰ”是一个固定的量，“投入量Ⅱ”则随着产出量增加而增加。增加“投入量Ⅱ”导致总投入量的增加，也就是意味着教育单位规模的增大。但随着产出量的增加，总投入量与产出量之比（即平均投入量）起初是递减的。这说明：教育单位规模的增大起初是有利的，因为教育单位规模的增大起初可以导致平均投入量的递减。

然而在产出量增加到一定限度之后，如果继续追加投入，使总投入量继续增加，使教育单位规模继续增大，情况就变得不利了。这时导致平均投入量递减的条件逐渐消失，而教育单位规模增大所引起的效率降低等不利条件却逐渐发生作用，结果，教育单位规模大到一定程度后就会使平均投入量递增。

由此可见，在生产经济学中有关企业适度规模的概念，在智力投资领域内也是适用的。这就是说，一个教育单位的规模既不宜过小，也不宜过大，而应当适度。教育单位的规模小于适度规模，其平均投入量不可能达到它可能达到的最低点；教育单位的规模大于适度规模，其平均投入量又必然超过了它已经达到的最低点。这两种情况对该教育单位来说都是需要避免的。

可以认为，一个教育单位的适度规模就是恰好使它的平均投入量为最低点时的那种规模。

如果每一个教育单位都能达到适度规模，那显然是最合理想的。但实际上，由于各种原因，各个教育单位并未处于适度规模状态。为了达到适度规模，它们各自应针对本单位的具体情况采取相应的措施。

既然教育单位的规模大小由它的总投入量多少来表示，所以一个教育单位的规模大于适度规模，意味着它的总投入量多于它在适度规模状态所需要的总投入量；一个教育单位的规模小于适度规模，意味着它的总投入量少于它在适度规模状态所需要的总投入量。

从纯理论的角度来考察，用增减总投入量的办法就可以使得那些未能达到适度规模的教育单位达到适度规模。但实际情况要比这复杂得多。这主要因为：在智力投资领域内，“投入量Ⅰ”在投入量中所占比重很大，“投入量Ⅱ”所占比重很小，而“投入量Ⅰ”是固定的量，“投入量Ⅰ”所形成的促使产出量增加的条件（校舍、课堂设备、教学仪器设备、图书资料；管理人员和正式编制的教师等）对一个教育单位说来成为既成的事实，通常不是它靠自身的力量就能减少的。

因此，为了使教育单位达到适度规模，应当从实际情况出发来考虑可行的措施。下面分两种情况进行探讨。

（一）现有规模大于适度规模情况下的措施

如果一个教育单位的现有规模大于适度规模，这表明它的投入量大于为达到适度规模状态所需要的投入量。因此，从理论上说，它应当减少投入量。

但是，它的投入量中的“投入量Ⅰ”所占比重很大，这是难以减少的。它不可能自行减少“投入量Ⅰ”，即使它可以减少一些“投入量Ⅰ”，那么其数额也是十分有限的。至于“投入量Ⅱ”，一方面由于它在投入量中所占比重很小，另一方面由于它是与产出量的增加直接联系在一起的，要减少“投入量Ⅱ”，产出量就会受影响。在“投入量Ⅰ”不变而且占很大比重的情况下，产出量减少后，平均投入量就会更大，这就更不符合适度规模状态所要求达到的最低平均投入量的要求了。

根据上述情况，一个教育单位从现有投入量出发来使现有规模达到适度规模的措施应当是：使现有的投入量有更多的产出量。关于这一点，可以由平均投入量的公式来说明。

$$平均投入量=\frac{“投入量Ⅰ”+“投入量Ⅱ”}{产出量}=\frac{总投入量}{产出量}$$

既然“投入量Ⅰ”和“投入量Ⅱ”都不可能有较大幅度的减少，那么只有靠增加产出量才能使平均投入量下降。

产出量用知识与技能增量来表示，它等于受教育者人数乘以平均每人知识与技能的增量。假定受教育者人数不变而平均每个学生知识与技能的增量上升，则产出量将增大。或者假定平均每个学生知识与技能的增量不变而受教育者人数增加，产出量也将增大。

由此可以得出结论：在现有规模大于适度规模的情况下，一个教育单位要在现有投入量条件下达到适度规模的话，应当充分发挥现有投入量的作用，依靠现有投入量来增加受教育者人数，或提高平均每个学生知识与技能的增量，或双管齐下。

就增加受教育者人数这一点而论，从表面上看似乎是矛盾的。矛盾在于：如果一个教育单位的规模与适度规模相比是过大了，那么它就应当多招生。其实这并不矛盾，因为一个教育单位规模大小以投入量多少为标志，适度规模以平均投入量最低时的投入量为依据，而这里提出的多招生，又是以不增加投入量为前提的。在投入量不变的条件下多招生，可以降低平均投入量。这一过程一直持续到学校规模降到适度规模，即平均投入量为最低点时为止。

当然，从教育决策部门来考虑，假定它断定某一教育单位的规模过大而又不宜于多招生，那么除了促使它努力提高平均每个学生知识与技能的增量而外，还可以在维持其现有产出量的条件下减少投入量，主要是减少“投入量Ⅰ”。例如，从该教育单位调走一些并不影响产出量的管理人员和正式编制内的教师，从而减少了“投入量Ⅰ”中的工资费用；从该教育单位外拨一些并不影响产出量的校舍、设备等物质资料，从而减少了“投入量Ⅰ”中的这些物质资料的折旧值和维修费。这样就可以使该教育单位的规模缩小，以符合适度规模的要求。

（二）现有规模小于适度规模情况下的措施

如果一个教育单位的现有规模小于适度规模，这表明它的投入量小于为达到适度规模状态所需要的投入量。因此，从理论上说，它应当增加投入量。

但是，它的投入量中的“投入量Ⅰ”通常不是它能够自行增加的；至于“投入量Ⅱ”，尽管它有可能增加一些，但由于“投入量Ⅱ”在投入量中所占比重很小，所以增加“投入量Ⅱ”所能起到的作用不可能很大。

根据上述情况，一个教育单位从现有投入量出发来使现有规模达到适度规模的措施，也应当是使现有的投入量有更多的产出量。关于这一点，仍可以由平均投入量的公式来说明。

$$\text{平均投入量}=\frac{\text{“投入量Ⅰ”}+\text{“投入量Ⅱ”}}{\text{产出量}}=\frac{\text{总投入量}}{\text{产出量}}$$

要知道，一个教育单位处于适度规模状态时，它的平均投入量是最低的；平均投入量最低点时的投入能使该教育单位处于适度规模。根据U型的平均投入量曲线的变动来看，在达到平均投入量最低点之前的投入是一种小于适度规模要求的投入，从而是一种不经济的投入，正如超过平均投入量最低点之后的投入是一种大于适度规模要求的投入，从而也是一种不经济的投入一样。

因此，现有规模小于适度规模的教育单位，要使自己达到适度规模而又不大可能增加投入量的话，那就只有尽可能发挥现有投入量的作用，尤其是“投入量Ⅰ”的作用，使产出量增大。产出量增大后，平均投入量就会降低。增加产出量的途径则仍然是增加受教育者人数，或提高平均每个学生知识与技能的增量，或双管齐下。

从表面上看，似乎这又是一个矛盾的现象。矛盾在于：为了达到适度规模，现有规模大于适度规模的教育单位应当增加产出量，现有规模小于适度规模的教育单位也应当增加产出量。其实这并不矛盾，因为一个教育单位的适度规模是以平均投入量最低时的投入量为依据的，所以无论是现有规模大于适度规模的教育单位还是现有规模小于适度规模的教育单位，都应当力求把平均投入量降到最低点。怎样降低平均投入量呢？根据智力投资领域的特点，“投入量Ⅰ”在投入量所占的比重很大，而“投入量Ⅰ”不是教育单位自行能够增减的，因此一个教育单位主要靠现有投入量发挥作用，增加产出量，才能把平均投入量降到最低点，以符合适度规模的要求。

当然，从教育决策部门来考虑，假定它断定某一教育单位的规模过小，那么除了促使它增加产出量而外，还可以增加投入量，主要是增加“投入量Ⅰ”，这样也可以使该教育单位的规模扩大。在现有规模小于适度规模的条件下，扩大规模以后，新增投入量将把平均投入量向下拉，这就是规模经济的利益。这一规模扩大的过程可以一直持续到新增投入量等于平均投入量之时为止，也就是达到平均投入量为最低点之时为止。

要素替代和教育的技术构成

一

投入量中的要素可以分为物质要素和人力要素两大类。在某些情况下，这些要素之间存在着可替代性，而在另一些情况下，它们是不可替代的。

在生产经济学中，要素的可替代性表明要素以可变比例进行组合，它们使得在一种要素投入量为纵轴，另一种要素投入量为横轴的平面坐标图上的等产量曲线必定向右下方倾斜；要素的不可替代性表明要素以固定比例进行组合，它们使得等产量曲线呈现一条与纵轴平行的直线同另一条与横轴平行的直线垂直相交的形状。同样地，在智力投资领域内，要素或者按可变比例组合，或者按固定比例组合；从这个意义上说，智力投资的等产出量曲线的形状也与生产经济学中的等产量曲线相似。

但一个教育单位投入量中的要素替代具有自己的特点。让我们先分析一下由于投入量组成方面的原因而造成的要素替代的特点。根据前面所述，在我国教育单位的投入量中，不随产出量变动而变动的“投入量Ⅰ”所占比重很大；并且“投入量Ⅰ”中也包括了纳入正式编制的教师的基本工资；加之“投入量Ⅰ”通常不能由该教育单位自行决定增减。这就使得一个教育单位在决定其产出量时，很难把有正式编制的教师列为可以被替代的要素，从而也就大大影响了整个要素替代问题的实现。

这种情况与生产经济学中所论述的情况是不一样的。要知道，在生产经济学的论述中，生产工人的工资是列入随产量变动而变动的可变成本之内的。在产量增长过程中，如果生产单位决定以机器代替生产工人或以生产工人代替机器，生产单位就可以改变生产工人的投入量，实现要素替代。这种要素替代将在变动着的可变成本中得到反映。然而在智力投资领域内，“投入量Ⅱ”随产出量变动而变动，但“投入量Ⅱ”中只包括有正式编制的教师的奖金和超工作量报酬以及代课教师和兼课教师的工资，其数额很少。即使教育单位决定以物质要素代替教师或以教师代替物质要素，但由于“投入量Ⅰ”是固定的量，所以在用追加物质要素投入来代替教师的劳动时，教育单位仍要向有正式编制的教师支付基本工资；在以追加教师劳动来代替物质要素时，教育单位不可能增加有正式编制教师人数，即不可能增加“投入量Ⅰ”，而只能用增加“投入量Ⅱ”的办法来实现这种替代。教育单位投入量中的要素替代的这一特点就是要素替代的非灵活性。

现在再考虑教师的专业特点对要素替代的影响。在教育单位所进行的教学活动中，教师把知识与技能传授给学生。教师进行的这种传授知识与技能的工作有时不可能由追加物质要素来替代，有时虽然能以追加的物质要素投入来代替（例如把小班上课合并为大班上课，或改为广播教学，以便节省教师。这实际上是以追加的物质要素投入来代替教师的劳动），但教学效果要受到影响，也就是说，产出量要受到不利的影响。产出量所受到的这种影响并不是如生产经济学中通常所说的边际替代率递减规律作用那样的影响。生产经济学中的边际替代递减规律是说，在要素替代过程中，每一次新的替代时需要用更多的甲要素才能替代等量的乙要素，或者用等量的甲要素能替代的乙要素的数量将是递减的。正由于边际替代递减规律的作用，所以平面坐标图上的等产量曲线在向右下方倾斜时，必定凸向原点。在智力投资领域内，当要素可以替代时，边际替代递减规律也是起作用的，即需要更多的追加的要素投入才能替代等量的另一种要素，以保持原有的产出量。但我们在这里所谈到的教师的专业特点对要素替代的影响则属于另一种性质。这是因为教师的劳动有其专业的特殊性，教师作为知识与技能的传授者，他与受教育者的人数之间的比例有一定的限度，如果超过了这个限度（指一个教师向超过人数限额的受教育者传授知识与技能），那么受教育者所学习到的知识与技能将减少。如果不注意教师的这种专业特殊性，任意扩大每个教师所教的学生人数，采用更多的追加的物质要素投入来替代等量的教师劳动，产出量终究要受到不利的影响。所以，在这种替代关系的情况下，在超过一定师生比例后，投入要素组合的结果所形成的产出量不是等产出量，从而各组要素组合的产出在上述平面坐标图上不表现为一条向右下方倾斜的并且凸向原点的等产出量曲线。教育单位投入量中的要素替代的这一特点就是要素替代的局限性。

尽管教育单位的要素替代是非灵活的、有局限性的，但一个教育单位仍然需要采取要素替代。这主要出于两方面考虑：

第一，一定的要素投入表示一定的教育支出。为了提高智力投资的经济效果，一个教育单位应尽可能利用较少的教育支出去取得同等的产出量。由于各种要素支出的货币值不相等，有的相对来说需要较多的货币支出，有的相对来说需要较少的货币支出。假定甲要素较昂贵，乙要素较低廉，那么在要素可以替代的条件下，教育单位就应当多利用乙要素，少利用甲要素。这种替代的结果是有利于减少教育支出的。

第二，不同要素的稀缺程度不一样。在智力投资领域内，投入量中要素的不同稀缺程度是一个客观事实，而且它会长期存在。这些要素的稀缺程度可能以货币值表现出来，也可能不以货币值表现出来，因为客观上并不存在一个完全的要素市场。这样，每一个教育单位都必须从本身已经拥有的物质资源和人力资源出发，根据不同要素的不同稀缺程度，在要素可以替代的条件下多利用相对丰裕的要素，少利用相对稀缺的要素。从这一角度来考察，要素替代之所以必要，一方面由于这种替代有利于减少教育支出，另一方面，这种替代甚至成为一定产出量的不可缺少的保证，因为不采取要素替代，在要素稀缺而又无法从要素市场获得的时候，就不可能形成一定的产出量。

特别是，在不同要素稀缺程度不一样的情况下，如果一个教育单位要扩大产出量，那么要素替代就更加必要。如果该教育单位不能以相对丰裕的要素来替代相对稀缺的要素，产出量的扩大无疑是缺少保证的。

二

教育单位的要素替代既然是必要的，而且要素替代又有其非灵活性和局限性的特点，那么教育单位究竟如何制定适合于本单位情况的要素替代的对策呢？下面分两种情况来探讨。

（一）要素替代非灵活性条件下的替代对策

如前所述，教育单位投入量中的要素替代非灵活性是与“投入量Ⅰ”所占比重很大，“投入量Ⅰ”中包括了有正式编制的教师的基本工资，以及“投入量Ⅰ”通常不能由该教育单位自行决定增减这些情况有关的。为此，一个教育单位必须从上述实际情况出发来制定要素替代的对策。主要对策是：

第一，在“投入量Ⅰ”不变的情况下，尽可能发挥现有的物质资料的作用，减少非教学人力的投入，使那些有能力从事教学的人员转到教学工作中来。这样，一方面实现了物质要素投入对人力的替代（即代替那些可以精简的非教学人员），另一方面使这些被替代的非教学人员转到教学工作中来，以适应增加产出量的需要。

第二，在“投入量Ⅰ”不变而“投入量Ⅰ”中有正式编制的教师人数偏多的情况下，应当减少“投入量Ⅱ”中用于人力的支出，增加其中用于物质资料的支出，并利用这些追加的物质资料来充分发挥有正式编制的教师的作用。这种方式的要素替代是：通过“投入量Ⅱ”中的物质要素投入对人力要素投入的替代来充分利用“投入量Ⅰ”中的多余人力。

第三，在“投入量Ⅰ”不变而“投入量Ⅰ”中的物质资料支出偏多的情况下，应当减少“投入量Ⅱ”中用于物质资料的支出，增加其中用于人力的支出，并利用这些追加的人力支出来充分发挥物质资料的作用。这种方式的要素替代是：通过“投入量Ⅱ”中的人力要素投入对物质要素投入的替代来充分利用“投入量Ⅰ”中的多余的物质资料。

（二）要素替代局限性条件下的替代对策

前面也已经指出，教育单位投入量中的要素替代局限性是与教师劳动的专业特殊性有关的。为此，一个教育单位必须从教师劳动的这一专业特殊性出发来制定要素替代的对策。主要对策是：

第一，把要素替代控制在一定的师生比例范围内。

这里所说的师生比例是指直接从事教学的教师同他所面对的学生人数之间的比例。

在以追加的物质要素投入来替代教师的劳动时，如果过多地用物质要素投入来替代教师的劳动，而使得教学质量下降到限度以下了，那就意味着要素替代已经过度。至于教学质量是否下降或下降到何种程度，则可以用知识与技能的增量来核定。

第二，在需要增加受教育者人数的特殊情况下实行要素替代。

一个教育单位的产出量等于它的受教育者的知识与技能的增量，

而后者又等于受教育者人数与平均每人知识与技能增量的乘积。教育单位作为产出单位，一定的产出量是它预定达到的产出量目标。因此，假定要素替代超过一定师生比例后确实使得平均每个受教育者的知识与技能的增量减少了，但只要教育单位预定达到的产出量目标不变（指它用要素替代后所增加的受教育者人数来弥补平均每个受教育者知识与技能增量的减少），那么在一定场合之下是可以容许的。这就是说，出于某种紧急的需要，可以容许这种要素替代。但不应当把这种情况视为正常，这只是一种特殊的情况，因为一定的知识与技能标准始终是核定受教育者的教育程度的尺度。

同时，即使在这种需要采取过度的要素替代的特殊情况下，为避免要素替代过程中知识与技能增量的下降，还应采取适当的补救措施，例如增加教学参考资料的供应，加强课后与考试前的辅导，等等。

三

从教育经济学的角度来考察，投入量中的要素替代问题在每个教育单位中都是存在的。那么智力投资宏观决策部门应当如何对待它们呢？

一方面，智力投资宏观决策部门应当了解智力投资的特点和教育单位投入量中要素替代的局限性。它应当认识到，先进的、自动化的教学设备固然是重要的，但决不是万能的。先进的、自动化的教学设备固然可以在一定限度之内替代教师的部分劳动，减轻教师的部分工作量，但它不仅不可能完全替代教师的劳动，而且即使在它可以替代教师劳动的范围内，在超过一定的师生比例之后，教学质量是要受影响的。这一点与物质生产领域内不同。比如说，一座先进的、自动化的工厂可以把生产工人降低到最低限度，一个生产者可以操作多少台机器，使产出量成倍增长，而且产品质量不受影响。但智力投资领域会这样吗？假定一个正规学校增加设备投资，全部换成录音和录像教学，把教师大批精简下来，难道这就等于实现了教学的高质量吗？实际情况完全不是这样。教师在课上课下与学生直接接触，不仅传授知识与技能，而且有思想感情的交流；教师以身作则，对学生起着潜移默化的作用；教师的政治态度、品德、献身于教育事业的精神，处处影响着学生；教师的学风和治学方法对学生有着重要的影响；教师与学生之间互切互磋，教学相长；教师在面对学生进行讲授时，可以根据学生的具体情况，因材施教……所有这一切都不是录音磁带和荧光屏所能代替得了的。因此可以肯定地说，无论是基础课教学还是专业课教学都离不开教师的劳动。特别是初等和中等教育，教师直接面向学生传授知识与技能的教学劳动，更不是追加教学设备投入所能替代的。即使是函授教育，有教师辅导、质疑、答疑和没有教师辅导、质疑、答疑，教学质量也很不一样。教师工作的对象是人而不是物，这正是教师劳动不同于物质生产领域内生产者劳动的特点。

另一方面，在要素有必要替代而又不致降低受教育者知识与技能增量的范围内，智力投资宏观决策部门应当容许各个教育单位进行这种要素替代。在教育单位由于受到自身不能决定的“投入量Ⅰ”的限制而在要素替代遇到困难的场合，智力投资宏观决策部门应当帮助它们实现这种替代，例如帮助它们安排被精简下来的多余的人力，向它们提供为要素替代所需要的教学设备，等等。这样，单个教育单位投入量中要素替代的非灵活性即使不会完全消失，但可以有所减少，即要素替代的灵活性可以有所增加。只要智力投资宏观决策部门既认识到教育单位要素替代的必要性，又认识到要素替代的非灵活性，并采取具体措施来减少这种非灵活性，那么教育单位的要素替代就有可能朝着更有利于提高智力投资经济效果的方向进行。

就国民经济范围而言，智力投资宏观决策部门既可以把要素替代体现为以较多的教师劳动来节省教学设备的投入，也可以把要素替代体现为以较先进的教学设备来节省教师劳动的投入。这样，正如生产经济学中可以根据要素投入的比例而把经济区分为劳动密集型经济和资本

（资金）密集型经济一样，在智力投资领域内也可以根据要素投入的比例，从技术构成的角度把教育区分为两种类型：即以较多的教师劳动投入与较少的教学设备投入构成的“轻结构型教育”，以较多的教学设备投入与较少的教师劳动投入构成的“重结构型教育”。从教育的序列来看，从初等教育、中等教育到高等教育，在教育的技术构成上反映了“轻结构型教育”向“重结构型教育”的逐渐过渡。从宏观动态的角度来看，尽管教育经济学中的要素替代具有局限性，教师劳动是必不可少的，但从“轻结构型教育”向“重结构型教育”的逐渐过渡仍然是学校教育的发展趋势。

要素流动和学校布局

一

学校布局方面要研究的问题很多。在这里只准备从教育经济学理论的角度探讨以下几个涉及提高智力投资经济效果的布局问题：学校布局的依据是什么？什么样的学校布局才是合理的布局？如何对现存的学校布局进行调整，以便提高智力投资的经济效果？

初等和普通中等学校是基础教育单位，它们的招生对象是附近的适龄受教育者。初等学校向中等学校输送毕业生，普通中等学校向高等学校输送毕业生。普通中等学校的毕业生中只有一部分人有机会进入高等学校学习，其余的人将通过不同的途径陆续就业。因此，就近入学原则是初等和普通中等学校布局时必须考虑的，因为在就近入学的条件下，同等产出量所需要的投入量是较少的。

至于建立一所学校所需要的投入量中的要素供给问题，对基础教育来说，往往处于比较次要的地位。

对智力投资投入量中的要素，可以从不同的角度进行分类。从学校布局的角度来考察，可以把投入量中要素的流动性大小作为标准来分类，即把投入的要素分为“非流动性要素”、“流动性要素”，以及介于二者之间的“不完全流动性要素”。“非流动性要素”包括校址占用的土地、已建成的校舍。“流动性要素”包括图书资料、教学设备，以及那些易于流动的教师（包括职工）。“不完全流动性要素”则指那些流动较困难或需要照顾的教师（包括职工）。

在基础教育中，建立一个教育单位所需要的投入中，“非流动性要素”所占的比重较小。而在教职工中，易于流动的教师所占的比重较大，流动较困难的教师所占的比重也较小。这就给基础教育单位按人口分布状况进行布局和调整布局带来较大的便利，就近入学的原则也比较易于实现。在基础教育中，为建立一所学校（特别是小学）所需要的要素供给，无论是“非流动性要素”的供给还是“流动性要素”的供给都较容易得到保证。例如，假定认为每一个自然村或每几条街道应当建立一所小学，那么校舍和教师的供给问题是比较容易解决的。假定认为每几个自然村或每一个镇应当建立一所中学，校舍和教师的供给问题的解决固然要比建立一所小学复杂一些，但一般来说仍是不难的。

因此，基础教育中的就近入学原则意味着学校应按人口密度布局，或者说按学生来源布局。这就是初等和普通中等学校布局的基本依据。

二

高等学校不同于初等和普通中等学校，它是专业教育单位，它的任务在于向社会输送专门人才。

在高等学校布局中要不要考虑就近入学呢？要不要按人口密度布局或者按学生来源布局呢？从原则上说，就近入学是需要考虑的一个因素，因为对学生来说，这样可以减少家庭用于教育的支出；对教育单位来说，可以减少某些用于学生生活服务的支出；而对于社会来说，则减轻了交通运输部门的负担。所以高等学校布局中也是需要考虑人口分布状况的。比如说，一所高等学校能够在保证同等教学质量条件下招收部分就近入学的走读生，这表明它以较少的投入量取得相等的产出量。

但是，人口因素在高等学校布局中所起的作用不像它在初等和普通中等学校布局中所起的作用那样重要，更不能认为这是高等学校布局中的主要因素。高等学校是向社会输送专门人才的，它们的毕业生将在全国范围内或省区范围内工作，而不一定留在本城。学生就近入学并不意味着毕业生就近分配。尤其是重点高等学校，它是从全国范围内选拔人才，面对全国招生，而不应当用就近入学的原则作为招生的限制。

在高等学校布局中，人口因素是比较简单的。当我们把问题转入智力投资领域内的要素流动问题时，高等学校布局中需要考虑的因素就远为复杂了。

以投入量中的“非流动性要素”来说，在高等学校中，它的数量要大大超过初等和普通中等学校。一所高等学校的迁移之所以要比一所小学或中学的迁移困难得多，与它们的“非流动性要素”所占较大比重和“非流动性要素”本身数额很大有关。但相对而言，使高等学校迁移更为困难的则是教师的供给问题。高等学校教师中虽然也有一部分是易于流动的，但流动较困难或需要照顾的教师一般要占相当大的比重。由于年龄、健康、家庭和各种社会学方面的原因，要让高等学校中那些流动较困难的教师随高等学校迁移到另一个被认为经济发展程度较差的地点去，不是绝对不可能，但教师的工作条件和教师工作的积极性将受到很大影响，迁移后的教学质量肯定要下降。在存在退休制度的条件下，按期退休或提前退休的教师人数将增多，而要补充这些高等学校教师的缺额，也会远远比补充一个初等和普通中等学校教师困难。高等学校中的教师，越是学问有专长的、在学术上有造诣的，流动的困难性也越大，并且就地补充的可能性也越小。这构成高等学校布局中的特殊问题。

因此可以认为，高等学校布局的要素供给问题主要是“不完全流动性要素”供给问题，实际上也就是教师供给问题。在高等学校布局中，必须认真对待这一特殊性的问题。

三

影响高等学校布局的学术环境因素实际上就是地区办学的客观条件，其中包括人力资源条件和物质资源条件。高等学校既是教育单位，又是科学研究单位。高等学校只注意教学而忽视科学研究，不仅它的教学质量不容易提高，而且对于社会来说，也是一种损失，因为这意味着它的专家和设备未能在科学研究方面得到充分的利用。同时，对高等学校来说，无论是它的教学活动还是它的科学研究活动，都需要同校外协作、交流。在科学技术不断发展的条件下，一个与学术界处于隔绝状态的高等学校是不可能办好的。

因此，高等学校布局同初等与普通中等学校布局相比，学术环境因素的重要性大得不可比拟。为了提高高等学校的教学和科研水平，高等学校应当尽可能设在易于开展学术交流，易于同学术界和其他生产、科研机构进行协作的地点。从学术环境的角度来看，若干高等学校设置于同一个城市中，要比把它们分散设置于几个城市中更为有利；把高等学校与科研机构设置于同一个城市中，要比把高等学校设置于远离科研机构的某个地点更为有利；把有关专业的高等学校设置于大工业企业附近，要比把它们设置于远离大工业企业的某个地点更为有利。这就是学术环境因素对高等学校布局作用的表现。

此外，在高等学校办学所需要的物质资源条件中，还包括了基础结构条件（动力系统、交通运输系统、社会生活设施等）。一个地区的基础结构条件越好，对高等学校的教学和科研活动的开展越有利。假定把高等学校设置在基础结构条件较差的地区，虽然当地的基础结构条件不是不可能改善的，但基础结构条件的改善不仅需要很长的时间，而且需要大量投资，并且这笔费用究竟由谁来负担还是一个问题。由高等学校来负担，这是它力不胜任的；假定不由高等学校负担，而是由国家或当地政府来负担，那么国家或当地政府必须首先考虑这种投资是不是急需，因为它们不可能仅仅为了改善某个高等学校的教学和科研条件而进行巨额的基础结构投资。

通常情况下，高等学校的教师供给因素和学术环境因素是一致的。教师是有专长的人才，他们的学术水平的提高与学术环境条件有密切的关系。一个地区的学术环境条件越好，它对高等学校教师的吸引力就越大。高等学校从学术环境条件较好的地区迁往学术环境较差的地区，教师的地区流动的困难将会增大。一个地区的学术环境条件越差，高等学校教师的补充相对来说就越困难。因此，尽管教师供给因素是从投入要素流动的角度来考察的，学术环境因素是从促进投入要素发挥作用的客观条件的角度来考察的，它们毕竟是两类因素，但是，在高等学校布局的过程中，如果能选择学术环境条件比较好的地区建校，教师供给方面的困难将会减少。

学术环境条件中还包括地区“人才存量”这一影响高等学校布局的因素。地区“人才存量”是指一个地区人才的累积量。这样，在考察学术环境因素时也许会遇到一个问题：在“人才存量”本来就大的地区，如果再设置高等学校，岂不是“人才存量”就更大了吗？与“人才存量”本来就小的地区相比，二者在“人才存量”上的差异岂不是更为悬殊了吗？这种情况难道是可以容许的吗？

要知道，高等学校的教师是地区的“人才存量”的一部分。由于各种历史和社会原因，各地区的“人才存量”是不同的。假定人才能在全国各个地区比较均匀地分布，以实现各个不同地区的经济和文化的均衡发展，那当然是一件好事。但应当注意的是，人才的分布应当服从于整个社会的经济和文化发展的需要，而不应当把绝对平均分布视为应当遵循的原则。大城市作为经济和文化发展的中心，应当多集中一些人才；为了促进高等学校和科研机构相互协作和交流，以提高整个国家和地区的学术水平，高等学校也应当相对集中。这一点既符合科学文化发展的规律，也有助于实现智力投资经济效果的提高。

再说，人才的绝对平均分布不仅是不必要的，而且也是不可能的，因为地区的“人才存量”并不表明“人才存量”的结构状况。某一地区可能某种专门人才多一些，另一地区可能另一种专门人才多一些，这是完全正常的现象。如果想使得各个地区在人才结构方面处于一致的状态，那是做不到的。

由此可见，问题不在于使高等学校均匀地分布于每一个地区，而在于高等学校的毕业生是否被输送到“人才存量”较小的地区去，以逐步改变某些地区人才缺乏的局面。除了特殊的情况而外，高等学校一般不宜于设置在专区所在地以下的地点。以一省的范围来说，高等学院以设置于省会和省内少数几个重要的城市为宜。以全国的范围来说，高等学校应当相对地集中于较大的城市。

如果说地区“人才存量”可以对高等学校布局发生影响的话，那么这是就地区“人才存量”因素是地区学术环境因素一个组成部分而言的。这意味着地区“人才存量”较大，可以成为在该地设置高等学校的依据之一，而地区“人才存量”较小，则不能成为在该地设置高等学校的理由，但可以成为把较多高等学校毕业生分配到该地去的一个理由。

按照这一布局的原则，把综合性大学、师范院校、财经政法院校、医科院校、艺术院校设置在大中城市中，把重点的综合性大学、师范院校、财经政法院校、医科院校、艺术院校设置在科研机构集中的有影响的少数大城市中，是正确的。从学术环境因素这一角度来分析，工科院校和农林院校也完全有理由设置在大中城市中，重点的工科院校和农林院校同样完全有理由设置在科研机构集中的有影响的少数大城市中。至于把工科院校设置在工矿区，把农林院校设置在农村、林区、牧区，那就必须把学术环境因素（其中包括地区“人才存量”因素）考虑进去。假定某一工矿区、农村、林区、牧区有合适的学术环境，有一定的科研机构和一定数量的专门人才，从而能使这些院校教学质量的提高有所保证，那么在这些地区设置有关专业的院校是可行的。假定它们不具备这些条件，那就不应当把有关的院校设置在那里，或把本来设置于城市中的有关院校迁移到那里去。

最后，正如在生产力布局中不仅要考虑社会经济因素，而且也要考虑政治因素一样，在学校布局中也要把政治因素考虑在内。政治因素通常包括民族因素和国防因素两项。民族因素是指：为了加强民族团结，加速少数民族地区的经济和文化发展，应当增加对民族教育的投资，促进少数民族地区的教育事业的发展，在少数民族地区增设一些学校，包括高等学校。国防因素是指：为了国防上的需求，某些与国防科学研究有关的高等学校应当设置在较安全的地区，或者为了保存人才、免受战争的损失，在必要时应把学校迁移到较安全的地区去。

应当把民族因素和国防因素当作影响学校布局的特殊因素来看待。但它们与以上所分析的三个因素（人口因素、要素供给因素、学术环境因素）在一定条件下是可以协调的。这就是说，在根据民族因素而决定在少数民族地区建立学校的时候，或者在根据国防因素而决定在比较安全的地区建立有关学校的时候，仍需要根据人口因素、教师供给因素、学术环境因素进行分析，即应当在若干个可供选择的地点选择一个相对来说条件最有利的地点，以便以尽可能少的投入量取得相等的产出量，或以相等的投入量取得尽可能多的产出量。

四

如果把影响学校的民族因素和国防因素当作既定条件来对待，那么影响高等学校布局的将是人口分布状况、要素供给状况和学术环境三个因素。人口分布状况不是短期内所能变更的，学术环境条件在短期内也不易改变。并且，要改变人口分布状况和地区的学术环境条件，都不是靠教育部门本身的努力所能实现的。

相对于人口分布状况和学术环境条件而言，要素供给状况的变更多少要容易一些。虽然其中有一些条件也不能靠教育部门本身的努力来改变，但教育部门仍能在一定程度上促成要素供给状况的改变。

以“非流动性要素”的供给来说，尽管“非流动性要素”始终是“非流动性的”，教育部门不可能把“非流动性要素”变成“流动性要素”，但由于教育部门可以通过智力投资社会总投入量的地区分配，在某些地区增建校舍，扩大学校规模；它也可以在现有的各学校的校舍和校址占用土地之间进行一些调配，或通过学校合并和改组的方式来做到校舍和校址占有土地的合理使用。这样，在调整学校布局的过程中，“非流动性要素”的供给状况就有可能得到一些改善。一般而言，改善初等和普通中等学校“非流动性要素”的供给状况比较容易，改善高等学校“非流动性要素”的供给状况要困难一些，但无论如何，只要教育部门决心这样做并采取有效的措施，高等学校布局调整过程中“非流动性要素”供给状况的改善仍是可能的。

对于投入要素中的“流动性要素”的供给，教育部门是可以通过自身的努力较容易地予以解决。假定智力投资社会总投入量不变，教育部门就可以通过现有的各学校的图书资料、设备的调拨和现有教师中易于流动的那部分教师的工作调动来解决学校布局中“流动性要素”供给问题。假定智力投资社会总投入量是增加的，那么教育部门可以用追加投入量的办法使某些地区的学校得到所需要的“流动性要素”而不致减少另一些地区的学校现有的“流动性要素”。例如，把新毕业的学生分配到缺少教师的学校中去，就是增加“流动性要素”的一项措施。这通常是比较容易实现的。

至于“不完全流动性要素”的供给问题，无论是在智力投资社会总投入量不变还是在智力投资社会总投入量增加的条件下，都是比较难以解决的，因为它涉及现有教师中那些流动比较困难的教师的工作调动问题，而这些问题往往不是教育部门靠自身的努力就能解决的。尽管如此，教育部门在力所能及的范围内，仍可以增加“不完全流动性要素”的流动性，以有利于改善学校布局、特别是改善高等学校布局中教师供给状况。

教育部门可以从哪些方面着手来增加教师的流动性呢？除了政治思想工作方面的措施而外，主要依靠改进教师的工作条件和生活条件，帮助教师解决备课、业务进修、教学工作中遇到的问题，以及帮助他们解决具体的家庭生活方面的困难。应当认识到，一些教师之所以流动比较困难，确实有其家庭生活上的困难之处。如果教育部门不采取有效的措施来帮助他们解决困难（如子女上学就业、夫妇团聚、住房、家庭收入等方面的困难），教师的流动性不能增加，而且即使调动了工作，教师的工作积极性也会受到影响。

要知道，一个学校所在地区，如果宏观的工作条件和生活条件（指地区的工作和生活条件）较好，那么即使微观的工作条件和生活条件（指学校内部的工作条件和生活条件）差一些，对教师流动性的影响不会很大；如果宏观的工作条件和生活条件较差，而微观的工作条件和生活条件也差，那就不容易使教师安心在那里教学，不容易把教师从宏观条件较好的地区调往那里。因此，在宏观工作条件和生活条件较差的地区，教育部门和学校当局就有必要尽可能改善微观的工作条件和生活条件。可以把这一点概括为："宏观不足微观补。"如果能做到这一点，学校布局中的教师供给问题就会有所改善。

五

尽管通过改善教师的微观工作条件和生活条件有助于改善教师供给状况，但教育部门和学校当局对教师的宏观工作条件和生活条件的改善仍是力不胜任的。为此，教育部门和学校当局除了有责任向中央和地方行政机构反映情况，希望中央和地方行政机构采取得力措施来改善地区的学术环境条件（包括基础结构条件）外，还可以采取教师的定期定向交流，以缓和地区师资力量不足的问题。

在教师具有"不完全流动性"的条件下，虽然在一些地区某些专业的教师中存在着人才积压或者人才潜力未能发挥，在另一些地区则缺少该专业的教师，但前一类地区的教师却难以流向后一类地区。这里既有人事管理体制方面的原因，也有教师本身的原因。关于人事管理体制方面的原因，这里暂不进行分析。假定通过上述改善教师的微观工作条件和生活条件的措施仍不能解决教师流动困难的话，那么由教育部门实行的教师的定期定向交流不失为一项可行的办法。

教师的定期定向交流中的“定期”是指在不迁移户口、不调动工作、不变更教师在原单位的职务和专业的情况下，由那些有人才潜力的学校派出教师，在一定时期内（少则一两个月，多则一两年）到那些师资力量不足的学校去任教。

教师的定期定向交流中的“定向”是指一个师资力量较强的学校与一个或几个师资力量不足的学校建立正式的联系，由前者向后者派出任课教师，前者制定派出教师的计划，后者制定外来教师任课的计划。

教师定期定向交流时，派出教师应以开设被派往的学校没有力量开设的课程为主。至于两校都能开出并且教学质量相似的课程，则不宜由派出的教师来担任。为了开展教师的定期定向交流，派出教师所担任的课程可以采取较集中的讲授方式（单科独进或双科并进），这样可以把一学年的课程集中在三四个月内上完或把一学期的课程集中在一两个月内上完。这对于任课教师本人、派出单位和被派往单位都比较方便。

由于派出教师采取较集中的讲授方式，因此在不影响教师在原单位工作量的条件下，应按规定给予额外的讲课报酬。即使派出教师因外出任课而减少了在原单位的工作量，他们在外出讲课期间也应当得到适当的报酬，因为外出讲课需要付出较多的劳动量，而且生活条件的改变也将增加教师的生活开支。

由此我们将涉及一个问题：教师定期定向交流是不是提高了智力投资的经济效果？如果说提高了智力投资经济效果，那么它是怎样提高的？

以平均投入的产出表示投资经济效果，即：

$$平均投入的产出 = \frac{产出量}{投入量}$$

实行教师定期定向交流后与实行教师定期定向交流前相比，由于要为派出教师支付旅差费（即使不计算讲课报酬），所以投入量是增加了的。假定教师在派出学校任课时所教的学生人数与在被派往学校任课时所教的学生人数一样多，并且教的是同一门课程，内容完全一样，那么实行教师定期定向交流前后，产出量是相等的（只不过是产出量分别计入两个学校）。既然投入量增大了，产出量却相等，那么从宏观的角度来看，由于平均投入的产出减少了，所以教师外出讲课后，智力投资经济效果也就下降了。

我们能不能这样简单地看待教师定期定向交流的经济效果呢？问题在于派出的教师外出讲授什么课程。假定派出的教师到被派往的学校后所开设的课程，是被派往的学校的教师也能开出的，并且教学质量相似，那么教师外出讲课后的平均投入的产出将减少，这是不符合经济原则的。假定派出的教师到被派往的学校后所开设的课程，是为培养一定规格的毕业生所必需的课程，而被派往的学校又没有力量开出这样的课程，那么这就涉及被派往的学校的毕业生规格问题。可以认为，凡是达不到一定知识标准的学生不能作为合格的毕业生，这样，假定被派往的学校请外校的教师来担任这门必需课程的讲授，就成为不可缺少的了。这样，实行教师定期定向交流后，虽然投入量增大了，但另一方面，由于达到一定知识标准的毕业生人数增多了，产出量也增大了。从这个意义上说，实行教师定期定向交流无疑是提高智力投资经济效果的措施。

（原载《社会科学战线》1983 年第 1 期）

关于宏、微观经济统一的调节机制问题

本文想提出一个理论问题，供学术界讨论。这就是：在社会主义经济中，能否形成一种宏观经济—微观经济统一的内在调节机制？怎样才能形成这样一种机制？

一、资本主义经济的调节机制

据西方经济学家的看法，在资本主义经济中，多少存在着使宏观经济自动趋向稳定的机制。他们把它叫做“内在稳定器”。比如说，个人所得税和公司所得税的征收就具有这种调节功能。在经济繁荣时期，个人收入和公司利润都上升，个人所得税和公司所得税的征收额也相应地增加，这就可以抑制总需求的扩大。反之，在经济萧条时期，个人收入和公司利润都减少，个人所得税和公司所得税的征收额也相应地下降，这又起着阻碍总需求下降的作用。又比如说，失业救济金和各种福利支出会随着经济的繁荣而自动减少，也会随着经济萧条而自动增大，这就有助于使宏观经济趋向于稳定，而不致发生需求过于膨胀或需求下降过多的情形。此外，人们对消费习惯的坚持也被认为有助于防止经济萧条期间消费下降过多。据说，由于人们总是维持过去已养成的消费习惯，维持已经达到的消费水平，所以即使收入有所下降，他们在一段时间内也宁肯减少储蓄或动用储蓄来维持既定消费水平。这样，消费支出下降的幅度就会小于收入下降的幅度，从而在一定程度上有利于宏观经济的稳定。反之，由于人们收入上升或得到一大笔意外的收入（如赠款、继承遗产等），他们会较多地考虑储蓄问题，或者，当人们进入壮年时期，随着收入的增加而考虑到子女的抚养和本人老年退休后的生活时，也会把一部分收入用于储蓄，这也就减轻了需求扩大给予市场的压力。在一些西方经济学家看来，这种内在经济调节机制尽管不足以完全保证资本主义国家宏观经济的稳定，但在经济萧条时期，它们可以缓和经济的衰落程度，在经济高涨时期，它们又可以缓和物价上涨的程度，这一点被认为是没有疑问的。

在微观经济方面，据一些西方经济学家的看法，资本主义企业经济效益的提高，是靠企业之间的竞争来实现的。竞争的形势迫使企业改善经营，采用或发展新的技术，降低成本，增加盈利；或者进行转产，或投资于其他生产和销售领域，另辟新径。这就是资本主义微观经济的内在调节机制。

七十年代初，美国通用汽车公司顾问、罗彻斯特大学教授曼恩曾经指出，一个公司如果不能竭尽自己最大的努力去实现利润，就会被“接管”。在现代资本主义环境中，投资者的眼睛盯着每一家公司，每一家公司的眼睛又盯着其他的公司。投资者时时刻刻在判断哪一家公司的利润率更高，盈利的机会更大。公司也时时刻刻在分析竞争对手们的生产能力和潜力、目前的利润率和可能达到的更高的利润率。如果某家公司按其生产能力和潜力来说，可能赚取更高的利润率，而目前由于经营不善未能达到这个标准，那么投资者和竞争对手们很可能以各种方式收购它的股票，在市场上以稍高的价格套购它的股票，等到掌握一定数量的股票后，就接管这家公司，改组董事会，重新任命高级经理，按另一种方式来经营它，以赚取更高的利润。由此可见，每个资本主义企业面前都摆着两种可能性：一是适应新形势，采用新技术，采用新的经营方式，在竞争中立足，在竞争中扩大；另一是落后于其他企业，赔本、垮台、破产，被别人“接管”。正是这样一种机制，迫使资本主义企业的经济效益自动地不断提高。

一般说来，资本主义经济的特点是：微观经济的内在调节机制通常是充分发挥作用的，能够推动企业经济效益不断提高。相对而言，资本主义宏观经济的内在调节机制则远远不能起到保持宏观经济稳定的作用。资本主义国家宏观经济的内在调节机制与微观经济的内在调节机制是相互脱节的，资本主义私有制基础是使得其宏、微观经济统一的内在调节机制难以形成的严重障碍。宏、微观经济统一的内在调节机制的作用具体表现为同时有利于实现宏观经济稳定与企业经济效益提高这两大目标，使二者相辅相成。

宏观经济目标与微观经济目标往往是不可分的。资本主义国家经济的实际情况表明，一方面，如果企业缺乏经济效益，发生亏损，破产数增加，将导致财政收入减少，失业率上升，宏观经济就难以稳定；另一方面，如果宏观经济失控，那么微观经济也不易活跃，企业经济效益的提高也要受到挫折。比如说，在高通货膨胀率和高失业率条件下，市场不可能把各种经济资源配置到最适当的部门和地区去，企业不容易按照真正有利于提高企业长期经济效益的原则来考虑技术创新的形式。如果生产资料价格以较大速度上涨，而且看来难以抑制，企业就会设法保持大于正常存货水平的生产资料储备额，这就会影响资本周转的速度，从而降低资本的使用效率。即使生产资料价格由于受到某种限制而不可能自由上涨，但只要它供给不足，缺乏保证，企业同样也会增加存货，从而影响资本周转的速度，降低资本的使用效率。再比如说，在宏观经济不稳定的条件下，企业的投资方向、部门和地区间的平衡发展也将受到影响，这也是不利于经济资源的合理配置、不利于提高经济效率的。

由此看来，如果缺乏一种宏、微观经济统一的内在调节机制，那就很难使宏观经济稳定目标与微观经济效益目标相互协调。

而在资本主义私有制下，宏观经济的调节机制除了靠消费者对消费习惯的坚持而自发起作用外，在很大程度上是靠政府实行的累进税制度和社会福利制度发挥作用的。这两种机制难以有机地结合一起。一般来说，市场竞争机制在提高企业经济效益的同时往往会影响宏观经济的稳定，而累进税制度和社会福利制度在缓和宏观经济不稳定的同时又往往会限制微观经济目标的实现。特别是在资本主义国家中，社会福利支出往往同赤字财政联系在一起，福利政策的受惠者在通货膨胀条件下又成了实际收入下降的受害者。于是造成一种恶性循环：福利支出的增加使国家的财政负担加重，财政负担加重使信贷膨胀和货币供应量增大，接着引起物价上涨，这又使公众实际得到的工资收入和各种津贴减少，于是他们要求增加福利，并再次促使财政负担加重，如此往复循环不已。只要这种恶性循环不被打破，西方国家的财政赤字就不会减少。

不仅如此，福利的增长还与低效率直接有关。在西方国家，对失业者的救济减少了失业者寻找工作的刺激，增加了人们对职业的挑剔。这被看成是一国经济效率的损失。受雇佣的劳动者在获得某些福利的同时，仍然处处注意到社会上不平等的事实。他们把自己所得到的少数津贴不仅视为理所当然，而且总认为别人得到的比自己得到的更多，别人付出的比自己付出的更少。这一切不能使人们产生工作的真正动力，不能促进经济效率的增长。

上述情况，反映了资本主义制度下宏观经济与微观经济调节机制中的矛盾。

二、社会主义经济的调节机制

在社会主义生产资料公有制基础上，照理说存在着形成一种宏、微观经济统一的内在调节机制的可能性，因为在社会主义制度下国家利益、企业利益、个人利益是一致的，宏观经济目标和微观经济目标应该是统一的。可是事实表明，这种可能性并不一定能成为现实。而且，即使从理论上考察，也存在着一些有待研究的问题。问题的核心在于，如何才能建立一套能够使宏观经济调节与微观经济调节彼此衔接的经济调节手段体系。要知道，即使在社会主义经济中，各种经济调节手段的效应也是不一样的，有的猛烈些，有的缓和些，有的能较快地起作用，有的起作用的时间间隔较长，而且，有的对经济的这一部分发生作用，有的则对经济的另一部分发生作用。特别是有些经济调节手段有利于宏观经济，却可能不利于调动企业的积极性；有些经济调节手段有利于调动企业的积极性，却又可能不利于宏观经济的稳定。需要研究的是，在生产资料公有制的基础上，整个国民经济中如何把各种经济调节手段纳入一个统一的体系之中，使之相互配合，而不致相互削弱或抵消。

关于社会主义宏、微观经济的协调方式，国外有些经济学家进行过探讨。例如，布鲁斯提出了中央、企业、个人三级决策的学说。他认为中央决策主要解决根本性的、方针性的问题，企业决策主要考虑盈利问题，个人决策主要是对消费品和就业作出选择，当三者发生矛盾时，要根据社会利益来协调。布鲁斯还认为宏观决策与微观决策之间应当有所分工，经济计划是一种宏观决策，它的目标在于经济的平衡，除此而外，不应当对宏观经济决策有更多的要求；而微观决策则考虑市场机制的作用，它的目标在于取得经济效益，除此而外，也不应当对微观经济决策有更多的要求。这就是布鲁斯关于协调社会主义宏观经济与微观经济的一种理论设想。他既考虑了宏观经济的平衡，又考虑了企业的盈利原则，但仍有不少问题没有解决。例如，在中央、企业、个人三种决策间发生矛盾时，怎样根据社会利益来加以协调，怎样保证这种协调工作有效，都有待研究。

奥塔·锡克则提出，可以通过分散所有权，由市场来满足消费者的需要，由计划来调节投资方向、积累和消费比例、公共服务项目，以协调社会主义宏观经济与微观经济。这是试图从另一途径来解决这个问题。但经济计划与市场的分工究竟怎样实现，宏观经济中价格水平的变动与微观经济中个别价格的确定究竟如何衔接，奥塔·锡克没有说清楚。

此外，在国外有关宏观经济与微观经济协调问题的研究中，对有些问题考虑得都比较少，如：一国国内经济的不平衡发展；结构因素和技术革命对宏观经济的影响；一国从较低开放程度向较高开放程度过渡过程中宏观经济与微观经济的协调，等等。

由此可见，即使从纯理论角度考察，一国宏、微观经济统一的调节机制问题仍然有待于进一步探讨。

三、关于社会主义制度下宏、微观经济统一的调节机制的理论设想

我的这种设想是极不成熟的，把它提出来完全是为了听取读者的意见。

为了使问题简化，假定这里所讨论的企业是接受了国家计划规定生产任务的全民所有制企业。还假定：

第一，这些企业是有偿使用资金的。在生产方面，它们接受国家的计划任务，服从国家的法律，照章纳税，有权在完成国家计划任务之后自行销售增产的产品。

第二，对这些企业的产品规定两种价格，一是计划价格，另一是计划外价格。按国家计划任务生产的产品以计划价格出售，在完成国家计划任务之后自行销售的增产的产品按计划外价格（即高于计划价格的价格）出售。假定计划价格水平能略高于或至少相当于平均成本，使生产成本达到平均成本的企业不至于亏损，而计划外价格水平和计划外销售量则决定企业的实际盈利额。

第三，这些企业有权自行招收职工，并辞退企业认为不称职的职工。企业有权按国家规定，在照章纳税后给职工增加工资和奖金。

第四，这些企业在完成国家计划规定的生产任务，并照章纳税之

后，有权使用企业保留的利润作为发展生产的基金、职工福利基金、奖励基金等。

根据上述假定，可以设想社会主义条件下宏、微观经济统一的内在调节机制很可能是一种信贷、价格、税收三种内在调节相结合的调节机制。

这里所说的信贷内在调节机制是指企业有偿使用资金。由于有偿使用资金，企业必须考虑资金使用的机会成本，并在使用这些资金时厉行节约，争取更大的经济效益，而国家则可以通过信贷的管理来控制宏观经济。有偿使用资金将给企业一种压力和活力，促使它们实现微观经济目标。与此同时，信贷的管理将使得企业经济效益的增长与国民经济中信贷总额的增长互相协调，即企业经济效益提高，企业保留的利润增多，那么一方面国民经济中的信贷总额的绝对数也会增大，但另一方面，国民经济中信贷总额的增长率就会降低；反之，企业经济效益下降，企业保留的利润减少，那么国民经济中的信贷总额的增长率将会上升，以适应企业改变现状、提高经济效益的要求。这样既有助于使微观经济活跃起来，在宏观经济方面又有助于防止出现信贷收缩和信贷膨胀这两种不利于国民经济的现象。

这里所说的价格内在调节机制是指对企业产品规定两种价格，即计划价格和计划外价格，而计划外价格高于计划价格。在这种情况下，企业在生产和销售方面将会有积极性，企业将力求节约原材料和燃料，合理使用人力和生产设备，争取在完成国家计划任务之后自行增产销售较多的产品，以增加自身的收入。计划外价格的存在可以促使企业实现提高经济效益的目标。另一方面，由于假定企业按国家计划任务生产的产品是按计划价格出售的，这样也就有助于国家通过计划价格来控制宏观经济。两种价格制度不仅体现了计划经济的特点，而且能把市场竞争机制引入社会主义经济之中，因为计划外价格水平将是市场上供给与需求两种力量起作用的结果，它是通过企业间的竞争来确定的。至于具体到每一种产品的计划价格与计划外价格之比，以及产品生产和销售总额中按计划价格销售的部分与按计划外价格销售的部分之比，则根据每一种产品在国民经济中所具有的重要性和产品的稀缺程度来决定。有些产品可以有较大的份额实行计划外价格，较小的份额实行计划价格，以至完全实行计划外价格；另一些产品可以有较大的份额实行计划价格，较小的份额实行计划外价格，以至完全实行计划价格。

这里所说的税收内在调节机制是指企业按照国家的各种有关的规定纳税，并且只有在照章纳税之后才能给职工增加工资和奖金，使用企业保留的利润发展生产和增加职工福利。在这种情况下，企业经济效益的提高、企业生产规模的扩大以及企业职工收入的增加就能同国家对宏观经济的控制直接联系起来。税收的调节使企业感到，唯有提高经济效益，才能在照章纳税之后满足自己扩大生产规模和增加职工收入的要求。从而使这种机制有助于微观经济目标的实现。税收的调节也能使国家增加收入，并能使全国范围的投资规模的扩大和消费基金的增长受到限制。适当税率的累进税制能更好地实现控制宏观经济的目标。这样，税收的内在调节作用将表现为：企业的经济效益越高，国家的收入越多，国家通过累进税制而对企业投资规模扩大和消费基金增长的管理也越有力，从而又促使企业在新的基础上继续致力于提高经济效益。

这里所说的信贷、价格、税收三种调节的结合，是指它们彼此协调、互为补充。这三种调节都能给企业以压力和活力，也都使国家有可能控制宏观经济。但相形之下，有偿使用资金和计划外价格的存在，在促进企业经济效益目标实现方面所起的作用更突出些；而计划价格的存在和累进税的调节，则在促进宏观经济目标实现方面所起的作用更加突出。

根据上述设想，在社会主义制度下，通过信贷、价格、税收三种调节的结合，就可以形成一种宏、微观经济统一的内在调节机制如下：

假定企业处于产品成本高、竞争能力弱、经济效益差、不盈利甚至亏损的状态，它们就会感到强大的压力，这种压力将迫使它们采取措施，改革技术，降低成本，提高经济效益，打开产品销路，扭亏为盈。

假定企业已经处于盈利状态，它们不仅不会感到满足，而且同样会感到压力的存在，因为计划外价格的存在和税收调节的作用，将使这些企业发现，一方面有同行的竞争，自己有可能失去原来的市场，另一方面国家对本企业的要求越来越高，必须更上一层楼，在已经达到的经济效益的水平上，利用一切条件（包括使用保留的利润），继续提高经济效益。

假定国内的企业普遍经济效益不高，财政收入紧张，这时国家将放松对企业的信贷，以有偿使用资金的方式使企业有条件改革技术，提高经济效益，并在企业经济效益提高的基础上消除宏观经济的不稳定。

假定国内的企业经济效益普遍有所提高，各个企业在照章纳税后能使用自己保留的利润来发展生产和增加职工收入，这时，一方面计划外价格有可能因产品的供给量增加而下降，另一方面累进税制将发生作用，这对于维持宏观经济的稳定都是有利的。此外，国民经济中信贷总额的增长率将因企业保留利润的增加而下降，这也有助于稳定宏观经济。

总之，在社会主义经济中，宏、微观经济统一的调节机制是可以形成的，社会主义公有制为它的形成准备了前提。当然，上述设想是在给定的前提条件下进行的，它略去了许多重要的问题，例如地区发展不平衡问题、农产品生产和销售问题、个体经营问题、集体企业的社会集资问题、新技术发展和开放程度提高情况下的市场变化问题，等等。此外，本文还舍弃了消费者行为对宏观经济和微观经济的制约作用。因此本文只不过是一种初步探索，远非全面、系统的研究，希望学术界能就这些问题展开讨论，共同探讨与发展有助于社会主义经济管理的理论。

（原载《外国经济管理》1984 年第 4 期）

试论我国现阶段金融手段对宏观经济的调节作用

本文的中心论点是：我国现阶段，在运用金融手段对宏观经济进行调节时，利息率的作用是不大的。这既有体制方面的原因，也与当前条件下利息率与投资、储蓄、消费三者之间的关系的特点紧密相连。本文不准备讨论体制方面的原因，而专就利息率与投资、储蓄、消费的关系作一些分析。

一

在现代凯恩斯主义的某些代表人物有关宏观经济调节的理论中，假定投资有较大的利息弹性，而消费（连同储蓄）则缺乏利息弹性或只有低的利息弹性。这些假定在一定程度上符合现代资本主义国家的情况。现代资本主义国家通过中央银行调整利息率对经济的调节，也往往以这些假定作为制定具体措施的出发点。然而在当前我国社会主义经济中，却很可能与此相反，即投资缺乏利息弹性或只有低的利息弹性，而消费（连同储蓄）却有较大的利息弹性。如果投资缺乏利息弹性或投资的利息弹性较低，那么银行提高对生产单位放款的利息率，就不大可能起到紧缩投资，从而使总需求减少的作用；或者，想要通过利息率的调整来调整投资额，就要使利息率有较大幅度的升降。利息率升降的幅度与投资调整的幅度是不相称的。如果消费（连同储蓄）有较大的利息弹性，那么银行想要通过利息率的调整来刺激总需求或压缩总需求的话，就可以通过居民储蓄存款利息率的升降来做到这一点。因此，很有必要对我国投资缺乏利息弹性（或投资只有低利息弹性）和消费（连同储蓄）有较大利息弹性的主要原因进行探讨。

投资之所以缺乏利息弹性，无疑有经济体制方面的原因。假定企业并未真正成为独立的经济实体，企业不是自主经营、自负盈亏的社会主义商品生产者和经营者，那么利息率的调整和企业的利息费用的变动不可能成为调节企业投资额的重要因素。但我在这里不准备就体制方面的问题展开论述。我想要探讨的是体制以外的原因。比如说，如果实行体制改革以后全民所有制企业成了自主经营、自负盈亏的商品生产者和经营者，投资是否不再缺乏利息弹性或投资的利息弹性就会立即变得较大了呢？看来未必如此。这是因为，在一个可供信贷的资金总量有限，而企业又几乎普遍地迫切需要增加投资，以改造旧技术、旧设备，购买新技术、新设备的环境中，对企业来说，首先考虑的是能不能取得银行的贷款。至于需要为这些贷款支付多少利息，以及由此而付出的利息费用是否会成为企业过重的负担等，则是次要的问题。假定企业认识到利息率的上升会使企业成本增大，从而会影响企业产品的销售的话，那么企业很可能主要采取这样的对策，即加速企业资金的周转，降低生产资源的消耗，改进产品的质量，增加产品的花色品种等；但企业是不愿放弃可以取得信贷的机会，而减少投资的。这种情形在集体所有制企业、个体工商业户、农村专业户等自负盈亏的单位对待银行贷款和利息率的态度上，则反映得比较明显。所以说，在我国现阶段，即使通过体制改革，使全民所有制企业成为自主经营、自负盈亏的商品生产者和经营者，全民所有制企业的投资仍然可能缺乏利息弹性或只有较低的利息弹性。没有理由认为投资的利息弹性会发生重大的变化。当然，这是把全民所有制企业作为一个整体来看待的，并不排斥这一现象的存在，即少数全民所有制企业会把利息率的变动当作企业投资决策中的首要因素，或比较重视企业的利息费用的增减。

根据以上的分析，可以得出这样的看法：

第一，如果企业迫切需要增加投资，而投资资金的供给总量却是有限的，那么企业认为更为重要的是资金的筹集，而不在于取得资金的代价。因此，投资将缺乏利息弹性或只有低利息弹性。

第二，如果企业在降低生产成本和提高经济效益方面存在着较大的潜力，而只要增加投资就能够使这种潜力发挥出来，使降低生产成本和提高经济效益由可能变为现实，那么企业认为更为重要的是投资以后的实际收益，而不在于取得资金的代价，因为前者将大大超过后者。这种情况也会使投资缺乏利息弹性或只有较低的利息弹性。

正由于上述情况在我国现阶段确实存在，而且短期内不会消失，所以如果我们想通过利息率调整来调整社会的投资总量，效果并不会如某些同志原来预料的那样显著。经济体制改革之后，情况可能稍好一些，但仍不宜寄以较大的希望。

这是不是意味着我们不必注意发挥利息率调节投资的作用呢？不是这样。对不同类别的工商贷款实行差别利息率政策是必要的，加收逾期贷款利息和对挤占挪用银行贷款实行罚息的做法也会起一定的作用。但它们的主要作用在于促进企业加强经济核算，提高经济效益，而不在于调节社会的投资总量。这就是说，在我国现阶段，对生产单位的贷款的利息率调整，主要的作用表现于微观经济领域内，然后通过生产经营单位经济效益的提高而间接地影响宏观经济，而不是直接表现于宏观经济领域内对投资总量的调节，并通过对投资总量的调节而影响总需求。我认为，这是我国在利息率与投资之间的关系方面不同于现代资本主义国家的一个不容忽视的特点。对这一特点的认识是有政策意义的。

那么，我国的中央银行主要应当采取什么方式来影响投资总量的变动以控制投资总量呢？我的看法是：就现阶段而言，在投资缺乏利息弹性或者只有低利息弹性的情况下，中央银行应把直接控制投资信贷额及其增长率作为调节投资总量的主要金融手段。下一阶段，随着经济的发展和上述有利于发挥利息率调整在影响投资总量变动方面的作用的条件的形成，也就是随着投资的利息弹性的逐渐增大，中央银行可以把直接控制投资信贷额及其增长率和调整利息率二者并重，使它们共同成为控制投资总量的有效手段。再下一个阶段，投资的利息弹性更大一些了，我们才有可能把利息率调整作为控制投资总量的主要手段。在讨论中央银行对投资总量的影响及其措施时，应当考虑上述的阶段性。这一点正是从我国经济的实际情况出发的。

需要说明的是：为什么中央银行用直接控制投资信贷额及其增长率的方式来影响投资总量的变动，是现阶段可供选择的较好方式呢？这是因为，在投资缺乏利息弹性或投资低利息弹性的情况下，对投资信贷额增长率的直接控制与利息率调整方式相比，不仅在影响投资总量的变动方面有它的优点，而且在影响部门、地区、企业之间的投资分配比例方面，投资信贷额及其增长部分的分配比例的直接规定也将会优于差别利息率政策。再将投资信贷额增长率的控制与货币供应量增长率的控制进行比较，尽管前者涉及的是流量分析，后者涉及的是存量分析，后者可能是一个比前者更能广泛地反映国民经济状况的指标，但前者却明显地具有以下两个优点：

第一，投资信贷额及其增长部分定义比较清晰，计算起来比较简便，而货币供应量及其增长部分在定义上还不是十分明确，例如对社会主义条件下货币的不同含义（M1，M2，M3……）还需要探讨；相应地，货币供应量的计算也比较复杂，因为这也涉及货币的不同含义问题，不宜简单地套用西方经济学中关于 M1，M2，M3……的解释和计算方法。

第二，由于这里所论述的是对投资总量的调节，也就是通过对投资总量的调节而对总需求进行调节，所以对投资信贷额增长率的控制要比货币供应量增长率的控制更能收到这方面的效果。当然，这并不意味着在任何场合下投资信贷额增长率的控制都比货币供应量增长率的控制有效。关于这一点，下面在分析对居民可支配收入总量的调节时，将会加以阐释。

二

让我们接着考察我国现阶段利息率与储蓄、消费之间的关系。

消费（连同储蓄）之所以有较大的利息弹性，是与我国现阶段消费和储蓄的特点有关的。我们不妨先对储蓄进行分析。要知道，假定居民的储蓄存款是准备用于养老、生活保障、子女未来受教育等方面的，那么这一部分储蓄存款对于利息率变动的反应是不敏感的。因为储蓄者在这种情况下一般不会由于利息率的上升或下降而立即相应地改变自己储蓄的目的和变更储蓄存款的数量。另一方面，假定居民的消费习惯已经形成，消费结构已经定型，或者居民对生活需要的一些耐用消费品的持有量已经接近于饱和状态，而把手头的货币作为消费后的真正余额而存入银行，并不因利息率的变动而在消费与储蓄之间重新作出选择，那么这一部分储蓄存款也是缺乏利息弹性或只有较低的利息弹性的。此外，还应当考虑到这样一种情况，即假定储蓄存款的持有人或现金的持有人对经济失去信心或对吸收储蓄存款的银行不再具有信任感，那么在这种极端的条件下，利息率的变动也不可能使储蓄存款的持有人继续保持其储蓄存款，也不可能使现金持有人将手头的现金存入银行。尽管上述这些只是纯理论的考察，但对我国现阶段利息率与储蓄、消费之间关系的分析仍是有用的。目前我国居民的储蓄，不论是来自劳动的收入、继承性的收入还是其他收入（利息、股息、房租收入等），其中确有一部分是准备用于养老、生活保障、子女未来受教育等方面的。利息率变动对这一部分储蓄存款调整的作用不会很大，对这一点，我们应当有所了解。但主要问题不在这里，而在于这部分以外的储蓄存款的预定用途，在于居民的消费现状。正如上面已经指出的，作为消费后的真正余额的货币存入银行后可能不受利息率变动的影响或只有较低的利息弹性。那么，并非作为消费后的真正余额，而只不过是作为消费的暂时替代形式的储蓄存款，对于利息率的变动又将有什么样的反应呢？这一部分储蓄存款显然会有较大的利息弹性。特别是在我国当前的情况下，这一点尤为突出。这是因为，随着近几年来经济的增长和居民平均收入的上升，随着商品经济的发展和经济开放程度的提高，居民的消费结构正处于变动的过程中，居民的旧的消费习惯正在逐渐让位于新的消费习惯，而居民所爱好的、愿意购买的耐用消费品仍然供应不足，居民对这些耐用消费品的持有量远没有接近饱和。因此，作为储蓄存款的货币中有相当一部分并不是消费后的真正余额，而只是一种对未能及时满足的消费的暂时的替代。对储蓄存款者来说，这种性质的储蓄存款就是一种暂时被延期的消费支出。即使我们也可以把准备用于养老、生活保障、子女受教育费用等方面的储蓄存款看成是一种延期的消费，但它们是正常的延期消费，而上述性质的延期的消费则是暂时的，只要利息率有所变动，这种储蓄存款就会相应地发生变动。

暂时延期的消费或者转化为储蓄存款，或者变为现期消费，或者以现金的形式保存在居民手中。它们究竟以哪一种形式出现，取决于以下三个因素：

第一，居民对经济的信心和对吸收储蓄存款的银行的信任程度。这种信心或信任程度将使居民决定是否把手头的现金转化为储蓄存款或变为商品，是否把储蓄存款变为商品或现金。这里所说的对经济的信心实际上包括了对价格的预期、对市场上商品供给数量的预期、对个人持久性收入的预期等。这里所说的对银行的信任程度，除了也包括对价格的预期而外，还包括对银行储蓄和利率政策的预期等。如果居民缺乏信心或信任程度不足，那么他们必然减少储蓄存款，甚至减少手头的现金，而增加对商品（包括暂时不需要的或并非称心如意的商品）的购买。

第二，市场上受消费者欢迎并且与消费者的支付能力相称的消费品（尤其是耐用消费品，包括商品化的住宅）供给数量的增长率。如果这些消费品的供给迅速增长，那么居民将在手头保存较大数额的现金，准备随时购买；反之，如果其增长率较小，居民则倾向于把手头的现金转化为储蓄存款，也就是把现期消费变为暂时延期的消费。但只要居民认为这些消费品供给数量是会持续增长的，而且认为它们的价格不会出现较大幅度的上升，那么居民手头的现金持有与储蓄存款二者之间的转化将依市场上消费品供给数量的增长情况而定。

第三，储蓄存款的利息率。储蓄存款利息率能否起到调节社会消费支出的作用，与上面提到的两个因素有密切的关系。如果居民对经济失去信心，对银行缺乏信任，或市场上受消费者欢迎的消费品供给数量迅速增长，那么储蓄存款利息率在现金持有与储蓄存款之间的转化、现金持有与消费支出之间的转化中所起的作用就会减弱；反之，如果居民对经济有信心，对银行有信任，而市场上受消费者欢迎的消费品的供给数量虽然在持续增长，但增长率较小，那么居民仍会把手头的现金转化为储蓄存款，这时，储蓄存款利息率就能在这一转化中起到较明显的作用。不仅如此，由于储蓄存款和取款需要现金持有者和储蓄者付出一些时间和精力，所以在我国目前的实际情况下，储蓄存款利息率必须保持一定的水平，才能吸收居民的储蓄存款。如果储蓄存款利息率低于这一水平，它就起不到这方面的作用了。

通过以上的分析，我们可以看出，在调节社会的消费支出方面，储蓄存款利息率的调整是可以起作用的。如果在储蓄存款方面实行差别利息率政策，那么这一作用还可以得到进一步的发挥。但即使没有利息率的差别，只要在居民手头的现金持有额较大时提高储蓄存款利息率，仍然可以促使居民把手头的现金转化为储蓄存款，即把现期的消费转化为暂时延期的消费，其主要原因就在于消费（连同储蓄）有较大的利息弹性。

三

关于利息率与消费和储蓄之间的关系，还有必要作进一步的分析。根据上面所谈到的，储蓄存款利息率的升降可以调节现期的社会消费支出。但这里仍然有一个问题没有得到回答，这就是：通过储蓄存款利息率的调整而对消费支出的调节，不等于对居民可支配收入总量的调节。居民可支配收入总量增长过快，是宏观经济不协调的显著标志。如果要改变这种情形，利息率的调整究竟能起多大作用呢？

要知道，居民可支配收入总量可以分解为居民的消费支出、居民的储蓄存款和居民手头的现金持有额三大部分。上面所谈的通过储蓄存款利息率的升降而进行的调节，是指对于居民可支配收入总量内部三个组成部分（即消费、储蓄存款、现金持有额）之间的比例关系的调节。这种调节虽然是宏观经济调节的一个方面，但它不等于对这三个组成部分的总和（即居民可支配收入总量）的调节。而对其总和的调节应当被认为更加重要，因为宏观经济中的消费基金失控，首先指的是居民可支配收入总量的失控。在居民可支配收入总量为既定的前提下，我们才有必要去调节居民可支配收入总量内部各个组成部分的比例关系。所以现在要探讨的问题是：利息率能否调节居民可支配收入总量？如果能起作用的话，那么它将在多大程度上起作用？

我的看法是：就我国现阶段的实际情况而言，利息率调整可以影响居民可支配收入总量，但这种影响是有限的。为什么这么说？我们知道，居民可支配收入中确有一部分来自居民的储蓄存款利息收入。储蓄存款利息率的升降可以使居民的利息收入增减，从而可以影响居民可支配收入的总量。但利息收入在居民可支配收入总量中所占比例是很小的。居民可支配收入中还有一部分来自居民的经营收入，例如个体工商户、专业户等的经营收入。其中有一些经营者从银行得到贷款，如果银行调整对他们的放款的利息率，可以影响他们的经营收入，从而也可以影响居民可支配收入的总量。不过，这方面的影响也有限。至于在居民可支配收入中占相当大比重的工资和奖金、退休金和其他社会福利性的收入等，则很难认为与利息率的调整有直接的或明显的联系，因此也就难以运用调整利息率的方式来调节。

正如对社会的投资总量的调节既可采取财政手段，也可采取金融手段一样，对居民可支配收入总量的调节同样可以采取财政与金融两种手段。就金融手段而言，前面在分析对投资总量的调节时已经提到，直接控制投资信贷额及其增长率应是现阶段的主要手段，利息率的调整是次要的。只有随着投资的利息弹性的逐渐增长，利息率的调整才会变得日益重要。我认为，在调节居民可支配收入总量时，除了运用财政手段以外，就金融手段而言，现阶段的有效手段是控制货币供应量的增长率。虽然对货币供应量增长率的控制也可以影响投资总量，但我在这里所要强调的是它对居民可支配收入总量的影响。

对货币供应量增长率的控制，以国民产品的净增长率为依据。把货币供应量增长与国民产品净增长直接联系在一起，并由后者来决定前者，可以使货币供应量的变动有一个可靠的物质基础。尽管在现实经济生活中，这二者的增长并不十分一致，存在着货币供应量变动的滞后问题，但只要事前考虑到这种滞后性，并且不一定按照长期不变的固定比率来确定国民产品净增长基础上的货币供应量的增长，而是根据国民产品的不同构成情况来确定国民产品净增长率与货币供应量增长率之间的不同比率，那么货币供应量增长率的控制仍然是有根据的，而不是随意性的。

为了使职工工资和奖金收入的增长不至于过度，从宏观经济的角度来看，除了需要运用财政手段而外，对货币供应量增长率的控制将发挥其作用。这就是说，职工工资和奖金收入的增长必须以国民产品的净增长为先决条件，而且必须被严格限制在国民产品净增长水平以下。如果职工工资和奖金收入的增长超出了这一预定的范围，那就意味着超出了货币供应量增长所容许的限界，从而国民经济中就会出现货币供应不足的情况。即使国民经济中货币供应的不足并不直接影响发放职工工资和奖金的生产单位关于增加工资和奖金的决策，但就整个经济来说，由于货币供应量的增长受到了限制，经济趋于紧缩，这就有可能阻止消费基金的继续增长、继续给予市场压力。反之，如果不实行以国民产品净增长为基础的对货币供应量增长率的控制，那么一旦职工工资和奖金收入的增长超出了上述国民产品净增长的限界，消费基金的失控将会加剧，由此造成的需求膨胀也必将引起通货膨胀。这正是控制货币供应量增长率这一调节方式的优点。

控制货币供应量增长率在国民经济运行过程中的作用并不到此为止。由于对货币供应量增长率的控制是以国民产品净增长率为依据的，所以在职工工资和奖金收入的增长超出国民产品净增长所容许的限界之后，货币供应不足将不可避免。国民经济中的货币供应不足不仅会增加产品实现的困难，而且还会影响投资信贷额及其增长，这些情况都有可能促使生产单位对生产、销售和成本进行调整和重新安排，至少可以防止经济中继续发生职工工资和奖金收入超出国民产品净增长所容许的限界的现象。换言之，只要企业真正成为自主经营、自负盈亏的社会主义商品生产者和经营者，只要企业之间的竞争真正给予企业以压力，那么每一个使本单位职工工资和奖金过度增长的企业都会感受到国民经济中货币供应不足条件下自己的相对不利的处境。而在需求膨胀和通货膨胀的环境中，企业却不易察觉这一点，或者，即使能察觉，它们也很有可能利用需求膨胀和通货膨胀的客观形势来摆脱职工工资和奖金收入过度增长所带来的成本提高等困难。

按照国民产品增长率控制货币供应增长率，在居民可支配收入总量的其他组成部分不变的前提下，职工工资和奖金收入的过度增长，就会因国民经济中货币供应的不足而受到一定程度的抑制。这种收入过度增长的现象逐渐消失后，假定其他条件不变，以国民产品净增长为基础的货币供应量的增长也将使国民经济中货币供应不足的状态不再存在。利息率的变动是起不到这种作用的。

四

可以把现阶段我国宏观经济调节中的有效的金融手段归结如下：

第一，鉴于投资缺乏利息弹性或只有较低的利息弹性，应当把直接控制投资信贷额及其增长率作为投资总量调节的主要金融手段。

第二，鉴于消费基金的失控主要来自居民可支配收入中工资和奖金部分的增长超出了国民产品净增长所容许的限界，在金融方面应当采取的主要措施是参照国民产品净增长率来控制货币供应量增长率。

第三，鉴于消费（连同储蓄）有较大的利息弹性，可以采取调整储蓄存款利息率的方式来调节居民可支配收入中各个部分（消费支出、储蓄存款、现金持有）之间的比例。这表明存款利息率的调整是可以起到某种作用的。但应该注意到，这仅仅指影响消费支出、储蓄存款、现金持有之间的比例。它还不可能直接影响居民可支配收入总量的增长，从而也不可能直接影响消费基金总量的增长。这一点又表明了利息率在宏观调节方面的作用的局限性。

总之，我的看法是：在现阶段我国宏观经济的调节中，就金融调节而言，对投资信贷额及其增长率的控制，以及对货币供应量增长率的控制，将是比较有效的手段。对前者应当主要控制投资总量。

（原载《中国社会科学》1985 年第 4 期）

所有制改革和股份企业的管理

一

传统的社会主义经济模式否认社会主义经济是商品经济，认为社会主义社会中的企业没有自身的独立经济利益，不是商品生产者和经营者；产品按国家指令性计划生产和分配，等等。正是在这种论点的支配下，社会主义所有制的特征被认为是单一的公有制，而且公有制只包括传统意义上的全民所有制和传统意义上的集体所有制两种形式：全民优于集体，大集体优于小集体，公有化程度越高越好。按照这种观点，如果说所有制需要变革的话，那就是小集体向大集体过渡，集体向全民过渡，总之，向“大”和“公”过渡。因此，我们在否定传统社会主义经济模式的同时，也必须否定那种由此而制定的有关所有制和所有制变革的观点。我们现在所讨论的所有制改革，就是讨论“社会主义经济是商品经济”这一前提之下的所有制改革问题。

简单地说，我们所要讨论的所有制改革包括四方面的内容。

第一，单一的公有制是不符合社会主义社会中发展商品经济的要求的。应当变单一的公有制为多种所有制，包括公有制和非公有制。

第二，对传统的全民所有制进行改革，使之适应生产力发展水平。

第三，对传统的集体所有制进行改革，使之适应生产力发展水平。

第四，建立由多种所有制混合组成的新型所有制，即包括全民、集体、个体等所有制在内的新型经济联合体。

根据这样的论述，我们所要讨论的所有制改革，既不是要变公有制为私有制，也不是要取消全民所有制。所有制的改革是指改革那种与传统社会主义经济模式相适应的、与产品经济相适应的所有制，即改革传统意义上的全民所有制和传统意义上的集体所有制，改革不适合社会主义商品经济发展的所有制。换言之，所有制的改革，正是要根据社会生产力发展的状况和社会主义发展现阶段的特点，调整不适应商品经济发展需要的所有制，力求按照商品经济发展的要求，从所有制关系的高度来调整人际关系，调动各方面的主动性和积极性，达到使社会主义经济迅速增长的目的。

我们知道，经济体制改革是为了使社会主义生产关系能够适应生产力的状况和要求，为合理组织生产力的各个要素、提高劳动生产率、加速商品经济发展提供可能和条件。这样，在经济体制改革中，唯有改革所有制，才能实现整个经济体制改革的要求，才能真正解决经济中的利益、责任、刺激、动力问题。没有所有制改革，经济方面的其他各种改革能够起到的作用是有限的。这就是所有制改革的意义。

所有制改革对于加速社会主义商品经济发展和调动各方面的主动性、积极性的重要作用，可以从我们已经进行数年的农村经济改革得到有益的启示。迄今为止，农村经济改革之所以取得了显著的成效，不是仅仅改变了经营形式，而是改革了所有制。农村联产承包责任制的实行，改革了“三级所有，队为基础”“政社合一”的传统公有制。以农民承包者作为有自身的独立经济利益的生产单位，实行行政组织与经济组织的分离，这样才建立起平等、互助、互利的新型经济关系。而土地承包期的延长，则促使农民承包者的经济行为趋于长期化、合理化。

农业改革突破了传统的集体所有制中的统一经营模式，实行土地公有和土地承包后的分散经营，农民承包者作为独立生产单位拥有自主权、主动权和应变能力，从而适应现阶段我国农业生产的特点。当然，公有的范围不仅包括土地，还包括水面、地下矿产资源、农田水利设施和一部分农业机械。另一部分农业机械则由农民承包者所有。还有一部分生产资料，如耕畜、拖拉机、汽车等，也可以归集体所有，而由个人承包使用；或归私人所有，而由集体付酬使用。农民自己拥有一部分生产资料，以及采取部分生产资料公有和部分生产资料私有相结合的新形式，是赋予农村经济巨大活力的重要因素。

上述这一切并不是贬低农业生产组织形式变革的作用。不可否认，在这个过程中，农村出现了生产组织形式的变化，即由过去的统一出工的集中劳动形式转变为以家庭为单位的分散劳动形式，以及出现了各种联营的生产组织形式。然而农村商品经济发展的关键不在于生产组织形式的变革，而在于建立了适应生产力发展的新的公有制。

需要澄清的是这样一种不正确的看法，即尽管承认农村的经济变化根源在于所有制发生了变化，但却把这种所有制变化归结为公有制向私有制的变化。这显然是不符合实际情况的。要知道，联产承包责任制并未改变土地等基本生产资料的公有制，即农村土地仍然属于集体所有，农民是以户为单位承包土地的。换句话说，土地经营的分散化，并不等于土地私有化。农民承包者生产和经营分散，是以土地等基本生产资料公有化为基础的。这是从传统公有制向新型公有制的转变，而不是从公有制向私有制的转变。

那么，城市中的传统全民所有制应当如何改革呢？从我国的实际情况出发，可以按如下的方式改革：

一部分全民所有制企业（指国民经济命脉部门的现有大型企业），可以继续保持国家所有、国家经营的方式，而主要从改善企业管理、完善经济责任制方面着手。

一部分全民所有制企业（指各行各业的小型企业），可以采取租赁、承包、拍卖或改为合作经济组织。

一部分全民所有制企业（指一般行业的大中型企业），可以实行股份制，即以股份所有制来取代传统意义上的全民所有制，形成国家、企业和劳动者联合办企业的模式。这种做法并不改变社会主义公有制的性质，而是以新型公有制的股份企业的建立作为改革的目标。

通过对传统的全民所有制的改革，在我国将建立新的社会主义所有制体系。新的社会主义所有制是指这样一种所有制结构，即从生产力发展的实际状况出发，确定不同所有制在国民经济中的地位以及它们相互间的合理比例。由于我国生产力发展水平的不平衡，地区之间、部门之间、企业之间的差异相当大，所以在确定不同所有制的比例时，应当符合国情，从有利于发展社会主义商品经济出发。在我国目前的生产力条件下，通过所有制改革而广泛建立的股份经济和合作经济，都是公有制经济，又都是社会主义商品经济的主体，两者缺一不可，并无高低上下之分，也不存在过渡问题。今后，两者也可以在社会主义商品经济发展的基础上再形成新的经济联合体，或者在两者之外产生更加新的公有制形式，但无论如何，过去那种循着“小集体—大集体—全民所有制”依次发展的模式在理论上是站不住脚的，在实践中有弊无利，因而必须彻底抛弃。

二

关于社会主义社会中一般行业大中型企业的股份制的设计，在所有制改革的总体设计中占着十分重要的位置。首先需要强调：社会主义社会中企业的股份制是与公有制经济联系在一起的。虽然股份经济可以同社会主义公有制的不同形式、不同层次相互交错，甚至可以使不同的所有制（包括全民的、集体的、个体的所有制）相互交织，从而组成混合程度不等的经济单位（即股份企业），但这并不与公有制相抵触。何况，企业的股份制并不仅仅指建立新的股份企业；企业股份制还包括原有的全民所有制企业的股份制，这是对原有的全民所有制的所有制改革的一种基本方式。

股份经济以所有权和经营权的分离为特点。在社会主义条件下，股份经济同样具有这一特点。股份经济反映了生产资料所有制多元化的客观存在。曾经流行过一种看法，即认为股份经济是资本主义特有的现象。如果这是就资本主义与前资本主义经济对比而言，那么它并不算错，因为虽然前资本主义社会中早已出现过股份公司形式，但只有在资本主义制度建立以后，股份经济才获得突飞猛进的发展。但股份经济不等于资本主义经济。股份经济不是一种独立的经济形态，它的性质取决于入股者的性质。在社会主义社会中，政府部门、全民所有制企业、集体所有制企业都是入股者，劳动者个人也可以入股，由这些入股者集资组成的企业在性质上是不同于资本主义社会中的股份企业的。不仅如此，社会主义条件下的股份企业的经营管理必须受社会主义国家的法律的约束，并要受到社会主义国家的行政部门的监督。这些都是社会主义社会中的股份经济与资本主义股份经济的基本区别。

在所有制改革过程中，企业改革为股份企业可以分为两大阶段。前一阶段是资金增量的股份化，即新创办的企业按照股份集资方式建立，以及原有企业扩大经营时采取发行股票的方式。后一阶段是资金存量的股份化，即原有企业的固定资产核定价值，折成股份，使原有企业变为完全的股份企业。

新创办的企业按股份集资而建立，相对来说是比较方便的。如果企业创办者要新建一个股份企业，那么首先必须经过一定的批准手续才能发行股票。这个新建的股份企业的权力归属问题取决于股权。在股权分散的条件下，谁能掌握起码的控股数，谁就能掌握企业。

根据我国目前的实际情况，当新创办的企业发行股票时，可以考虑或者由专业银行代理发行，或者由信托投资公司一类的机构代理发行，企业与代理发行者按股票种类、企业条件及其他情况订立股票承销合同，由企业支付一定的股票承销佣金。发行股票时，股票按票面金额买卖。以后股票转让时，可以根据企业经营的好坏和市场情况来计算股票时值的升降幅度，使股票的价格有所变动。

同时，在我国现阶段，对新创办企业发行的股票的股息、分红，一般可以作以下的规定，即定期按股份支付固定股息，以此作为成本的一项，然后，在税后利润中再列出一定比例的分红基金，按股份分配。每股分得红利的大小，随企业留利的多少上下浮动。这种做法既可以鼓励投资者入股，也便于企业经济核算。当然，这并不排斥某些新创办的股份企业从一开始起就实行股息和分红合而为一的做法，以便使企业的利益同投资者的利益更紧密地结合起来。但这应当限于少数确实有较大盈利把握的企业，否则目前不易吸引投资者入股。

资金增量股份化还包括原有企业在扩大经营时的股份集资。这是把原有企业的资产分为两个部分，一部分是企业原来已经拥有的资产，另一部分是企业新增的资产。前一部分资产暂时不实行股份制，后一部分的资产则是通过股份方式集资的。很明显，这是一种过渡的措施，但就我国目前的全民所有制企业而言，这种过渡的措施是必要的。

原有全民所有制企业在扩大经营时的股票发行，可以参照新创办企业发行股票的办法。比较复杂的是股息、分红的计算和发放。股息可以采取固定按股计息，列入成本的办法。但分红时不能不考虑企业原有的固定资产等条件，否则就会侵占全民所有制经济的利益。因此，应当计算出新增加的资金同企业原来的资金之间的比例关系，再根据这一比例关系，在企业留利中划出一部分，作为扩大经营后入股者的分红基金。

实际上，即使把新增股份金额同原有资产的比例关系作为划出企业税后利润中分红基金的依据，并由此决定给新加入的股份的分红大小，这也有不合理之处。这是因为，很难对原有资产与新增股份集资二者各自在企业盈利总额中的贡献大小作出判断。从不同生产要素发挥的功能来说，在某些情况下，企业原有资产实际上起的作用要小于它按资产总额的比例计算所起到的作用，在另一些情况下，却可能大于它按资产金额的比例计算所起到的作用。如果再把非货币形态所起的作用考虑在内（如原有企业的信誉、商标、地理位置、与客户的联系等，新入股者的社会联系面，企业集资增股后在社会上形象的变化等），那就更难判断原有资产与新增股份集资各自在企业盈利总额的贡献大小了。

因此，另一种可行的做法是：对于原有企业扩大生产时所增加的股份集资，只发放股息，而不采取按股分红的方式。这时，股息率可以略高一些，并且有一个浮动的幅度。在企业的经营管理决策方面，采取股份集资形式来扩大生产的原有企业，由于新增股份资金只是企业全部资产的一部分，因此不可能像新创办的股份企业那样召开股东大会或股东代表大会，并由大会选举出董事会。但可以采取下述比较灵活的做法。一是仍然建立董事会，根据原有资产和新增股份资金之间的比例，确定董事会的组成人员比例。原有企业派出的董事代表原有资产，由新入股者中推举的董事代表新增股份资金。当然，这样的董事会还不是名副其实的股份企业的董事会，它本身也是一种过渡的机构。二是不建立董事会，仍按原有企业的组织形式和决策方式进行管理，另外，召开新入股者推举出的代表参加的新股东代表会议，听取他们对企业经营管理的意见和建议。

原有企业扩大生产时的股份集资，可以向本职业职工发行股票，也可以向社会发行股票。向本企业职工发行股票的好处是使本企业职工的利益同企业利益更好地结合起来，但如果原来的企业规模较大，那么从本企业职工那里能够筹集到的资金总额相对于企业原有资产而言，毕竟是有限的，新筹集的企业职工入股资金对企业的发展作用不大。因此，在企业需要增加资金时，可以向社会发行股票。

三

原有企业资金存量的股份化是实行企业股份制中最重要的，也是最复杂的问题。这是指全民所有制企业，特别是大中型全民所有制企业资金存量的股份化。集体所有制企业原有资产的折股相对而言要简便些，至于小型全民所有制企业，则可以把采取租赁、承包或改为合作经济的方式作为所有制改革的内容，而不涉及资金存量折股问题。

全民所有制企业资金存量的股份化的适用范围有多大？应当认为，除了一些关系国计民生，在国民经济中具有决定意义的部门和企业（如铁路、大型电站，邮电等）以外，都可以实行企业资金存量的股份化，并且随着资金存量股份化的推行，将享有完全的经营自主权，切实做到自负盈亏，并按股份大小分配税后利润的一定部分。

在可以实行资金存量股份化的全民所有制企业中，又可以按行业、地区、企业规模的不同而制定资金存量股份化的措施。首先应对这些企业原来的国家投资进行核算，以确定历年国家投资总额。再确定近年来企业利用利润留成作为投资的金额。前一个数字与后一个数字相加的总和作为一个基数，并由此确定国家投资与企业本身的投资在总投资中各自所占的比例。为了计算方便，在计算前一个数字和后一个数字时可以都不考虑物价上涨率和利息率。如果这两个数字之间的比例关系确定了，那就可以进行企业现有净资产的估值工作。

企业现有净资产的估值是比较复杂的，但由于事前已经确定了国家投资总额与企业自身利润留成中用于投资的总额的比例，所以企业现有净资产的估值即使不那么精确，问题也并不很大。比如说：假定国家投资总额与企业自身利润留成中用于投资的总额之比为九与一，那么不管企业现有资产估值多少，都按九与一之比来划分股权。对于企业现有资产估值的大小，有一个制约因素，这就是股份利益。如果企业现有资产估值偏低了，那么以后在招收新股时，原有企业资产的股份所有者的利益就会受到损失。如果企业现有净资产的估值偏高了，那么不仅不利于招收新股，从而对企业今后的发展不利，而且在企业需要按净资产缴纳某种带有调节性税金的场合，企业原有资产的股份所有者的利益也会受到损失。这就促使企业现有净资产的估值比较适中。

在我国所有制改革的过程中，原有企业资金存量的股份化应当逐步展开。要知道，股份企业是真正自愿的利益结合。摊派股份与股份企业的性质格格不入。因此，对于企业资金存量的股份化，不宜操之过急。需要试点，取得经验，并向其他企业示范，才能渐渐推广。

可以设想，在我国的所有制改革中，起初可能只有为数不多的自愿试点进行股份制的企业，它们将稀稀疏疏地分散于全国各省市。然后，会有越来越多的企业受到股份企业的吸引，也希望实行股份制，于是股份制的实行过程会自然加快。就是到了那个时候，自愿原则仍然是不可忽略的。人为地创造一个“股份化高潮”，只能得到相反的效果。类似的例子，难道过去还少吗?

原有企业资金存量股份化以后，国家不一定需要在每个企业中掌握那么多的股份。国家可以根据地区和行业的不同，根据企业性质和规模的不同，确定国家所掌握的股份在全部股份资金中的比例，然后国家再根据这一比例，保留企业股份，而把多余的股份分期分批出售：或者公开出售，卖给个人，或者转让给企业，由企业付现金或计息向国家陆续偿还债券。

国家出售企业股份所得到的资金，作为特定的基金，可以用于新创办股份企业时的政府入股金，或者在国家认为有必要扩大自己在某一企业中的政府股份时，用作增股的投资，或者作为其他政府生产建设项目的资金。但无论如何，这笔基金不应作为当年财政经常支出，不应用于弥补当年财政赤字。

需要指出的是：减少政府股份不等于削弱公有制。第一，要使政府份额在企业中占有地位，是需要一定政府股份的，但不一定需要那么多。减少政府股份后，仍然可以使政府成为企业中的最大的股份持有者。第二，实际上不需要使政府在每一个企业中都成为最大的股份持有者，甚至政府不必在每一个企业中都拥有股份。这并不影响企业的公有制性质。在某些企业中，如果政府不是企业的最大的股份持有者，那么最大的股份持有者将是该企业本身或其他企业。由于这些企业同样是公有制企业，所以企业的公有制性质没有变化。第三，政府减少自己在一些企业中的股份，可以得到资金，转用于更有利于经济发展的领域中。

四

实行企业股份制的过程中，应当尽快成立各级国有股份资产管理局。它们的任务是管理政府股份及其增减。由于政府股份可以分为中央政府的股份和地方各级政府的股份，相应地，国有股份资产管理局也分为中央、省、市、县各级。它们之间不是垂直领导关系。中央一级的可以称为中央国有股份资产管理局，直属国务院。省、市、县的分别称为某某省（市、县）国有股份资产管理局，隶属于省（市、县）政府。

国有股份资产管理局管理政府股份，根据股权派出政府董事。如果企业资金存量股份化以后，一个企业中既有中央政府的股份，又有地方政府（省、市、县政府）的股份，并且都可以根据股权派出董事的话，那么各个国有股份资产管理局所派出的董事即中央政府的董事，与地方政府（省、市、县）的董事，彼此之间没有领导与被领导的关系。此后，中央政府要增加股份，由中央国有股份资产管理局投资增购股票；中央政府要减少股份，所得到的资金也归于中央国有股份资产管理局。地方政府作出增减自己在企业中的股份的决定后，其支出和收入也照此办理。

政府股份不由原来的专业部、厅、局管理，这一点是十分重要的。由于企业法人地位的确立，政企已经分开。专业部、厅、局主要负责制定发展规划和政策，协调企业之间的关系，监督政策和法规的执行等，而不再过问股份企业的事务。政府股份的管理和政府董事的派出，都是国有股份资产管理局的职责。而国有股份资产管理局也不具体干预企业的事务，它们可以通过股权的掌握和派出的政府董事来影响企业的经济决策和经济活动。

中央国有股份资产管理局所掌握的政府股份不宜分散。也就是说，中央政府只是在那些对国民经济有重大影响的大企业中持有股份。与此相似，省和直辖市国有股份资产管理局所掌握的政府股份也应相对集中，省政府和直辖市政府主要是在比较重要的大企业中持有股份。相形之下，省以下的市国有股份资产管理局则有可能掌握较多的一般大中企业的股份。至于县国有股份资产管理局，则根据原有的基础和目前的财力，可以适当地掌握一些企业股份。上述这一切是与充分发挥省以下的市在地区经济中的作用相称的。

各级国有股份资产管理局不仅管理政府股份，而且还掌握了政府股份的收入（股息和红利）。国家可以规定一定比率的股份收入所得税，政府股份收入在缴纳股份收入所得税之后，留在局内作为基金，可用于政府股份的发展（新增政府股份的投资）、政府董事奖励性的报酬、日常支出等。

五

股份企业应当制定较完善的企业（公司）的章程。章程中体现这样的原则，如独立核算、自负盈亏、对外经济往来一律按经济合同办事，贯彻董事会领导下的厂长（经理）负责制，由监事会对企业实行监督等。从组织上说，股份企业的最高权力机构是股东大会。由股东大会选举董事、监事，成立董事会、监事会。董事会作为企业的业务方针和企业重大问题的决策者，向股东大会负责。监事会作为企业的业务方针和企业重大问题的监督者，也向股东大会负责。股东大会的投票权按入股者实际占有股份的多少而决定。股东大会（或股东代表大会）定期召开，听取审查，并通过董事会、监事会的工作报告。在明确股权划分的情况下，如果全民所有制经济在企业中没有股权，国家不能干预企业股东大会和董事会的合法的活动。在有全民所有制经济入股的条件下，国家只限于依靠自己的股权多少，通过股权代表去影响企业的决策。

对股份企业的“社会主义国家参预制”，体现于对股份企业的政府控股。政府控股不一定要占股份总额的51%以上，实际上，由于股权的分散化，政府控股在一般情况下，只需要占1/3或2/5就行了，甚至还可以再低一些。而且，即使是股份企业，也并非一概需要政府控股。如上所述，部门和企业之间的差异很大，如果某些部门或某些企业在国民经济中相对来说重要些，那么政府控股将成为必要，至于相对来说次要一些的部门或企业，则政府可以控股，也可以不控股。这里并没有固定的模式，即不需要统一规定政府必须控股的比例数。

假定政府控股，那么政府将在董事会中占有较大的决策权。这种决策权是由政府董事执行的。政府董事代表国家股份的利益。由于企业股份总额的一定比例在国家手中，国家股份的利益与企业利益可以结合在一起，这样，代表国家股份利益的政府董事在这种情况下也同时代表着企业的利益。

通过股票的购买和转让，企业用自己的利润留成可以在本企业投资入股，或对其他企业投资入股。假定一个企业既有政府的投资，又有本企业的投资，还有其他企业的投资，并且假定这三方面的投资都达到一定的数额，从而都能根据股权产生董事，于是这个企业的董事会中至少有三方面的董事，即政府董事、本企业董事、其他企业派出的董事。董事会的决策权依这三方面各自股权的大小和董事名额的多少而分配。

应当指出，由于社会主义经济中的股份企业是新型公有制企业，所以通过企业的控股而产生的企业董事，也是公有经济派出的、代表公有经济利益的董事。这就是说，在某些企业，即使政府控制的股份只占企业股份总额的较小百分比，从而不能掌握董事会的决策权，或者，在另一些企业，政府不控股，从而不委派政府董事，但既然企业董事（包括本企业派出的董事和在本企业有一定股权的其他企业派出的董事）同样是代表公有经济的利益的，那么董事会的决策权仍然掌握在公有经济方面。

一个企业所委派的本企业董事和派往其他企业的董事，应当由职工代表大会选举产生。这些企业董事，无论被派往哪个企业，都代表本企业的利益。

如上所述，股份企业是按股权而产生董事的。以上所提到的政府董事、企业董事（包括本企业的董事和其他企业的董事）都与股权直接联系在一起。他们统称为股权董事。企业职工可以入股，社会上的个人也可以入股，但在我国目前的情况下，既然实行股份制的是大中型企业，因此职工个人或社会上的个人所拥有的股份不足以使某一个个人成为股权董事。

考虑到这一情况，可以增设非股权董事。非股权董事在董事会中只占较少的比例，但可以代表职工和社会上的个别入股者的利益，有助于董事会在决策过程中广泛听取意见。非股权董事一般包括三方面的人选。一是职工代表，可以由工会系统产生；二是社会代表，可以由消费者团体、环境保护团体、社会保障团体等派出；三是专家代表，可以由企业生产经营和技术有关的学术团体中产生。假定企业中本企业职工普遍入股，而且股金总额较大，那么由职工代表担任的董事也可能是股权董事，而不一定是非股权董事。

六

股份企业的厂长是由董事会聘任的，在董事会的领导下，企业中日常的经营管理和生产指挥要由厂长行使集中指挥权。

在厂长领导下，企业作为一个整体，要维护内部自上而下的集中统一的指挥系统。厂长和企业内其他领导人之间是领导与被领导的关系，后者由厂长任免，按照分级管理的原则，下级听从上级指挥，下级向上级负责。厂长究竟代表谁的利益？对这个问题，需要从股份企业的性质上进行分析。

股份企业的厂长代表的是股东们的利益。由于这里所说的是社会主义公有制的股份企业，因此，在有全民所有制经济入股的股份企业中，厂长所代表的股东们的利益同时体现了国家利益、企业利益和职工利益。这就是说，厂长作为一个公有制企业的负责人，必须执行国家的方针政策，遵守法律，维护国家的利益，这既是指宏观意义上的国家利益，也是指微观意义上的、全民所有权经济作为股权人的利益。厂长必须坚持企业的社会主义方向，使企业充满活力，使职工利益在企业的各项制度中得到切实的保障，使职工利益同企业利益、国家利益一起增长。

在实行董事会领导下的厂长负责制之后，党组织在企业中究竟起什么样的作用呢？应当指出，社会主义企业必须坚持党的领导才能保证企业的社会主义方向，但坚持党的领导并不意味着可以由党组织代替董事会或由党委书记代行厂长的职责。党对企业的领导，不限于企业党组织的领导，更重要的是指高层次的党的领导，是指中央的方针、政策的贯彻。企业党组织的主要任务应是企业中的政治思想工作，对企业生产经营和行政管理发挥保证监督作用。企业党组织如果发现企业有违背政策的行为，应提出批评，监督纠正。企业党组织要积极支持职工代表大会行使民主管理的权力，支持厂长行使企业决策权，引导职工代表坚持社会主义方向，关心国家的整体利益，正确处理国家、企业、职工三者的利益关系。

今后，在企业入股的职工在股份企业中的收入将包括工资、奖金和“利益分享”（股息和红利）。职工的利益由职工代表大会选出的企业董事和由工会系统产生的非股权董事来代表，以影响董事会的决策和监督董事会的活动。尽管每个职工所拥有的股金在企业股份总额中是微不足道的，但毕竟能使职工的利益同企业的利益的挂钩较过去密切了一些。当然，股份企业的职工积极性不能单纯依靠职工作为小额股份持有者这一点而调动起来。这不仅是股份企业的局限性，甚至也是合作企业的局限性，因为每个社员的股金在合作企业中也只是很少的一份。重要的是，股份制将把大中型企业推上市场竞争和真正自负盈亏的大舞台。股份企业必须为自己创信誉，争取生存空间，调整企业的行为，从各方面调动企业职工的积极性。优胜劣汰，企业经营不善就会被兼并。企业兼并，只不过是生产要素的重新组合，对社会主义经济而言，并不是什么坏事，因为兼并者和被兼并者都是新型公有制企业。

为了保证董事会决定企业大政方针和厂长行使生产经营指挥权这一原则得以实现，可以规定董事不兼厂长，厂长不兼董事。厂长以董事会的聘任人员的身份指挥生产经营。

所有的外来董事（政府董事、其他企业派出的董事、社会代表担任的董事、专家代表担任的董事）均不驻厂。他们只是在董事会开会期间出席会议，或者受董事会委托来企业执行公务时，才到本企业来。他们的职责是在董事会开会期间对企业经营方针和重大问题做决定，以及从各方面了解企业的情况，以便使董事会的决定符合实际。他们不列入本企业的编制，不从企业领取工资。

非外来董事（本企业的董事、本企业职工代表担任的董事），由本企业的职工（不包括厂长及其主要助手）中产生。他们不领取本职工资以外的兼职工资。他们的职责同外来董事相同。

所有的董事在董事会开会期间可以有一些津贴，而在年终结算后，如果企业有盈利，那么在按股份分配后，各个持股单位可以在股份收入中提取一定金额作为付给股权董事的奖励性报酬。

例如，国有股份资产管理局可以用一部分政府股份收入奖励给政府董事，企业可以用自己的一部分股份收入作为奖励，付给本企业的董事；外企业也同样提取一部分股份收入作为它们派出的董事的报酬。此外，企业只需要按照与本企业董事所得到的大致相等的水平付给少数非股权董事以奖励性的报酬。

政府董事是由国有股份资产管理局派出的。国有股份资产管理局可以从本局干部中，或从原来企业所属的专业部、厅、局中选派政府董事，也可以从这些单位以外聘任适当的公职人员作为政府董事。由于从外单位聘任的适当的公职人员是作为政府股权的代表而担任董事的，因此，在担任董事期间，他们没有责任向自己所供职的单位报告企业中的活动状况。

在层层控股，形成母公司、子公司、孙公司系统的条件下，各个企业董事一般不互相兼任。如果确实有必要兼任，也仅以一个人担任两个企业的董事为限。

一切董事都有任期，连任只限一次。在有关企业发展战略和生产经营方针等重大问题的决策上，董事会可以采取记名投票，并公布每个董事的投票结果。在涉及人事安排问题上，董事会也可以采取无记名投票。

以上所有这些规定，旨在防止董事会的官僚化，即一方面防止董事只挂名，而不对企业的前途负责，另一方面防止董事个人揽权或以董事的名义为个人谋取私利。

可以设想，通过上述管理方面的改革，股份企业将越来越有活力。这些股份企业也将日益成为有中国特色的社会主义股份企业。

（原载《中国经济体制改革》1986 年第 12 期、1987 年第 1—2 期）

社会主义所有制体系的探索

一

所有制改革归根结底是由商品经济发展的要求引起的，是由企业作为商品生产者这一不可改变的地位所引起的。至于改革后的所有制究竟具体采取什么样的形式，则应从有利于推动生产发展出发。单一的所有制不利于发展商品经济，不利于发挥企业作为商品生产者的积极性，也不利于使社会主义制度的优越性充分体现出来。于是出现了改革后所有制体系的设计问题。

改革后的所有制中是不是还包括全民所有制？对于这个问题，可以明确地回答：包括全民所有制在内。但改革后的全民所有制，并不等于现阶段的全民所有制。它们是有区别的。

在传统经济模式的影响下，人们曾经认为国家机构直接经营管理全民所有制企业是唯一可行的方式，甚至是唯一正确的方式。但实际上，在社会主义经济建设过程中，这种经营方式的弊端暴露得越来越充分。企业成为行政机构的附属物，企业的人权、财权、物权完全集中在国家手中，国家对企业管得太多太死，企业经营好坏与自身的经济利益没有联系，也不承担经济责任。这正是国家机构直接经营管理企业的必然结果，是把全民所有同国家机构直接经营企业混为一谈的必然结果。在所有制改革中，必须以改革全民所有制为重点。

要知道，既然是全民所有制企业，那么从本质上说，生产资料归全民所有，产品归全民所有。企业的全民性代表全体人民的根本利益、整体利益和长远利益。承认全民性是全民所有制的属性，意味着全民所有制企业是为了全体人民的共同利益而进行生产和经营的。问题在于：怎样才能使全民所有制企业在生产和经营中体现自己的全民性？怎样才能使它们真正为了全体人民的共同利益而进行经济活动？在这里，必须指出，全民所有制企业不是一个空泛的概念，它们是从事经济活动的实体。全民所有制企业的全民性体现在企业领导层和企业职工一起处在使经济活动对全体人民的利益负责之中。但这种负责并不是指全民所有制企业必须由国家来经营管理。不仅如此，可以明确地指出，假定认为只有由国家来经营管理全民所有制企业才能体现这些企业的全民性的话，那么企业经营管理不善，弊端丛生，其结果恰恰不是对全体人民的利益负责，而是对全体人民的利益的损害。这样，在对全民所有制企业进行改革时，应该强调的是：必须对全民所有制企业的全民性有新的理解，即它们的全民性体现于经济活动的成果，而不是体现于国家对这些企业的经营管理。也就是说，改革全民所有制，不是要否定全民所有制，也不是要改变这些企业的全民性。改革全民所有制，正是为了使全民所有制企业的全民性通过它们的有效的经济活动而充分体现出来。

二

在社会主义所有制体系中，还包括一个主要的方面，这就是根据社会主义商品经济发展的要求，建立多种所有制，即实现所有制的多元化。所有制多元化是指：社会主义社会中可以存在多种所有制，包括公有制，也包括非公有制。此外，企业生产资料所有权也可以不是单一的，而是由全民、集体和个体按照多种方式交叉、渗透而形成的混合性质的。在这种混合性质的所有制中，全民所有、集体所有、个体所有相互渗合，你中有我，我中有你。这就是说，一个企业内部可以有不同的生产资料所有权的成分。所有制的多元化，包括混合性质的所有制的形成，首先与我国现阶段劳动的性质有关。企业中的劳动者的劳动存在着质与量的差异，他们仍然要用个人利益的眼光去看待自己的劳动及其劳动成果。而且，企业之间还存在着劳动条件的差异，这又会导致企业的经营成果和经济效益的差别。有些企业能够比一般的企业生产出更多的劳动成果，这部分收入应归企业所有，以利于调动企业经营管理的积极性，促使企业经营活动改善。所有制的多元化和混合性质的所有制的存在，可以使企业和在企业中工作的劳动者更能从利益关系上使自己同生产经营成果统一起来。

再从我国现阶段的生产力水平来看，所有制的多元化和混合性质的所有制的存在也是与此有关的。我们知道，一定的生产资料所有制形式，取决于社会生产力的发展水平。社会主义商品经济究竟采取什么形式以及在一定范围内存在哪些所有制，要受生产关系一定要适应生产力发展的规律的制约。现阶段我国生产力发展水平较低，发展也很不平衡，这种状况决定了在长时期内将是多种所有制的并存，决定了在一个企业内，完全可以使不同的所有制相互渗透或相互结合。这是不以任何人的主观意志为转移的。

总之，在设计我国所有制体系时，需要考虑我国究竟需要建立什么样的企业所有制关系。这一切不能离开发展商品经济的要求，不能离开现阶段劳动的性质和生产力水平的制约。为了发展商品经济，每个企业必须以商品生产者资格开展生产经营活动，企业有权自己决定其产供销活动，并且要在竞争中保存自己和发展自己。这不是什么“放权给企业”的问题。而是“还权给企业”的问题。企业作为商品生产者，应当拥有一个商品生产者所具有的自主经营权。即使是全民所有制企业，改革以后，国家必须把生产资料交由企业使用，并且让企业有权支配自己的经济活动的成果。至于每一个企业的所有制形式，则由具体的情况来决定。

三

在社会主义社会中，建立和发展股份企业不仅是必要的，而且也是可行的。社会主义建设需要大量资金。要改变资金分散的现象，必须集中资金，把社会资金潜力动员起来。因此，企业发行股票有助于使资金集中，以满足扩大生产的资金需要。由于社会主义经济制度的基础是生产资料的社会主义公有制，所以股份企业也将建立在这一基础之上。如果是集体经济的企业发行股票，由劳动者购买，那么从性质上说，这种由劳动者集资而组成的企业仍然是集体经济单位。看来，这类企业实行股份制完全是可行的，也不会引起疑虑。问题是全民所有制企业能不能发行股票？全民所有制发行了股票后，性质会不会变？对这个问题，应有正确的理解，不能认为只有集体企业才能发行股票，而全民所有制企业不能发行股票。我们不能用关于全民所有制企业的传统的观点来看待全民所有制企业的股份制。

如果全民所有制企业成为股份企业，从现有的生产资料所有权来看，有三方面的入股者：一是中央政府部门，二是地方政府部门，三是全民所有制企业本身。这三类入股者都是全民所有制性质的，股份制不改变企业的全民性。如果全民所有制是向社会集资的，那么新的入股者又可以分为三类：大致有（这里不考虑外资入股）三种：一是其他的地方政府部门和其他的全民所有制企业；二是集体企业；三是劳动者个人。从新入股的构成看，如果只有第一类新入股者，企业的全民性没有变化。如果还有第二类和第三类新入股者，那么企业的全民性依然保留，但又增加了集体的成分。不管怎样，股份企业的生产资料仍然归劳动者所有，这样的企业仍然是公有企业。

从生产资料使用权上看，由于股份企业的所有权与使用权是分离的，因此有必要考察谁真正在进行经营管理。经营管理归于企业的管理人员。既然社会主义股份企业的股东是劳动者或是代表劳动者利益的单位，那么通过股东代表选举的企业管理人员也就是劳动者利益的代表。

以股份制的全民所有制企业来说，如果第二类和第三类新入股者的资金相对于原来的入股者和第一类新入股者的资金而言是较少的，那么企业仍由全民所有制一方经营管理。即使第二类和第三类新入股者的资金相对说来较多，但只要它们是分散的，那么全民所有制一方也照样掌握了企业的经营管理权。这些都表明企业的全民性基本上没有变化。

退一步而言，即使第二类和第三类新入股者的资金较多，而且第二类新入股者的资金并不分散，从而掌握了企业的经营管理权的话，企业不仍然是社会主义公有制企业吗？企业的经营管理权不仍然掌握在劳动者利益的代表者手中吗？这又有什么值得顾虑的呢？

下面，让我们再分析一下企业股份制的优越性。股份制是现阶段可以采取的最有利于增强企业活力的措施，它的优越性表现于：

第一，建立股份企业将从根本上改变政企不分的状况，从而可以把企业办成一个完全经济性的实体。由于企业的负责人向董事会负责，董事会向股东负责，企业就不再处于作为行政机关附属物的地位。股份企业在服从国家政策和经济法规的前提下，有独立决策的权力。换言之，国家不能对股份企业直接进行干预，而只能通过股权，影响企业的经济活动。这样，企业与政府的关系，在经济上主要体现在纳税和收税的关系上，企业的经营决策权问题就会迎刃而解。

第二，股份经济可以比较有效地解决生产要素的合理流动问题。股份企业盈利高低是一个信号，可以引导资金转移到盈利高的部门，使资金和劳动力得到比较合理的配置，可以提高资金使用效率。在市场竞争的条件下，股份企业只有将资金投向最有发展前途的领域，合理使用资金，避免决策失误和资金浪费，才能立足，才能发展。至于政府部门，则可以通过各种调节和补偿措施，有计划地引导股份资金投向国民经济中的薄弱环节和落后部门，从宏观的角度来促进生产力合理布局。

第三，入股集资有利于把社会上闲散资金集中起来，实现融通资金的活动。在社会集资和劳动者个人入股的条件下，个人消费基金的结余部分表现为新增加的股金。个人是以投资者的身份出现的，入股后，不能任意抽回股金，因此，企业以集资入股方式吸收个人消费基金的多余部分之后，不存在股金退出企业而冲击消费品市场的可能性。除个人入股以外，股份经济还可以把企业拥有的留成资金作为集资的重要来源。由于各个地方和企业都拥有一定量的暂时闲置的资金，因此通过股份经济的途径，集中地方和企业的资金，承担与地方和企业利害关系密切的项目的建设，有利于加快建设的步伐，并且，这也是为社会（特别是对于开拓广大农村的就业门路而言）提供更多就业机会的有效途径。

四

各个不同的企业相互入股（即相互购买股票）的结果，产生了社会主义条件下的企业控股制。控股制又称参与制，它是股份经济发展的必然产物。控股制本是资本主义发展到垄断阶段时出现的一种经济组织形式，大资本通过控股，渗入其他企业之中，支配着这些企业。层层控股、层层渗透的结果，形成了总公司—子公司—孙公司……这样的公司系统。因此，控股制在资本主义制度下，是大资本控制小资本、支配小资本的手段。

作为一种社会化大生产条件下的经济管理形式，控股制可以适用于社会主义股份经济之中。这是因为，管理具有二重性：一是由社会化大生产决定的自然属性，一是由社会制度决定的社会属性。就社会化大生产而言，社会主义与资本主义是相同的。就社会制度而言，社会主义与资本主义截然不同。因此，社会主义社会中可以采取控股制形式，即保留这一管理方式的自然属性，所改变的则是它的社会属性。

在社会主义经济中，一些有竞争能力的、经济效益高的企业可以利用自己的税后利润购买其他企业的股票。当它们在其他企业的股份中占到一定的比重，从而作为有影响的大股东而控制了那些企业，于是可以按照自己的经营方针来经营管理或进行企业改组。由于股权以及与股权联系在一起的股份利益在这里起着作用，所以一旦企业之间相互控股，企业之间的竞争必然激化。激化的市场竞争对于股份制的企业来说，不是坏事，而是好事，它促使每一个股份制企业必须提高经济效益。特别是在产品代替性强、消费品价格弹性大、产品更新期间利润不稳定的条件下，如果一个企业经营不善，它就面临被其他企业“接管”的威胁。这种“接管”意味着：其他企业作为新的股东利用这些企业利润率下降，原来的入股者急于想把股票脱手的形势，购买其大量股票，进而控制它们，先从组织上予以“接管”，使之变为自己的子公司，再从生产上、经营上、技术上加以改造。甚至在某些具有独占性的领域内，原来的企业如果经营不善，也是有可能被“接管”的。

至于一些较小的企业，在经营不善的条件下，也可能被本企业的职工“接管”。本企业的职工作为股东，虽然很分散，但他们对企业的要求是盈利，是发展，他们的个人利益同企业盈亏总额挂钩，因此，在必要的场合，他们可能集中股权，以集体代表的身份，对企业进行“接管”，重新经营。这对于亏损或微利的企业的发展前景肯定是有利的。

五

实行控股制之后，一个强有力的社会主义大企业，实行跨部门、跨地区的生产经营，并通过层层控股，建立自己的子公司、孙公司。母公司同若干个子公司、孙公司集合在一起，就形成社会主义的公司财团（或称为企业集团）。若干个社会主义大企业通过各种方式的经济联系，也可以形成一些带有地方色彩的社会主义公司财团，简称为地方财团（或地方企业集团）。社会主义公司财团的核心将是一个母公司，或称持股公司。它是本财团的经营管理的方针的决策者。在母公司下面，有各个子公司、孙公司。这些公司并不是公司的分支机构或附属机构，它们都有自己独立的经营活动，自主经营，自负盈亏。母公司是通过股权的控制来施加影响的，也就是说，母公司的经营方针要通过股权的控制来贯彻。这就不会重犯行政干预的弊病。这样一种集中与分权相结合的公司管理体制，有利于促使企业经济活动合理化和高效率化。

由于市场竞争的开展，一些社会主义大企业兴起了，一些社会主义大企业衰落了，或者说，一些社会主义公司财团壮大了，一些社会主义公司财团的地位相对下降了，这完全是正常的现象。哪个大企业想保持上升的趋势，哪个公司财团想在排列名次上跃居前位，只能依靠自己的竞争能力，只能取决于自己的发展战略是否正确、能否实现，只能寄希望于本企业、本财团的领导层和职工的素质。如果缺乏竞争能力，或者制定的发展战略错误，或者制定的正确的发展战略未能得到贯彻，或者领导层和职工的素质不高，那么即使是大企业、大财团，也会衰落下来。但企业的股份制和控股制本身，将给它们以内在调整力量，即自我更新的力量。衰落的企业如果不调整、不更新，它的股票价格不断下降，就有可能被"接管"。"接管"以后，企业也就可能以新的面貌登上市场竞争的舞台。

与此同时，在控股制的条件下，银行与企业之间的关系有可能发生变化。这种变化表现为两个方面，一是某些专业银行不仅实行了企业化，而且实行了股份企业制，于是企业可能购买银行的股票，成为它们的股东。从我国的所有制改革的前景来说，企业持有专业银行的股份并参与银行的经营管理的可能性不是不存在的。二是企业股份制之后，银行对企业实行参与。在现阶段，银行与企业之间关系的这一变化的可能性要更大一些。我们可以设想，银行不仅是单纯的贷款提供者，而且也是投资者。银行可以直接从事企业投资活动，成为企业的股东之一，甚至银行还可以自己创办企业。在银行掌握企业的股权之后，银行与企业的关系就在股份利益的基础上联结在一起了。银行作为股权持有人，将派出自己的人进驻大企业，参与企业的管理，参加企业的会议。银行不仅仅参与管理企业资金的使用，也过问企业的生产和经营。

银行本身也可以通过对企业的参与而形成社会主义银行财团。社会主义银行财团同社会主义公司财团一起，实行跨部门、跨地区的经营。银行财团的核心仍然是持股公司性质的中心银行，它所控制的子公司、孙公司同样不是中心银行的分支机构或附属机构，而是自主经营和自负盈亏的经济实体。持股性质的中心银行同样需要通过对股权的控制来影响子公司、孙公司的生产经营。除此以外，银行对企业的参与还有利于银行自身的信贷工作的改进。这是因为，如果要求贷款的企业没有投资风险的观念，那将由提供贷款的银行承担一切投资风险。贷款收不回，项目建设失败了，其损失归于作为贷款提供者的银行。建立股份企业，特别是采取银行参与企业的做法，经营失败由股权人，即由参与企业的各方共同负责，这对于银行的经营的改进是可以起到积极作用的。

六

混合经济型企业是指有全民、集体、个体等多种所有制共同投资而组成的企业。即使不实现企业的股份制，只要容许不同所有制的企业联合经营，也可以产生一些混合经济型的企业。但企业的股份制的结果将导致混合经济型企业的大量出现。当然，纯粹的、单一所有制性质的企业也会继续存在，但应当认识到，大量混合经济型企业的出现是社会主义经济中不可避免的局面。

社会主义社会中的混合经济型企业的性质应当如何确定呢？如果原来的全民所有制或原来的集体所有制以入股集资形式新增资金，并在混合经济型企业股金中占有一定份额，并且能够掌握企业经营管理权的话，那么这样的混合经济型企业无疑仍是公有制企业。但如果不是这样，那又如何确定其性质呢？对此，让我们作进一步的分析。比如说，如果一个企业是新创办的，其资金来自股票发行，而购买股票的，既有各种企业，又有个人，那么这样的混合经济型企业，是一种新的经济联合体，是传统的全民、集体所有制之外的一种新的公有制形式。

我们之所以把这种新型的经济联合体称为公有制企业，这是因为它们在很大程度上类似于生产资料入股和资金入股的合作组织形式。它是新型的公有经济。这种经济组织形式既体现了劳动者群体作为生产资料主人这一特征，又有利于加强企业的活力，使企业成为独立的自主经营、自负盈亏的商品生产者。它在今后有可能成为我国新企业的所有制结构中的重要组成部分。

在社会主义经济建设中，混合经济型企业的出现正是适应了生产力发展的要求。它符合国情，促进商品经济的发展。它既适合在乡村中成长，也适合在城市中的发展。它方式灵活，可大可小，便于安置社会闲散人员，有利于密切城乡联系。新成立的混合经济型企业是原有的全民所有制企业的有力竞争者，可以迫使后者改善经营管理，或推动它们较快地走上所有制改革的道路。

七

与混合经济型企业一样，小型合作企业也是适合于我国国情、方便灵活的一种新的所有制形式。它和混合经济型企业的区别在于：

第一，混合经济型企业的入股者是各个企业和个人，并且可能有全民所有制单位投资入股，而小型合作企业则完全是由个人集资入股组成的。

第二，混合经济型的规模可大可小，而小型合作企业的规模一般说来是较小的。当然这并不否认小型合作企业以后可能发展、壮大，甚至也有可能逐渐演变为混合经济型企业，但至少就它们初创时期而论，它们是较小的。

小型合作企业由个人集资入股而组成，它们体现劳动者群体是生产资料主人这一特征，从而是社会主义公有化的一种形式。它的生产资料归参加合作者所有，合作者共同劳动，集体经营，税后利润分给参加合作的成员，这些成员可以把收入用于生活支出，也可以用于再入股。在小型合作企业中，参加合作的成员作为劳动队伍中的一员，取得劳动报酬，作为入股者，又取得一定的税后利润。

小型合作企业特别适合于零售商业、手工业、城镇服务业、农产品加工业。参加合作的成员以自己的劳动进行集体生产，自主经营、自负盈亏。集资时，每人最少要出多少资金，最多只能出多少资金，以及劳力同资金按什么比例分配，要民主商定。这一切完全体现了它作为合作经济组织的质的规定性。

从形式上看，小型合作企业也可能自称为“股份公司”。这是不确切的。实际上，小型合作企业是真正的、名副其实的合作经济。它不同于股份公司之处就在于它只由参加合作的成员集资入股，而不向外界集资。如果它以后采取发行股票的方式向外界集资，那么它就变为混合型企业了。

鼓励劳动者个人以集资入股（包括用生产资料折成股金）形式组成小型合作企业，并肯定它们的合作经济性质，即公有制性质，是对理论和实践的尊重。承认这样的企业是公有制企业，无非是承认本来早就应该承认的社会事实而已。

目前，小型合作企业往往被人们称为“小集体”或“民办集体”。当然，人们可以采用这种名称或那种名称。但应当注意的是，当人们称这类企业为“小集体”时，不能认为“小集体不如大集体”，“小集体要向大集体过渡”；当人们称这类企业为“民办集体”时，也不能认为“民办集体是非正式的集体”，“民办集体要过渡到公办集体”。要知道，合作经济就是集体经济，它是灵活的社会主义所有制形式，可以适应不同的生产力状况，可以有不同的企业规模。合作经济不一定要向其他集体所有制形式过渡，而且也不存在这种过渡的必然性。合作经济形式、其他集体经济形式、混合经济形式等各有优势和适用范围，应该长期共存，共同发展。

八

我们可以把农业中的联产承包责任制的实行当作农村所有制改革的第一步，现在，让我们从所有制体系的角度，对农村所有制的进一步改革加以探讨。

应当了解农村所有制进一步改革的背景，即这一改革是在什么条件下展开的。要知道，在实现联产承包责任制的基础上调整产业结构，农村经济将向大规模商品经济转化。农村将根据市场需要生产、加工，提供大量农副产品。商品经济的发展，使每个农民家庭作为商品生产者和经营者进入商品市场。因此，与蓬勃发展的商品经济相适应，农村的所有制将继续进行改革。

按照商品经济发展的要求，在农业、林业、渔业、畜牧业等生产活动中，家庭联产承包责任制的生产经营的形式会长期存在，但必将逐步走向专业化，甚至会把一些生产环节独立出来，形成某些生产环节的专业化。于是，在分工协作的基础上，农民家庭将采取不同形式的自由联合。这种自愿结合而组成的农民家庭的联合经营组织的财产，属于参加联合经营的农民家庭共同所有，按各自劳动成果的大小比例分配劳动收入；此外，收入的一部分也可以根据投入的资金和生产资料的多少按比例分配。这样就会产生一大批与上一节提到的小型合作企业相似的小型合作农场（林场、渔场、牧场）。它们是广大农民在实践中的创举，对未来农村经济的发展将起着十分重要的作用。这种小型合作农场（林场、渔场、牧场），是新型的集体经济，它们是对过去农业中集体经济统一生产资料和统一劳动的旧框框的突破。作为农民的自由联合的经营组织，它们是在家庭经营的基础上，采取集资形式集中各种生产要素的合作经营。它们是能够调动起广大群众的积极性的农村所有制的进一步改革。

在商品经济发展过程中，原来的乡镇企业的所有制改革问题必然被提上议事日程。乡镇企业的经济性质，照理说应当是农民（乡镇居民）的合作经济。它是农民靠自己的资金、劳力、技术建成的。不少企业尽管依靠贷款兴办，但贷款只能靠农民用企业获得的利润偿还。然而在实际生活中，这些企业不是如上所述的合作经济性质的企业，而变成了（或在一定程度上变成了）官办企业。有些干部凭着对这些企业领导层的任免权，干涉企业的自主活动。一些企业即使获得较多的利润，但利润由干部支配，农民仍不能得到好处。因此，要改革乡镇企业的现状，就应当从所有制上解决问题，即打破目前实际存在的企业的官办模式，使农民成为名副其实的企业主人。

当然，这里并不否认现存的许多乡镇企业是办得很有成绩的，并且农民也确实能从乡镇企业得到利益，但我们所说的乡镇企业的所有制改革不是仅仅针对那些办得差的企业而言的。办得差的企业无疑需要加以整顿，最有效的整顿方式就是进行所有制改革。即使是办得好的企业，也同样要改革所有制。这是因为，既然乡镇企业是集体所有制，那就不能使之成为基层政权的附属物，不能政企不分。“还这些企业以本来面目”，就是使之真正成为集体所有的企业。如果只对办得差的乡镇企业进行所有制改革，不对办得好的乡镇企业进行所有制改革，那么不禁要问一句：假定将来有一天，基层政权的领导换人了，新上任的基层政权领导不再像过去那样考虑问题了，办得好的企业不就有可能变为办得差的企业吗？究竟有什么方法避免这种情况的出现呢？可见，不管今天办得好还是办得差的乡镇企业，都应当一律进行所有制改革。从所有制上解决企业经营问题是根本性的。至于哪些企业先改革所有制，哪些企业后改革所有制，则可以根据各个企业的生产和经营管理现状来安排。

那么，怎样从所有制方面改革乡镇企业呢？乡镇企业所有制改革的设想是：清产核资、折股到户，农民成为企业的股东。他们作为股东，通过选举实现自己的意志，行使管理企业的权力。在收益分配权力上，收益分配等重大问题民主确定；股东除参加劳动领取报酬外，依其股金多少，按比例分享红利。今后，乡镇政权只负责指导和帮助农民经营，不要自己办企业。乡镇新办的企业，或者是乡镇劳动者自己集资兴办的合作企业，或者是有不同所有制渗合的混合经济型企业。这两类企业都是新型的公有制企业。此外，如果农民家庭要独资办企业，这也是可以容许的，尽管它们属于个体经济性质。

与此有关的是，农村中的供销社也有必要进行所有制改革。这一改革可以从两个方面着手：第一，大量分散于农村的基层供销社，应当转化为独立的合作企业，即成为名副其实的供销合作社，自主经营，独立核算，自负盈亏，税后利润除留作公积金、公益金的部分外，按社员的股金分配。第二，县以上的供销社，包括各个专业公司和工商企业，应当转化为混合经济型的企业，即有多种所有制渗合的股份企业，也是自主经营、独立核算、自负盈亏的。它的组织管理与一般股份企业的组织管理相同。

通过上述农村所有制的进一步改革措施，继家庭联产承包责任制实行之后，乡镇的基层政权同经济活动之间的关系将发生更为显著的变化。农业合作化之后，特别是人民公社化之后的那种农村经济活动方式将彻底解体。乡镇的基层政权完全变为纯粹的政权组织，脱离具体的生产经营活动，从而以往那种把广大农民置于统一指挥、统一管理之下，使他们的经济活动被动地听命于少数乡镇干部的意志，限制广大农民积极性和创造性的发挥，阻碍农村商品经济的发展，并使农村产业结构长期单一不变的情况，将不再存在。

乡镇基层政权在经济上的作用主要体现于积极引导乡镇商品经济的发展。为此，它们要负责土地的管理。土地公有的原则不能改变，但土地应当是有偿使用的。要防止侵占耕地，严禁土地买卖。这是乡镇基层政权的职责所在。乡镇基层政权还要设法帮助农民寻找致富门路，组织农民兴办各种企业，并帮助这些企业解决发展中遇到的难题。乡镇基层政权还可以为企业的联营牵线搭桥，组织技术协作和经济协作。乡镇基层政权在引导农村商品经济发展的过程中，应当突出“服务”二字。它们的管理就是为农民的经济活动服务。

九

所有制的核心是生产资料所有权的归属。但把所有制理解为生产资料所有权的归属，仅仅是对所有制的狭义理解。对所有制的广义的理解是：除了生产资料所有权的归属而外，所有制还包括生产组织的形式和生产管理体制等。因此，以上所谈到的所有制改革，不仅涉及生产资料所有权的归属在改革前后的变化，而且也涉及生产组织的形式和生产管理体制在改革前后的变化。改革后所建立的新的社会主义所有制，就是指新的生产资料所有权的归属、新的生产组织形式和新的生产管理体制。

改革后的社会主义所有制不是单一的，而是多元的。多种所有制构成了新的社会主义所有制体系。对这个体系可以这样理解：

从生产资料所有权的归属来看，这是一个以社会主义公有制为主体的、包括为社会主义经济服务的各种非公有制在内的所有制体系。公有制企业包括：全民所有制企业、混合经济型企业、合作企业。非公有制企业包括：个体企业、外资企业、中外合资企业。

从生产组织形式和生产管理体制来看，全民所有制企业、混合经济型企业可以自己经营，也可租赁、承包给合作经济或个人经营；合作企业同样可以自己经营或采取租赁、承包的方式让个人来经营。

这样的社会主义所有制体系是根据社会主义商品经济发展的需要而产生的。在公有制企业中，虽然股份制的实行涉及按资金（或股金）分成，但投资入股对于投资者来说是对生产的贡献，其性质与在银行存款相似，应有一定股息收入作为报酬。投资入股，发展社会主义经济，对社会主义经济的总体利益大于投资入股者的个别利益。而公有制企业的租赁、承包经营，则能够适应生产力发展的需要，使生产要素在现有条件下有效结合，减少人力、物力、财力的浪费，对生产的发展起到促进作用。

至于社会主义所有制体系中属于非公有制范畴的个体经济，它存在的必要性已经无需论述，因为个体经济是作为社会主义经济的必要补充而存在的，它为社会主义社会中的生产和生活服务，而且还可以增加就业、增加税收。个体劳动者主要依靠自己的劳动从事经营。有些人辛勤劳动，经营有方，获得较多的收入，这是正常的。只要有正确的政策，加强管理，同时又善于教育和引导，就能保证个体经济沿着为社会主义服务的轨道发展。

总之，通过所有制改革，今后我国将形成如下的二元经济模式：一方面，是几百家最大的企业，它们通过层层控股，形成母公司、子公司、孙公司系统，形成公司财团（企业集团）。它们将决定我国工业化的方向、技术进步的方向。另一方面，是几十万家甚至上百万家小企业，包括合作经济的、个体的、混合所有制的小企业，它们形成紧密的协作网，同时又处于相互竞争之中。它们将着重解决农村劳动力的转移，农副产品生产和加工，农村居民收入水平的提高，小城镇建设，城乡居民生活服务等问题。二元经济的这两个不同的部分将各自按照自己的运动规律向前发展。二者是长期并存和互补的。

（原载《河北学刊》1987年第1期）

经济改革的总体设计

——经济改革思路的政策化

经济体制改革基本思路的提出，只是表述了一种对于经济体制改革前进方向的思考，它具有浓厚的理论探讨性质。它在相当大的程度上是属于规范性质的，即根据这种基本思路，我们可以对于经济体制改革的走向和未来的前景有比较清晰的认识，可以了解到“我们应当怎么做，我们为什么要这么做”。但这种理论性的、规范性的思路同实际的经济体制改革工作之间还有很大一段距离。经济改革的思路必须向经济改革政策转化，使它们体现在经济改革的政策之中。经济改革的政策设计之所以必要，理由就在于规范性的研究应当同实证性的研究相结合。也就是说，通过经济改革思路的政策化，我们可以进一步了解到“我们应当如何去做，怎样才能做得较好，怎样才能把理论上的东西变为实际生活中的东西”。

经济改革的政策措施决不止是一两项。它们是一系列政策措施，并且构成一个完整的体系。在这个政策体系中，有主有辅，有重点有非重点，各个不同的政策措施必须相互协调，彼此配合。而且，整个经济改革的进程必然是分阶段的，不同的阶段有不同的中心任务，从而在政策的配合方面，也需要根据每一个阶段的中心任务，使政策措施之间的关系有所调整：在某一阶段突出这些政策措施，在另一阶段突出另一些政策措施。所有这些，都是为了更好地实现经济改革基本思路的要求。

经济改革中所要推行的政策，不仅应当在理论上有依据，而且必须具有可行性，即具有易于操作和实施的性质。如果在理论上缺乏依据，那么它们将经不起检验，难以存在。如果在实施中不易操作，那么它们将无法被贯彻，最终仍不得不被其他的较为可行的政策所替代。由此可见，经济改革的政策设计的难度可能比经济改革基本思路提出的难度大得多。提出经济改革基本思路时，主要站在经济理论工作者的立场上来考虑问题，而在设计经济改革的政策体系时，主要应站在经济实际工作者的立场上进行思考。

本文准备从总体上阐述经济改革的政策设计，共分为以下四个部分：经济政策总体设计的指导思想；中期和近期的阶段划分以及每一个阶段的中心任务；政策体系的构成；政策梯度与优惠级差。

一、经济政策总体设计的指导思想

这里所说的经济政策是指经济改革过程中需要制定和执行的经济政策。在进行总体设计时，必须从我国当前的经济实际情况出发。

我国当前处于市场不完善、商品比价不合理、企业不具有独立经济地位的状态。这就是现实。在这种情况下，寄希望于价格改革的决定性作用，以为只要理顺了价格关系，经济就可以步入良性循环的轨道的想法，是不符合实际的。价格作为一种信号，有较大的局限性。比如说，企业能否准确地接收到价格信号，能否按照价格信号来调整自己的生产和经营活动，在市场不完善和企业尚未成为独立的经济实体的条件下，回答都是不确定的。甚至可以肯定地说，即使改革了价格，理顺了价格，由于企业缺乏活力，结果仍然达不到经济改革本来要求达到的合理配置资源、促进经济发展的目的。

那么，在市场不完善、商品比价不合理、企业不具有独立经济地位三者之中，究竟应当采取什么样的经济政策，先解决哪一个方面的问题，才能使另外两个方面的问题比较顺利地得到解决呢？根据经济改革的思路，在经济政策的总体设计中，必须突出促进企业体制改革的一系列经济政策，使它们在整个政策体系中占据主要地位。有了自主经营、自负盈亏、具有独立经济地位的企业，也就是名副其实的作为独立商品生产者的企业，市场就会逐渐完善起来，而在市场逐渐完善的过程中，根据当时的具体情况，采取相应的价格改革措施，商品比价不合理的现象也就会逐渐消失。所以说，我们应当制定和执行这样的经济改革政策，即它们能赋予企业以充分的活力，由无数个有活力的企业（包括个体生产者、农户）来形成市场，并使之完善，让市场来逐渐决定价格。这样的经济政策才是现阶段符合我国国情的经济政策。

在经济改革的政策设计中，还应当明确这样一点，这就是：如果我们确定了企业体制改革是整个经济改革的核心，企业体制改革的进展决定着市场趋向完善和价格趋向合理的进程，推动企业体制改革的经济政策应当在政策体系中占据主要地位，那么就需要进一步弄清楚，企业体制改革的核心又是什么？对于推动企业体制改革来说，什么样的经济政策是主导性的，什么样的经济政策是从属性的、辅助性的？在确定这种主从关系时，理论依据又是什么？

我们知道，经济发展与资源配置是紧密地联系在一起的。资源配置有两个层次，一是较低的层次，即生产要素如何在单个生产单位中得到有效的利用，以实现单个生产单位内的资源合理配置；另一是较高的层次，即生产要素如何在社会范围内得到有效的利用，以实现社会范围内的资源合理配置。与此相适应，企业体制改革也有较低的层次和较高的层次之分。较低层次的企业体制改革是完善单个企业的经营机制，使单个企业能够有效地利用自己的资源。较高层次的企业体制改革是明确产权关系，增加生产要素的社会流动性，从而使资源能够在社会范围内重新组合，实现资源在不同用途之间的合理分布。这两个层次相比，显然，较高层次的企业体制改革和资源配置要比较低层次的企业体制改革和资源配置重要得多。

解决较低层次的资源配置问题的企业改革措施主要依靠承包制。企业实行承包制以后，可以增加产量，增加企业收入和国家财政收入。这无疑是承包制的优点。承包制是一种可行的方式。当然，承包制还不够理想，它有明显的缺陷。一般说来，承包制可能带来企业的短期行为，导致企业内部收入分配关系的紧张，或者承包者单纯注意局部利益，忽视社会利益。的确，这些是承包制的缺陷，但它们可以通过承包制本身的不断完善来加以克服或淡化。在政策设计中，我们可以拟定若干有助于克服或淡化承包制上述缺陷，使承包制趋于完善的措施。然而，不应当忽略的是，承包制有一个致命的缺陷，它是无法通过承包制本身的完善来消除的。这就是：承包制不可能解决较高层次的资源配置问题，它不涉及产权关系的明确与调整。从某些方面说，承包制反而使生产要素在社会范围内的合理流动受到了限制，它可能把不该固定的东西固定下来了，把不该强化的东西强化了。较高层次的企业体制改革在一定意义上正是针对承包制的这一致命的缺陷而进行的。

较高层次的企业改革措施主要是明确产权关系的措施。只有确定了产权关系，企业才成为名副其实的、具有独立经济地位的商品生产者，它们才真正实现政企分开，自主经营，自负盈亏，它们才能够自我制约，自我成长。光靠承包制的企业，还不可能真正形成市场。所以在经济改革的政策设计中，在明确企业体制改革是改革的核心，推进企业改革的政策在政策体系中居于主要地位的前提下，应当把明确产权关系的政策放在推进企业改革的政策中的主要地位，这样，整个经济改革的进展就会顺利得多。

怎样明确产权关系？对于国营小企业来说，有偿转让是一个好办法。通过投标方式把它们卖掉，既解决了企业经营机制问题，又解决了产权关系问题，真可谓一举两得。如果国营小企业原来是亏损的，那么还可以借此甩掉包袱，把国家投资收回，用于发展经济。国营小企业实行租赁制，尽管它不如有偿转让方式那么干脆，那么有效，但仍不失为一项可行的措施。至于国营大中型企业，可以说，就明确产权关系而言，股份制是迄今为止我们所了解到的最好方式。股份制是企业集团发展的基础，也是实现企业兼并的有效方式之一。企业集团的发展和企业兼并的推行将导致资源的合理流动，推动生产要素的重新组合和优化配置。在政策制定中，我们必须考虑各种有利于推进股份制、建立企业集团、促成企业兼并的措施的出台时机和步骤。

二、中期和近期的阶段划分以及每一个阶段的中心任务

从现在算起，到 1995 年约有 8 年时间。我们不妨把这 8 年区分为三个阶段。第一个阶段约 3 年（1988—1990 年），第二个阶段约 2 年（1991—1992 年），第三个阶段约 3 年（1993—1995 年）。根据前面所谈到的以深化企业体制改革为核心，而在企业体制改革中又以明确产权关系为重点的指导思想，这三个阶段的中心任务大体上可以这样来确定：

第一阶段——发展和完善承包制，并且实行股份制的试点；

第二阶段——明确产权关系，把国家作为所有者与国家作为经济管理者的职能区分开来，并着手从承包制向股份制过渡；

第三阶段——实现企业形态的公司化，也就是推广股份制，使股份公司形式在大中型企业中占据主要地位。

其他各项经济改革都应当环绕企业体制改革这一中心任务进行，它们服从于企业体制改革，也服务于企业体制改革。这三个阶段的经济体制改革，从总体上说，应当作如下安排：

（一）第一阶段（1988—1990 年）

第一阶段，由于以发展与完善承包制为中心任务，所以应当采取维持价格基本稳定的措施，以便实行了承包制的企业能够在基本稳定的

价格的前提下，致力于提高企业的经济效益，增加产量，增加收入，而不至于因预期的价格上涨和成本增大而使企业行为发生扭曲。同时，在这一阶段，如果价格波动很大，居民的生活负担加重，他们难以承受物价的压力，那么他们对改革的热情必将受到打击，改革所遇到的社会阻力必将扩大，这一切对于以后的改革进程都是极其不利的。

怎样才能维持价格的基本稳定呢？从财政体制改革的角度来看，这一阶段的财政可以采取包干的形式，无论是递增包干还是定额包干，都不是理想的财政体制，但在第一个阶段，却是可行的，因为这时只要能增加财政收入和控制财政支出就达到了目的。

从价格改革的角度来看，这时显然不是彻底改革价格的适当时机。这是因为，价格改革就其本来的意义来说，是指放开价格，让市场定价，政府只对价格运动起间接调控的作用。不能把比价的调整视为本来意义上的价格改革。如果那样的话，可以说，长期以来我们一直在进行价格改革了，这当然是不正确的。但由于在这一阶段要维持价格的基本稳定，而要维持价格的基本稳定，除了有必要适当地抑制需求而外，更重要的是要设法增加供给。严重不合理的价格是阻碍供给增加的。为此，在第一阶段，在维持价格基本稳定的同时，有必要对严重不合理的价格进行一次局部的调整，比如对某些农产品价格进行局部调整。对这种局部调整的期望值不应当较大，因为即使通过这种局部调整，价格的不合理现象仍然会存在，而且在局部调整之后，也难免不发生“比价复归”（即隔了一段时间之后，比价又回到原先的严重不合理状态）。然而，至少在一定时间内，这种局部调整能够起到促进某些产品供给增长的作用。

在第一阶段，对价格的财政补贴仍然是不可取消的。明补肯定要比暗补好一些，但明补依旧不理想。不过，正如在有关经济体制过程中的政策设计的指导思想一节内已经说明的，为了使企业体制改革能够顺利地推进下去，财政改革和价格改革都必须服从于并服务于企业体制改革。只要承包制的推进顺利，企业的经济效益提高了，以后的改革也就有了条件。

(二)第二阶段(1991—1992年)

第二阶段,以明确产权关系为中心任务。这时,一方面要把国家作为所有者的职能同国家作为经济管理者的职能区分开来,要普遍建立国有财产的管理机构,使它们履行维护国有财产和管理国有财产的作用,而把管理经济、调节经济、调节社会总需求与社会总供给之间关系的作用交给综合经济管理部门来承担;另一方面,则要着手把承包制上升到股份制,用股份制作为明确了产权关系的企业的规范形式。为此,在环绕着这一阶段的这一中心任务的其他经济政策的总体设计中,有必要随着企业活力的增强和企业承受能力的加大,进行一次大范围的商品比价调整,包括工农业产品比价的调整、原材料和制成品价格比例的调整等。这些调整不仅可以减少从非规范化的承包制向规范化的股份制转化过程中的阻力,有利于促进企业转让、企业兼并、企业集团的发展等,而且可以为以后的彻底改革价格准备条件。

在这一阶段,财政包干的实行可以使财政情况比以前有所好转,这也为大范围的商品比价调整增加了财政的支持力量。"明补"政策在这时还不可能取消,但可以随着企业收入的增加以及企业职工收入与企业经济效益的紧密挂钩而改变形式,这就是:在企业中,职工的收入中将包含全部或一部分对价格的补贴,而不再由政府部门负担,"明补"的实施范围可以局限于国家部门的工作人员。这也是为下一阶段的价格改革准备条件的必要措施。

应当注意到,在第二阶段,社会经济所受到的震动是比较大的。这是因为,一方面,商品比价的大范围调整需要财政的支持,另一方面,随着企业由承包制向股份制的过渡,以及随着在产权关系明确的基础上企业转让、企业兼并活动的推进,企业对劳动力的吸收方式与过去相比已有明显的不同,社会上将出现一批从企业中被淘汰或筛选出来的多余的劳动者。对他们说来,不仅存在着一个安置问题,更重要的是存在着劳动力再训练和转移工作岗位、工作地点的问题。这些问题如果得不到合理的解决，社会不安定因素将增大。为此，财政也有必要同社会一起来分担责任。即使失业问题将主要依靠社会统筹解决，但假定没有一定的财政力量来协助社会，社会不安定因素仍是难以消除的。

可以这样说，在企业体制改革深化的过程中，在经过承包制这一关之后，只要企业走向股份制，只要企业在自主经营、自负盈亏的基础上有了选择劳动力的自主权，社会上就会有失业问题。这种失业问题属于摩擦性失业或结构性失业问题之列。财政的支持并不是解决这类失业问题的根本途径，但它在减少社会经济因此而遭受的震动方面的作用则是不可忽略的。

（三）第三阶段（1993—1995 年）

第三阶段以实现企业形态的公司化，并使股份公司形式在大中型企业中占主要地位为中心任务。为了使得这一中心任务得以实现，在价格和财政两方面都有必要采取与此相适应的改革措施。

在经过第二阶段的商品比价大范围调整之后，随着企业活力的进一步增强和企业对价格改革的承受能力的进一步加大，这时可以进行彻底的价格改革，这就是：放开价格，让市场定价，政府只对价格的波动起间接调控的作用。当然，这里所说的放开价格，是指取消价格的双轨制，实现单一的市场定价政策，但并不意味着政府放弃经济管理者的职能。根据政府调节与市场调节之间的关系，可以得出这样的论断：市场调节是第一次调节，政府调节是第二次调节，第二次调节是高层次调节，它弥补市场调节的不足。凡是市场能够做到的，就不需要政府代劳，政府只是做市场所做不到的事情。价格改革的目的就在于确立市场定价的原则，政府在这时将以第二次调节者的身份，运用间接调控手段来调整价格。

市场定价并不是仅针对完全竞争市场定价而言。在不完全竞争市场上，市场定价指的是不完全竞争市场定价，这种价格将高于完全竞争市场价格。但对于不完全竞争市场上的商品而言，这仍是正常的。政府的间接调控作用，在不完全竞争市场上显然要大于在完全竞争市场上。

考虑到在第三阶段上某些产品的供求缺口仍然较大，而由于资源供给条件的限制，还不可能在短时期内通过增加供给来实现供求基本平衡，那么在这种情况下，仍可以保留配额制，即配额制与市场定价制暂时并存，但这应当局限于极少数关系到国计民生的、极其重要的生产资料。这是一种特殊的情况。这种特殊情况的存在不妨碍第三阶段内具有普遍意义的价格放开。

在第三阶段，财政体制改革方面的一项重大改革措施是由包干制过渡到中央与地方的分税制，即直接税归中央，间接税主要归地方。企业形态公司化的进展是有利于中央与地方分税制的推行的。分税制实行的结果，将会大大调动地方的积极性，同时又能保证中央财政有稳定增长的收入。

在第三阶段，价格放开以后，工资体系的改革应当与此相适应，即价格放开与工资体系改革必须同步，而且紧密挂钩。企业形态的公司化为企业工资体系的改革准备了良好的条件，这就是：企业可以实行效益工资制，国家不再干预企业的工资标准和工资总额。在劳动力可以流动的前提下，职工的工资随企业经济效益而浮动。至于国家公务员，则实行养廉工资制和“盯住政策”。养廉工资制是指：国家公务员有比较优厚的工资收入，但他们不容许有任何不合法收入，一旦违反规定，严惩不贷。“盯住政策”是指：国家公务员的工资应随生活费指数变动而及时变动，以保证他们的实际收入不下降。在“明挂”（指工资随生活费指数而浮动）与“暗挂”（指以生活费指数为依据，及时调整工资基数）的选择方面，根据世界其他国家的经验，“暗挂”胜于“明挂”。

三、政策体系的构成

经济改革进程中，各种经济政策应当有主有从，协调配合。现在，既然确定了以企业体制改革为中心，以推进高层次企业改革的政策措施为重点，那么其他各项有关的经济政策也就应当环绕着企业体制改革政策而制定。上述三个阶段的政策体系正是这样构成的。

（一）第一阶段（1988—1990年）

如上所述，在第一阶段内，企业体制改革以发展与完善承包制为主，财政实行包干制，价格方面是维持基本稳定，对某些产品价格进行局部调整。与此相适应，在金融、投资、外贸、农业四个方面，可以采取下列政策：

在金融方面，加速改革步伐，逐步实行银行的企业化，发展与完善资金市场。由于金融事业在整个经济生活中的作用越来越重要，所以金融的改革不仅不应当慢于企业体制改革，而且应当略快于企业体制改革。这具体反映于：当企业仍处于发展与完善承包制的阶段，银行可以走向企业化的道路，在更大的程度上实现政企的分开；在商品市场由于比价严重不合理而难以完善化的时候，资金市场的开放程度可以大一些，让市场决定的资金价格（利息）来调节资金的供求。这正是金融改革服从并服务于企业体制改革的体现。

在投资方面，应完善固定资产投资基金制，根据资金状况安排投资。在基金中，国家财政提供的资金应起到酵母作用，即用一部分政府资金作为社会集资利息来吸引更多的社会资金。国家计委作为高层次的宏观经济规划与协调机构，作为综合管理部门，不过问具体的经营性投资项目，后者由企业化的投资公司经营与管理。在项目建成后，投资公司可以有偿转让它们，或租赁出去，或承包出去，或控股持有，使之成为自己的一个子公司。这样做，既与企业的承包制进展相适应，又可以促进资金市场的发展。

在外贸方面，外贸体制改革同样是以实行承包制为主，承包制有利于外贸企业实现自主经营的原则，并能增加创汇收入。在外汇收入的分配上，应当实行“谁创汇，谁多留汇，谁多用汇”的办法，因此扩大外汇留成比例是必不可少的措施。

在农业方面，第一阶段的农业改革应当以增加生产要素流动性作为重点。家庭联产承包制有不少优点，但也有一些不足，其中一个值得注意的不足之处是：它不利于农业的适度规模经营，从而不利于农业的集约化和稳定地增加农产品供给，在局部调整价格（包括主要农产品价格）的同时，应当利用金融组织来支持农业，促进土地的有偿转让利用，发展规模经营，还可以设立农产品价格平准基金，以此保持农业生产的稳定。农业改革的推行将有利于实现第一阶段所要求的维持价格基本稳定，以保证企业体制改革顺利进行的任务。

（二）第二阶段（1991—1992 年）

在第二阶段，企业将在明确产权关系的基础上，从承包制过渡到股份制，相应地，价格将进行一次大范围的调整，为此，在金融、投资、外贸、农业方面需要分别采取与此相配合的改革措施。

在金融方面，在第二阶段应当加快银行与产业之间的渗透，朝金融机构股份制、控股制与财团制的方向迈出重要的一步，同时，资金市场的业务范围也应进一步扩大，使股票交易活跃起来。

在投资方面，随着企业由承包制向股份制的过渡和银行与产业部门之间的互相渗透，投资银行也应当与企业实行资金融合，投资银行将成为金融—产业财团的中心。

在外贸方面，这时应当让更多的企业直接参与对外贸易活动，外贸企业应当发展成为跨部门的、多种经营的、股份制的企业。

在农业方面，这时应当支持在土地有偿转让使用基础上形成的社会主义家庭农场，让它们在农业产、运、销等方面充分发挥自己的作用。通过金融机构的扶植，家庭农场可以自愿地集资组织运销合作社，以增加收入。

（三）第三阶段（1993—1995 年）

在第三阶段，在以企业形态公司化为中心的改革措施中，价格放开是最值得注意的措施之一。为此，金融、投资、外贸、农业方面的改革应当与此相配合。

在金融方面，利息率放开，国家对资金市场的供求起间接调控作用，信贷规模的调节可以基本上取消，即只在某些十分必要的场合才被使用。

在投资方面，投资主体转为企业（包括作为企业的投资银行、投资公司），投资行为由市场机制调节，在价格放开以后，可以由利润率来导向。政府一方面对由市场调节的投资行为起间接调控作用，另一方面根据国家财力安排非经营性的投资项目。

在外贸方面，汇率放开，国家通过汇率制度的改革，实行有管理的浮动汇率制度。外贸方面的收支差额可以通过扩大出口、关税率和进口配额制来调节。

在农业方面，除了农产品价格放开以外，农村的劳务市场、房地产市场、资金市场也应相继放开。家庭农场的产、运、销合作在这些市场放开的条件下将得到进一步发展。

四、政策梯度与优惠级差

以上的经济改革政策设计是就全国的情况而言的。考虑到全国各个地区的社会经济发展的不平衡性，以及沿海某些地区在开放方面先行一步，在经济政策上得到了不同程度的优惠，因此，在全国范围的经济政策设计中，必须注意到以下两点：

第一，如何防止先行一步的沿海地区在价格、工资等方面对毗邻地区的冲击，即以较高的价格吸引毗邻地区的商品流入，以较高的工资吸引毗邻地区的人才流入，从而阻碍这些毗邻地区的经济发展。如果听任这种情况发展下去，即使按照上面所设计的三个阶段的改革措施去做，在毗邻沿海地区的有关省、市、地区，这些政策措施的成效也会显著减弱。

第二，如何避免比较富裕的地区（包括沿海地区）与比较贫困的地区（主要是内陆的边远地区、山区）之间的收入差距过分扩大，从而影响社会安定。

为了解决这两个问题，至少为了不至于使这些问题更加尖锐，在经济改革政策的总体设计中，应当引入政策梯度和优惠级差这两个概念，并使之在具体的措施中体现出来。

政策梯度是相应于全国的发展梯度和对外开放的梯度而言。全国的发展梯度是客观事实。把相对的最发达地区和最不发达地区视为两个极端，这两者之间存在着若干个中间地区，如较发达地区、较不发达地区等。不同发达程度的地区在产业结构、产品结构、收入水平、职工文化技术水平等方面存在差距。而对外开放的梯度，在目前，几乎只有两级，即一级是沿海地区，另一级是内地。各种优惠不是由多到少的递减，而是“有”或“无”的区别，因此，客观存在的发展梯度与目前的开放梯度是不相称的。要改变这种不相称的状况，应当在政策上有所差别，即形成一种政策的梯度。这具体反映于发展政策的差别与对外开放政策的差别，并且使两个极端之间有若干个过渡阶段，使两个极端之间的差距得以通过若干阶梯而缓解，不至于出现尖锐的对立。

优惠级差正是政策梯度的表现。这是因为，有差别的政策最终要体现为所给予优惠的程度的差别。比如说，当给予沿海某些地区的优惠以 100 计算时，那么与开放梯度相适应的政策梯度，则表现为在若干个过渡阶段所给予的优惠分别以 80，60，40……计算。在现阶段，显然不可能让全国所有的地区享受同一种优惠（实际上，假定全国所有的地区所享受的是同一种优惠，优惠将等于零），而必须让某些地区享受较多的优惠，那么随着从沿海向内地的延伸，就可以使优惠形成一系列差别，从最优惠到次优惠，再到不优惠。这对于缓和沿海开放地区对内地的经济的冲击，对于加快与沿海毗邻的地区的发展是有利的。

从这样一种发展战略来考虑，在经济改革不同阶段的政策体系的设计中，可以有如下的安排：

第一，在价格方面，根据政策梯度与优惠级差政策，沿海地区的大部分产品价格可以先放开（即不必先经过局部调整价格阶段和大范围调整商品比价阶段），毗邻沿海的某些地区的一部分产品价格也可以仿照此种办法处理。这样就可以避免毗邻沿海的地区的某些商品的不合理流向，对于稳定和发展这些地区的经济起到有力的作用。

在这里需要说明的是：就全国范围来说，应当贯彻这样一种原则，即先让企业有充分活力和价格改革的消化、承受能力，再放开价格，让市场定价；但对于沿海地区和与沿海毗邻的地区，则企业体制改革与价格改革可以同步进行，这主要是考虑到沿海地区（如广东）目前已经这样做了，不可能再使改革的步伐停顿，使改革的形势逆转，而为了减少沿海地区对毗邻沿海的地区经济的冲击，仿照沿海地区的做法而在这些地区有选择地放开一部分产品的价格是可行的。再说，即使把沿海地区与其相毗邻的地区都包括在内，从人口和产量两个方面来看，仍然只在全国人口和全国产量中占据一小部分，从而不会引起全国范围的较大的经济震动，也不会妨碍全国范围内企业体制改革这一中心任务的实现。

第二，在财政方面，沿海地区及与其相毗邻的地区在改革中可以采取不同于内地各省的一些做法。以财政包干制来说，为了加快这些地区的发展，这些地区可以实现定额包干制，也可以根据政策梯度与优惠级差的原则，采取比较有利于这些地区的优惠递增包干制，优惠程度可以递减。此外，就全国范围而言，第三阶段将是从财政包干制转向中央与地方分税制的时期，但在沿海地区及与其相毗邻的地区，向中央与地方分税制的过渡时间也可以根据每一地区的实际情况而适当提前。这是同这些地区的经济改革与发展的进程相适应的。

第三，在农业方面，沿海地区与那些同沿海相毗邻的地区的情况是有所不同的。甚至可以说，沿海省份的海滨一线与这些省的内地广大地区（尤其是山区）的情况也有很大出入。因此，当全国范围内的农业仍然处于以家庭农场为基本生产单位，并在生产上倾向于多种经营以维持稳定的收入与产量的阶段时，海滨一线可以率先进行由金融机构作为中介的土地相对集中的专业化经营，发展单一性家庭农场，并在产、运、销方面集资建立合作组织。诸如“代耕代收公司”“土地储蓄银行”或“土地储蓄合作社”之类有利于规模经营的制度创新，可以首先在沿海一线开始，然后再在沿海省份的内地和毗邻地区中的较发达县份内推广。这里所说的“代耕代收公司”是指专门替承包了土地的农户耕种和收割的企业。一些农户，由于主要劳动力已经转移到非农业方面，承包了的土地的单位面积产量很低，而他们又不愿放弃正在使用着的土地，因此，可以由他们同“代耕代收公司”签订合同，后者负责农业生产任务，或者按劳动数量与质量收取劳务费，或者按收获分成，合同可以短达一年，长达数年，甚至十余年。“土地储蓄银行”或“土地储蓄合作社”的作用是：农户如果把所承包的土地储入，可以取得一定的利息收入，土地使用权在储入期间由“土地储蓄银行”或“土地储蓄合作社”集中处置，储蓄期限为一年以上，期限越长，利率越高。储蓄期满，农户可以收回土地使用权或再次存入。在“土地储蓄银行”或“土地储蓄合作社”由于种种原因而未能建立时，也可以由某一地区的农户或其他投资者合资建立“土地储蓄基金协会”，作为吸收农户土地储蓄的组织。

这也是适合于沿海地区与相毗邻地区农业进一步改革的措施。以后，在条件成熟时，内地省份的广大地区可以参照实行。

第四，在外贸方面，为了适应对外开放的需要，在外贸企业的直接外贸经营权和外汇留成分配比例上，沿海地区与相毗邻地区也可以根据政策梯度与优惠级差的原则，采取不同于内地的措施，或在措施实行过程中，适当地先行一步。

此外，在工资、社会保障、就业等改革中，同样可以根据政策梯度与优惠级差的原则，考虑到沿海地区与相毗邻地区的特点，以及其他措施的实行状况，予以一定的区别对待。这些都是既不妨碍全国范围的改革的进展，又能促进沿海地区与相毗邻地区的经济发展的措施。在经济改革的总体设计中，不能忽略这些。

（原载《财贸经济》1988 年第 7 期）

农产品市场与宏观调节

要了解当前我国农业的特点，必须先了解农产品供求与农产品市场的现状。而要了解这些，又必须从我国当前经济非均衡状态着手分析。只有这样，才能判明当前我国农业问题的关键所在，并找出适合国情的振兴农业的基本途径。

当我们把市场不完善与资源供给有限作为经济非均衡的重要标志时，农业显然具有较明显的非均衡性质。这首先反映于土地数量为既定的，资源的自由转移在农业中所受到的限制十分突出。我国当前农业的非均衡状态主要反映于以下三个方面：

第一，在资源供给有限的条件下，由于产权不明确，资源的自由转移受到很大限制。这不仅是指农业内部的资源自由转移受限制，而且指农业与非农业、乡村与城市之间的资源自由转移受限制。

第二，主要农产品供给不足，这些农产品的供求之间存在着一定的缺口。主要农产品市场相应地存在着限制，即一方面存在着政府的配额，另一方面存在着市场的配额，双轨价格的并存反映了主要农产品交易的不完全竞争性质。

第三，即使在不受政府配额限制的农产品市场交易中，由于信息的不充分、地域之间对流通的有形或无形的限制、交易中介机构的不发达和某些必要的制度未建立，因此不仅交易成本很高，而且竞争也是不充分的。

这表明，要解决我国的农业问题，不能仅仅从价格方面和市场方面采取措施，而必须根据非均衡条件，采取价格以外的和市场以外的措施。并且，就现阶段的实际情况来说，价格以外和市场以外的措施将是主要的。由此涉及农产品供求中的宏观调节的作用问题。

一

可供政府选择的增加农产品供给的价格以外和市场以外的措施包括：

（一）建立农产品平准基金。由政府确定列入国家用支持价格来维持产量和农户收入的主要农产品种类，当农产品价格低于支持价格时，由农产品平准基金按支持价格收购。农产品平准基金的资金主要来源是财政拨款。农产品平准基金在经营农产品购销过程中的收益也可以成为农产品平准基金的补充资金来源。农产品的支持价格事前公布，并保持一定期限内的稳定性，这样就可以稳定农业生产者的情绪，避免主要农产品产量的大起大落。在目前情况下，支持价格的起点可以稍高一些。今后，即使农产品供给增加了，农产品供给缺口缩小了，但农产品平准基金一经建立，就应当长期保持，而支持价格的水平则可以随着当时的市场供求状况而调整。

（二）发展代耕代收公司，通过金融中介促进土地相对集中。在农业生产者的种植与经营的积极性不高，以及农业中资源流动受限制的条件下，要增加农产品供给，必须有一支稳定的从事农业生产的劳动力队伍。因此，代耕代收公司之类的形式应得到政府的鼓励，并较快地建立和发展起来。代耕代收公司由社会集资组成，它们同土地承包者签订代耕代收合同，按付出的劳务收取费用，或根据实际收获量分成。代耕代收公司拥有较稳定的农业工人队伍，劳动生产率高，能在现有土地面积不变的情况下大大增加产量，能够提高土地利用率。

通过金融中介促进土地相对集中是指：建立土地储蓄银行（或土地储蓄信用合作社，或农民土地储蓄基金会）之类的金融组织，开办土地承包者的土地存入业务，支付一定的利息。它们可以把土地承包者分散存入的土地贷给耕作能手或代耕代收公司，也可以同代耕代收公司签订合同，采取分成制或按劳务付酬。这些金融组织可以通过社会集资方式而组成，土地存贷的利差以及自身经营土地的收益构成这些金融组织的利润。通过这些金融组织，土地相对集中的过程将大大加快，耕作能手可以在租入土地的基础上实现集约化的规模经营，并发展为家庭农场主。

（三）农业生产资料专营和农业生产资料合作供应网的建立。考虑到农业生产资料的短缺和市场的不完善，对农业的重要生产资料（如化肥、农药、农用主要机械和燃料、薄膜等)的政府配额制不仅不应取消，而且应当扩大。专营制度在现阶段是可行的。政府的配额应当以目标原则为主，同时参照平均原则和历史比例原则。政府在确定主要农业生产资料的配额目标时，应当把粮食放在首要位置上。但只靠政府的配额和专营还是不够的，应当及早建立农业生产资料的合作供应网，而不必由目前的供销社来经营。这是因为，供销社经营的商品种类很多，业务范围广泛，不可能专心致志地从事政府配额下的主要农业生产资料的销售任务。加之，供销社成立已久，虽然名为集体经济组织，但与农业生产者之间的关系并不密切，不如由农业生产者集资重新组织专门经营主要农业生产资料的供应网，它们既便于受到农业生产者的监督与管理，又能更好地为农业生产者服务。

另外，从我国经济的非均衡状态出发，为了调节社会对农产品的需求，政府同样应当采取适当的调节措施，并且政府在这方面的调节重点也应当放在价格以外和市场以外。这并不是说政府对农产品价格的调整等措施无助于农产品供给缺口的缩小，而是说在非均衡条件下它们不可能成为有效地缓和农产品供求矛盾的主要措施。至于政府对某些重要的农产品的配额，在短缺较为严重的情况下仍是可以采用的，但这毕竟不是从需求的角度来缓和农产品供求矛盾的基本措施。

二

在价格以外和市场以外的调节需求的措施中，可供政府选择的主要有以下三项措施：

（一）以差别税率、差别利率、差别信贷额等措施来调节农业提供的原料用户对农产品的需求量。农产品的需求者可以分为三大类。其中一类是企业和其他的生产经营单位，它们需要农产品作为原料。在某些农产品短缺情况较为严重时，应当尽可能使这些农业提供的原料用户减少对农产品的需求量，调整各自的原料结构。政府固然可以用调整农业提供的原料的价格或采取农业提供的原料的配额方式来达到这一目的，但调整价格的波动面较大，而实行配额的做法对于使用农业提供的原料的企业和其他生产经营单位的生产积极性是有损害的，并且这种做法并不能保证农业提供的原料的利用效率增长。因此，可供政府采用的一种做法是采取差别税率、差别利率、差别信贷额之类的措施，引导企业和其他生产经营单位调整原料结构，减少对短缺的农产品的使用量。原料结构的调整是需要追加投入的，但如果政府通过差别税率、差别利率、差别信贷额等措施能给那些调整了原料结构、少使用农业提供的原料的企业和其他生产经营单位以实际的利益，使后者感到仍然有利可得，那么对社会和对这些使用农业提供的原料的用户都有好处。

（二）以差别税率、差别利率、差别信贷额以及有差别的外汇留成比例等措施来调节出口贸易商品结构，减少农产品的出口量。在农产品需求者的三大类中，第二类是农产品出口企业，它们经营农产品出口业务。在某些农产品短缺情况较为严重时，可以使这些出口企业减少农产品的出口量。当然，在有这种必要时，政府未尝不可以用农产品出口限额等较硬性的措施来达到这一目的，但这对于调动经营出口商品的企业的积极性不利，不如采用差别税率、差别利率、差别信贷额以及有差别的外汇留成比例等措施，促使出口企业根据农产品供求状况调整出口贸易的商品结构，调整短缺的农产品的出口量。这样，一方面，比较容易激发经营出口业务的企业的积极性；另一方面，这些措施较为灵活，出口企业在调整出口商品结构时有较大的主动权。

（三）以各种不同的方式改变居民的储蓄—消费比例，改变居民的消费结构，引导居民少消费较为短缺的农产品。在农产品需求者的三大类中，第三类是居民。他们直接或间接购买农业提供的产品。如食物，主要是居民直接购买的农产品；以棉、麻、蚕茧、羊毛等而言，其主要购买者是企业，而居民购买的衣料或服装，则是以这些农产品作为原料的企业的产品。因此棉、麻、蚕茧、羊毛等可以被看成是居民间接购买的农产品（居民对于加工食品的购买也可以视为居民对农产品的间接购买）。要使居民减少对农产品的直接和间接购买量，除了可以采取价格调节措施和实行配额而外，政府还可以设法改变居民的储蓄—消费比例，改变居民的消费结构，包括改变居民的食物结构。而在这些方面，政府有一系列措施可以选用，如：（1）通过调整税率或利息率来调节居民的储蓄—消费比例；（2）开征新税来改变居民的储蓄—消费比例以及改变居民的消费结构（包括居民的食物结构）；（3）通过出售房屋或金银首饰来改变居民的消费结构，还可以采取出售国营企业资产、发行国营企业股票、发行政府债券等方式来改变居民的储蓄—消费比例以及居民的消费结构；（4）采取措施促进居民增加劳务消费（包括旅游支出、文化教育支出等），以减少居民对农产品的直接或间接购买量；（5）通过财政、信贷等多种措施，在社会总需求大于社会总供给的情况下压缩社会总需求，从而起到压缩对农产品的需求的作用。以上所列举的这些调节措施可以同调整农产品价格或实行配额等措施结合在一起使用，还可以同调节农产品供给的措施配合使用。

然而，对于农产品供求的上述调节不是毫无困难的。困难在于：

以上所采取的调节方式都是价格以外和市场以外的措施。它们或者通过政府的财政政策、信贷政策、固有资产存量的调整等来导致农产品供求比例发生变化，或者以一定的制度方面的变更（如土地储蓄制度的建立、股份制度的推行等）作为导致农产品供求比例变化的前提条件。如果农业生产者自身缺乏扩大生产经营规模的积极性，或者，如果农产品需求者对于改变原料结构、消费结构等不感兴趣，或认为这些改变的成本偏大和收益偏低，那么无论政府采取何种方式来改变农产品的供求都不易收到显著的效果。换句话说，假定农产品的供给者和需求者双方的行为都是短期化的，都认为政府所采取的调节农产品供求的措施与自己的近期利益不明确，那么他们很可能不会按照政府预定的调节供给和需求的目标去安排自己今后的经济活动，至于长期利益究竟如何，他们可能很少关心，这样，政府调节的效果不明显也就不言自明了。由此可见，政府对农产品供求的宏观调节与农产品供求双方行为的短期化是有明显抵触的。

三

摆在我们面前的一个问题是：通过什么样的政府调节措施才能使农产品供给者和需求者克服行为短期化的倾向，才能促成他们的行为长期化。从根本上来说，一个微观经济单位（不管它是企业还是个人）的行为长期化取决于三个条件，这就是：微观经济单位在从事经济活动时要有明确的发展目标；在争取实现自己确定的发展目标时要有内在的动力；在通过自己的努力走向预定的发展目标时，要感到自己是有希望通过努力而实现这一目标的。在探讨当前我国农业的现状与发展趋势时，让我们就这三个有关微观经济单位行为长期化的条件，首先结合农产品供给者的实际情况来进行分析。

第一，关于经济活动的发展目标。这里最重要的是农产品供给者的发展目标的确定，农业生产者提供农产品，只不过是他们为实现自己的发展目标所必需的手段。不能简单地认为农业生产者的发展目标就是种地、饲养家禽家畜向市场提供农产品。如果说他们认识到提供农产品是在为社会作贡献，那么他们以多作社会贡献为自己的目标。如果说他们认为多提供农产品可以增加收入，改善自己的生活状况，使自己变得富裕起来，那么他们就是以物质利益增长作为发展目标。假定这两者即社会责任与物质利益是结合在一起的，那么发展目标的内容将更加充实。但不管怎样，只要有一个发展目标，农业生产者就会明确自己将朝什么方向努力。但在现阶段，这样的目标至少已变得含糊不清。社会责任作为发展目标而言，被认为流于空泛。物质利益作为发展目标，又被认为不切实际，因为现实生活中，从事农产品供给以外的其他许多经济活动的物质利益很可能大大超过提供农产品所获得的物质利益。于是对于不少农业生产者来说，发展目标变得越来越不确定了。

第二，关于实现预定目标的动力。没有发展目标，动力问题将无从谈起。在农业生产者的发展目标越来越不确定的前提下，很难认为他们提供农产品（尤其是追加投入以增加农产品供给）的动力是充足的。当然，这并不是说农业生产者从事任何经济活动都没有动力。如果他们不关心增加农产品的供给，就表明他们缺少这方面的动力。尽管他们对眼前利益的追求也可以被视为他们要达到的“目标”，但这与经济活动中所要实现的发展目标不是一回事。正由于动力不足，所以即使政府采取财政、信贷或其他调节措施，农业生产者也不可能以调整自己的经济活动的方式来适应政府的意图。

第三，关于通过努力来实现发展目标的信心。这个问题与上面所谈到的动力问题是相似的，这就是：如果连发展目标都不明确，连动力都是缺乏的、不足的，那么怎么谈得上实现发展目标的信心呢！农业生产者的行为短期化不难由此得到解释。现在需要说明的是：即使某些农业生产者有了自己的发展目标，并准备通过增加农产品供给来实现这一目标，但究竟能不能依靠自己的努力而使这一目标得到实现呢？应当说，信心是缺乏的。在市场不完善和资源短缺等情况之下，农业生产者不一定能使自己的努力取得相应的成果，这样，随着他们信心的减弱，他们在增加农产品供给方面所做的努力也会减弱。政府指望通过各种调节措施来促使农业生产者增加供给的意图也就难以实现。

以上是从农业生产者的行为短期化的角度来分析的。下面再从农产品需求者的角度进行探讨。现在把农产品需求者简化为企业与居民两类。在市场不完善和企业本身缺乏利益约束、预算约束的条件下，企业不可能有自己的发展目标，也缺乏争取实现这一目标的动力和信心。因此，企业难以通过调整原料结构和降低成本的途径来减少对农业提供的原料的购买量。企业本身的行为短期化决定了企业作为农产品需求者的行为短期化。至于居民作为农产品需求者，那么一方面，在居民普遍收入水平仍然较低的情况下，居民改变消费结构，特别是改变食物结构的局限性是无法否认的，另一方面，由于市场不完善和资源的短缺、居民的预期很不稳定。因而他们有可能不按政府调节措施所预定的那种方式来改变自己对农产品的直接或间接购买。换言之，居民本身预期的紊乱决定了居民作为农产品需求者的行为短期化。

这一切都可以被称为当前我国农产品供求与政府调节之间关系的不规则性，由此提出了进一步改革农业体制这一迫切问题。

四

农业体制的进一步改革应当从何处着手？这是一个迫切需要解决的问题，也是一个理论研究的难题。从以上的分析可以清楚地看到，关键在于解决农产品供求双方的行为短期化。农产品需求者的行为短期化，虽然与农产品供求矛盾的缓和也有密切的联系，但这主要不是在农业体制中要解决的问题。农业体制的进一步改革主要将是解决农产品供给者的行为短期化问题，即如何通过进一步的农业体制改革，使农产品供给者（农业生产者）的行为长期化。根据前面所论述的，为了克服农业生产者行为短期化，增加农产品的供给，有必要使他们具有明确的发展目标，具有为实现这一目标所必需的动力，以及具有通过自身努力而使预定的发展目标得以实现的信心。看来，农业体制的进一步改革应当由此着手。

对广大农业生产者来说，与目标、动力、信心直接联系在一起的是土地所有权问题。如果能够根据我国的实际情况与广大农业生产者的所有权观念，制定适合社会主义初级阶段性质的土地制度改革方案，将最有利于扭转农业生产者对供给农产品的积极性微弱的状况，使他们的行为转向长期化。那么，究竟应当如何对土地制度进行改革？能不能建立土地私有制？我的看法是，在已经实行多年的土地公有制的基础上，假定再建立土地私有制，弊大于利。从利的方面看，土地私有制也许可以使农业生产者增加对土地投入的积极性，使他们关心自己的财产和经营成果，爱惜土地，扩大生产。然而，弊端可能更大。这是因为，土地已经公有化多年了，这在社会各界的思想上已经树立了土地公有的观念，如果废除公有，社会的动荡不安可能带来十分不利的后果。加之，土地私有必然涉及土地私有者可以根据自己的意志出售和转让土地所有权的问题，而在目前的情况下，这很可能导致农业生产力被破坏，导致社会矛盾的加剧。因此，权衡利弊，我不赞成以土地私有化作为农业体制进一步改革的关键。

这样，我们必须在坚持土地公有的基础上讨论克服农业生产者行为的短期化问题。但究竟应当坚持的是什么样的公有制？是像迄今为止一直被奉行的公有制吗？不是。迄今为止一直被奉行的土地公有制是概念不清、界限不明、有利性未能充分发挥出来的土地公有制，不妨称之为传统土地公有制。当前的任务是对这种传统的土地公有制进行改造。具体的设想是：

（一）实行土地国有化。中华人民共和国境内的一切土地均归国家所有，在全国人民代表大会常务委员会之下成立国家土地委员会，代表全国人民监督、管理全国的土地，不允许土地这一属于全国人民的财产受到侵占。

（二）实行土地国有化之下的个人土地占有制度。“普天之下，莫非国家的土地”，但农业生产中使用着的每一块耕地都有具体的占有者，这些具体的土地占有者就是如今承包土地并且从事农业生产的微观经济单位（农户或农业企业组织）。土地国有化基础上的个人土地占有制的含义是：国家拥有这些农业土地的最终所有权；具体地占有并使用某一块农业土地的微观经济单位，虽然作为土地的占有者可以使用它、转让它、出租它，并可以把它作为产业传给自己的继承人，但由于土地的最终所有权属于国家，因此无权自行决定把农业土地当作非农业土地使用，无权自行决定把土地转让或出租给非农业的土地用户，也无权自行决定把土地转让或出租给外国人。此外，当这些微观经济单位在把土地转让给农业的土地用户时，要在作为国家土地所有者（最终所有者）的代表——国家土地委员会——下属土地管理机构办理过户手续，并缴纳一定的费用（土地转让费等）。

由于确定了土地国有制，因此土地的财产关系在最终所有权这一层次上被明确了。由于承认了耕地的个人占有权，所以一切使用农业土地的微观经济单位只要不侵犯国家对土地的最终所有权，就有权使用并继承自己的土地，它们对土地的关切程度将大大提高。但可能引起的一个疑问是：如果一块土地既是国家所有，又是农户个人占有，岂不是矛盾么？其实，这个问题是可以解决的。国家所有是指最终所有，这符合土地公有的性质；个人占有指个人在不违背、不侵犯国家对土地的最终所有权的前提下对土地的占有权，一块土地的最终所有者只有一个，即国家。一块土地如果被个人转卖给另一个人，那么最终所有权依然不变。这表明，最终所有权的确定有助于确定土地所有制的性质，而国家的最终所有权与个人占有权的并存有利于对土地利用效率的提高，有利于促成农业生产者行为的长期化。

与此有关的另一个问题是：宣布土地国有化和土地在国有化基础上归农业生产者个人占有之后，岂不是会被认为对集体进行了剥夺？不错，在进行进一步的农业体制改革以前需要考虑到这一点。但这个问题并不是不能解决的。要知道，集体代表谁，还不是代表农业生产者么，集体还不是由一户一户农家所组成的么。由于所要实行的不仅是土地的国有，而且还有土地的个人占有，这两者是并存的，没有前者也就没有后者，而后者正是组成集体的农业生产者所希望实现的。与单纯的土地国有化相比，这种方案要现实得多。农民会认为，“过去那种土地集体所有是虚的。而现在的土地个人占有才是实的”。此外，虽然土地的集体所有已被土地的国家所有与个人占有代替了，但在涉及以往由集体投资的建设项目的处置时，无论是国家还是个人都应当给集体以一定的补偿，这样也就可以大大减少集体的不满情绪了。

假定按照上述设想来重建农业体制，那么国家作为土地的最终所有者将从作为土地占有者的个人那里收取适当的租金，同时，国家作为管理者还将从农业生产者那里收到税金。从理论上来说，租与税的性质是不一样的，但从实际的征收方式来看，租税可以合一。此外，在土地个人占有制的基础上，农业生产者个人如果自愿组成合作经济组织，那么也是易行的。个人占有的土地入股后，土地的个人占有制性质不变，土地的国家最终所有的性质也不变。假定个人以集资的方式组成合作经济组织，那么新成立的合作经济组织既可以向个人租佃土地，也可以向个人购买土地，使之成为合作经济组织共有的财产。即使如此，土地仍然归国家最终所有，同时归合作经济组织占有，后者仍应向国家缴纳租与税。

总之，为了促成农业生产者行为的长期化，农业体制的进一步改革（主要是土地制度的改革）已经越来越迫切。还有几种可供选择的土地制度改革设想，例如“土地私有化”的设想；“土地集体所有，个人承包，使用权可以转让”的设想；“土地集体所有，个人租佃，甚至长期租佃、永久租佃”的设想；单纯的“土地国有化”的设想，等等。上述“土地国有基础的个人占有”的设想只是可供选择的一种方案。不能否认，这种设想也有其不完善之处，不可能完美无缺。但我认为它具有较大的可行性。

（原载《农业经济问题》1989 年第 2 期）

关于社会流动

我一直对经济学中的伦理问题深感兴趣。所以，不久前，当许宗正拿着他的《人的全面发展与社会经济——伦理学引论》的校样，请我为这本书写一篇序时，我答允了他。但是，写些什么呢？考虑再三，想谈谈社会流动和人的全面发展问题，以及对社会流动的伦理判断。这是因为，这两个问题是我们生活中常遇得到而我们都很少谈到过的。

社会流动是指人们在社会生活中变更自己的居住地点、职业、社会地位等。它通常包括两种流动。一是水平的社会流动，这是指在人们的社会地位不改变的情况下变更了自己的居住地点或职业。二是垂直的社会流动，这是指人们的社会地位发生了变化。在社会上存在着等级差别的条件下，如在封建社会和资本主义社会中，人们从较低的社会等级上升到较高的社会等级，或从较高的社会等级下降到较低的社会等级，就被称为向上的社会流动或向下的社会流动。假定社会上已经不存在等级的差别，但人们在职务上仍有高低上下的不同，比如在政府机构中或在企业组织中，这种职务上的上下级之分是客观存在的，因此人们从较低的职务改换为较高的职务或从较高的职务改换为较低的职务，往往也被看成是一种垂直的（向上或向下的）社会流动，尽管它同原来意义上的社会流动（指人们所归属的社会等级的变动）并不是一回事。

假定人们的社会流动受到极其严格的限制，即无论怎样努力也很难使自己的居住地点、职业、社会地位等发生变动，那么这样的社会通常被称为封闭的社会。反之，如果人们的社会流动不受什么限制，即只要经过一定的努力就可以改变自己的居住地点、职业、社会地位等，这样的社会通常被称为开放的社会。因此，从这个意义上来说，一个社会的封闭程度或开放程度取决于社会成员的社会流动的难易程度。在社会主义社会里，从客观上分析，体制上的限制和流动资格的限制仍是阻碍社会流动的有力因素。例如，体制上存在着对社会流动的障碍，有可能使得人们的水平流动和垂直流动难以实现；把社会流动的资格或条件规定得过严，也会使人们难以符合这些资格或条件，从而使社会流动成为可望而不可即的事情。社会流动的障碍不仅来自客观方面，而且还来自主观方面，即人们是否有竞争意识、进取精神，是否有自信心、决心和努力，惰性因素、安于现状的思想、怕冒风险的情绪是否起着重要的作用，等等。这种主观方面的条件既有可能在存在着社会流动机会的条件下，使一些人甘愿放弃机会，放弃社会流动，也有可能在客观上存在着某些不利于社会流动条件的情况下，使一些人通过自己的努力去创造社会流动的条件，实现社会流动。假定说阻碍社会流动的体制可以通过某些改革来予以改变，阻碍社会流动的资格限制既可以通过对这些资格的调整，也可以通过个人的努力和条件的创造，使这方面的障碍减少，那么主观方面的障碍对社会流动的不利影响，却是不可忽视的。当客观上存在着社会流动的机会时，让这种机会白白地丧失掉，这能埋怨客观条件的不利么？只要个人作一些努力，就可以跨越资格限制方面的社会流动障碍，但个人不愿作这种努力，从而难以实现社会流动，难道这也能埋怨客观条件的不利么？可见，在若干场合，对社会流动的主观上的阻力可能大于对社会流动的客观上的阻力。

一般说来，社会流动与人的全面发展之间存在着以下四种关系：（1）为什么人们会产生社会流动的要求，这与人的全面发展的要求之间究竟是什么样的关系？（2）为什么某些人在社会流动方面受到主观上的阻力较大，这些主观上的阻力的存在从哪些方面反映了人的全面发展的必要性？（3）如果社会流动得以实现，这将对本人的全面发展产生什么样的影响？在什么情况下社会流动有利于人的全面发展，而在什么情况下社会流动却不利于人的全面发展？（4）如果社会在促进人的全面发展方面取得了较大的进展，那么这将对社会流动产生什么样的影响？能否就此对社会流动的前景作一些估计？下面，就这四种关系进行讨论。

先看第一种关系，即人们的社会流动的要求同人的全面发展的要求之间的关系。要知道，人们之所以要求社会流动，基本目的无非是两个，一是增加收入，改善自己的处境，另一是使自己的才能与专长得到充分施展的机会，以便为社会作出较多的贡献。有些人偏重于前一目的，有些人偏重于后一目的，有些人则二者并重。在某些场合，前一个目的与后一个目的是有矛盾的。比如说，某些工作岗位收入虽丰厚，但工作的性质不一定同流动者个人的才能与专业适合，从而流动者不仅不能发挥自己的才能与专长，新的工作甚至是对个人才能与专长的埋没。因此，在这种场合的社会流动，即人们为了增加收入而宁肯放弃原来可以施展自己的才能与专长的工作岗位，是与人的全面发展的要求不符的。换言之，只有在以下两种场合，社会流动才能够同人的全面发展的要求统一起来。第一种场合是：人们在原来的工作岗位上由于受到某些条件的限制而无法充分施展自己的才能与专长，如果在工作岗位变动（包括居住地点、职业、职务等的变动）之后，自己的才能与专长得以发挥，那就可以使社会流动同人的全面发展的要求相适应了。第二种场合是：考虑到人的全面发展不仅是指个人的才能与专长得以充分发挥，而且也指旧社会遗留下来的各种歧视（如对少数民族的歧视、对妇女的歧视等）和差别（如城乡差别、体力劳动与脑力劳动的差别等）的逐渐消失，所以一切有助于消除这些歧视和差别的社会流动，都可以被看成是与人的全面发展的要求相适应的。上述第一种场合的社会流动同人的全面发展要求的适应，可以称做狭义的适应；上述第二种场合的社会流动同人的全面发展要求的适应，则可以称做广义的适应。但在这里有可能遇到一个难题，这就是：假定有人单纯出于增加收入的动机而流动，去从事与自己的才能与专长不相干的职业，但却提出如下的理由，说什么“这是迂回地走向人的全面发展，因为收入增加以后，就有了全面发展自己的才能与专长的物质基础”，对此应当作什么样的评价呢？这是较复杂的问题，让我们在下面再来讨论。

再看第二种关系，即社会流动的主观方面的阻力与人的全面发展之间的关系。前面曾经指出，个人在有社会流动机会以增加收入或发挥自己才能与专长时，由于惰性因素的作用而宁肯放弃社会流动的机会，这种惰性因素便构成社会流动的阻力。惰性因素的作用表现为安于现状、不求进取、怕冒风险，甚至不想为社会流动创造条件（如学习文化技术等）。阻碍社会流动的惰性因素的存在至少从两个不同方面说明人的全面发展的必要性。首先，人的全面发展包括了人的进取精神、创造精神、革新精神的培养与形成。一个全面发展的人必定是一个不断进取、创造和革新的人。人的全面发展与人受惰性因素的支配是不相容的。人的全面发展过程实际上也就是人不断克服自身惰性的过程。其次，通过社会流动而变换工作岗位不仅有可能使自己的才能与专长得以发挥，而且有可能因这种发挥而为社会作出较多贡献。在考虑是否社会流动时，有些人确实持有能为社会多出力、多作贡献的想法。要知道，人的全面发展包括了人的社会责任感、人对社会的奉献精神的培养与形成。一个全面发展的人必定是一个具有社会责任感和社会奉献精神的人。假定一个人受惰性因素的支配，即使在社会流动的结果有可能为社会多作贡献的场合也不愿流动，那么这就反映了克服惰性因素的作用对这样的人来说是多么必要。当然，这并不等于说任何一个愿意流动的人都是把自己的流动同为社会多作贡献这一点联系在一起的。正如前面提到的，有些人单纯出于增加个人收入的动机而流动。但无论如何，我们可以得出这样一个看法：一个全面发展的人，在社会需要他流动并且通过这种流动能够为社会作出较多贡献的场合，是不会受惰性因素的支配而拒绝流动的。

再看第三种关系，即社会流动的实现在什么情况下有利于人的全面发展，在什么情况下不利于人的全面发展。这个问题其实在前面已经提到了。可以这样说：单纯出于增加个人收入的动机而置个人本能与专长于不顾的流动，单纯考虑个人的目的而不考虑这种流动究竟是否影响对社会所作贡献大小的流动，是很难与人的全面发展的要求相适应的，并且也是不利于人的全面发展的。那么，什么情况下的社会流动将有利于人的全面发展呢？对这个问题，需要从两个不同的层次进行分析：一是个人的层次，另一是社会的层次。从个人层次的分析是指：如果一个人的流动有利于个人的才能与专长的发挥，有利于进取心和创造性的增长，有利于社会责任感的加强，那么这种流动对他而言，将有利于个人的全面发展。从社会层次的分析是指：每个人都是社会的一分子，一个人的流动即使对社会的影响是非常轻微的，但却不能否认这种影响的存在；如果一个人的流动对社会产生的是积极的影响，包括物质方面的积极影响和精神方面的积极影响，那么这种流动多多少少将有利于社会，有利于社会在朝着人的全面发展的道路上前进。当然，一个人的流动对社会的影响很有限，但如果社会上有较多的人实现了对社会有利的流动，那么社会流动对社会的积极影响就不可忽视了。

最后来看第四种关系，即社会在促进人的全面发展方面的较大进展对社会流动的影响。这就是说，社会流动同人的全面发展之间的影响是双向的、相互作用的，社会流动既可能有利于或不利于人的全面发展，而人的全面发展又会反过来对社会流动发生相应的作用。现在要考察的就是后一方面的影响。关于这一点，应当从人们对社会流动的认识的变化，也就是从人们对社会流动的意义的深入理解谈起。如上所述，人的全面发展不仅指人对如何施展自己的才能与专业有正确的认识，而且指人对如何更好地履行自己的社会责任有正确的认识。假定社会在促进人的全面发展方面取得了较大的进展，人们在克服惰性因素的影响方面有了较显著的成效，同时，人们对社会流动的意义认识得较为深刻，既能从发挥个人才能与专长方面来理解社会流动的意义，又能从履行自己的社会责任感和为社会多作贡献的方面来理解社会流动的意义，那么毫无疑问，社会流动无论从量的角度还是从质的角度来看，都将转入一个新的阶段。

虽然社会发展的总的趋势是从封闭的社会转向开放的社会，对社会流动的限制将会越来越缩小，但我们能够简单地断言社会流动必然优于对社会流动的限制么？不进行具体的分析是难以得出结论的。

不妨举一个例子来加以说明。这个例子是：应当如何评价西欧中世纪前期对城市居民流动的限制？要知道，在西欧中世纪前期的城市中，对居民的社会流动有着严格的限制。例如，在一些城市中，行会对社会经济生活起着支配作用。行会通常规定不准跨行会经营；对匠师的人数和资格作了严格的规定；禁止手工业者游街串巷，上门服务；对手工业者在城市之间的迁移作了各种限制；用种种措施来维持手工业者的职业世袭化，等等。如果用工业化以来的社会评价标准来看待中世纪前期的上述限制，这些限制显然是不合理的。但问题并非如此简单。应当把这些限制放到西欧中世纪前期城市社会经济的环境中去判断。也就是说，对这样的问题要有历史的分析。需要指出，在西欧封建社会的初期，城市正处于兴起阶段，手工业者在城市中刚刚立足，商品货币关系还没有发展起来，市场也十分有限，城市当局和手工业者自身的组织为了维持社会经济的稳定，防止内部竞争的加剧，所以采取了上述这些限制性措施。这些限制性措施在当时的历史条件下是有一定的进步意义，因为它们维护了社会经济的稳定，保障了社会生产力的发展。只是到了西欧中世纪后期，随着城市经济的发展和商品货币关系的扩大，这些措施对手工业者的创造性的束缚和对技术进步的限制越来越突出，它们才变为社会发展的阻碍，从而必然要被反对、被否定。这就是对社会流动的科学评价的一个例子。我相信这个例子对我们是有启发的。

衡量社会流动的是非善恶的标准是社会流动的实践的检验，它并不是由社会流动者本人或社会流动的研究者的感情来决定的。以前面提到的西欧中世纪前期城市居民社会流动所受到的严格限制为例，就足以说明实践检验的意义。这是因为，在西欧封建社会中，城市兴起之时的首要任务是维持城市社会经济的稳定，行会当时采取的各种限制手工业者流动的措施是适合社会经济的稳定和生产力发展的需要的，此后长时期内西欧城市经济的较稳定、持续的发展表明了当初采取的限制手工业者流动的措施是必要的。

联系到社会主义社会中的社会流动，我们同样要从每一个具体阶段的形势与任务出发。判断社会主义社会中的社会流动的标准，同样只能是实践的检验。只有把社会流动的伦理判断和实践检验统一起来，才能明确在社会主义社会的某一特定阶段内，什么样的社会流动是应当肯定的，什么样的社会流动则不应当予以肯定。我在《社会主义政治经济学》一书中曾经写过这样一段话："实现社会主义生产目的，建设高度物质文明和精神文明结合的社会主义现代化社会，是符合我国劳动者的共同愿望，从而是符合劳动者的最大利益的。因此，我们可以用'劳动者的最大利益'作为经济行为的伦理标准。也就是说，凡是符合'劳动者的最大利益'的，就是'是'或'善'，不符合'劳动者的最大利益'的，就是'非'或'恶'。"① 我想，对于社会主义社会中的社会流动，也只能以是否符合劳动者的最大利益作为判断的准则。

在现实生活中，城乡居民，特别是在职人员的社会流动是受到一定限制的。从我国经济的实际情况出发，应当承认对社会流动的限制（或者说对社会流动的管理）的必要性。不妨设想一下，如果人口可以不受限制地迁入城市，特别是大城市，如果在职职工可以不经批准即可随意离开原来的工作岗位，转入新的工作岗位，如果不对一定的职务设定相应的资格条件，那么我们的社会和经济将会混乱到什么程度呢？对社会流动的必要的限制，或者说对社会流动的必要的管理，正是以社会的利益为依据的。那种简单地认为"不对社会流动加以限制是'善'，对社会流动加以限制就是'恶'"的判断标准之所以不能成立，正因为它把对社会流动

① 厉以宁：《社会主义政治经济学》，商务印书馆 1986 年版，第 438—439 页。

的伦理判断同实践检验割裂开来，把社会流动同社会利益割裂开来。

对社会流动的限制程度、对社会流动的管理范围和管理方式并不是始终不变的。在社会主义社会的不同发展阶段，根据客观形势的变化，对社会流动的管理范围和管理方式可以进行调整，但即使如此，也不会实现毫无限制的社会流动。其实，毫无限制的社会流动（通常被称做完全自由的社会流动）在任何国家的现实生活中都不可能存在，它至多只是理论分析中的一个假设而已。

在对社会流动进行伦理判断时，不要忘记这样一个道理，即一定时期内的某些限制正是为今后取消这些限制创造条件。没有前一阶段的限制，也就不会有后一阶段的取消限制。经济中不乏类似的例子。例如，一个国家为了保护本国的某一新兴的产业部门，在开始时实行了保护关税政策（对自由贸易的限制），目的在于加紧这一新兴产业部门的发展，而等到这一新兴产业部门的力量加强了，有了较大的国际竞争能力之后，就可以逐渐减少对它的保护（放宽对自由贸易的限制），直到最后取消对它的保护（取消对自由贸易的限制）。只能这么说，开始时对这一部门的保护和后来取消对自由贸易的限制，对这个国家而言都是必要的、合理的。关于外汇管制的实施，道理也是如此。一个国家在国际收支状况不佳、外汇储备紧张时，有必要实行外汇管制。外汇管制的目的在增加外汇收入，以及有效地利用不充裕的外汇资源。而在国际收支状况有较大的好转，外汇储备比较充足之后，对外汇的管制也就会放松下来。这种一紧一松一严一宽，是互相联系的。没有前一阶段的紧和严，后一阶段的松和宽也就无从谈起了。在对外汇管制进行伦理判断时，能够简单地肯定松和宽的做法，简单地否定紧和严的做法吗？显然是不能这样看问题的。同样的道理何尝不适用于对社会流动的限制的评价呢？在社会主义社会的发展过程中，初期实行较严格的社会流动限制决不是目的本身，而只是为社会经济的正常发展创造条件。假定缺少这些较严格的社会流动限制，那么社会经济状况就难以好转，以后也就不可能采取较宽松的社会流动政策。我相信，每一个了解我国国情的经济学研究者都会同意这一论点。

现在，让我们回到前面所提出的那个问题上，这就是：假定有人单纯出于增加收入的动机而流动，从事与自己的才能与专长不相干的职业，却以“先增加个人收入，然后就有了全面发展自己的才能与专长的物质基础”作为理由，那么对此应当如何评价？不能否认，现实生活中确有这样的事例，但对这样的社会流动的评价则应当以实际的社会收益或损失作为根据，而不应以虚拟的、尚未成为事实的社会收益或损失作为根据。同时，这里所说的收益或损失都不是指流动者个人而言的。对流动者个人而言，如果流动之后收入增加了，那只是个人的收益，不等于社会因此而有了收益。

（原载《读书》1990 年第 11 期）

企业发展环境与企业家的素质

当前，如何增强国营大中型企业活力，如何提高企业经济效益，以及如何克服企业短期行为，已成为实业界、学术界的热门话题。企业同人一样，都是有生命的实体，要求生存，要求发展，要求适应各种不同的生活环境。以一个人来说，他除了要能在正常条件下生存和发展以外，还要有在非正常条件下生存和发展的能力，否则，这个人的生命就是脆弱的、经不起挫折或打击的。企业不也是如此么？如果一个企业只能在正常的条件下展开自己的经济活动，而一旦处于非正常的条件下，它就失去了生存和发展的可能性，那么这样的企业也未免过于弱不禁风了。通常所说的适应能力，显然不是指适应正常条件的能力，而指的是适应非正常条件的能力。对人如此，对企业也如此。也就是说，无论是一个人还是一个企业，都要具有适应非正常条件的能力，在非正常条件下都能够继续生存、继续发展。判断一个人或一个企业是否有足够旺盛的生命力，标志之一就是要看他们能否在非正常的条件下生存和发展。

这里只讨论企业的情况，尤其是中国企业的情况。要知道，在现阶段的我国，企业所处的条件在相当大的程度上是非正常的。对企业来说，正常的生存和发展条件不是说绝对没有，但至少可以认为，那是一种例外，或者只是暂时的现象。特别是从最近几年的经济形势来看，这一点几乎是用不着怀疑的。比如说，适宜于企业生存和发展的一个正常条件是维持正常的商业信用，然而，在现实经济中，商业信用却遭到破坏，企业收不到销货款，企业之间彼此拖欠货款，形成了三角债、连环债，致使企业流动资金被大量占用。又如，在正常条件下，企业的竞争应当是一种公平的竞争、机会均等条件下的竞争，然而在现实经济中，并不存在这种客观环境，当某些企业有可能按计划价格得到生产资料供应时，另一些企业却不得不按市场价格购买同样的生产资料；当某些企业的产品必须按计划价格销售时，另一些企业却有可能按市场价格销售全部或一部分产品；当某些企业按这样一种税率纳税时，另一些企业却要按另一种税率纳税……如此等等，必然使得大多数企业的经济活动是在非正常条件下进行的。再如，对企业来说，正常的条件应当是企业有权根据生产任务和盈利状况调整职工人数，企业有权自行控制工资成本，然而在现实生活中，工资、奖金都是刚性的，它们只升不降，企业的就业也呈刚性状态，冗员再多，也不能不安插在企业各个部门之中。这样，企业既无法自行控制工资成本，又无法使全员劳动生产率增长。类似的例子还可以举出很多，这可以充分说明现阶段我国的企业是在非正常的条件下生产和经营的。

但是，值得我们注意的是，尽管大多数企业都处于非正常的条件之下，为什么有些企业却能继续盈利呢？为什么有些企业仍在继续发展与壮大呢？假定说这样的企业只占到企业总数的几分之一，即使如此，同样使我们感兴趣的是：为什么其余的企业无法在非正常条件下发展与壮大，而这些企业（哪怕它们只占企业总数的几分之一）却有如此顽强的适应非正常条件的能力呢？这正是研究现阶段中国企业发展的人们不可忽略的一个问题。当然，这里需要把国家给予这些企业的特殊照顾和优惠撇开不谈，而应当从企业的内部来寻找它们产生适应非正常条件的能力。这样的研究才有指导意义。

对这个问题，还可以作进一步的分析。如果说非正常条件是一个常态，那么什么是“超非正常条件”呢？举例来说，如果所有的企业都面临流动资金紧张、销售不旺的困境，或者，所有的企业都遇到“不能自行定价”的难题和“难以辞退冗员”的烦恼，那么，尽管这些都是企业生产和经营的非正常条件，但由于所有的企业都处于相同的状态之中，它们对此已经习以为常，从而这些非正常条件已经变成常态了。只要是企业，也就多多少少能够适应于这种非正常的条件。于是出现了一个新问题，这就是：在“超非正常条件”之下，企业如何生存与发展？

我们知道，在非均衡理论中，人们正在研究如下的问题：正常性失业与非正常失业的区别何在？正常性通货膨胀与非正常通货膨胀的区别何在？正常性短缺与非正常短缺的区别何在？正常性过剩与非正常过剩的区别何在？……根据非均衡理论，在不可能实现零失业率或零通货膨胀率的均衡的条件下，经济中所存在的将是过剩的均衡或短缺的均衡，也就是正常性失业下的均衡或正常性通货膨胀下的均衡。因此，在非均衡经济中，正常性失业、正常性通货膨胀、正常性短缺或正常性过剩，可以被看成是一种常态，非常态则是超出正常性失业率之外的过度失业，超出正常性通货膨胀率之外的过度通货膨胀，超出正常性短缺界限的过度短缺，以及超出正常性过剩限界的过度过剩。这就是说，在非均衡经济中，失业、通货膨胀、短缺、过剩都可以分为两类，一类是常态的，另一类是非正常的。在非均衡条件下采取的国民经济管理措施，主要是针对超出常态的失业、通货膨胀、短缺、过剩而发挥调节作用。

如果我们用相似的分析方法来看待现阶段我国企业生产和经营的客观条件，那么也可以作这样一种区分。在现实经济中，企业都处于非正常条件之下。但如果这些非正常条件是经常存在的，是各个企业已经习以为常的，那么这就类似于非均衡条件下的常态。所谓“超非正常的”生产和经营条件，那就是指已经超出了一般的、被企业习以为常的非正常条件，而成为企业在生产经营过程中遇到的特殊状况了。比如说，价格双轨制的存在是企业生产经营的非正常条件，但由于企业已经对此有一定的适应能力，习以为常了，所以价格双轨制尽管有不利于企业生产经营的弊端，但只要企业能根据价格双轨制的现实，有比较稳定的价格预期、成本预期、销售预期和盈利预期，那么问题还不至于弄到企业难以应付的地步。然而，一旦价格双轨制同地方保护主义、地区相互封锁结合在一起，市场被分割为一个个孤立的小单元，双轨价格中的计划价格演变为地方保护价格，双轨价格中的议价演变为地区性的歧视价格，那么企业的价格预期、成本预期、销售预期和盈利预期就全都被打乱了。这时的企业生产经营条件成了“超非正常的条件”，企业就很难与此相适应，企业的困难也就变成了按一般的非正常条件下处理问题的方式难以应付的困难。

类似的例子还可以举出很多。已经习惯于在一般的非正常条件下生产和经营的企业，在实践中多多少少养成了适应于一般的非正常条件的能力。例如，企业善于挖掘潜力，善于调动职工的积极性，善于根据外在条件变化而推出新产品，善于协调上下左右各种关系。应当承认，这是这些年来中国企业及其领导人的一种“内功”。“内功”是磨炼出来的。有时候听到人们议论，说什么中国的企业领导人不如外国的企业领导人。这似乎不太公平。也许在管理方法和现代管理技术上，中国的企业领导人中有许多人确实不如他们的外国同行。但单就对于非正常的生产和经营条件的适应能力而言，不少中国企业领导人却肯定胜过他们的外国同行。不相信的话，换一个位置试试看。在中国企业所处的非正常的生产经营条件（例如，企业与上级主管部门的关系、企业与供货单位的关系、企业与购货单位的关系、企业与所在社区的关系、企业与职工在就业与工资奖金方面的关系、企业与同行业竞争对手之间的关系，等等）之下，如果让一个外国企业管理专家来担任厂长，并假定他没有任何特殊的背景、渠道、优惠条件，他必定寸步难行。因为他缺乏像中国企业领导人这样的适应于非正常条件的能力。如果他有足够的耐心，他必须磨炼几年，才能养成这种适应能力。这样他才能在非正常条件下经营、管理中国的企业，维持企业的生存。

对中国的企业和企业领导人，可以用这样几句话来概括：“由于多多少少有了适应一般的非正常条件的能力，因此在一般的非正常条件下，企业仍能进行经济活动，并尽可能求得发展；企业最担心的是一般的非正常条件的恶化，即最担心出现‘超非正常条件’，如果那样的话，企业不但难以发展，甚至连简单再生产也难以维持下去。”事实正是如此。有价格双轨制，问题还不大，怕就怕价格双轨制同地方保护主义、地区封锁结合在一起。税率偏高、税负偏重，问题还不大，怕就怕形形色色的摊派和变相摊派。流动资金紧缺，问题还不大，怕就怕流动资金紧缺条件下“三角债”越滚越多，怎么解也解不开。工厂中有一些冗员，问题也不大，怕就怕在全员劳动生产率下降和人浮于事的情况下，工资、奖金增长呈现只升不降的刚性……归根到底，怕就怕出现各种“超非正常条件”。这正是现阶段中国企业和企业领导人最头痛的事情。

研究中国企业发展的人，仅仅注意研究企业发展的正常条件固然很不够，如果只注意到企业发展的一般的非正常条件，那也是不够的。针对中国企业的实际状况，研究者有必要研究企业生产、经营和发展的“超非正常条件”，研究这些“超非正常条件”产生的原因、它们的特点、它们对企业的影响，以及企业怎样才能应付这些“超非正常的条件”。要知道，假定“超非正常的条件”是客观事实，企业无法回避它们，那么企业能不能像适应一般的非正常条件那样去多多少少适应“超非正常条件”呢？不同的企业处于同一种“超非正常条件”之下，为什么有的企业仍然能够盈利，有的企业亏损得较少，而有的企业则亏损得很多呢？这依然是值得研究的问题。

前面曾经提到，企业或企业领导人应付一般的非正常条件的能力（适应能力）是在实际经济活动中逐渐形成的。那么，一些能够在“超非正常的”生产经营条件下获得盈利的企业，甚至那些亏损较小的企业，很可能是依靠了自身逐渐形成的对“超非正常条件”的适应能力。如果说，企业或企业领导人对一般的非正常条件的适应能力是一种“内功”的话，那么对于“超非正常条件”的适应能力就是一种更加过硬的“内功”。有了这种更加过硬的“内功”，可以说，企业在任何情况下都可以应付自如了。企业的适应能力既然如此之强，那么一旦企业的生产经营条件由“超非正常状态”转入一般的非正常状态，再转入正常状态，企业还有什么可怕的呢?

综上所述，在中国企业发展理论与实践的研究中，至少有以下三个密切联系在一起的重要课题。第一，企业怎样才能养成对于“超非正常条件”的适应能力?第二，怎样才能使中国的企业生产经营条件逐渐由“超非正常状态”转入一般的非正常状态，再转入正常状态?第三，已经具有适应“超非正常条件”的能力的企业，在企业生产经营条件转入一般的非正常状态或正常状态之后，如何根据条件的变化而施展自己的力量，使自己进一步壮大、发展?这三个课题中的第一个课题，如果能在理论分析之外再有丰富的实例，那是很有说服力的。第二个课题显然超出了企业发展理论的范围，因为它与国民经济管理学的研究、经济改革理论的研究、经济发展理论的研究直接有关。第三个课题则带有超前研究的性质。但是，对中国企业发展的这种超前研究很有必要，这是因为，如果“超非正常的条件”使得大多数企业难以生存和发展，那么这种条件肯定不会长久维持，企业的生产经营条件由超非正常状态向一般的非正常状态的转变将是预料中的事情。

（原载《改革》杂志 1991 年第 5 期）

市场调节经济，政府管理市场

市场经济与商品经济并没有什么区别。在1988年出版的一本书中，我曾写道："人们通常认为，市场经济只存在于资本主义条件下，或者只存在于私有制条件下。这种看法是不妥的。难道不通过市场，能有商品生产和交换么？没有市场，商品经济能成为事实么？无论在资本主义社会还是在社会主义社会，无论是在私有制条件下还是在公有制条件下，商品生产和交换都以市场的存在为前提。至于我们究竟称之为商品经济还是称之为市场经济，那是另一回事。……商品经济与市场经济二者在含义上是没有区别的。"①

自由放任的市场经济只是理论上的假设。在实际生活中，市场经济总是兼用市场调节与政府调节两种调节手段的经济。市场经济的实质在于市场经济规律发挥资源配置的作用。在市场经济体制下，着重的是竞争，而不是指令；着重的是选择，而不是配额。而在传统的计划经济体制下，与此恰恰相反：指令排斥了竞争，配额取代了选择。

在市场经济体制之下，区分第一次调节和第二次调节是十分重要的。市场调节被称为第一次调节或基础性调节。第一次调节可以表述为市场对经济的调节，即市场调节经济。第一次调节时时刻刻存在，处处

---

① 厉以宁：《国民经济管理学》，河北人民出版社1988年版，第47—48页。

存在。而政府调节则被称为第二次调节或高层次调节。第二次调节可以表述为政府制定竞赛规则，对市场进行管理，对经济进行再调节。凡是市场能够做到的，政府就不必代劳。政府只做市场做不到的事情。这就突出第一次调节和第二次调节的要点了。市场经济体制是社会主义条件下有待于实现的经济体制。这种有待于实现的经济体制就是“市场调节经济，政府管理市场”的体制。“市场调节经济”和“政府管理市场”二者是统一的。按照我的看法，“市场调节经济”就是发挥第一次调节的作用，“政府管理市场”就是政府发挥第二次调节的作用，也就是政府对调节经济的市场的管理与再调节。

为什么说市场经济体制仍是社会主义社会中“有待于实现的经济体制”呢？“有待于实现”这几个字应当怎样理解呢？

首先，“有待于实现”是一个实证经济学的用语。这说明迄今为止，在我国的经济中还不存在这样的经济体制。这是符合我国经济实际情况的。我们可以把社会主义经济体制区分为传统的计划经济体制、双轨的经济体制和市场经济体制。在传统的计划经济体制之下，即使商品生产和商品交换仍然存在，但范围非常有限，仅限于消费品生产和交换领域以及所谓两种公有制（全民的和集体的所有制）之间的生产资料的互通有无，这时根本不存在市场对经济的调节，而政府的指令性计划和配额制则把经济管得死死的，毫无生机。在双轨的经济体制之下，商品生产和商品交换的范围扩大了，市场对经济的调节作用加强了，政府对市场的调节无论从范围上、意义上，还是功能上都开始发生了变化，但由于这时是从传统经济体制到新经济体制的过渡阶段，传统经济体制只是逐步退出经济活动的舞台但并未消失，指令性计划和配额制继续保留，市场机制只是刚刚进入经济活动的舞台但未能充分发挥作用，所以，经济中既不存在让市场承担第一次调节者的任务的客观经济环境，又不存在让政府承担第二次调节者的任务的条件。“市场调节经济”和“政府管理市场”依然是有待于实现的经济体制。可见，只有在双轨经济体制被市场经济体制取代以后，“市场调节经济，政府调节市场”的经济环境才能形成，新的经济体制才能成为支配社会主义经济活动的经济体制。

其次，“有待于实规”也是一个规范经济学的用语。这就是说，姑且不论“市场调节经济”“政府管理市场”迄今为止是否实现了，也不论要实现这样的经济体制需要有什么样的条件，如何才能创造出这些条件，仅从规范的角度来看，“有待于实现”几个字反映了“市场调节经济”“政府管理市场”是一种值得争取实现和应当使之成为事实的目标体制。“有待于实现”说明了我们的努力方向。理由是很清楚的，“市场调节经济”“政府管理市场”既能充分发挥参加经济活动的一切微观经济单位的主动性、积极性，又能使政府起着第二次调节者的作用，使资源配置循着合理化的方向进行。

“有待于实现”的经济体制是社会主义市场经济体制，实际上也就是“小政府，大市场”的新体制。这里所说的“小政府”，是指有一个精干的、高效率的政府。由于政府只做自己应当做的事情，而把一切可以让市场去做的事情交给市场去做，这样，政府也就用不着去管理企业，用不着干预企业的生产经营，也用不着具体安排一般产品（包括生产资料和消费品）的供给与需求。过去，无论是在传统计划经济体制之下，还是在双轨经济体制之下，由于政府把本来可以由市场去做的事情揽到自己的身上，政府机构必然是庞大的，政府的效率也难以提高。在新经济体制下，“小政府”不仅是指一个精干的政府，而且指一个高效率的政府。在“市场调节经济”“政府管理市场”的新体制中，政府机构不会很多，但政府工作却完全可以有条不紊地进行。

这里所说的“大市场”，是指一个完整的市场体系，包括商品市场、资金市场、劳务市场、技术市场、信息市场、产权交易市场、房地产市场等在内的市场体系。在转向市场经济体制后，尽管资源供给缺口或需求缺口不可能立即消失而只会逐渐缩小，市场也不会立即完善，而只是不完善的程度逐渐降低，但由于经济中形成了一个完整的市场体系，所以有关商品的供求、资金的供求、劳动力的供求等，都可以分别由一定的市场来调节。“大市场”的含义不在于市场已经完善到可以使经济处于完全竞争的状态的程度，而在于一切可以由市场来进行调节的供求关系已经由市场来承担，政府只是作为第二次调节者起作用。

“小政府”与“大市场”是统一的。没有“大市场”，就不可能有“小政府”；反之，没有“小政府”，也就不可能有“大市场”。假定要维持一个“大政府”，即政府把许许多多本来可以不由政府去做的事硬揽到自己身上，市场必定是萎缩的、受到严格限制的。

总之，市场经济就是市场经济，它本身没有姓“社”还是姓“资”的问题。资本主义与市场经济不是同义语，社会主义与市场经济也不是同义语。社会主义市场经济指的是社会主义社会中的市场经济或社会主义条件下的市场经济，资本主义市场经济指的是资本主义社会中的市场经济或资本主义条件下的市场经济。只要是市场经济，那就都是按市场经济规律配置资源，以竞争和选择作为特征的经济，这在资本主义社会中与在社会主义社会中都一样。如果要有区别，区别在于：一是在社会主义社会中或社会主义条件下按市场经济规律配置资源；另一是在资本主义社会中或资本主义条件下按市场经济规律配置资源。

用“市场调节经济，政府管理市场”来扼要地表述市场经济体制，或用“小政府，大市场”来扼要地表述市场经济体制，都可以看出社会主义市场经济与资本主义市场经济的区别究竟何在。

“市场调节经济”就是市场发挥第一次调节的作用。这里所说的市场调节的“经济”，在社会主义条件下，是指以公有制为主的经济，而在资本主义条件下，则是指资本主义私有制经济。“政府管理市场”就是政府发挥第二次调节的作用。这里所说的对市场进行管理的“政府”，在社会主义社会中，是无产阶级政党领导的政府；而在资本主义条件下，则是指资产阶级政党领导的政府。

“小政府”就是精干的、高效率的政府。同样，在社会主义社会中，这是指无产阶级政党领导的政府；而在资本主义社会中，则是指资产阶级政党领导的政府。“大市场”就是完整的市场体系。在社会主义条件下，市场体系建立在公有制为主的基础之上；而在资本主义条件下，市场体系则建立在资本主义私有制基础之上。

了解了这一切，就可以进一步懂得，社会主义经济由传统的计划经济体制过渡到新的市场经济体制，是社会主义经济体制本身的发展与完善，根本不涉及是否转轨到资本主义道路上去的问题。

（原载《经济研究》1992 年第 11 期）

非均衡条件下经济增长与波动的若干理论问题

一、经济的非均衡对于经济增长与波动的制约

经济非均衡理论从20世纪60年代后期起有较大的发展。克劳威尔（Robert Wayne Clower）于1965年发表的《凯恩斯派反革命：理论上的再评价》（载于哈恩与布雷克林编《利率理论》，1965年伦敦版）和1967年发表的《货币理论的微观基础的再考虑》（载于《西方经济学杂志》1967年6月）两篇重要论文中，就非均衡理论提出了一个与经济增长、经济波动有关的值得注意的论点，这就是：经济的不稳定并非来源于某一市场本身，而来源于包括各个市场之间的不协调，至于各个市场之间的不协调的存在，则又应当从各个市场的不完善性和信息传递机制的不健全方面来寻找原因。如果把这种非均衡分析方法运用于经济增长与波动分析的领域内，那么显而易见，不仅以储蓄全部转化为投资和已形成的生产能力得到充分利用为前提的均衡增长公式将失去作用，而且以有效需求受到收入及其变动的限制作为经济体系内不稳定的主要因素的经济波动假设也将被看成是具有很大局限性的。

紧接着，莱荣霍夫德（Axel Leijonhufvud）出版了《论凯恩斯派经济学和凯恩斯的经济学》（牛津大学出版社1968年版）一书和其他一些

作品。他同克劳威尔一样，也以非均衡的分析方法来重新解释凯恩斯经济理论，并就经济稳定与不稳定的原因作了如下的分析。他认为，经济生活中，以劳动的供给为一端，以商品的销售为另一端，这两端之间有若干中间环节，如雇主雇佣工人、雇工生产商品、雇主付给雇工工资、雇工用工资购买商品、雇主使商品销出，等等。但由于价格刚性的存在、市场的不完善、信息的不通畅、传导机制的缺陷等原因，上述各个中间环节中只要有一处未能衔接，这个经济的链条就会中断，经济的不稳定也就难以避免。这正是经济非均衡的一种表现。如果把这种非均衡分析方法运用于经济增长与波动的分析领域内，那就同样可以证实经济增长不可能按均衡增长论者所设想的那种均衡增长途径进行，经济波动也不是遵照国民收入均衡公式所要求的调节总需求与总供给之间的平衡关系的做法就能克服的。

70 年代以来，贝纳西（Jean Pascal Benassy）和科尔内（Janos Kornai）分别从不同的角度对非均衡理论作了深入的探讨。贝纳西的《市场非均衡经济学》（1982 年纽约版）、《宏观经济学与非均衡理论》（1984 年巴黎版）、《宏观经济学：非瓦尔拉分析方法导论》（1986 年纽约版）等书，以及科尔内的《反均衡》（1971 年阿姆斯特丹版）、《短缺经济学》（1980 年阿姆斯特丹版）、《增长、短缺与效率》（1982 年牛津版）等书，都在非均衡分析方面有不少突破。他们关于宏观经济运行的研究对于经济增长与波动的研究有着重要的意义。

贝纳西在非均衡理论分析中的主要贡献是在对于非均衡条件下的限制因素的分析方面以及数量配额的效应分析方面。按照贝纳西的观点，在价格不灵活时，交易者既要根据市场的价格信号来调整需求量和供给量，又要根据市场的数量信号来调整需求量和供给量，于是交易者受到双重限制，即价格限制和数量限制。数量限制的具体形式就是不同形式的数量配额，也就是：在供给小于需求时，如何把有限的供给分配给需求者们，而在供给大于需求时，如何把有限的需求分配给供给者们。通过数量配额而实现的均衡，称为配额均衡。它是一种非均衡，又是一种特定意义下的、暂时的、事后的均衡。这种均衡的位置是由供给或需求中的短线（短边）决定的。贝纳西认为，在考察非均衡经济时，不仅应当摒弃均衡假设中关于价格灵活性的前提，而且必须引入价格刚性与价格伸缩的不对称性。价格刚性与价格伸缩的不对称性固然有某种联系，但在实际经济生活中的效应则是有区别的。价格伸缩的不对称性使非均衡条件下的资源配置更为复杂，政策的作用也更加受到限制。如果再引入预期概念，即交易者对非均衡条件下的不规则的经济行为的个人预期，那么非均衡的经济更不易趋于稳定。

科尔内的非均衡理论分析另有特色。他着重考察的是抑制性通货膨胀条件下的经济非均衡，也就是以短缺作为特征的经济非均衡。这时，有限的商品供给通过数量配额而给予需求各方。在这种情况下，如果增加财政支出，那么商品市场上的需求会进一步扩大，有限的商品供给的分配会更加紧张、更加困难，抑制性的通货膨胀也会更加严重。反之，如果试图用紧缩财政支出的手段来减少商品市场上的需求，那么在需求减少的同时，供给量也将减少，其结果仍然没有解决供给缺口问题。科尔内在研究非均衡经济时，把企业的预算硬约束与软约束作为讨论的重点之一。他的这些观点是很有价值的，因为企业的预算软约束的存在将使经济长期处于非均衡状态，也就是使经济中的短缺现象难以消除。

从国外经济学界对于非均衡经济的研究可以清楚地了解到，无论是经济增长还是经济波动，都必然受到经济的非均衡的制约。

在以哈罗德—多马模型、新古典模型甚至新剑桥模型作为代表的流行于五六十年代的经济增长论中，经济均衡论的影响是很深的。这种影响不仅反映于哈罗德—多马模型和新古典模型内，而且也反映于新剑桥模型内。新剑桥模型与哈罗德—多马模型、新古典模型的一个重大的区别，是在模型中引入了两类不同的收入以及收入分配对经济增长的制约作用。这当然应当被承认为新剑桥模型的贡献。然而，即使是新剑桥模型，也没有摆脱市场完善、价格灵活、信息传递通畅等公开的或暗含的假设；新剑桥模型所反映的经济增长过程中遇到的困难，主要来自收入分配方面的矛盾，而不是主要来自市场机制的不完善以及各个不同市场之间的不协调。这样，新剑桥模型依然解释不了经济增长过程中供求缺口的持续存在对于经济增长的制约作用。

需要说明的是，新剑桥经济增长理论的主要代表人物如琼·罗宾逊等人，从经济理论上说，是反对经济均衡假设的。他们从凯恩斯的著作中找到了经济非均衡的论点，并由此提出了一系列不同意后凯恩斯主流经济学派的论点。但为什么在经济增长分析中却未能摆脱经济均衡论的影响呢？原因在于他们的微观经济理论是不足的、有弱点的，他们忽略了对市场交易行为的分析、企业运行机制的分析、信息传递机制的分析，这就决定了他们的经济增长模型的内在缺陷。

在经济波动的研究中，流行于五六十年代的经济波动论以 IS-LM 分析（投资·储蓄—流动偏好·货币供给分析）、乘数—加速原理分析为代表的学说，是以经济均衡假设和经济的均衡增长假设为前提的。根据这些分析，如果说经济中产生波动的话，那么这只是由于经济运行中出现的投资偏多或储蓄偏多，货币供给过多或货币供给过少，以及技术设备更新的自身规律所致，而与市场机制的缺陷、价格的不灵活、信息传递的不通畅等没有直接的关系。再说，IS-LM 分析还忽略了宏观经济的微观经济基础的分析，乘数—加速原理分析则偏重于经济中的技术性因素的考察，它们同样不考虑宏观经济的微观经济基础。这也就决定了这些流行于五六十年代的经济波动论的严重不足。

60 年代后期起关于经济的非均衡理论分析的进展，对于经济增长与经济波动的研究有重要的启示。经济的非均衡性质对于经济增长与经济波动的制约作用，经过非均衡理论的研究者的探讨，已经日益被学术界与经济界所承认。这些探讨并不是一概否定哈罗德—多马模型、新古典模型、新剑桥模型在经济增长理论研究领域内的意义及其在某些方面的可借鉴性，也并不是一概否定 IS-LM 分析、乘数—加速原理在经济波动理论研究领域内的意义及其在某些方面的可借鉴性。这些探讨的重要性在于：它们从另一个角度来分析经济增长与经济波动，从而使经济增长与经济波动的分析具有一个新的、与现实状况联系更紧的立足点，它们所得出的某些结论，比流行于五六十年代的有关理论分析更为符合实际。

经济非均衡分析在经济增长与波动方面所得出的主要结论可以归纳为以下四点：

1. 如果市场不完善、价格不灵活、信息传递不通畅，那么投资与储蓄之间的转化将受到阻碍，供给与需求之间的不平衡一旦出现，就不易消失。市场只可能使供给缺口或需求缺口有所缩小，但这些缺口仍将继续存在。于是将出现非零失业率条件下的均衡或非零通货膨胀率条件下的均衡，这就制约了经济增长或导致经济的较大波动。

2. 经济的非均衡使得不同市场（商品市场、资金市场、劳动力市场等）之间的协调更为困难。一旦一个市场出现了供给缺口或需求缺口，不仅这个市场上的缺口难以消除，而且必将引起其他市场上的缺口的产生与扩大。这种情况成为经济增长的制约因素或成为经济较大波动的重要原因之一。

3. 经济的非均衡以价格刚性的存在作为特征。价格刚性对于经济增长与经济波动的主要影响表现于交易者根据经济生活中的假象来制定供给与需求的决策，但价格刚性并不一定意味着价格永远不变，而很可能意味着价格的突然的、较大幅度的变动，而且是不对称的变动。这对于经济增长固然不利，更重要的是，这可能引发较大的经济波动或使波动加剧。

4. 经济的非均衡以及非零失业率与非零通货膨胀率条件下均衡的存在，必将改变市场交易双方的预期。预期的不稳定或预期的紊乱，将导致经济行为的不规则，导致经济行为的短期化。这不仅是加剧经济波动的一个重要原因，而且也是阻碍经济稳定增长与持续增长的有力因素。

二、两类非均衡的区分与经济增长、经济波动的分析

按照非均衡理论的分析，并且结合我国的实际经济情况进行考察，我们可以对当前经济体制改革的思路以及经济增长的途径有较深入的认识。

要知道，既然经济的非均衡状态来自市场的不完善、价格的不灵活、信息传递的不通畅等，那么按照这样的逻辑，从理论上必定得出下列两个论断中的一个：

甲：由于经济的非均衡来自市场的不完善、价格的不灵活、信息传递的不通畅，因此，要使非均衡条件下的经济避免较大的波动，使经济有比较稳定的增长率，在经济体制改革中首先要实现的是放开对价格的限制和完善市场，使经济生活中的交易各方都处于平等竞争的位置上。经济增长将在市场完善和价格放开的环境中实现。

乙：由于经济的非均衡来自市场的不完善、价格的不灵活、信息传递的不通畅，这些都反映了市场机制的局限性，因此，在经济体制改革中的首要任务应当是加强宏观经济管理，以政府的数量配额与价格调节来弥补市场机制之不足，纠正市场不完善所造成的经济中的偏差。在经济增长方面，为了维持较稳定的经济，政府的数量配额（包括资金配额、劳动力配额、生产资料配额等）将起着主要的作用。这就是说，非均衡条件下的经济增长应当是以政府的数量配额为主的经济增长。

以上所指出的甲、乙两种论断，都来自对经济的非均衡分析。甲是经济改革中的“价格改革主线论”的简要表述，乙是经济改革中的“宏观调控主线论”的简要表述。就经济增长与经济波动的分析而言，按照甲的说法，非均衡条件下的经济波动主要归因于市场不完善和价格不灵活，避免经济波动的主要改革措施或维持经济较稳定增长的主要改革措施就必然是放开价格和完善市场。按照乙的说法，非均衡条件下的经济波动主要归因于市场不完善或市场机制本身的局限性，避免经济波动的主要改革措施或维持经济较稳定增长的主要改革措施就必然是加强

宏观经济管理，把政府的数量配额和价格调节放在主要地位。

然而，对我国的实际经济情况进行研究后却发现，无论是在经济体制改革中按照“价格改革主线论”的主张去做，还是按照“宏观调控主线论”的主张去做，都不可能顺利地推进我国的经济体制改革，也不可能避免我国经济的较大波动或维持我国经济的较稳定的增长。换言之，“价格改革主线论”或“宏观调控主线论”都是不符合我国经济的实际状况的。

这样就产生了一个新的问题。要知道，经济改革中的“价格改革主线论”与“宏观调控主线论”都来自对经济的非均衡分析，既然这两种论点都不妥当，那么将会引起人们的进一步思考：究竟是非均衡理论错了呢，还是一般的非均衡理论分析不够完善，从而解释不了像我国经济体制改革、经济增长与波动这样复杂的问题呢?

非均衡理论相对于均衡理论而言，确实是经济理论的一种进展。经济均衡的假设依存于市场完善、价格灵活、信息畅通等前提。如果不具备这样一些前提，那么经济均衡的假设就不能成立，而现实经济必定是非均衡的经济，从而只能运用非均衡分析方法来进行分析。可见，我们不能由于“价格改革主线论”与“宏观调控主线论”不适合我国当前的经济现实而认为非均衡分析是错误的。问题不在于非均衡分析本身。

那么，问题究竟何在?问题在于一般的非均衡理论分析不够完善，以至于解释不了像我国经济体制改革、经济增长与波动这样复杂的问题。

需要指出的是：一般的非均衡理论分析并未把微观经济单位（企业）是否具有充分活力考虑在内，而是暗含了这样一个假定，即企业作为微观经济单位已经具有充分活力，因此，经济非均衡现象主要来自市场的不完善、价格的不灵活、信息传递的不通畅等。正因为如此，由此推出的结论或者是以价格改革为经济改革的主线，或者是以加强宏观经济管理为经济改革的主线。这就是一般的非均衡理论分析的不完善之处。我在《非均衡的中国经济》一书中，就这一问题提出了如下的看法：经济的非均衡分为两种类型，第一类经济非均衡是指市场不完善条件下的非均衡，第二类经济非均衡是指市场不完善和企业缺乏活力条件下的非均衡。现阶段的中国经济处于第二类非均衡状态，中国的经济体制改革应当相应地分为两个阶段，即应当以深化企业改革为主线，使企业从缺乏活力转为具有充分活力，从不自主经营和不自负盈亏转为自主经营和自负盈亏，以便使中国经济由第二类非均衡状态过渡到第一类非均衡状态，然后，以完善市场和放开价格作为经济体制改革的主线，以便使中国经济由第一类非均衡状态逐渐向均衡状态靠拢。对两类经济非均衡的区分，以及针对第二类经济非均衡的特征进行研究，就是我所著《非均衡的中国经济》一书的基本论点，也是我在非均衡分析中不同于一般的非均衡理论分析的地方。

区分两类不同的经济非均衡，对于研究中国的经济增长与波动是有意义的。经济增长在第二类非均衡条件下所受到的制约，要比在第一类非均衡条件下多得多；导致经济波动的因素在第二类非均衡条件下也要比在第一类非均衡条件下多得多。同样的道理，与在第一类非均衡条件下的情形相比，在第二类非均衡条件下，维持经济的较稳定增长或避免经济出现较大的波动要困难得多。如果我们不了解第二类非均衡状态与第一类非均衡状态的区别，只把市场的不完善、价格的不灵活、信息传递的不通畅看成是对于经济增长的主要制约因素，看成是引起经济产生较大波动的基本原因，从而根据这些判断来选择维持经济稳定增长的对策或制定防止、消除经济较大波动的对策，那么很可能不得要领，以至于选择的对策收不到应有的成效。正如医生在给病人治疗时，如果对病情的诊断有错误，对病因判断错了，那么就会开出不恰当的处方，不但医不好病，反而会延误病情。

假定不区分两类不同的经济非均衡，不了解当前的中国经济正处于第二类非均衡状态，而是把完善市场和放开价格作为维持经济稳定增长与防止经济较大波动的主要对策，或者把加强宏观经济管理作为这样的对策，那就忽略了企业作为投资主体和消费基金发放主体的不自主经营、不自负盈亏对经济增长与波动的最有力的制约作用。在第二类非均衡条件下，企业还没有成为自主经营、自负盈亏的独立商品生产者；企业的投资主体、消费基金发放主体的地位，或者是虚的，或者不受约束，其结果，必然造成以下的问题：

1. 企业想投资，但由于缺乏这方面的自主权，投资意愿未能实现，从而经济增长难以与企业经济效益的增长同步。

2. 企业不具有投资的自我约束机制，也不承担投资风险、生产经营风险，以至于在投资增长过程中，重复建设难以避免，规模效益无法实现，从而经济增长的过程可能同时就是库存品积压数量增长的过程、企业亏损额扩大的过程。

3. 企业的行为是短期化的，消费基金的发放是为了企业眼前利益，企业的经济增长后劲遭到破坏，设备老化、技术陈旧，经济增长将因此受到限制。

4. 企业缺乏内在约束机制，消费基金的发放可以不受本企业经济效益的限制，或者，工资奖金虽然同企业经济效益挂钩，但企业经济效益却是掺了水的、虚假的，这样，工资奖金越是同企业经济效益“挂钩”（也就是不合理的挂钩），企业的实际损失就越大，国家因此遭受的实际损失也越大，这不能不限制经济增长。

5. 企业在投资方面的缺乏自我约束以及在消费基金发放方面的缺乏自我约束，对宏观经济的消极影响是不可低估的。消极影响之一是导致投资膨胀与消费基金增长过快，这时，即使经济增长率可能高一些，但经济增长却是依靠投资膨胀与消费基金增长过快支撑的，这样的经济增长不可能持久，而且很可能为此后的经济巨大震荡种下了根源。消极影响之二是企业的亏损面增加和财政收支的紧张，而财政收支的紧张又成为经济不稳定的重要原因和经济持续增长的巨大障碍。

6. 企业的不自负盈亏，特别是政企不分的事实，使得企业的关、停、并、转十分困难，企业资产存量的流动缺乏途径，生产要素也无法在社会范围内优化组合。其结果，产业结构的调整迟迟不能顺利进行，

“瓶颈”现象也迟迟不能消除。这样就制约了持续的经济增长。

7. 在企业不自主经营、不自负盈亏的条件下，不仅企业资产存量难以流动，从而通过企业资产存量的流动来调整产业结构的意图不易实现，而且通过投资增量来调整产业结构的意图也是很难实现的。投资增量是有限的，有限的投资增量是不容易扭转整个产业结构失调的局面的。但问题不限于此。问题在于：企业资产存量好比一潭死水，投资增量好比活水，今年的投资增量一投入企业后，就转化为来年的企业资产存量，这就等于不断地把活水变为死水，活水再多也无济于事。其结果，“瓶颈”依然存在，经济增长依然受到巨大的限制。

8. 在第二类非均衡条件下，由于作为微观经济单位的企业往往同政府部门没有分开，在政府采取宏观经济调节手段时，企业或者难以通过调整自己的经济活动来适应宏观经济形势的变化，或者因缺乏自我约束机制而无法对宏观经济调节手段作出适当的反应，于是宏观经济调节手段收不到应有的效果。诸如投资缺乏利息弹性、进出口缺乏汇率弹性、产量缺乏价格弹性，等等，就是宏观经济调节手段效果差的反映。这样，一旦发生经济波动，经济内部就缺乏内在调节以趋向稳定的机制，而不得不依靠自上而下的行政干预措施来缓和矛盾。在第二类非均衡条件下，自上而下的行政干预措施往往是严重滞后的，即必须等到下面的问题已经相当尖锐了，上级（甚至是最高决策当局）才会下决心采取调整措施。加之，行政干预措施的不当给经济的稳定所带来的消极性后果，也是不容忽视的。

以上所说的这些，足以说明处于第二类非均衡条件下中国经济增长与经济波动的特殊性质。因此，在对现阶段中国的经济增长与波动问题进行研究时，不仅需要从经济增长与波动本身的有关因素来分析，而且需要以第二类非均衡作为整个分析的前提。

三、对非均衡理论中的“短线决定原则”的理解

在非均衡理论中，一个重要的原则是“短线决定原则”（或称“短边原则”）。这被认为是制约经济增长与经济波动的关键所在。“短线决定原则”之所以成立，是因为在非均衡经济中，由于市场不可能起着充分地协调供求关系的作用，短线的存在是不可避免的，而短线的存在则使得生产要素只可能按低限的要求进行组合。这种情况正如一个由若干块木板条所组装成的木桶一样，如果这些木板条长短不一，那么组装成的木桶究竟能够盛多少水不取决于较长的那些木板条，而唯一地取决于最短的那块木板条。把水注入这样的木桶后，只要水高于最短的那块木板条的长度，水就向外漏出了。这就是“短线决定原则”的含义。

研究非均衡经济中的经济增长与经济波动时，从“短线决定原则”来理解，至少有三个问题值得我们作进一步思考。这三个问题是：

1. 为什么短线会长期存在？若干年以前的短线，经过这些年的经济增长，至今仍然是短线，甚至短线更短了，即木桶的最短的那块木板条又缩短了，这是什么缘故呢？

2. 照理说，生产要素之间存在着一定程度的可替代性或互补性，也就是说，即使存在着短线，但短线不是不可以靠某些长线来替代和补充的。然而事实却表明，在非均衡经济中，长线的生产要素对短线的生产要素的替代和补充是十分有限的，这对经济增长与经济波动有较大的影响。需要研究的是，为什么生产要素之间的替代与互补受到严重限制，从而使“短线决定原则”一直起着制约经济增长与经济波动的关键作用？

3. 为了缓和短线所造成的经济困难，在通常情况下，还可以采取生产要素重新组合的办法，以促进经济增长，减少经济波动。不妨仍以木桶为例。虽然木桶盛水量的多少取决于组装成木桶的最短的那块木板条，但未尝不可以采取下述两个办法之一作为补救措施。一是把长的木板条锯下一段，钉在最短的木板条之上。这就相当于上面提到的各种不同的生产要素之间的互补，即以长线补短线、以长线代短线的做法。二

是把这个木桶拆开，用原有的各块木板条重新组装成一个容器，也许这个新组装成的容器可以盛较多的水。这就相当于这里所提到的生产要素的重新组合。然而事实同样表明，生产要素难以重新组合。也许是由于这个长短边不等的木桶组装得太牢了，难以拆开它，因此也就无法把各块木板条重新组装为一个新的容器。于是就应当思考：为什么原有的木桶组装得这么牢？难道就找不到把它拆开的办法吗？难道生产要素真的那么难以重新组合吗？

这三个问题都与非均衡条件下的经济增长与经济波动的特点有关。在研究中，我们必须结合两类非均衡的区分，结合我国当前正处于第二类非均衡状态这一事实，分别考察这三个问题，以便进一步理解“短线决定原则”。

（一）第二类非均衡经济中的“短线顽症”

这里所说的“短线顽症”，就是指经过多年的经济增长与结构调整而未能消除久已存在的短线，甚至短线更为严重的状况。原因究竟何在？要知道，如果经济处于均衡状态，市场机制的作用将促进生产要素自由流动，资源将在价格信号指引之下重新配置，从而使短线消失。这种情况下，即使在经济增长过程中仍会出现新的短线，但“短线顽症”是不存在的。可见，“短线顽症”的存在同生产要素不能自由流动有关，同资源难以重新配置有关。

假定经济处于第一类非均衡状态，即非均衡的根源在于市场不完善、价格不灵活、信息传递不通畅，那么通过完善市场和放开价格等措施，生产要素的流动性显然将增大，价格信号将对资源的重新配置发挥指引作用，“短线顽症”也就有可能逐渐被克服。某些资源的稀缺也许会给资源的重新配置带来困难，使得短线不容易迅速消失，但稀缺资源在相当大的程度上是可以通过资源的相互替代或国外资源的利用来加以缓和的，所以不至于形成“短线顽症”。

然而，正如前面所指出的，第二类非均衡下的情况远比第一类非均衡下的情况复杂。“短线顽症”是第二类非均衡状态中所特有的病症。生产要素流动的受阻、产业结构调整的困难、资源重新配置设想的难以落实，在第二类非均衡条件下，可以归结为“无信息、无动力、无渠道”所致。

“无信息”是指：由于缺乏活力的企业在不完善的市场上进行活动，价格方面的信息必然是不准确、不及时、不通畅的。由于作为微观经济单位的企业受到行政主管部门的严格控制，政府既无法从市场及时地获得准确的信息，又不能从企业那里及时地获得准确的信息，因此，政府的数量调节也往往同市场实际有所出入。其结果，资源的配置只好在缺乏信息的条件下进行。短线被误认为非短线，长线被误认为非长线，无效供给被误认为有效供给等现象也就屡见不鲜。

“无动力”是指：尽管客观上确凿地存在产业结构失调的状况，企业也得到了有关短线与长线的确切信息，但由于企业不自主经营与不自负盈亏，不承担生产经营的风险，因而也就缺乏调整产品结构的动力，不愿冒结构调整的风险。

“无渠道”是指：即使作为微观经济单位的企业和作为宏观经济管理部门的政府都得到了有关短线与长线的确切信息，并且都有结构调整的意愿，但在政企不分、企业附属于行政主管部门、经济被不合理地分割为“条条所有”“块块所有”等条件下，生产要素的流动（姑且不谈自由流动）是没有渠道的，资源的重新配置（姑且不谈优化配置）也是难以落实的。这一切充分说明了“短线顽症”的不可避免性。

（二）第二类非均衡经济中生产要素替代的困难

前面曾指出，如果经济中存在着短线，那么只要存在着生产要素的可替代性，以长线补短线，那么短线便可以缓和下来。当然，生产要素的可替代并不是绝对的，而是有条件的，即唯有在一定条件下才能实现生产要素的替代。此外，生产要素替代的结果，既有可能使效率不受损失，也有可能使效率下降。假定生产要素的替代使效率下降的幅度小于因缺乏某种生产要素而导致的效率下降幅度，那么替代仍是可行的。

在经济均衡状态中，凡有可能实现生产要素替代的场合，价格因素以及由此决定的成本与收益比较将促使企业选择生产要素替代的有效方式，从而缓和短线问题。假定经济处于第一类非均衡状态，那么尽管生产要素的替代会因价格的不灵活与价格信号的扭曲而遇到困难，但通过市场的完善化与价格的放开，生产要素替代中的障碍是可以克服的。然而，在第二类非均衡条件下，情况便大不相同了。问题不仅在于生产要素市场的不完善，而主要在于一些生产要素的供给与需求同生产要素供给者与需求者依附于行政主管部门的状况联系在一起。比如说，在资金短缺而又可能以人力资源替代资金的场合，由于人力资源是被政府的数量配额所制约的，人力资源是被分割为部门持有、地方持有、单位持有的，于是生产要素替代便被置于难以实现的境地。又如，在某些物质的生产要素可以彼此替代的场合，往往需要追加投资、改造技术设备，才能实现这种替代。但一方面，即使是物质的生产要素，由于它们分别由不同的部门和地方所提供，又被不同的部门和地方所需要，在条条块块分割的条件下，供求之间往往不易协调；另一方面，追加投资又必然涉及投资体制方面的问题，如果传统的投资体制不改革，生产要素的替代仍然难以实现。

（三）第二类非均衡经济中生产要素重组的障碍

前面也已经指出，经济中的短线问题还可以通过生产要素的重新组合来加以缓和。但问题在于：在第二类非均衡经济中，为什么生产要素的重新组合如此困难？以木桶为例，为什么长短边不等的那个旧木桶如此牢固而不易拆开和重新组装？这正是在研究现阶段中国经济增长与经济波动时不能忽略的。

要实现生产要素的重新组合，至少需要三个条件：一是生产要素的产权十分明确；二是生产要素可以流动；三是生产要素的重新组合者是胜任此项工作的。第二类非均衡经济中生产要素重新组合之所以困难，首先是由于上述第一个条件和第二个条件尚未具备。具体地说，第二类非均衡经济的特征是公有制的产权不够明确，政企不分，从而企业不能自主经营和自负盈亏，缺乏内在约束与外在约束，其结果，生产要素不易流动，生产要素重新组合后的收益归属不确定，生产要素重新组合过程中的风险承担责任不明确，这就是由于上述第一个条件和第二个条件不具备而导致的生产要素重新组合的困难。

再从上述第三个条件来看。生产要素重新组合的实现有赖于能够胜任生产要素重新组合工作并能因此获取潜在利益的生产要素重新组合者的存在。在第二类非均衡经济中，谁充任生产要素重新组合者？由于政企没有分开，企业尚未成为自主经营、自负盈亏的商品生产者，企业难以胜任生产要素重新组合者的工作。如果不由企业来重新组合生产要素，而由政府来重新组合生产要素，结果又将如何？当然，不是说不能由政府充当生产要素的重新组合者，而是说，在上述第一个条件和第二个条件未具备时，即使由政府来重新组合生产要素，也未必能实现这一任务。这是因为，如果这里所说的政府是中央政府，那么中央政府虽然有很大权威性，也有相应的重新组合生产要素的手段，但中央政府毕竟是中央政府，它起着宏观经济管理者的作用，不可能从事直接的生产要素重新组合工作。实际上，这里所说的政府主要是指各级地方政府。试问，地方政府在遇到体制上的种种障碍而难以重新组合生产要素时，究竟能在多大程度上打破这些障碍？地方政府的权威性是否足以打破这些障碍？再者，由地方政府直接从事生产要素的重新组合工作是否有效率？更重要的是，地方政府能否保证新的生产要素组合方式产生较高的效率？在第二类非均衡经济中，很难认为地方政府就一定能胜任生产要素重新组合工作。因此，这些情况说明了上述第三个条件同样是不具备的。加之，无论是企业充当生产要素的重新组合者还是政府充当生产要素的重新组合者，都需要有富于创新意识和现代生产组织能力的人来从事这项活动。而在中国的现实情况下，这样的创新者、组织者是远远不够的。这也可以从另一个侧面说明生产要素重新组合的困难。

四、经济增长过程中生产与流通之间的关系

在经济生活中，生产与流通之间的关系是值得研究的。一些著作在分析经济增长因素时，往往侧重于生产领域内的考察。这里包括：对投入的资金数量及其在国民收入中比例的考察，对投入与产出之间的比例的考察，对各种生产要素（包括技术、人力等）在经济增长中的贡献大小的考察，对生产要素组合方式及其对企业经济效益与宏观经济效益的作用，等等。至于流通因素对经济增长，特别是对经济持续增长的影响，通常被置于较为次要的地位。造成这种情况的原因主要有三点。第一，只是片面地看到生产对流通的决定作用，而忽视了流通对生产的反作用。第二，以产值作为经济增长率计算的依据，似乎只要产值多了，就等于经济增长了，而不考虑产值中有多少是属于无效供给，而无效供给的增长是不能代表经济的实际增长的。第三，对流通因素的不重视与对市场作用的不理解，使得对流通的作用不认识或只有片面的认识。于是在经济增长与经济波动的分析中，流通因素的分析被置于次要地位就不足为奇了。

然而，在我国经济中，特别是在从传统经济体制向新的经济体制过渡的过程中，流通与消费对于生产与分配的重要性已经越来越明显。这是因为，在走向新的经济体制的道路上，人们在经济生活中的自主性、积极性不断增长。人从事生产，而生产是为了满足人的需要。人的需要日益靠市场上的交易行为得到满足，生产出来的各种商品将越来越多地通过市场来实现。商业起着促进生产、协调分配、保证流通、指导消费的作用。就所有的个人消费品、绝大多数公共消费品，以及相当数

量的生产资料而言，供给的有效性与流通领域内的工作是否顺利展开有密切的关系。流通渠道的不通畅，必定把本来可以成为有效供给的供给变成无效供给，进而阻碍着经济的增长，导致经济的较大波动。

流通对于经济增长的重要意义还可以从生产要素的流动和重新组合方面进行分析。要知道，生产要素分为现实的生产要素和潜在的生产要素两类。流通所促成的生产要素的流动和重新组合，首先是指现实的生产要素的流动和重新组合。但毫无疑问，现实的生产要素的流动和重新组合必将促使潜在的生产要素被动员出来。比如说，对现实的劳动力资源的充分利用，以及现实的劳动力资源得以在较大范围内自由流动和重新组合，必将导致潜在的劳动力资源投入市场，以增加现实的劳动力资源。资金的状况亦是如此。如果现实的资金得以充分利用，并得以自由流动，得以在效率增长的基础上同其他生产要素相结合，那么就会有更多的资金被动员出来。这些就是潜在的生产要素向现实的生产要素的转化，这种转化对经济增长是有利的。在我国现阶段，流通在这方面的作用尤其重要。由于我国存在着大量潜在的生产要素，于是在现实的生产要素不足（包括绝对意义上的不足和相对意义上的不足）的条件下，通过流通领域内的改革与努力开展工作，把潜在的生产要素转化为现实的生产要素，可以使经济持续增长。

关于流通问题在我国经济生活中的重要性，已如上述。但近年来，我们却在经济生活中发现了一种反常的现象，即“债务链”的存在。“债务链”虽然与经济紧缩、企业产成品积压、国家投资资金缺口的出现，以及由此引起的企业之间的相互拖延货款有直接的关系，但如果我们把分析的重点转向经济的非均衡，特别是转向第二类非均衡，那么对流通领域出现的这一问题将会有新的、较深刻的认识。

不能把“债务链”仅仅看成是由于产业结构的不协调或产品结构的不协调所致。当然，产业结构、产品结构的不协调会使得一些企业的产成品滞销、积压，从而无法按期向交易的另一方支付货款。但这绝不是造成“债务链”的基本原因。产业结构或产品结构的不协调已经好多年了，为什么以往不曾导致“债务链”，而只是在近两年才出现“债务链”呢？再说，即使产业结构与产品结构不协调，那么为什么不能采取有效措施予以调整呢？造成产业结构与产品结构不协调的原因，也就是造成“债务链”的深层次原因是什么呢？可见，对这个问题的分析不能仅限于对结构不协调的分析。

假定认为“债务链”主要是由经济紧缩引起的，那么这种看法同样较为肤浅。这是因为，经济的紧缩是一种政策措施，“债务链”有其深刻的经济体制背景，并非因某种政策措施而出现。何况，在出现“债务链”之后，政策就不断由“紧”向“松”转变，例如信贷投放大量增加。然而，为解开“债务链”而注入的贷款并没有起到预期的作用，“债务链”依然存在。这不恰好说明紧的经济政策不是形成“债务链”的主要原因么？

根据对第二类非均衡的特征的分析，应当对“债务链”问题作如下的解释：政企不分是第二类非均衡的基本特征，而商品经济的发展又是同政企不分这种状况直接冲突的，因此，“债务链”的根源在于政企不分与商品经济发展之间的矛盾。具体地说，假定商品经济不发展，这时即使政企没有分开，但不会引起企业与企业之间的债务拖欠，“债务链”也不会出现。假定政企已经分开了，那么即使商品经济发展很快，甚至出现了经济的暂时不景气，“债务链”也不会出现，债权的一方可以根据法律向欠债的一方索债；欠债的一方还不起债，就以资产清偿债务，直到破产还债。现阶段中国经济的特点则是：一方面，商品经济与过去相比已有较大的发展；另一方面，第二类非均衡依然存在。换言之，在现阶段的中国，由于商品经济已经有较迅速的发展，而政企不分则依然成为经济生活中的现象，于是在企业之间的交易日趋频繁的情况下，一旦由于某种原因而出现了甲企业对乙企业的货款拖欠、乙企业对丙企业的货款拖欠，欠债的企业与债权者之间的关系就复杂了。所有欠债的企业的后台都是政府部门，债权者无法要求欠债的企业如期清偿债务，也无法实现以欠债的企业的资产来抵债。这种情况与欠债的一方是自负盈亏的企业是很不一样的。可见，只要“债务链”的各个环节上的企业是政企不分的企业，这些企业的后台都是政府部门，那么企业之间的债务纠纷实际上就是政府部门之间的一种纠纷，这种纠纷是不能靠破产还债的方式来解决的，于是债务越拖越多，“债务链”越拉越长。可见，这种债务无非是政企不分的企业欠政企不分的企业的债。要消除“债务链”，从根本上说，必须深化企业改革，使政企真正分开，使企业成为自主经营、自负盈亏的商品生产者，也就是使经济及早从第二类非均衡状态过渡到第一类非均衡状态。

从经济的非均衡性质可以进一步了解流通领域内的另一个重要问题，即流通的社会化问题。由于经济增长的持续与稳定不仅取决于生产因素，而且也取决于流通因素；由于经济的较大波动不仅来自生产领域内“瓶颈”的制约，而且也来自流通渠道的阻塞，来自供给的无效性，因此，对流通社会化问题的考察应当被视为经济增长与波动研究的一个不可缺少的组成部分。对当前中国经济增长与波动的研究尤其如此。

从现象上看，流通渠道不畅，某些商品的库存量过大而另一些商品的货源不足和供应紧张都值得注意，但不可能仅仅从流通渠道方面解决这些问题。在非均衡条件下，流通社会化的含义与均衡条件下是不相同的。如果经济处于均衡状态，市场完善、价格灵活、信息通畅，企业又是自主经营与自负盈亏的商品生产者，于是流通的社会化必然表现为价格放开条件下的自由流通与生产企业的自产自销。如果经济处于第一类非均衡状态，企业自主经营与自负盈亏，但市场不完善、价格不灵活、信息传递不通畅，这时，自由流通将受到阻碍，生产企业的自产自销在客观上会遇到困难，供给缺口或需求缺口的存在使得市场的价格调节发挥不了应有的作用，从而必须在一定程度上依赖数量调节，包括政府的数量调节或市场自发的数量调节。如果经济处于第二类非均衡状态，情况便更加复杂。这时，除了市场不完善、价格不灵活、信息传递不通畅以外，企业也并非自主经营和自负盈亏的企业，企业活力是远远不足的，生产资料的供求矛盾通常比消费品的供求矛盾更为尖锐，发展生产资料市场也比发展消费品市场更为迫切。按照这种观点，在第二类非均衡条件下，流通社会化应当被理解为：发展各类市场，尤其是生产资料市场，在有关市场上，尤其是在关键性的生产资料市场上采取数量调节与价格调节相结合的调节措施，以减少流通中的阻碍，促进社会范围内生产要素的有效组合。至于数量调节与价格调节各自所占的比重，则依据经济的非均衡程度来确定。这是因为，在没有条件实现最优选择的场合，次优选择将是可行的。在非均衡经济中，按数量调节与价格调节相结合的方式来理解流通的社会化，符合次优选择原则。在这里，一个应当注意的问题是：经济非均衡中数量调节对价格调节的替代并不是不完全竞争对完全竞争的替代，而是一种不完全竞争对另一种不完全竞争的替代。既然非均衡条件下的市场不可能是完全竞争的市场，那么市场的完善化同数量调节之间肯定存在一些矛盾，否认这些矛盾的存在及其对经济增长与经济波动的影响是不现实的。现阶段我们应该做到的和能够做到的，是尽量提高流通领域的管理水平，减少流通渠道中的阻塞，深化商业改革来缩小流通社会化的阻力，以及从多方面着手以减少经济的非均衡程度，从而缓解市场的完善化同数量调节之间的冲突。

以上我们着重探讨了非均衡条件下流通对经济增长与经济波动的制约，对我国近年来出现的“债务链”的深层次原因进行了分析，并对非均衡经济中的流通社会化问题作了解释。通过这些论述，我们对当前我国的经济增长与经济波动问题有了进一步的认识：

第一，即使单独从流通的角度来考察，我国经济所处的第二类非均衡的性质对流通领域的深刻影响也已成为制约经济增长与经济波动的有力因素。而只有把第二类非均衡的性质对生产领域的影响与对流通领域的影响综合起来考察，才能更好地说明我国经济增长与波动的特征。

第二，从流通领域的考察可以得出如下的结论，即如果不从增强企业活力着手进行经济体制改革，而听任政企不分的状况长期存在，那么不仅无法导致经济的持续增长，而且也无法避免经济的较大波动。这充分说明了第二类非均衡条件下经济体制改革的特点。

五、关于正常波动与非正常波动的思考

由于我们所要研究的是非均衡条件下的经济波动，而不是均衡条件下的经济波动，因此，我们不得不涉及正常波动与非正常波动的问题。这是因为，在均衡条件下，一切经济波动都可以被认为是非正常的，正常波动实际上并不存在。然而，在非均衡条件下，情况与此显然不同。非均衡条件下，或者存在着经常性的供给缺口，或者存在着经常性的需求缺口，市场的作用只表现为使缺口有所缩小，而不能使缺口消失。也就是说，非均衡实质上是一种非零失业率与非零通货膨胀的均衡，即非均衡实质上是伴随着一定的失业率或一定的通货膨胀的均衡（伴随着一定的需求缺口或一定的供给缺口的均衡）。

我们可以把经济中的任何缺口都用短缺二字来表示。如果经济中出现的是物价上涨，那么这表明有过多的货币在追求较少的商品，从而可以用商品短缺来表示。如果经济中出现的是失业，那么这表明有过多的劳动者在追求较少的工作岗位，从而可以用工作岗位短缺表示。同样的道理，资金不足意味着资金的短缺，而资金过剩则意味着投资场所的短缺；资源供给中“瓶颈”的存在意味着相应的资源的短缺，而经济中的资源闲置则意味着相应的资源使用单位（资源用户）的短缺，等等。既然任何缺口都可以用短缺来表示，那么在非均衡条件下，必然存在着两种短缺，一是正常短缺，一是非正常短缺。

如上所述，在非均衡条件下，正常短缺是不足为奇的，也是难以避免的。当然，这并不是说无法以任何手段来消除某一种短缺，而是说，假定要消除非均衡经济中的正常短缺，那么很可能要为此作出较大的牺牲，即必须以另一种效率损失更大的短缺作为代价，才能使某一种正常短缺消失。比如说，假定经济中的正常工作岗位短缺表现为失业率2%，这一失业率（2%）就是正常的工作岗位短缺度。如果硬要采取措施来消除这2%的失业率，即让失业者全部就业，那并不是说无法做到这一点，但要这样做，就可能造成一些工作场所的人浮于事，从而造成效率

的较大损失。换言之，在上述情况下，正常短缺度之内的公开失业率的消失，是以隐蔽失业率的增长、效率的较大损失作为代价的。我们也可以用类似的方式来分析非均衡条件下属于正常短缺度之内的公开通货膨胀率的消失如何以隐蔽通货膨胀率的增长、效率的较大损失作为代价。

根据以上的分析，非均衡条件下宏观经济运行的“警戒线”不可能是一条以零短缺度（零失业率、零通货膨胀率等）为界的“警戒线”。这里所说的“警戒线”是指政府调节所依据的线。如果经济运行在“警戒线”以下，政府不需要调节；只有经济运行在“警戒线”以上时，政府才需要按照具体的情况采取适当的调节措施，对经济的运行进行协调。非均衡条件下的“警戒线”的位置与正常短缺度的大小直接有关。假定在经济中有一条零短缺度（零失业率、零通货膨胀率等）的线，这条线并不是非均衡条件下的警戒线。“警戒线”在这条零短缺度的线之上，二者之间有一段距离，这就是正常短缺度。“警戒线”之上，则是非正常短缺度。可以用下面的简图来表示（见图 1）。

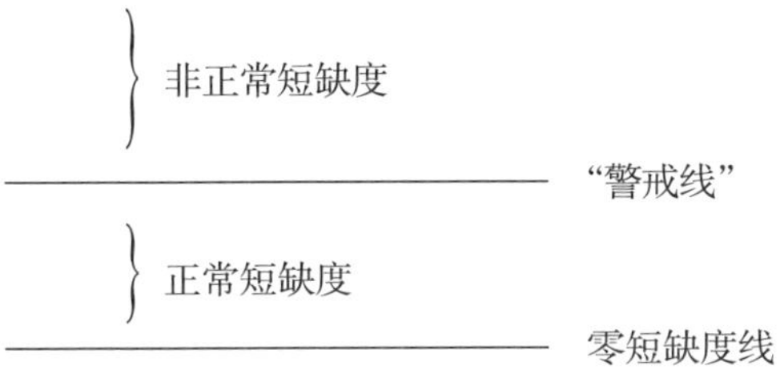

图 1

在厉以宁等著《走向繁荣的战略选择》一书第八章“计划与市场在资源配置中的结合”中，对“警戒线”概念作了如下表述：有两条“警戒线”，即“第一警戒线”与“第二警戒线”；“第一警戒线”是用以表明市场调节与计划调节之间的界限的，“第二警戒线”是在“第一警戒线”之上的又一条“警戒线”。究竟政府的计划调节是以直接调节为主还是以间接调节为主，则需要视超出“第一警戒线”的情况而定。在“第一警戒线”与“第二警戒线”之间，政府的计划调节以间接调节为主，而当“第二警戒线”被突破后，这表明以间接为主的调节方式未能达到预定的调节目标，所以有必要转为以直接调节为主。[①]

图 1 中所标出的“警戒线”，相当于这里所提到的“第一警戒线”。这里，在加上“第二警戒线”之后，将得出下面这个简图（见图 2）。

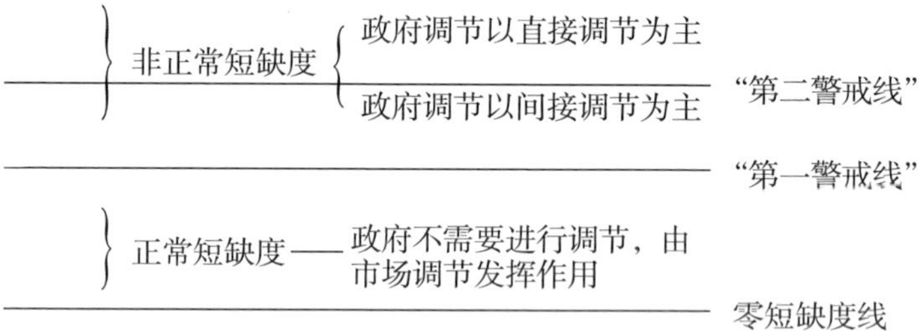

图 2

在《走向繁荣的战略选择》一书中，对此曾说明如下：“这里所说的间接调节为主或直接调节为主时，都不排除少数产品在资源约束程度较强而短缺度较高时，需要采取计划配额；也不排除在进行间接调节和直接调节时，需要参照市场价格和市场供求的变动情况。”[②]

以上“第二警戒线”把非正常短缺度分为两部分。“第二警戒线”与“第一警戒线”之间的非正常短缺度，可以称为“非正常短缺度Ⅰ”。这时，政府的调节以间接调节为主。“第二警戒线”以上的非正常短缺度，可以称为“非正常短缺度Ⅱ”。这时，政府的调节以直接调节为主。如果经济中的非正常短缺度达到了非常严重的地步，以至于政府必须采取更强有力的干预措施，那么，政府可以动用“最后手段”，也就是非常规的干预经济的手段。“最后手段”的存在及备用，表明了政府调节经济的决心和力量，表明了政府绝不会听任经济无休止地恶化下去。[③] 于是可以得出下面的简图（见图 3）。

---

① 厉以宁等：《走向繁荣的战略选择》，经济日报出版社 1991 年版，第 204 页。

② 厉以宁等：《走向繁荣的战略选择》，经济日报出版社 1991 年版，第 204—205 页。

③ 厉以宁：《非均衡的中国经济》，经济日报出版社 1990 年版，第 70—71 页。

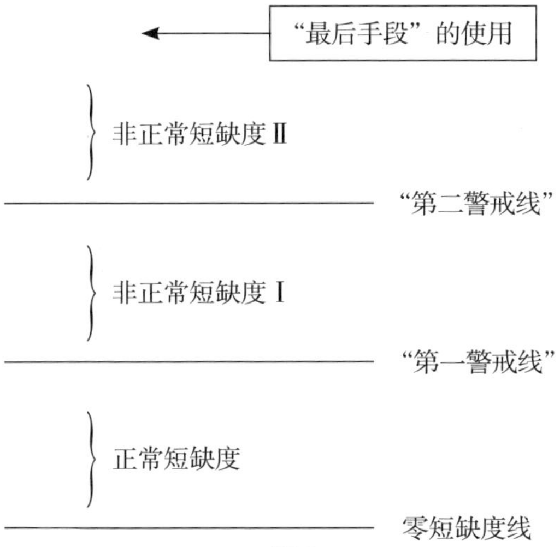

图 3

现在，我们在明确了零短缺度线、正常短缺度、非正常短缺度Ⅰ、非正常短缺度Ⅱ、“第一警戒线”与“第二警戒线”等概念之后，就可以进而理解正常波动与非正常波动了。

什么是非均衡条件下经济的正常波动？我们可以初步做出这样的判断：尽管经济运行离开了零短缺度线，但只要经济运行仍然在正常短缺度的范围内波动，而没有突破“第一警戒线”，那么这样的经济波动可以被视为正常波动。

什么是非均衡条件下经济的非正常波动？我们也可以初步做出这样的判断：经济运行突破了“第二警戒线”，而在非正常短缺度Ⅱ的范围内波动，那么这样的经济波动可以被视为非正常波动。

如图 3 所示，零短缺度线与“第一警戒线”之间是正常短缺度，经济运行在这个范围内，呈现着非均衡条件下经济的正常波动；“第二警戒线”以上是非正常短缺度Ⅱ，经济运行在非正常短缺度Ⅱ的范围内，波动是非均衡条件下经济的非正常波动。那么，当经济运行在“第一警戒线”与“第二警戒线”之间时，这样的经济波动是非均衡条件下的正常波动还是非正常波动？对这个问题需要做进一步的分析，而不能简单地认定是正常波动还是非正常波动。

我们知道，经济波动通常以经济增长率的变动来表示。经济增长率与经济生活中的短缺度并不是同一个概念。经济增长率大小并不能准确地反映短缺度。比如说，经济增长率高，既可能是在正常短缺的范围内实现的，也可能是在非正常短缺的范围内实现的。与此相似，低的经济增长率既可能在非正常短缺的范围内实现，也可能在正常短缺的范围内实现。因此，当我们对个别年份或少数年份进行考察时，我们通常难以发现经济增长率与短缺度之间的紧密联系，而且使用经济增长率的大小作为衡量经济波动的依据还掩盖了短缺度的变动率。如果我们简单地以经济增长率变动的状况作为经济正常波动与非正常波动的判断标志，那么不可避免地会导致两个错误。

第一，这一切似乎与经济的非均衡性质无关。非均衡条件下的正常短缺与非正常短缺之间的区别在经济增长率变动的形式下被掩盖了，于是既说明不了波动的真相，更看不出波动的趋势。

第二，由于经济增长率高有可能在非正常短缺的范围内实现，而经济增长率低却有可能在正常短缺的范围内实现，因此，在依据经济增长率变动来判断经济波动时，特别是在制定消除经济波动的对策时，有可能把人们引入错误的途径，即宁肯以非正常短缺度的增大来维持较高的经济增长率，而不愿以非正常短缺度的缩小来维持较低的经济增长率。

由此可见，在判断非均衡条件下经济的正常波动与非正常波动时，不能简单地以经济增长率的变动情况或经济增长率的大小作为依据，而应当以短缺度的变动情况或短缺的多少作为依据。如果以较长一段时间来分析，对这一点会有更清楚的认识。这是因为，在非均衡条件下，假定经济持续在非正常短缺度的范围内运行，因非正常短缺而造成的困难必定使经济增长率受到影响，经济增长必定会有较大的起落，经济的波动也就必定明显地表现出来。

现在让我们回到前面提出的问题上来，即经济运行在“第一警戒线”与“第二警戒线”之间时，究竟是非均衡条件下的正常波动还是非正常波动？这就需要根据较长时间经济增长过程中短缺度的大小来判断。有两种不同的情形：

一种情形是：前一时期的经济运行于正常短缺度的范围内，经济增长一直是在正常短缺度的基础上实现的。这时，如果经济运行突破了“第一警戒线”，并且在“第一警戒线”与“第二警戒线”之间波动，那么可以认为这是一种非正常的波动。

另一种情形是：前一时期的经济运行于非正常短缺度Ⅱ的范围内，即运行于“第二警戒线”之上，经济增长一直是在非正常短缺度Ⅱ的基础上实现的。这时，如果经济运行落到了“第一警戒线”与“第二警戒线”之间，即在非正常短缺度Ⅰ的范围内波动，那么可以认为这是一种正常的波动，因为相对于前一时期而言，经济波动已逐渐趋向于正常了。

（1993年3月21日在国家自然科学基金项目“中国经济增长理论及数学模型”总结会上的报告）

论乡镇企业的产权改革

一

在当前的中国经济中，乡镇企业的重要性已经越来越被实践所证实，也已经越来越被人们所认识。在建立社会主义市场经济的过程中，改造原有的国有大中型企业和发展乡镇企业都是重新塑造社会主义市场经济微观基础的基本内容。关于国有大中型企业产权改革的意义，学术界讨论得比较充分，也比较具体。相比之下，对乡镇企业产权改革的意义与做法，就不那么充分，或者只提及发展“股份合作制”。其实，乡镇企业产权改革的重要性和这一改革中可能遇到的困难，并不亚于国有大中型企业的产权改革，而且，“股份合作制”一词的含义也不很明确，所以在这个领域内有深入研讨的必要。

首先，我们不能只注意近年来乡镇企业迅速发展的事实，而应该考虑市场环境对乡镇企业存在与发展的作用，考虑乡镇企业如何进一步适应市场的问题。

乡镇企业有不少竞争对手。在国内市场上，其竞争对手主要是国有企业、原来的城市“大集体”企业、中外合资企业、私营企业以及其他乡镇企业。此外，进口的商品也同乡镇企业的商品有竞争关系。乡镇企业建立和扩大生产规模后，必须考虑自己的市场究竟在哪里？怎样才能使自己的产品在市场上占有一席之地，并使自己的产品在市场中所占的份额越来越大。

乡镇企业不能指望地方政府的特殊照顾、额外的优惠。如果乡镇企业把希望寄托于地方政府用行政干预的方式来保证本地的市场，排斥外地的企业进入本地的市场，或垄断本地的原材料供应，限制本地的原材料输往外地，那么，一方面，地方政府的这种保护本地乡镇企业的做法是与市场经济的原则相悖的，这种做法无论按计划经济体制的要求来看，还是按市场经济体制的要求来看，都必定受到抵制，必定行不通。这是因为，从计划经济体制的角度看，地方垄断原材料供应和分割市场的做法不符合计划经济的高度集中原则、计划配额原则，而从市场经济体制的角度看，这种做法违背了市场公平竞争原则，违背了市场统一化的原则。另一方面，地方政府的这种保护本地乡镇企业的做法即使有可能在短时间内给这些乡镇企业带来某种好处，但从长期看，从根本利益上看，这种做法是不利于乡镇企业的发展的，因为这是一种保护落后和扼杀企业生命力的错误做法。乡镇企业应当在市场竞争中成长、壮大，企业的真正生命力在于自己的产品质量，在于自己的经济效益，在于自己的创新能力。

乡镇企业之间的竞争也是相当激烈的。如果说乡镇企业在同计划经济体制下的企业（如国有企业、城市“大集体”企业）竞争时，可以凭借自己的机制灵活而占有一定优势的话，那么在同中外合资企业、私营企业竞争时，这种优势就不存在了。特别是乡镇企业之间相互竞争时，由于彼此都有相同的经营机制，而且也都能得到本地政府部门的优惠政策的照顾，任何一家乡镇企业的优势也就无法显示出来。市场竞争是无情的，竞争的结果，总会有一批乡镇企业垮掉，有一批乡镇企业发展壮大，还会出现一批新的乡镇企业。

由此可以断言，市场是乡镇企业的检验者。各地都兴建了乡镇企业，乡镇企业的数量越来越多。乡镇企业的数量这么多，发展速度这么快，会不会给国民经济带来灾难呢？对这个问题，可以这样看：假定处于计划经济体制之下，企业数量过多，发展速度过快，肯定使得国民经济承受不了；然而，目前的乡镇企业与计划经济体制下的企业是不一样的，乡镇企业必须面向市场，经受市场的检验，如果在竞争中失败，乡镇企业就会垮掉。而计划经济体制下的企业则不然，即使效益差，亏损累累，企业照样可以存在，照样消耗各种资源。因此，市场的检验固然是客观存在的，但计划经济体制下的企业却不在乎市场的这种检验，甚至可以说它们不惧怕市场的检验，它们对于市场的检验是麻木不仁、无动于衷的，而乡镇企业对于市场的检验却十分敏感，经不起市场检验的将被淘汰，这就迫使乡镇企业努力提高经济效益，努力生产市场所需要的产品。换句话说，计划经济体制之下，企业多了而企业效益又不佳，那就必定给国民经济带来灾难，因为企业只能生，不能死，只能存，不能亡。而乡镇企业则既能生，又能死，既能存，又能亡。效益差的乡镇企业将被无情地淘汰，国民经济就不会因乡镇企业数目增加而波动，社会也不会因乡镇企业中一批效益差的企业的倒闭而发生较大的震荡。从这一角度来看，我们不能不得出这样的结论：如果说企业多了，那是指计划经济体制下的无效益企业多了，而适应市场经济要求和经得起市场检验的企业还不够多；如果说企业发展快了，那是指对市场不敏感，从而不面向市场而进行生产的企业的发展过快，而那些面向市场进行生产并受到市场欢迎的企业的发展速度还不够快。乡镇企业就属于后一类企业。

二

这里，需要对重复建设一词做一些分析。重复建设是不是必须取缔呢？一般说来，不应该从事重复建设，不容许重复建设的现象发生。这是因为，在资源供给为既定的条件下，重复建设意味着资源的浪费、资源的不合理利用，从而使本来就紧张的资源供给更加紧张。此外，在市场购买力为既定的条件下，重复建设意味着总有一些产品因缺乏市场而滞销积压，这同样是资源的浪费、资源的不合理利用。资源的双重浪费、双重不合理使用，这就是重复建设的代价或重复建设对经济的危害。

人们有时在谴责重复建设时，把乡镇企业同重复建设挂上钩，似乎乡镇企业的建立和扩大生产规模同重复建设之间结下了不解之缘，而忘却了同重复建设有着最密切关系的不在于企业是属于乡镇企业还是国有企业，而是企业的经营机制是否转换了，投资体制是新的还是旧的。乡镇企业有着自己的灵活机制，既自主经营，又自负盈亏。如果明知是重复建设的项目，资源供应紧张就必定导致生产成本的上升，市场购买力有限就必定导致销售困难，结果必定是得不偿失，那么谁会硬往重复建设的墙壁上撞呢？乡镇企业是不会往这堵墙上撞的，因为它们知道硬撞的后果是自己的倒闭。但那些不承担投资风险的计划经济体制下的企业却有可能不顾重复建设的后果，铺摊子，上项目，即使投资无效益也在所不惜。可见，问题恰恰在于企业作为投资主体是否承担着投资风险。乡镇企业之所以会避免无效益的投资，避免重复建设，原因正在于此。

从宏观经济的角度来看，对重复建设还需要做进一步的探讨。一般所说的重复建设，是指某种类型的产品已经有某家企业进行生产，如果再建设一家企业，生产同种类型的产品，那就是重复建设，就是资源的浪费。但需要研究的是：禁止重复建设是不是会造成保护垄断、保护落后的现象？重复建设是不是一律损害国民经济？同类产品生产者之间是否容许竞争？比如说，某种类型的产品已经由某家企业进行生产，但产品数量不符合社会的需求，市场仍有较大的份额有待于企业去占据。在这种情况下，是只容许该家企业扩大生产规模呢，还是容许建立新的企业，由新建的企业的产品来填补市场的空缺？显然，新建的企业的加入不应当被认为是重复建设。再说，假定原来生产某种类型产品的企业虽然能够提供市场所需要的足够多的产品，但价格比较高，产品质量仍有改进之必要，而新建的企业所生产出来的同类产品，却能以较低的价格供应给需求者或产品质量比较好，那么在这种情况下，难道只容许原来生产该种类型产品的企业垄断该类产品的生产，而不容许新企业的加入？难道宁肯要价格较高、质量较低的产品而拒绝新企业生产价格较低、质量较高的产品？这无疑是不合理的。这种情况下，新建企业的加入也不应当被认为是重复建设。总之，重复建设不应当被当成是保护垄断、保护落后的挡箭牌。

再看一看与重复建设有关的资源浪费问题。首先要指出，假定只容许原有的企业生产出价格较高、质量较低的产品，而不容许新建的企业去生产价格较低、质量较高的产品，这同样是一种资源的浪费、资源的不合理使用。一定数量的资源，既然有可能被某家新企业用于生产价格较低、质量较高的产品，但却以禁止重复建设为借口而不准这家新企业成立，宁肯让原有的某家企业用来生产价格较高、质量较低的产品，这不是资源的不合理使用又是什么？其次，需要说明的是：市场是企业（包括乡镇企业）的检验者，即使生产资料的供应有限，市场购买力为既定，只要经济中遵循的是“适者生存”原则，那么生产价格较高、质量较低的产品的企业将被淘汰，生产价格较低、质量较高的产品的企业将继续生存下来，有限的生产资料供应将属于后者而不属于前者，既定的市场份额将被后者所取得而把前者排除在外。这样，经过一定时间的较量之后，适者生存，不适者被淘汰，资源浪费问题也就自然而然地通过市场竞争而解决了。我们有什么理由认为重复建设一定是坏事呢？只有重复生产价格高和质量低的产品，才是必须取缔的；只有重复建立那些生产价格高和质量低的产品的企业，才是必须禁止的，才是名副其实的重复建设，不能看投资主体是国有资产管理部门还是乡镇企业。

从这里，我们有一个深切的体会：如果不加快产权改革，不能真正按照市场需求自主组织生产经营，不能真正把经济效益放在首位，不能真正建立激励和约束相结合的管理体制，乡镇企业是适应不了市场经济的要求的。我们甚至可以说，对某些现在虽然产权尚未明晰但仍能取得成绩的乡镇企业来说，它们的“好日子”可能不会太长了。市场经济的形势逼得它们非改革不可，非抓紧改革不可。

三

由此我们可以对乡镇企业产权改革的重要意义进行较详细的分析。产权改革涉及的是市场主体的组织规范化和行为规范化的问题。在我国现阶段，产权改革是指如何把那些政企不分、产权不明、不自主经营、不自负盈亏的企业改造成为政企分开、产权明确、自主经营、自负盈亏的企业。产权改革既与改造原有企业有关，也与建立新企业有关，因为根据产权改革的思想，新建的企业从一开始就应当按照政企分开、产权明确、自主经营、自负盈亏的模式来建立。

前面已经指出，市场对企业进行检验，市场竞争中盛行的是“适者生存”原则。要制止真正的重复建设，企业必须按照产权改革的思想改造或新建，以便它们既可以适应市场的变化而调整产品结构，避免生产社会所不需要、不欢迎的产品，而是生产社会需要、欢迎的产品，又可以用自己的价格较低、质量较高的产品去排挤竞争对手所生产的价格较高、质量较低的产品。更重要的是：通过产权改革，一切企业都处在平等的起跑线上，都同政府机构分开，都只是“遵守法律，照章纳税”，既不受政府机构的直接管辖，又不接受政府机构对自身的生产经营活动的直接干预。此外，通过产权改革，一切企业都承担投资风险，自负盈亏，而不再躺在国家身上吃大锅饭，也不受政府的偏爱和特殊照顾。产权改革是建设现代市场经济体制的基础性改革，其必要性与重要性是不言自明的。

至今依然有人怀疑，乡镇企业是不是同国有企业或原来的城市“大集体”企业一样需要进行产权改革？回答是明确的：乡镇企业同样需要产权改革。要知道，乡镇企业的继续存在和进一步发展是以乡镇企业转换经营机制、自主经营和自负盈亏并且已经不再成为政府部门的附属物为前提的。这是因为，假定乡镇企业同国有企业、原来的城市“大集体”企业一样不能实现自主经营和自负盈亏，那又怎么谈得上乡镇企业经得起市场的检验，并能按照市场的“适者生存”原则在市场大海中拼搏、竞争呢？假定乡镇企业同国有企业、原有的城市“大集体”企业一样受到政府部门的严格限制和干预，那又怎么谈得上乡镇企业的建立和存在本身是对计划经济体制的有力冲击并使计划经济体制大堤的缺口越来越大？也就是说，不能笼统地认为乡镇企业在产权制度上不同于国有企业和原来的城市“大集体”企业。事实并不完全如此。这可以从两方面来解释：

一方面，在所有的乡镇企业中，只有一部分乡镇企业实现了经营机制的转换，符合独立商品生产者的条件，还有一部分乡镇企业尚未实现经营机制的转换，不符合独立商品生产者的条件。它们名为乡镇企业，实际上应当被称为“乡有企业”“乡营企业”“镇有企业”“镇营企业”，即最基层的政权机构所拥有与直接经营的企业。对这部分乡镇企业而言，产权改革还没有开始，甚至当地的乡政府、镇政府还不懂得在乡镇企业中进行产权改革的必要性和重要性。正因为如此，绝不能认为乡镇企业已不需要产权改革了。

另一方面，即使对那些已经实现了经营机制转换的乡镇企业来说，它们经营机制的转换只是初步的，它们的产权设置还有待于规范化，它们同乡镇政府之间的关系还需要进一步调整，以符合乡镇企业作为独立商品生产者的要求。

当前，摆在乡镇企业面前的一项迫切任务应是大力推进产权改革，使乡镇企业的产权设置规范化，使乡镇企业的产权结构合理化。如果以为乡镇企业当前的迫切任务只是扩大生产规模和增加投入，那就是忽略了乡镇企业发展的关键所在。扩大乡镇企业的生产规模和增加投入当然也是很重要的，但这更可能是进行了认真的产权改革之后的必然结果，而不是对产权改革的取代。

乡镇企业产权改革的意义远远不止于此。关于乡镇企业产权改革的深远意义，可以从以下四方面来做进一步分析：（1）有利于大大提高农民作为乡镇企业所有者的主体意识，增加农民的生产积极性和建设新农村的决心；（2）有利于大大提高农民的文化技术与管理水平，使农村的社会经济得到迅速发展；（3）有利于推进乡镇基层政权机构的改革，加强乡镇基层政权建设；（4）有利于提高农民的收入，提高农村的生活水平，为农村的共同富裕创造条件。现具体论述如下：

第一，关于农民作为乡镇企业所有者的主体意识的增强问题。

如果乡镇企业不进行认真的产权改革，产权依然处于不清晰、不明确的状态，那么农民虽然成为了乡镇企业的所有者（即使是部分所有者），但他们对乡镇企业资产的关心程度必然受到很大的限制，他们对乡镇企业资产的较差的关心程度又必然挫伤他们的生产积极性和投资积极性。这是未进行产权改革的乡镇企业的严重缺陷。反之，只要认真地进行乡镇企业的产权改革，明确了产权，使每个投资者都在企业的产权中有清晰的、确定的份额，这样，即使农民只是乡镇企业的资产的一部分所有者，他们作为所有者主体、投资主体的意识必将大大增强。农民将关心本企业的资产及其保值增值状况，将把企业经营的好坏视为自己关心的主要问题之一。农民的生产积极性和投资积极性将大大提高。同时，只要乡镇企业通过产权改革后增加了活力，增加了盈利，扩大了生产规模，作为所有者、投资者的农民就可以由此看清农村建设的前景，看清乡镇企业经济力量的成长与壮大对于农村建设的意义，他们建设新农村的决心也会大大加强。经常听到有人说，农民不安心在农村中生活、工作，农村的人力纷纷外流，农村的健壮劳力都走了，等等。不错，在一些农村确实存在这种情况。但我们同样可以看到，在乡镇企业发达的地区，特别是在乡镇企业发展后把自己的一部分盈利用于改善农村文化和生活设施的地区，农民的情绪则是较为稳定的，这些地区不但留住了本地的农民、本地的健壮劳力，而且还吸引外地的健壮劳力前来做工。因此，完全有理由认为，在通过产权改革而大大增强了农民作为所有者的主体意识，大大提高了乡镇企业活力之后，农村的面貌必将发生巨大的变化，农民建设自己家乡的热情也必将大为高涨。

第二，关于农民文化技术与管理水平的提高问题。

要提高农民的文化技术与管理水平，可以通过很多途径，但不能忽略的是，通过乡镇企业的产权改革，使农民成为名副其实的所有者主体、投资主体，使农民有机会参与乡镇企业的各种会议，也是提高农民文化技术与管理水平的一个重要途径。这是因为，在未明确乡镇企业的产权时，尽管农民是名义上的乡镇企业主人，但这是虚的，而不是实的，他们既没有机会参与乡镇企业的各种会议，也没有机会表达自己对乡镇企业发展业务的意见，这样，也就谈不上农民通过乡镇企业的活动而提高自身的文化技术与管理水平。这种情况下的农民与乡镇企业之间的关系，或者是农民入厂做工，农民单纯充当劳动力，或者是农民单纯出钱，但乡镇企业却没有把农民当成是真正的主人。乡镇企业产权改革以后，情况将发生重大变化。这时，农民作为所有者、投资者的地位明确了，农民投资所形成的产权份额也清晰了，相应地，农民作为所有者、投资者将直接参与或选出代表参与乡镇企业的有关决策和参加有关会议，他们将逐渐懂得企业的经营和财务状况，进而对企业的兴衰和资产的增减原因有所了解。如果农民是企业的职工，他们在这里就不单纯充当劳动力，而且也直接或间接地参与生产经营决策。如果农民不是仅有一家乡镇企业作为投资对象，而是有可供选择的投资机会，他们就会对各个投资机会进行比较，并通过比较增进自己的技术与经济知识。人们常说市场经济是一所大学校，从这里可以学习到许多书本上学不到的东西。但作为乡镇企业中的劳动力，农民真正从市场中所学到的并不多。而农民如果作为乡镇企业的所有者、投资者，并且真的能够参与决策，那么农民从市场经济中所学到的就多得多。农民越懂得市场经济，市场经济就越能顺利地发展，而要农民比较深刻地了解市场经济，就应使农民不再局限于以消费者、劳动者、储蓄者的身份参加市场经济，而且也以投资者、经营者的身份参加市场经济。

第三，关于乡镇基层政权的建设问题。

乡镇基层政权的建设所涉及的问题较多，包括乡镇基层政权机构选举的民主化、乡镇基层的党组织自身的建设、乡镇基层政府工作人员素质的提高，等等，也包括乡镇基层政权机构与乡镇企业之间关系的调整。乡镇基层政权机构的改革与乡镇企业的产权改革是密切相关的，关键在于乡镇企业应当成为政企分开、产权明确、自主经营、自负盈亏的独立商品生产者，乡镇企业不再是乡镇基层政权机构的附属物，乡镇基层政权机构不再把乡镇企业当作自己的直辖企业，不再把乡镇企业当作自己的“小金库”。如果不进行认真的产权改革，是做不到这一点的。不可否认，在某些地区，在乡镇企业产权不明确、不清晰的条件下，由于一些盈利的（甚至也有一些不盈利的）乡镇企业被当地的乡镇基层政权机构牢牢掌握在自己的手中，视为乡镇基层政权机构的“小金库”，于是，一方面乡镇企业的活力受到极大限制，农民的生产积极性和投资积极性大受挫折；另一方面，这也成为某些乡镇基层政府工作人员腐败的原因之一，而乡镇基层政府工作人员的腐败又破坏了乡镇基层政权的形象，失去群众对他们的信任，并使得乡镇的政治生活、经济生活不正常，使得当地社会难以安定。由此可见，按照乡镇企业产权明确化的原则来调整乡镇基层政权机构与乡镇企业之间的关系，使乡镇企业成为政企分开、产权明确、自主经营、自负盈亏的独立商品生产者，并不单纯是一个至关重要的经济问题，而且是一个关系到今后能否巩固乡镇政权和保证乡镇社会安定的政治问题。我们决不能轻视这一问题。迄今为止，已有一些被揭露的乡镇干部胡作非为并造成严重后果的案件，他们的胡作非为往往同他们成为乡镇企业的实际主管人有关，他们把政治权力、经济权力集中于自己身上，从乡镇企业那里随意支取货币，或把各种开销拿到乡镇企业报账，或把持乡镇企业招工用人的大权。所有这些都是与市场经济的要求相背离的。难道不该在乡镇企业产权改革的过程中对这些现象来一番清理、整顿吗？

第四，关于农民收入的提高与农村共同富裕问题。

农民收入增长所带来的结果是生活水平的提高。问题在于农民怎样才能较迅速地增加收入？简单地说，主要有两条途径。一是农业（包括畜牧业、渔业、林业、副业）生产以较快的速度发展，劳动生产率有较大幅度提高，农民可以由此提高收入。二是乡镇企业（包括第一、第

二、第三产业中的乡镇企业）以较快的速度发展，劳动生产率有较大幅度提高，农民作为劳动者和作为投资者都可以由此提高收入。此外，乡镇企业还可以利用自己的一部分利润来支援农业或用于改善农村的文化与生活设施，提高农民的生活水平。即使农民外出做工，其中也有相当一部分是到外地的乡镇企业去工作。可见，乡镇企业的产权改革以及由此引起的乡镇企业活力的增强和乡镇企业的进一步发展，有利于提高农民的收入和改善农村的物质文化生活。那么，农村中的扶贫问题又将如何解决呢？乡镇企业的发展同农村中的扶贫有什么联系呢？在这里，首先需要指出，农村扶贫是一个社会问题，有赖于全社会的共同努力才能解决，包括各级政府对贫困地区和贫困户采取特殊的政策，城市各个企事业单位以不同方式支持贫困地区发展经济、技术、文化、教育、医疗卫生等，也包括农村中的先富裕农户对贫困户的帮助。乡镇企业对贫困地区和贫困户的扶植、帮助同样是扶贫的有效途径之一。比如说，乡镇企业从贫困地区招工；有较好效益的乡镇企业到贫困地区投资开发，既可利用当地的资源，又能增加贫困地区的收入；发达地区的乡镇企业同贫困地区的乡镇企业加强经济联系等。总之，有乡镇企业的积极参与，贫困户和贫困地区收入水平的提高将会大大加快，这也反映了产权改革后乡镇企业的发展对社会所做的贡献。

四

现在让我们来探讨乡镇企业产权改革的目标模式问题。承包制不能成为市场经济体制下的企业目标模式，这在经济学界已成定论，并且被许多有造诣的经济学家所公认，因此用不着再赘述了。那么乡镇企业产权改革的目标模式是什么？这倒是可以进一步研究的课题。

乡镇企业合作制是乡镇企业产权改革的目标模式之一。合作制既表明企业的经济性质，也表明企业的财产组织形式。合作制的优点可以简略地归结为：

1. 以合作制的形式组建或改造乡镇企业，能达到政企分开、产权明确、自主经营、自负盈亏的目的。

2. 以合作制的形式组建或改造乡镇企业，能把企业的投资者与企业的劳动者合为一体，从而调动农民作为企业投资者与企业劳动者的积极性。

3. 以合作制的形式组建或改造乡镇企业，能在企业内部形成一种比较协调的环境，从而有利于增强企业内部的凝聚力，促进生产力的发展。

4. 以合作制的形式组建或改造乡镇企业，能以规范的合作制企业章程来健全企业的管理制度，并对企业领导层进行约束，对企业职工和投资者的合法权益进行保护，从而有利于企业的顺利发展。

乡镇企业合作制的上述优点是明显的。因此在乡镇企业产权改革时，不应该忽视合作制这种企业财产组织形式。那种所谓合作制企业已经过时的说法，不符合实际。要知道，按照规范的原则组建或改造而成的乡镇企业不同于计划经济体制下曾经存在或至今仍然存在的集体所有制企业。那种集体所有制企业名为集体所有，实际上依旧是产权不明确、不清晰的企业，究竟是谁投资的，任何人也说不清楚。即使有些集体所有制企业当初由个人集资（或一部分由个人集资）而产生，但出了资的个人不仅没有被看成是企业的实际的主人，甚至他们本人也不认为自己是企业的实际的主人。然而，以合作制形式组建或改造的乡镇企业则使得乡镇企业的面貌一新，截然不同于以往那种集体所有制企业。合作制也可以称作集体所有制，但这是一种与社会主义市场经济体制相适应的新的集体所有制。

但乡镇企业合作制只是乡镇企业产权改革的目标模式之一，而不是乡镇企业产权改革的唯一模式。与股份制的乡镇企业相比，合作制的乡镇企业的不足主要有以下五点：

第一，在企业规模不大时，乡镇企业合作制的上述优点可以明显地表现出来，而当企业规模较大时，乡镇企业合作制就显得不够了。比如说，企业规模不大，以合作制形式组建或改造乡镇企业，可以把企业的投资者与企业的劳动者合为一体，在企业内部造成一种比较协调的环境，作为合作制特色的“一人一票制”也容易实现。但如果企业规模较大，人数较多，就不一定能发挥合作制的长处。“一人一票制”即使推行，也易于流于形式，而难以把企业内部的关系协调得如职工人数较少时那样。

第二，从融资集资的角度来看，合作制的乡镇企业是明显地不如股份制的乡镇企业的。股份制的乡镇企业可以从社会广泛地筹集资金，而合作制的乡镇企业则受到从职工内部集资，特别是“一人一票制”的限制，难以筹集更多的资金。乡镇企业合作制的这一局限性在企业规模增大或在有盈利机会存在但由于缺乏资金而难以如愿时更为突出。

第三，从原有的乡镇企业改制为产权明确的乡镇企业时，经常会遇到资产存量折股问题。在股份制条件下，资产存量的折股问题比较容易解决，而在合作制条件下，通常只有把资产存量平均出售给每一个社员才能解决。如果企业规模不大，让全体社员买下资产存量仍是可行的；如果企业规模较大，全体社员买下资产存量这种做法的可行性较小。

第四，在企业发展过程中，有时需要对外参股、控投，有时需要吸收其他企业的参股，有时企业有可能成长为企业集团。这些经济行为完全是正常的。如果按照股份制形式来组建或改造乡镇企业，这些经济行为可以顺利地进行；如果按合作制形式来组建或改造乡镇企业，这些经济行为的实现就会困难得多。

第五，合作制与股份制的另一不同之处在于：当人们参加合作制的乡镇企业后，退出是自愿的，也是自由的；而当人们参加股份制的乡镇企业后，退股是不容许的，股份只能转让给另一人。因此，股份制有利于企业的生产经营规模的稳定，合作制则不利于企业的生产经营规模的稳定。此外，在股份制之下，股份转让时不是按参加时的价格转让，而是按照现行的价格转让，这对于投资者比较有利；而在合作制之下，退出时究竟按什么价格计算是一个难以解决的问题。如果退出时仍按入社时的价格计算，退出者岂不是吃亏？如果退出时按资产重估后的折价计算，那就有可能引发更多的人要求退出，生产又如何继续进行下去？假如合作制的乡镇企业不容许退出，不就与合作制的原则不符了吗？所以合作制乡镇企业在“自愿退出”问题上会遇到操作的困难。同样的道理，在对待新加入者方面，合作制的乡镇企业也会遇到类似的难处。允不允许新加入者进入？如果不允许新加入者进入而只允许原来的加入者退出，那么合作制的乡镇企业岂不是会越来越小，至少是社员人数越来越少？如果允许新加入者进入，那么新加入者按什么价格出资入社？按原来加入者所支付的价格，原加入者肯定吃亏，新加入者肯定占便宜，那又会促使更多的新加入者进入，原加入者与新加入者之间的矛盾必然加剧。新加入者按资产重估后的价格加入，也会遇到操作的困难。在股份制的乡镇企业中，由于不得退股而只能转让股份，问题会简单得多。

五

以上所说的这一切并不等于否认乡镇企业合作制的优点。从转换企业经营机制，实现政企分开、产权明确、自主经营、自负盈亏的角度来考察，乡镇企业合作制与乡镇企业股份制一样，都可以达到原定的目标。问题主要在于：乡镇企业规模不大时，合作制是较为适合的，而在乡镇企业规模扩大后，尤其是在新组建的大中型乡镇企业和原有的大中型乡镇企业改制时，合作制的不足之处将突出地暴露出来，所以它不如股份制。换言之，小型乡镇企业的产权改革适宜以合作制作为目标模式，而大中型乡镇企业的产权改革则以股份制作为目标模式为宜。

在这里，还有一个问题需要提出来进行讨论，这就是乡镇企业的“股份合作制”问题。究竟什么是“股份合作制”？从目前已经采取“股份合作制”的乡镇企业来看，其中多数是一种合伙制的小企业，还有一部分是不规范的股份制企业。真正实行规范的合作制的或规范的股份制的乡镇企业是少数。因此，不仅尚未进行产权改革的乡镇企业需要进行产权改革，而且已经被称为“股份合作制企业”的那些乡镇企业，也需要通过认真的产权改革使之规范化：或者向合作制的模式规范化，或者向股份制的模式规范化，或者按其本来的产权组成状况，名副其实地正名为私营企业，包括独资企业和合伙企业。

“股份合作制”这个名称并不科学。从企业财产组织形式上看，合作制与股份制是两种不同的企业财产组织形式。一个企业或者实行合作制，或者实行股份制，或者既不实行合作制又不实行股份制，而不可能同时实行合作制与股份制，也不可能把合作制与股份制合为一体。目前，不少乡镇企业喜欢采用“股份合作制”这种名称，可能有以下三个原因：

一是害怕被说成是资本主义性质的。这是因为，在过去较长时间内，一谈到合作制，就认为这是社会主义性质的，一谈到股份制，则被看成是资本主义性质的，因此，明明是按照股份制的方向来组建或改造乡镇企业（尽管组成的是不规范的股份制企业），但由于怕别人说三道四，就使用了“股份合作制”这个名称，以增加安全感。现在看来，这种顾虑是不必要的，股份制无非是企业财产组织形式的一种，它本身并不表明姓“社”还是姓“资”。是股份制就是股份制，不必硬套上“股份合作制”这样一个不科学的帽子。

二是以为使用“合作”一词在政策上可以得到某些优惠，因此就在股份制之上加上“合作”一词。其实，这也是多余的。政策的优惠可能来自两个方面。一方面，如果符合国家或地区的产业结构调整的要求，那么从产业政策上考虑，政府是会给予优惠的，这时加不加上“合作”一词无关紧要，重要的是投资与生产的产业特征。另一方面，如果是真正的合作制企业，那么根据国家或地区对合作制企业的扶植的规定，企业可以得到一定的优惠，但这时必须确实把企业组建或改造为合作制企业，而不能只从表面上看是否加上“合作”一词。假定有些“股份合作制”的乡镇企业真的是合作制企业，何必不直接使用合作制的名义，而要用“股份合作制”名义呢？

三是把“股份合作制”看成是有中国特色的一种企业财产组织形式，即这类企业既不同于真正的合作制企业，又不同于规范的股份制企业。比如说，在股权设置中，有“集体股”“企业股”这样的股份，这当然与规范的股份制不符，所以，有人认为不如改称“股份合作制”，因为“集体股”“企业股”之类似乎带有合作制的成分。又如，有人认为，在合作制之下，出资人可以申请退股，在股份制之下，退股是不容许的。在合作制之下，一人一票，在股份制之下，按股份多少决定票数多少，假定采取“股份合作制”，那么既可以容许出资人退股，又可以按“一股一票”的原则吸收有实力的投资者（包括自然人和法人）加入，岂不是兼有合作制与股份制的特色？这样的企业财产组织形式——“股份合作制”——难道就能反映“中国特色”吗？应当指出，以这种方式来理解“有中国特色的”乡镇企业财产组织形式，是不准确的。毫无疑问，乡镇企业的成长及其在中国经济建设中的巨大作用这一事实本身就已经具有“中国特色”了，有什么必要硬要从企业财产组织形式上去制造不规范的股份制或不规范的合作制呢？不规范的合作制或股份制只能阻碍乡镇企业的进一步发展，它们算不上什么“中国特色”。

六

乡镇企业的产权改革正在进行之中。已经存在的“股份合作制”的乡镇企业，不管怎么说，都应当被认为是近年来中国经济生活中出现的新事物。对于它们的不规范性，要予以指出，切切实实地给予帮助和指导，使它们走向规范化。不应当歧视它们，更不应当指责它们或取缔它们。它们在很大程度上是自发地产生的。乡镇干部、群众的热情很高，有些做法（尽管不规范）来自群众的创造。如果说乡镇企业的兴起与发展对 80 年代的中国起过重要作用的话，那么其中也包括了“股份合作制”乡镇企业所起的作用。如果说乡镇企业的存在与成长是对计划经济体制的有力冲击的话，那么“股份合作制”乡镇企业的功劳也不可磨灭。实践已经充分证明，同以往那种名为集体所有的计划经济体制下的“正统”企业相比，“股份合作制”的乡镇企业可称作“异端”。为了打破计划经济体制的严重束缚，多一些“异端”是好事。乡镇企业的产权改革可以因地制宜，采取不同的步骤来促进乡镇企业产权设置的规范化，而且在速度上必定有差别。总的趋势将是：小型乡镇企业产权改革的目标模式是合作制，大中型乡镇企业产权改革的目标模式是股份制，关于这一点，前面已经谈过，不再赘述了。

股份制的乡镇企业不是指一定要公开上市。在股份制条件下，公开上市的股份有限公司是极少数。乡镇企业中，够条件公开上市的，当然不排除这种可能性。大多数股份制的乡镇企业可以改为有限责任公司，这是一种普遍适用的乡镇企业财产组织形式。还有一定数量的股份制乡镇企业可以改为内部持股的股份有限公司。要知道，股份制就是股份制，它不分什么“城市企业股份制”和“乡镇企业股份制”，也不分什么“由国有企业改组的股份制”和“由原乡镇企业改组的股份制”，规范化是一个统一的标准，凡是股份制企业都适用。

有些企业由于种种考虑而宁肯保留“股份合作制”的名称，怎么办？对此不必操之过急。产权改革的目的是为了实现企业的政企分开、产权明确、自主经营、自负盈亏，只要乡镇企业通过产权改革达到了这一目的，有效地转换了企业经营机制，实际上已经按照规范的股份制或规范的合作制组建和运作了，它们愿意采取“股份合作制”这一名称，就听之任之，不要干涉。等到将来某一天，它们自己感到有必要正名为股份制企业或合作制企业之时，它们自己会不再使用“股份合作制”这一名称的。

不仅“股份合作制”这种企业财产组织形式是过渡性的，甚至可以认为，“乡镇企业”这种提法也具有过渡性质。在乡镇企业刚刚出现的时候，这些企业之所以被称为“乡镇企业”，一来是为了同当时占支配地位的计划经济体制下的企业（如国有企业、原来的城市“大集体”企业等）相区别，二来考虑这些企业设置于乡镇，而且劳动力也主要来自附近的农村。那么今后呢？难道还有与“乡镇企业”相对而言的“城市企业”吗？难道“乡镇企业”只可能设置于乡镇之中，企业所需要的劳动力仅限于农村吗？假定当初成立乡镇企业时，考虑到这些企业与计划经济体制下的企业的运作方式不同，即这些企业是“计划外的”商品生产者，所以要用“乡镇企业”来表示其运作方式的特点，那么今后在市场经济大环境中，还需要分什么“计划外的”商品生产者与“计划内的”商品生产者吗？正如前面已经指出的，企业就是企业，股份制企业就是股份制企业，用不着分什么“城市企业”与“乡镇企业”，“城市股份制企业”与“乡镇股份制企业”。迟早有这么一天，“乡镇企业”这一过渡性的称呼将不再存在，“乡镇股份制企业”这一说法也将消失。

这可能是若干年之后的事情，距现在还有一大段时间。因此，立足于现实，我们仍有必要着手乡镇企业的股份制改革，研讨乡镇股份制企业的组建与运行问题。而且，需要再重复一遍：尽管从理论上说“股份合作制”这种提法是不确切的，在组建与运行中也会碰到各种各样的困难，但考虑到“股份合作制”的名称已经在相当广的范围内被农村干部和农民接受，因此可以不必取消它。用“股份合作制”的名称也好，改用“股份制”的名称也好，都是在现有起点上的前进。可以这么说，在产权改革工作中，不要在名称上争论不休，而要看实质，即是否循着产权改革的道路往前走。“一步到位”是做不到的，“分步到位”更有现实意义。

（原载《学习与探索》1994 年第 3 期）

加快经济立法，铲除贪污

一

中国国有资产大量流失，其中一部分落到了政府部门的负责人或工作人员手中，还有一部分落入企事业单位的负责人或工作人员的腰包。这两部分的流失与贪污行为是直接联系在一起的。

不法分子侵吞国有资产的情况有五种：一是在批租土地、转让国有资产或发放国有银行贷款时，以低价出租、出售、出让或无担保贷款以收受贿赂，造成流失；二是在企业改组时获得个人股份或收受贿赂；三是与某些国有企业的承包者、租赁者相勾结，收受贿赂或利益；四是兴办经济实体的过程中化公为私；五是利用管理松散的机会，个人注册国家的境外投资，化公为私；或是趁转让、参股、控股的机会侵吞国有财产。

二

当前，社会上不仅大量存在国有资产流失现象，也大量存在其他形形色色的以权谋私现象。这些腐败现象与中国法制建设的滞后有密切的联系。

廉政建设主要依靠法律。法律具有规范性和约束力，不容许任何人有超越的特权。不管是谁，只要贪污受贿和侵吞国有资产，就必须受到法律的惩处。然而，迄今为止，中国在运用法律手段来消灭贪污方面，除了对于已经颁布实施的法律存在着执法不严、违法不究等情况外，更重要的是：某些与廉政建设与反贪污直接有关的法律尚未制定。这样，就势必影响了廉政建设的进展，并使得反贪污工作受到限制。

加快有关廉政建设与反贪污的立法，包括从速制定以下几项法律：

1. 反贪污贿赂法

制定反贪污贿赂法的指导思想应是：惩治国家机关工作人员和公有制企事业单位工作人员的贪污受贿、侵吞国家财物的罪行，对于任何人都应采取同一标准，不允许任何人有特权；同时，应当体现惩办与宽大相结合的精神，对贪污分子起到分化瓦解的作用。在法律中，对贪污行为、行贿受贿行为、侵吞国家财物的行为应有明晰的界定，以便于操作。

2. 公职人员个人财产申报法

制定公职人员个人财产申报法的指导思想应是：使国家机关工作人员和公有制企事业单位的工作人员的收入与财产置于公众和有关部门的监督之下，增加透明度；这一法律也应适合于一切公职人员，即不论其职位多高，功劳多大，都应按照法律的规定申报财产。这项法律对于公职人员不仅有约束作用，而且能加强公职人员的自律，起到预防腐败的作用。

3. 公民举报法

制定公民举报的指导思想是：动员广大群众对国家机关工作人员和企事业单位工作人员的行为进行监督，保障公民的举报活动。这将是遏制腐败、保证廉政建设的一项重要法律，也是打击各种犯罪的有效措施。当廉政建设有了广泛的群众基础时，廉政建设就可能取得较好的成绩。

4. 监督法

制定监督法的指导思想应是：以法律来监督国家机关及其工作人

员遵守法律与执行法律的情况，尤其是针对国家机关及其工作人员有法不依、执法不严、违法不究的情况进行法律监督。在现阶段，国家机关工作人员是否遵守法律，是否按照法律的规定来规范自己的行为，以及是否严格执法来保障社会与经济活动的正常运行，还缺乏有效监督。监督来自各个方面。只有将这些监督都纳入法制轨道，监督才有实效。

三

在铲除贪污行为的经济法中，国有资产法的制定尤为迫切。根据全国人大常委会的立法规划，全国人大财经委员会正在负责起草国有资产的法律。起草工作目前进展比较顺利，但遇到的难点也是较多的。

有争议的问题之一是国有资产法律究竟应当以经营性国有资产为调整范围呢，还是应当把全部国有资产作为调整范围？主张把经营性国有资产作为调整范围的主要理由是：当前存在的诸如资源配置不合理、产业结构失调与企业效益低下等问题，主要是由于对经营性国有资产缺乏严格的管理，国有资产经营管理的体制改革进展缓慢，国有企业至今尚未实现政企分开和自主经营。所以，不如先制定有关经营性国有资产的法律。与此不同的另一种意见则是：除经营性国有资产以外，还存在非经营性的国有资产，它们同样存在使用效率未能发挥和不断流失的问题。这个问题由于尚未被人们密切注意，更需要有国有资产的法律来管理。因此，应当把全部国有资产列入国有资产法的调整范围。

这两种观点中，后一种观点更值得重视。这是因为，非经营性资产与经营性资产之间并没有绝对的界限，二者既可能转化，也可能交叉。例如，企业事业单位内的食堂、招待所、剧场等，即使目前是非经营性资产，但不排除它们在某些情况下可以转化为经营性资产。如果不把国有非经营性资产纳入国有资产法的调整范围内，它们的继续流失同样会给国家造成损失。

另一个有争议的问题是：国有资产是否应当区分为中央政府所有与各级地方政府所有。这里主要也有两种不同的主张。一种主张是：凡是政府投资的，都应当是国家所有，国家资产实际上就是国家统一所有的资产，各级地方政府只是负责监督管理。另一种主张则是：既然中央政府和各级地方政府都曾经进行过投资，那么在客观上就已经形成了中央政府投资所形成的国有资产和某一级地方政府投资所形成的资产，也就是形成了分级所有的国有资产体制。假定只承认国家统一所有，这将会挫伤各级地方政府经营与管理国有资产的积极性，并将不利于地方经济的进一步发展。

这两种主张中，应当承认第一种主张更有道理。理由是：国有资产，顾名思义就是国家所有。国有资产统一归国家所有，并由中央政府或某一级地方政府来监督管理，这里不涉及所有权的归属问题。

在国有资产被确定为国家统一所有与政府分级管理的前提下，中央管理的国有资产与地方管理的国有资产之间存在什么样的关系？这种关系应尽快在法律中确定，以制止国有资产的无人负责和不断流失。

在法律中可以规定建立国有资产经营公司，它跨地区、跨行业经营的，可以向有关的公司控股参股，派出产权代表。国有资产经营公司之间可以相互竞争，可以作出国有产权转让的决定。这样，尽管有的国有资产经营公司受中央管辖，有的受地方管理，但一旦法律上明确了这种关系，并且按上述方式运作，政府分级管理与国家统一所有之间的关系也就可以协调了。

国有资产管理部门作为职能管理部门，应如何对待国有产权的转让问题？这个问题与国有资产经营公司的权限有关。假定对国有资产经营公司在国有资产的产权转让方面作如下规定：若干万元以下的产权转让可由国有资产经营公司自行决策，若干万元以上的产权转让则需要由国有资产管理机构核准；某些特定行业与企业的产权转让应由国有资产管理机构核准，非特定行业与企业的产权转让则可由国有资产经营公司自行决策；如果产权转让涉及对某一企业的控股权的丧失，应由国有资产管理机构核准，等等。这样，国有资产经营公司的产权转让的权限就可以明确，国有资产的经营将步入规范化的轨道。国有资产的保值增值问题也可以随之得到解决。

另一方面，必须加强对国有资产的监督管理，堵塞各种漏洞，包括完善资产评估，实施严格的审计监督，国有资产的转让应当有一定的程序和审批制度等。

四

在中国古代就有“以俸养廉”的说法。近代，一些国家也以“高薪养廉”作为标榜，把廉政建设同丰裕的国家公务员工资、薪水相联系。同时，这也被看成是稳定国家公务员队伍，让优秀人才愿意到政府部门工作的一项重要措施。当然，一些国家在对国家公务员实行优厚的生活待遇的同时，强调对有贪污受贿等劣迹的国家公务员的重罚。“高薪”与“重罚”相结合，才能促使国家公务员衡量以权谋私是否得不偿失，从而恪尽职守，勤奋工作。

应当承认，“以俸养廉”或“高薪养廉”的做法是有一定道理的。在现阶段的中国，政府机构工作人员的工资偏低，不但留不住优秀人才，吸引不了优秀人才前来工作，而且也有可能使政府机构工作人员不务正业，总想在业余时间兼职，以改善生活。此外，还有可能使一些政府机构工作人员走上邪路，靠手中的权力或利用职务上的便利谋取私利。但是，对于“高薪养廉”的作用要有恰如其分的估计，不能估计过高，更不能认为唯有“高薪”才能“养廉”，不实行高薪制度似乎就没有办法进行廉政建设了。

对于国家公务员来说，需要有三种机制：一是筛选机制；二是保障与激励机制；三是约束与监督机制。

筛选机制是指：国家公务员的任用与提升应当通过竞争，竞争就是一种筛选。筛选机制就是择优机制。职务是公开的，竞争也是公开的。这种机制能够使得一切符合条件的人都有被任用与提升的可能。

保障与激励机制是指：国家公务员在被任用以后，生活待遇应当不低于相同学历与经历的其他专业人员，以保证国家公务员队伍的稳定，并解除其生活上的后顾之忧，并且在定期考核后，有职务提升与收入增加的规范化的制度。

约束与监督机制是指：国家公务员的行为与工作态度应当受到各方面的监督，他们必须遵守国家公务员的工作守则，违者受到规定的处分；国家公务员自身也必须加强自律，严格要求自己。

毫无疑问，对于国家公务员的筛选机制、保障与激励机制、约束与监督机制都需要纳入法制化的轨道。今后需要制定的反贪污贿赂法、监督法等，将着重于使约束与监督机制法制化。而有关国家公务员的法律，除了使约束与监督机制法制化以外，还将着重于筛选机制、保障与激励机制的法制化。

（原载《人民检察》1995 年第 11 期）

依靠工人阶级，深化企业改革

深化企业改革既是当前体制转换中的重点，又是一个难点。怎样才能切实有效地转变企业经营机制，使企业改革有重大突破，这是现阶段经济界关心的热点问题。尽管深化企业改革有一些不同的思路，转变企业经营机制的方式可以多种多样，但依靠工人阶级来实现企业改革的深化，无疑是我们必须坚持的原则。江泽民同志指出："离开工人阶级的主人翁作用和积极性，我们的企业和现代化工业是办不好的"；"没有广大工人群众的支持，企业改革是不可能成功的"。江泽民同志的这几句话高度概括了广大职工的积极性、创造性和主人翁精神在深化企业改革中的作用。

一、关于职工在股份制企业中的地位

股份有限公司和有限责任公司是股份制企业的基本形式，这是除特殊行业的企业以外的大多数国有大中型企业改革中所要采取的形式。根据行业与企业的不同情况，股份有限公司和有限责任公司可以是国家控股的、国家参股的或国家不参股的。它们的组建应严格按照《公司法》来进行。

在组建股份制企业时，应当考虑到以下两点：一方面，组建的股份有限公司或有限责任公司，应符合市场经济运转的要求，并同国际惯例相适应；另一方面，股份有限公司或有限责任公司的管理体制不仅能被广大职工群众所接受，而且有利于调动广大职工群众的积极性，促进经济发展。这里涉及的一个主要问题，是要确认职工参与股份制企业中的民主管理，以及发挥职工在股份制企业中的作用。

首先需要明确，任何股份制企业（包括股份有限公司和有限责任公司），不管职工是否入股或职工所持股份多少，依靠职工办好企业和实现职工群众对公司的民主管理与有效监督都是不可缺少的。股份制在产权结构上固然有自身的特点，但这同公司职工有权利参与管理企业二者并不矛盾。

《公司法》（第 16 条）中有这样的规定："国有独资公司和两个以上的国有企业或者其他两个以上的国有投资主体投资设立的有限责任公司，依照宪法和有关法律的规定，通过职工代表大会和其他形式，实行民主管理。"这里指出，国有独资公司和全部由国有企业或国有投资主体组成的有限责任公司通过职工代表大会实行民主管理，这有利于国有独资公司和全部由国有投资组建的有限责任公司提高管理效率，提高经济效率和发挥职工的积极作用。

《公司法》规定："公司必须保护职工的合法权益，加强劳动保护，实现安全生产"（第 15 条）；"公司职工依法组织工会，开展工会活动，维护职工的合法权益"（第 16 条）。

《公司法》还规定：公司研究决定有关职工工资、福利、安全生产以及劳动保护、劳动保险等涉及职工切身利益的问题，应当事先听取公司工会和职工的意见，并邀请工会或者职工代表列席有关会议（第 55 条、第 121 条）。公司研究决定生产经营的重大问题、制定重要的规章制度时，应当听取公司工会和职工的意见和建议（第 56 条、第 122 条）。公司监事会由股东代表和适当比例的公司职工代表组成，监事会中的职工代表由公司职工民主选举产生（第 52 条、第 124 条）。

以上这些都适用于一切股份制企业。它们表明，职工在股份制企业中的地位并不因股东会作为权力机构而降低。根据《公司法》，不仅职工的合法权益受到保护，而且职工有权选举监事行使对公司的监督权，有权通过工会反映自己的意见和建议。如果职工入股，那么作为股东而享有股东的一切权利，由职工代表中产生的董事将在董事会中参与决策，这也是毫无疑问的。

依靠工人阶级来深化企业改革和完善股份制企业的管理，正是同充分发挥职工群众在股份制企业中的积极性联系在一起。一个股份有限公司或有限责任公司的领导班子，必须懂得经营管理的改进和市场的开拓都离不开效率的提高与产品质量的上升，而效率的源泉和产品质量上升的关键则在于职工积极性被调动起来了，在于职工在技术工作与管理工作中发挥了创造性。同时，要使企业健康发展，对企业领导班子的民主监督是必要的。在股份制企业中，除了可以通过由职工代表参加的监事会实行民主监督而外，更应当运用工会会员代表大会或职工代表大会这种形式，实现职工群众对企业领导班子的有效监督。只有这样，股份制企业才能越办越好。

那种认为股份制企业中只需要依靠股东们的集资而把广大职工置于次要地位的想法，是不正确的。这里姑且不谈职工入股问题，即使职工并未入股，也丝毫不等于不需要依靠广大职工的积极性和对企业管理的参与。投资者的利益之所以得以实现，与广大职工的努力是分不开的，从而投资者的利益同职工的利益有一致性。一个能在市场竞争中不断发展的股份制企业，必定是一个有很强的企业内部凝聚力，充分调动了职工的积极性，以及实现了职工对企业领导层有效监督制度的企业，几年来我国企业改革的实践完全证实了这一点。

二、现代企业制度下工会的作用

以上已经提到工会在股份制企业中的作用。为了全面了解企业改革中职工的地位，让我们再进一步讨论工会在现代企业制度下的作用。

在现代企业制度下，企业中的工会依法独立自主地开展工作，保护和调动职工的积极性和创造性，不言而喻，我们不能搬用西方国家的工会在企业中的作用来看待中国工会的作用。如果再作较细致的分析，还可以得出如下的论点：同样是在社会主义的中国，计划体制下工会在企业中的作用与市场经济体制下工会在企业中的作用也有某些区别。我们不能简单地把计划经济体制下工会的作用等同于社会主义市场经济体制下工会的作用。

在现阶段，我国的企业多种多样。中外合资企业、外资企业、私营企业中，劳资关系的存在使得工会在作为劳方代表方面的作用突出了。关于这一点，人们一般都可以理解。问题在于：在国家独资公司或完全由国有投资主体持股的有限责任公司中，工会是不是起着代表劳动者一方的作用？在集体经济性质的乡镇企业中，工会是不是也有类似的作用？对这些都应该作出肯定的回答。

工会是代表职工的。在现代企业制度下，要使得企业与职工双方的关系趋于协调，并使得双方共同为企业的发展而出力，工会的作用不可否定。即使是国家独资的企业，由于政府与企业不再合一，企业是独立的法人，因此，工会的存在，无论从协调企业与职工双方之间的关系来看，还是从改进企业管理、促进企业发展、提高企业效益的角度来看，都有必要。这种情况并不因为国家是企业的唯一投资者而改变。集体经济性质的乡镇企业中的情况同样如此。虽然乡镇企业是由许多个人集资组建的，而且职工本人既是劳动者，又是投资者，但只要企业建成了，职工作为劳动者在企业中工作，同样存在着建立工会和使之发挥作用的必要性。

一些人对国有企业与集体企业中工会能否发挥作用的顾虑主要在于：

在国有企业中，假定企业与职工双方发生了纠纷，各执一词，工会究竟应代表职工的利益说话呢，还是应代表国家的（企业的）利益说话？如果工会代表职工，岂不是不利于国家？如果工会代表企业，那又何必要成立工会？

在乡镇企业中，假定企业与职工双方发生了纠纷，各执一词，工会究竟站在哪一方？企业的职工既是劳动者，又是投资者，工会无论站在哪一方，都有自己的难处，因此，工会是不是有必要成立并开展活动呢？

其实，这两种顾虑都是多余的。产生这两种顾虑的主要原因在于不了解现代企业制度与工会的关系，或者说在于不了解工会在现代企业制度下应起的作用。

首先，正如前面已经指出的，在现代企业制度下，政府与企业是分开的，国有企业也不例外。因此，当企业与职工双方发生纠纷时，不能简单地把某一国有企业等同于政府，不能把某一国有企业的利益等同于国家的利益。工会既然是职工的组织，当然要作为职工的代表，为职工说话。但这并不意味着工会不需要对企业与职工之间的纠纷事先进行了解，作出判断。工会依法办事，依法展开活动，并保护职工的合法权益。就这个意义来说，工会既不能被简单地看成是只代表企业说话，也不能被简单地看成是只代表职工说话。国有企业中的工会依法维护职工的合法权益。这就是维护了法律的严肃性，也就是维护了国家的利益、社会的利益。

在乡镇企业中，虽然职工也是投资者，但企业与职工之间的纠纷并不能简单地视为投资者之间的纠纷。属于企业经营方针与经营决策方面的问题，理应由投资者的会议去解决。而属于职工合法权益得不到维护的问题，则应由工会代表职工出面，同企业交涉，并协助这类问题得到解决。工会的这种作用并不是投资者的会议所能代替的。

依靠工人阶级来实现企业改革的深化，既包括国有独资企业，也包括乡镇企业改革的深化。在这些企业的改革深化中，必须建立工会组织，发挥工会的作用，保证工会组织依法独立自主地开展工作。

在这里，尤其有必要注意发挥工会在指导和帮助职工签订劳动合同、承担企业劳动争议调解委员会主任职责、参加劳动争议调处等方面的作用。要知道，我国的集体谈判与集体合同是在向社会主义市场经济体制转变的新形势下，在企业中日益发挥重要作用的。当前，在中外合资企业、外资企业、私营企业、股份制企业中实行集体谈判与集体合同制度，一般都认为没有多大疑问。企业作为一方，职工作为一方，为了协调双方关系，确有实行集体谈判与集体合同制度的必要。但人们有时提出，在国有企业中有这种必要吗？乡镇企业中，不仅有没有这种必要，而且有没有可行性？

答案是清楚的。无论是国有企业还是乡镇企业，既有实行集体谈判与集体合同制度的必要，也有这种可能。

在市场经济中，政企分开，即使是国有企业，也不与政府合为一体了。是国有企业在用工，而不是政府在用工。因此，国有企业作为有用工自主权的一方，职工作为有择业自主权的另一方，应当以劳动合同的形式把双方关系确定下来，遇有纠纷通过谈判来解决。这样，政府不介入其中任何一方，而可以公正地依法处理问题。

乡镇企业的情况与此相似。尽管乡镇企业的职工可能是亦工亦农的劳动者，但只要在乡镇企业中工作，他们作为劳动者的合法权益就应得到保障，克扣他们的工资、非法延长他们的劳动时间、使他们的劳动条件恶化，等等，都是不允许的。就这一点来看，集体谈判与集体合同对乡镇企业同样必要与可行。

为了开展集体谈判与订立集体合同，一切企业都应当成立工会。工会以集体谈判的代表者与集体合同的主体出现。企业的职工承认工会的谈判代表资格，承认工会作为集体合同主体的资格，工会代表职工的利益，表达职工的意见。

集体合同的内容在《劳动法》中有明确规定。《劳动法》第33条写明，企业职工一方与企业可以就劳动报酬、工作时间、休息休假、劳动安全卫生、保险福利等事项，签订集体合同。集体合同签订后，对企业和企业全体职工都有约束力。职工个人同企业所签订的劳动合同中，有关劳动条件和劳动报酬等标准，不得低于集体合同的规定。

集体合同中没有规定有关企业体制与经营管理方面的内容。这是因为，企业体制与经营管理是《公司法》调整的内容，劳动关系则是《劳动法》调整的内容。集体合同不涉及企业体制与经营管理，将更有利于企业的发展与自主经营，同时也不妨碍职工实行对企业的民主管理。

关于集体合同的争议，在《劳动法》中也有明确规定。《劳动法》第 84 条写明，因签订集体合同发生的争议，当事人协商解决不成的，当地人民政府劳动行政部门可以组织有关各方协调处理因履行集体合同发生的争议，当事人协商解决不成的，可以向劳动争议仲裁委员会申请仲裁；对仲裁裁决不服的，可以向法院提起诉讼。这些规定十分重要，否则集体谈判与集体合同制度有可能流于形式而起不到应有的作用。

在经济改革中，有关集体谈判与集体合同的规定是一件新事物。与计划经济时期相比，这无疑是一大进步。虽然目前经验还不足，但随着企业改革的进展，集体谈判与集体合同必将在经济生活中发挥越来越重要的作用。

三、重视企业改革过程中部分困难职工

前面已经指出，在企业改革中，一些效益差的和产品没有销路的企业面临着调整与重组，甚至停产与破产的严峻形势。这是从计划经济体制转向社会主义市场经济体制的过程中不可避免的现象。尽管如此，我们必须重视企业改革中由于上述情况的出现而造成的部分职工的困难处境，必须采取有力措施来帮助部分困难职工寻找再就业的机会。社会上最近流行这样两句话：一是“市场不保护弱者”，一是“市场无情”。这两句话反映的是客观现实。但这决不意味着在这种客观现实面前我们是无所作为的。市场不保护弱者，但社会有保护弱者的责任。市场是无情的，而社会是有情的。社会可以采取多种方式来帮助困难的职工。这是深化企业改革时不可忽略的一个重要方面。

在谈到社会对困难职工的帮助时，往往把社会救济看做保护困难职工家庭的一道屏障。这种看法并不错。但如果把困难职工全都推给社会来救济，是不现实的。第一，社会救济通常有特定的对象，主要是指丧失劳动能力的贫困者、鳏寡孤独的贫困者或灾民等，不能把开工不足或停产的工厂职工都包括在内。第二，社会救济的经费主要来自国家财政收入，而目前中国的国家财力有限，不可能把困难职工都列为社会救济的对象。当然，破产倒闭后生活没有着落而又不能靠劳动谋生的贫困职工，是可以得到一定的社会救济款的补助的。

由社会养老保险和失业保险基金来解决困难职工的生活保障，显然是有道理的。问题是：社会保障体制的改革正在逐步推进，预计要经过几年的努力，大体上在20世纪末基本建立起适应市场经济的社会化养老保险和失业保险体制。一旦这样的社会保险体制建立起来了，广大职工的生活保障问题基本可以解决。但目前仍处于逐步推进社会保障体制改革的阶段。筹集数额足够多的社会保障基金有一个过程。改革思路是正确的，但不等于目前已能按照新的社会保障体制的要求把广大职工的生活保障问题统筹解决。现阶段，在有条件的城市和企业中，破产倒闭后的企业职工可以通过统筹的社会保险基金解决生活的困难，但覆盖面还不能包括所有的国有企业职工，更不能把全部企业职工都包括进去。

那么，现阶段应该如何对待困难企业中职工的生活困难呢？特别是对待那些并未真的失业的（主要是由于企业经济困难而领不到足额工资的）低收入职工的生活困难呢？这是一个带有体制转换阶段特点的问题，不能不引起我们的重视。

根据各地各企业的不同情况，有以下几个办法在目前可以用来缓解那些不属于社会救济范围、尚未真的失业但收入很少甚至完全领不到工资的困难企业职工的生活困难：

1. 凡是夫妇两人都在困难企业中工作的，政府应尽量想办法让其中一人转到有收入的场所去工作，或者介绍职业，或者给予技术培训。

只要夫妇俩人中有一人能有一定的工资收入，家庭的生活困难就可以部分缓解，因为当前最困难的是夫妇两人都没有工资或都领不到足额工资的家庭。

2. 凡是夫妇两人都在困难企业中工作的，可以设法让其中一人办离职或提前退休手续，并保证发给一定的安置费，让其从事个体经营或自由职业，并由此取得一定的收入，缓解家庭困难。

3. 由困难企业出面，在停产、减产、开工不足的条件下，组织职工从事广泛范围的、带有自动自救性的工作，以便使这些职工能增加收入，缓解家庭困难。

4. 困难企业把困难职工家庭的实际情况如实地通知有关的学校，使这些家庭的子女有条件得到助学金、奖学金，或使他们得以减免学费。

5. 地方政府在医疗、住房等方面给予困难职工家庭以适当的照顾。

总之，这些都属于缓解困难的办法。而要真正使困难企业的职工摆脱困境，还有待于企业改革的深化、产业结构的调整和新的社会保障体制的建立。

从积极的方面来看，让下岗的职工得到再就业的机会，是缓解困难职工家庭生活困难的重要方式。为此，社会应积极创造条件，通过产权重组等办法，使破产企业的职工在生产要素重新组合的基础上找到新的就业机会。在这方面，目前可以采取的措施是：建立和完善产权交易市场，制定政策来推进破产企业的固定资产拍卖；鼓励国内外投资者收购、租赁破产企业，实现资源重组；一部分技术工人和管理人员可以随企业固定资产的流动而流动，这对于尽快形成新的生产能力是有好处的。

此外，社会还应提供就业信息，开展破产企业职工的职业培训工作，引导他们到新的工作岗位去从事适当的工作。政府可以拨出专款，建立再就业培训基地，使下岗职工接受转业训练或提高文化技术水平。同时，向用人单位提供信息，以便在“双向选择”的前提下使下岗职工获得再就业机会。

与此同时，应当鼓励下岗职工自谋职业，包括鼓励他们从事个体工商业经营或家庭服务等。对下岗职工来说，这里存在一个需要转变就业观念的问题，即不一定非要到企事业单位工作才算是就业，从事个体经营甚至从事家庭服务都是就业。

下岗职工的再就业是一项庞大的工程，要求全社会都来关心这件事。这个问题如果得不到妥善的解决，企业改革的深化是难以实现的。

最后应当提出，兴修公路、大规模植树造林、修建运河等也可以吸收不少人就业。虽然在目前条件下，这主要吸收来自农村的多余劳动力，但如果城市中的下岗职工能转变就业观念，他们之中有些人也会愿意去从事上述这些公共工程。即使公共工程对于缓解城市下岗职工的就业问题还起不了很大的作用，但这样缓解了农村多余劳动力就业问题，从而间接地有助于城市下岗职工就近寻找到适合自己的工作机会。

可以得出这样的结论：当我们谈依靠工人阶级来深化企业改革时，既指要按照《公司法》的要求来组建股份有限公司和有限责任公司（包括国有独资公司），调动广大职工的积极性，发挥工会以及工会会员代表大会或职工代表大会的作用，也指要动员社会各方面的力量来妥善解决困难企业职工的生活保障问题，包括推进社会保障体制改革，实现再就业工程。这两方面的工作是并重的，缺少其中任何一方面，企业改革就很难取得较大的进展。

（原载《中国工运》1996 年第 9 期）

论财政政策与货币政策的配合使用

一、市场不完善条件下货币政策作用的局限性

（一）要结合经济增长来分析政策效应

货币政策与财政政策的配合，曾经是凯恩斯学派与货币学派长期争论的问题之一。根据后凯恩斯主流经济学的论述，在宏观经济调节时，除非在异常紧迫的状态下，“双紧”或“双松”都是力求避免的，需要作为政策配合所考虑和选择的是“松紧搭配”，包括松的财政政策与紧的货币政策的配合，或紧的财政政策与松的货币政策的配合。货币学派原则上并不反对货币政策与财政政策的配合，但认为财政政策本身有很大的局限性。例如在采取松的财政政策时，财政的扩张会挤出一部分私人消费与私人投资；而在采取紧的财政政策时，经济增长率将会降低。这样，在财政支出减少的同时，财政收入也会相应地下降，从而不一定使财政政策达到预期的目标。因此，货币政策的运用要比财政政策的运用更为有效。这是货币学派的基本政策主张。

凯恩斯学派在同货币学派关于政策的论战中，在货币政策与财政政策的配合问题上，进一步研究所得出的一个重要论点是：应当结合经济政策目标来讨论这种政策配合。具体地说，应当以是否有利于经济的

稳定与持续增长来考察货币政策与财政政策配合的效应。

松的财政政策是支撑经济增长的。松的财政政策对国民生产总值的增长起着积极的作用。但这时是不是会挤出私人消费与私人投资呢？并不能一概而论。关键在于市场是否受限制，即市场能否随国民生产总值的增长而扩大。假定市场是一个不断扩大的市场，在经济增长过程中，松的财政政策同松的货币政策相配合，那么财政政策并不会挤出私人投资，也不会挤出私人消费。换言之，只有在松的财政政策同紧的货币政策相配合时，才有可能发生所谓“挤出效应”。货币学派的假设在这种情况下将有效。

然而，松的财政政策与松的货币政策配合使用的结果，必然是通货膨胀的加剧。这是“双松”政策所导致的格局。但这种格局被认为是可以避免的，主要是：一方面，使货币政策的放松比较适当；另一方面，通过经济增长和社会总供给增加，使通货膨胀有一定的限度。如果这种设想可以成立，那么需要探讨的问题将是：货币政策放松到何种程度，既可以避免由于银根放松而引起通货膨胀，又不至于使财政支出的增加挤出私人消费和私人投资。这方面的研究尚待深入。

无论是松的财政政策与紧的货币政策相配合，还是紧的财政政策与松的货币政策相配合，既涉及财政政策与货币政策效应强弱的比较问题，也涉及松的政策与紧的政策的效应强弱的比较问题。如果不能对这些政策效应强弱的比较有所了解，那么就很难对不同政策配合使用的实际效应作出判断，从而难以对不同政策的配合方案作出选择。

（二）市场完善程度对政策效应的影响

以上对凯恩斯学派与货币学派有关财政政策与货币政策配合问题的论述，对我们是有参考意义的。我们很难简单地作出判断，认为凯恩斯学派与货币学派之中哪一个正确，哪一个错误，因为这涉及经济增长与社会总供给增长的幅度问题。如果经济增长率过低，社会总供给增长太慢，由于财政支出会排挤私人支出，或者财政支出会同财政收入一起下降，所以松或紧的财政政策可能都起不了较大作用，从而也就谈不到财政政策与货币政策的配合。货币学派的分析这时也许是有道理的。否则，凯恩斯学派的分析似乎更有道理些。

但根据中国和一些发展中国家的经验来看，财政政策与货币政策的作用同市场的完善程度有关。具体地说，假定市场相当完善，那么无论是财政政策还是货币政策的效应，都可以比较充分地显示出来。相形之下，紧的财政政策在实行过程中所遇到的阻力要比紧的货币政策所遇到的阻力更大一些，从而其效应也就相应地受到一定的限制。

假定市场不够完善，比如说，资本市场、证券市场、外汇市场、产权交易市场等都不够完善，那么情况便有所不同。这时，货币政策在实行过程中所遇到的障碍可能大于财政政策，特别是紧的货币政策要比紧的财政政策所遇到的阻力更大一些，从而其效应也就相对地受到一定的限制。理由在于：货币政策的作用是通过资本市场、证券市场、外汇市场、产权交易市场等发挥的，不完善的市场使货币政策缺乏相应的传导机制或使货币政策的传导机制失灵，所以货币政策不易有效地发挥作用。

财政政策与货币政策不同。财政政策主要直接作用于商品市场。如果说市场不够完善，那么商品市场的不完善程度一般要小于其他市场，而资本市场、证券市场、外汇市场、产权交易市场的不完善程度一般要大于其他市场。目前中国的情形正是如此。因此，财政政策在目前的中国较易于发挥作用，其收效程度也比较高，尽管紧的财政政策仍会遇到不少阻力。

关于这一点，不妨以对经济增长的效应为例。由于财政政策对商品市场直接发生作用，并通过商品市场的伸缩消长而使国民生产总值发生变化，于是既有可能抑制经济增长率，又有可能刺激经济增长。即使商品市场也有不够完善之处，但财政政策的放松或抽紧，依然可以通过商品市场的变化而作用于国民生产总值，并最终反映于经济增长率的变化。货币政策则不然。只要资本市场、证券市场、外汇市场、产权交易市场等是不完善的，货币政策的作用所受限制较大，从而对经济增长率变化的影响也就不那么显著，或不那么直接。在中国，要促进经济增长，松的财政政策要比松的货币政策更为有效，而在加剧通货膨胀方面，松的财政政策所起的作用也要大一些。

松的政策与紧的政策的效应，在市场不完善条件下是不对称的。一般说来，如果确定了银根松紧的标准，那么松的政策的效应要大于紧的政策的效应，货币政策在市场不完善条件下的松或紧所产生的影响尤其如此。这是因为，假定资本市场、证券市场、外汇市场、产权交易市场等都不完善，假定缺乏完善的货币政策传导机制，虽然货币政策的效应要受到某种程度的限制，但银根松紧的效应仍是不一样的。银根放松后，即使市场还不完善，但投资者总有可能从不同的渠道获得信贷，经济便会相应地活跃起来；而在银根由松变紧之后，无论是利率上升了还是存款准备金率提高了，市场的不完善仍会使得一部分投资者并不直接感到利率上升或存款准备金率提高的压力，仍然会按照预定的投资计划进行活动。这是因为，市场越不完善，借贷中的信息约束越大，竞争中的不公平程度也越大，于是一部分居于优越地位的投资者仍能获得信贷，照常投资。也许他们以后会逐渐感受到这种压力，但总的说来，货币政策抽紧后的政策效应对投资者是滞后的。

（三）市场不完善条件下的“松紧搭配”

由此涉及在市场不完善条件下的宏观经济调节的“松紧搭配”问题。这种条件下的“松紧搭配”同市场完善条件下的“松紧搭配”是有区别的。区别大体上有两点。

第一，在市场完善条件下，由于财政政策的效应与货币政策的效应都可以显现出来，尽管紧的财政政策要比紧的货币政策所遇到的阻力更大一些，但这并不妨碍在必要时既可以用松的财政政策同紧的货币政策配合，也可以用紧的财政政策同松的货币政策配合，从而都可以收到一定成效。然而，在市场不完善条件下，情况便有所不同。由于资本市场、证券市场、外汇市场、产权交易市场等要比商品市场更加不完善，而财政政策是直接作用于商品市场的，货币政策则要通过资本市场、证券市场、外汇市场、产权交易市场等发挥作用，所以在选择财政政策与货币政策配合时，为了达到宏观经济调节的目标，财政政策使用的效果比较明显；至于货币政策，除非加大力度，否则其作用受限制较大，所以不宜对它的效应寄以不切实际的希望。这正是市场不完善条件下宏观经济调节的一个特点。

第二，在市场完善条件下，当实行紧的财政政策或紧的货币政策时，银根会随之抽紧，经济增长率会下降，通货膨胀率会受到抑制；而在实行松的财政政策或松的货币政策时，银根会随之放松，经济增长率会上升，失业率也会相应地下降。但这种情况只可能出现于市场完善时，如果市场不完善，那么宏观经济调节的效应不仅不能及时显现出来，甚至其结果可能遭到扭曲，产生预料之外的结果。这是因为，在各个市场中，资本市场、证券市场、外汇市场、产权交易市场等的不完善程度较大，货币政策的传导机制更有欠缺。如果准备以抑制通货膨胀作为政策调节目标，那么在实行紧的财政政策与松的货币政策相配合时，由于紧的财政政策易于发挥作用，经济很快地冷却下来，通货膨胀可以得到抑制，但为了使经济不至于冷却过度，不至于妨碍经济增长，配合以松的货币政策是必要的。然而由于市场的不完善和货币政策传导机制的欠缺，松的货币政策在紧的财政政策实行过程中难以发挥作用，达不到使经济仍然保持活跃的目的。结果，市场不完善条件下的紧的财政政策的效应较强，松的货币政策的效应较弱，从而有可能使经济冷却过度或使经济陷于停滞状态。所谓“刹车容易启动难”正表现于此。

与此相似的是，如果准备以促进经济增长作为政策调节目标，那么在实行松的财政政策与紧的货币政策相配合时，由于松的财政政策易于发挥作用，经济受到财政支出扩张或税收减免的刺激而以较快的速度增长，但为了防止出现经济增长过程中的通货膨胀，配合以紧的货币政策是必要的，然而也正由于市场的不完善和货币政策传导机制的欠缺，紧的货币政策在松的财政政策实行过程中难以发挥作用，达不到避免经济增长率过高和通货膨胀过猛的目的。结果，市场不完善条件下的松的财政政策的效应较强，紧的货币政策的效应较弱，从而使得经济扩张过度，通货膨胀难以被抑制。

对市场不完善条件下财政政策与货币政策的配合使用所遇到的困难，同政策的“跛足”状态有关，即两种政策的效应一强一弱，使得调节过程中不易实现预定的目标。

这并不意味着在市场不完善条件下不可能配合使用财政政策和货币政策，而是指在配合使用这些政策时应当更多地在政策强度上加以考虑。比如说，考虑到财政政策的效应强而货币政策的效应弱，于是就可以减轻财政政策的强度而加重货币政策的强度，以便这两种政策在实行过程中能较有效地发挥作用。

（四）一个重要结论：要注意“刹车容易启动难”

以上对财政政策和货币政策的配合使用问题作了一些探讨，这对于当前的中国经济有什么意义呢？正如前面所说，市场不完善使得货币政策所受到的限制更大，也使得财政政策与货币政策的配合使用更难。因此，就现阶段的中国经济而言，需要注意的是以下两点：

1. 松的财政政策与松的货币政策的配合使用，以及紧的财政政策与紧的货币政策的配合使用，对目前的中国经济都不适当，因为这样一来，要么会使通货膨胀遏制不住，要么会把整个经济搞得过死。可以考虑的只能是：财政政策与货币政策一紧一松。而根据市场不完善条件下财政政策与货币政策各自效应的特点，最好是实行稍紧的财政政策与松动的货币政策相配合。

2. 在市场不完善条件下，中国经济的显著特点之一是“刹车容易启动难”。宏观调节效应的不对称性也表现于此：宏观调节抽紧的时候，效应会迅速反映出来，经济会很快趋于紧缩；而当宏观调节放松一些的时候，调节不易达到预期的效果，经济只可能缓慢地复苏，甚至要滞后相当长的一段时间，经济才会重新活跃。理由是：要经济活跃，必须使企业与投资主体有对盈利前景看好的信心，必须使广大消费者有对预期收入上升的信心，这样才能使购买力旺盛，使市场繁荣。然而，信心的增强是一个累积的过程，并不是宏观调节一放松就能积累起人们对市场前景的信心的。加之，宏观调节的“跛足状态”（即财政政策作用大于货币政策作用的状态），使得调节遇到困难。假定在实行稍紧的财政政策的同时不使货币政策松动，经济启动的困难就更大了。

结论是很清楚的：现阶段，中国的财政政策可以稍紧一些，而货币政策则应该松动一些，否则不易摆脱“刹车以后启动不了”的窘境。

二、货币政策非常规手段应当慎用

（一）货币政策三个基本手段的作用全都依赖于市场完善程度

货币政策对资本市场、证券市场、外汇市场、产权交易市场等发生作用，并通过这些作用而影响国民生产总值的变化。如果以国民生产总值的变化作为最终目标的话，那么在这以前还有一系列中介目标。如果以通货膨胀率的变化和国民生产总值的变化作为双重最终目标，同样会有一系列中介目标存在。所以要研究货币政策对经济的作用，必须研究货币政策的传导机制，必须结合各种不同的货币政策手段的运用来考察货币政策对这些中介目标的影响，以及如何通过中介目标来影响最终目标。

利率是货币政策的中介目标之一。在市场完善条件下，中央银行运用再贴现政策来影响利率，当中央银行调整再贴现率时，将使得商业银行的借入资金成本发生变化，从而引起市场利率的调整，再使得投资者增加或减少对货币的需求。因此，货币供应量便是最重要的一个中介目标，它同利率水平这个中介目标一起，影响着社会对货币的需求、社会总需求以及国民生产总值的变化。如果货币政策的传导机制有效，那么通过中央银行的再贴现政策可以作用于中介目标的实现，并对最终目标发生影响。然而这又同整个经济环境有关。假定市场不完善，再贴现作为货币政策的手段不可能像在市场完善时那样影响投资者对货币的需求，也不可能对货币供应量这一中介目标发挥有效的作用。除非再贴现政策的实行伴随着行政干预，否则货币供应量的增加或减少可能不受再贴现率变动的影响。

可以对再贴现率的作用再做些分析。如果想通过再贴现率的调整来影响市场的利率水平，那就需要有商业银行的充分竞争，并且假定商业银行完全按照市场竞争与选择规则给予客户贷款，而客户之间也存在着彼此公平竞争的关系，否则再贴现率调整对市场利率水平的影响也是不明显的。

存款准备金率的调整是另一个货币政策手段。这一手段之所以能发挥作用，是因为它的调整与使用可以影响商业银行的派生存款数额，约束商业银行的放款行为，从而影响货币供应量。在这里，货币供应量作为中介目标，可以通过中央银行存款准备金率的调整而实现。但是，除非存款准备金率很高，否则，存款准备金率作为一种货币政策手段虽然能起作用，却达不到防止金融危机的目的。此外，要让存款准备金率起作用，还需要有两个前提。一是商业银行应当以最大利润的取得作为自身的目标，如果商业银行尚不具备这样的条件，存款准备金率的调整甚至存款准备金制度本身都不会产生多大的成效。这就同商业银行制度是否健全有关。二是中央银行的存款准备金率调整应当具有强制性而不应具有弹性，否则货币政策这一手段是难以达到影响货币供应量的目标的。由此看来，尽管存款准备金率调整并不是经常采取的一种货币政策手段，但它的传导机制是否有效仍然依赖于市场的完善程度。

至于中央银行的公开市场业务，它作为货币政策的又一手段，同样需要从经济环境上进行分析。相对于其他货币政策手段而言，公开市场业务所要求的市场条件更为严格。它不仅要求有完善的、发育健全的证券市场，而且要求有合理的市场利率和理性的投资者。公开市场业务的传导机制有欠缺，不仅可能使货币供应量这一中介目标的调节遇到困难，还可能使公开市场业务无法顺利开展，起不到货币政策手段的作用。

以上所说的再贴现率、存款准备金率和公开市场业务是货币政策的三个基本手段。它们的传导机制全都同市场完善与商业银行制度健全有关。市场条件不完善或商业银行制度不健全，必然使得这些政策传导机制有欠缺，甚至失效。

（二）非常规的信贷手段同样依赖于市场是否完善

接着，再看看这三种货币政策手段以外的两种非常规政策手段，一是信贷规模控制或信贷配额制，二是再贴现限额与再贷款限额。前者是商业银行在中央银行控制下所受到的贷款规模限制，后者被中央银行用来作为再贴现率调整的手段的补充。这两种手段一般都是在市场不完善或商业银行制度不健全的情况下被中央银行采用的。它们的传导机制各有特点。

信贷规模的大小是由中央银行根据对经济形势的判断而决定的。由于对经济形势判断的依据不一，观察问题的角度不同，以及对信贷规模效应的估计有差异，所以中央银行的信贷规模控制带有相当大程度的随意性。行政主管部门的意志在这里起着很大的作用。信贷规模受到控制，货币供应量便直接发生变化，它的效应的产生比较迅速。从这个意义上说，信贷规模控制这一手段的传导机制是有效的。但效应产生的迅速和传导机制的有效不等于效应一定有利于实现货币政策的最终目标。这主要因为，要促进经济的持续增长并使通货膨胀率保持在较低的水平，必须使资源配置不断优化。资源配置优化表明效率的增长。然而信贷规模控制的效应却是：尽管从短期来看货币供应量发生了政策决策部门所预期的变化，但只要从稍长的时间来看，这种带有行政主管部门意志的货币政策手段有损于资源的优化配置，结果不可避免地妨碍货币政策最终目标的实现。

中央银行的再贴现限额与再贷款限额作为货币政策的又一非常规手段，一般也是在市场不完善或商业银行制度不健全条件下被采用的。这主要是考虑再贴现率的调整所起的作用有限，所以要从数量上再予以限制。假定采取了再贴现限额这种做法，中央银行就有可能通过限额的增减而影响商业银行的贷款能力，进而影响货币供应量。同样的道理，中央银行也可以通过再贷款限额的增减达到同一目标。这种做法被认为有助于弥补再贷款利率调整的效力的不足。然而，无论是中央银行的再贴现限额还是再贷款限额，都是由行政主管部门随机制定的，带有较浓的主观色彩，同实际的货币供求状况不一定相符，因此对货币政策最终目标的实现究竟是有利还是不利，还难以确定。而另一方面，这些手段也会对资源优化配置产生损害，从而从较长时间来看，将会妨碍货币政策最终目标的实现。

（三）要慎重使用信贷规模控制等非常规手段

从货币政策传导机制的研究中，可以得出这样的结论：如果市场是完善的并且商业银行制度是健全的，那么传导机制可以有效地起作用。如果市场不完善、商业银行制度不健全，那么常规的货币政策手段不可能使得货币政策的最终目标实现，而诸如信贷规模控制和再贴现限额、再贷款限额之类的非常规的货币政策手段，虽然其传导机制仍然可以有效，但从较长时间来看，却不利于资源优化配置，从而不利于货币政策最终目标的实现。

现在我们所要探讨的问题是，在经历过一段时间的经济紧缩之后，怎样才能使经济再度活跃起来？在上一节中已经指出，针对这种情况，实行稍紧的财政政策与松动的货币政策的配合，要优于松动的财政政策与稍紧的货币政策的配合，更优于财政政策与货币政策的“双紧”或“双松”。有关货币政策传导机制的分析，进一步证实了以上的结论是符合中国当前实际情况的。

我们承认，在市场不完善条件下，非常规的货币政策手段（包括信贷规模控制、再贴现限额、再贷款限额等）经常被使用，甚至存在着把非常规的货币政策手段视为常规的货币政策手段的趋势，似乎非如此不足以实现货币政策的最终目标。其实，这纯粹是一种误解。正如前面已谈过的，非常规的货币政策手段虽然能起一定作用，但不利于对资源的优化配置，特别是它们带有浓厚的行政主管部门意志的色彩，从而同经济运行中的货币供求状况不一定相适应。

在经历过一段时间的经济紧缩之后，要使得经济再度活跃，应在实行稍紧的财政政策的同时，使货币政策松动些，而且力度也应当加大。在这种情况下，信贷规模控制等非常规手段的使用要慎重。这主要是因为：

1. 从经济紧缩走向经济再度活跃，同人们对市场前景的信心的恢复与增强有着密切的关系，而信心的增强是一个累积的过程。假定采用非常规的货币政策手段，无论它们趋向于放松还是趋向于抽紧，都给人们一种不确定的感觉。既然行政主管部门能“放”，它们无疑也能“收”，“放”与“收”都无规律可循，都在很大程度上凭借非常规手段使用者的意志，那么人们的信心依然是不足的。在这种情况下，倒不如不使用或少使用非常规的货币政策手段，宁肯采取常规的货币政策手段，这对于信心的增强和累积反而有利些。虽然常规手段会因市场不完善而使其作用受到限制，但力度加大一些，仍可弥补。

2. 由于非常规的货币政策手段的使用往往给人们以错觉，给投资主体以误导，从而不利于资源的优化配置，因此，即使依靠放松了的货币政策来活跃经济，但资源配置难以优化，实际上起不到预期的实现货币政策最终目标的作用。在经济紧缩一段时间以后，要使得经济再度活跃起来，并使这种活跃持久一些，就必须注意资源配置的优化，以便切实地按照市场需要来组合生产要素，提高资源利用效率。就这一点而论，使用非常规的货币政策手段是不如常规的货币政策手段的。至于常规手段因市场不完善而受到的限制，就必须依靠加大力度来弥补。

3. 要松动货币政策并且松动的力度要大一点，应当以商业银行按贷款的可偿还性和贷款对象的资金使用效率发放贷款为前提，否则不良债务将增加，对经济的活跃也没有好处。那么，怎样才能防止松动之后不良债务的增加呢？是运用常规性货币政策手段更易于做到这一点，还是运用非常规的货币政策手段更易于做到这一点？显然，非常规的货币政策手段在使用中的随意性很大，行政主管机构干预的色彩很强，从而更不易防止不良债务的增加，更不易收到松动货币政策的预期效果。

三、关于货币政策效力的递减

（一）为什么货币政策的效力会递减

在研究货币政策在客观经济调节中的地位与作用时，涉及货币政策的效力递减问题。货币政策效力递减，是指货币政策在实行一段时间之后，它对经济增长与货币稳定这一最终目标的实现而言，所发生的积极影响会逐渐减弱，而其对经济的消极影响却会逐渐增大。

货币政策效力的递减可能是普遍性的，即不论是在市场完善和商业银行制度健全的条件下，还是在市场不完善和商业银行制度不健全的条件下，都会出现货币政策效力递减的情况。当然，在后一种条件下，货币政策效力的递减更加明显，也更加严重。货币政策效力递减的主要原因在于：受到货币政策的作用的对象，包括商业银行与其他金融机构，以及社会上的投资者，是理性的行为人，他们对于中央银行所采取的货币政策会作出理性的反应。即使市场是完善的，商业银行制度也是健全的，但只要商业银行与其他金融机构以及社会上的投资者所考虑的是本身利益的最大化，他们就会根据经济形势的变化与政策的变化，拟定自己的对策。这些对策可能使得某一项货币政策手段的效力减少，也可能迫使中央银行重新考虑政策的效应，对政策进行调整。这种情况在市场不完善和商业银行制度不健全条件下无疑会更突出。

货币政策效力递减还同货币政策传导机制本身的局限性有一定的关系。货币政策是通过中介目标而作用于最终目标的。然而经济总是处于不断的结构调整之中，这种结构调整将对货币需求量提出新的要求。也就是说，货币供应量与对货币的需求量之间的关系要随着不断的结构调整发生变化。任何一种货币政策手段，都把着重点放在货币供应量的变化方面，从而相应地忽略了结构调整对货币需求量提出的新要求。实际上，这意味着中央银行通过货币政策的实行，要让货币需求量来适应货币供应量，而不是让货币供应量去适应货币需求量。货币供应量的变化是货币政策的中介目标，对货币的需求量的变化则没有被视为货币政策的中介目标。或者可以说，中央银行的货币政策都直接作用于货币供应量，并通过货币供应量的变化间接地影响对货币的需求，因此，这些货币政策并没有直接作用于对货币需求量的传导机制。正由于货币政策传导机制有上述局限性，所以在货币政策实行过程中，经济中同货币需求有关的投资者必然设法通过不同渠道来满足自己的货币需求或影响对货币的需求量，而这是货币政策的制定者力所不及的。这样，货币政策的效力递减，即使在市场完善和商业银行制度健全的条件下，也是难以避免的。因为货币政策最终目标的实现从货币的角度来看，不仅依赖货币供应量的变动，而且依赖对货币需求量的变动，只有货币的供给与需求两方面协调一致，才能使货币政策对最终目标的实现发生有效的作用。

（二）市场不完善条件下货币政策效力的递减

至于在市场不完善和商业银行制度不健全的条件下，货币政策效力的递减，除了上述这些原因之外，还有另一些原因。后者也许比前者更为重要。

另一些原因是：

第一，在市场不完善和商业银行制度不健全的条件下，中央银行习惯于把信贷规模控制、再贴现限额、再贷款限额等作为货币政策手段。但这些货币政策手段的制定与执行带有很大的行政管理色彩，中央银行制定了这种规模与限额后，无法根据经济情况的变化而予以调整，结果，这些货币政策手段成为脱离实际的僵硬的政策手段，达不到预定的调节目标。不仅如此，在具体操作过程中，由于这些货币政策手段是依靠行政方式来推行的，往往使商业银行和其他金融机构对中央银行的做法采取公开的或不公开的抵制，从而使得政策的效力减弱。

第二，在市场不完善和商业银行制度不健全的条件下，中央银行对整个经济中的货币数量的控制肯定是有限的。市场越不完善，商业银行制度越不健全，投资者就越有可能从中央银行控制以外的领域取得货币资金。与此相似的是，在市场不完善和商业银行制度不健全的条件下，中央银行越是想通过货币政策手段来控制货币数量，投资者就越想摆脱中央银行的控制范围，设法到中央银行控制力所达不到的领域内去寻求货币资金，其结果必然是货币政策的效力下降。

第三，在市场不完善和商业银行制度不健全的条件下，中央银行的活动以及商业银行的活动都可能受到各级政府的行政干扰，包括要求给予更多的贷款，甚至要求向银行透支。这些来自行政方面的干扰必然使货币政策难以实现预定的目标，使货币政策的效力减弱。而要摆脱这些行政干扰，除了应当健全商业银行制度和完善市场以外，还需要使中央银行制度本身健全起来，其中包括使财政部与中央银行之间关系的正常化，以及地方政府同中央银行分支行之间关系的正常化，等等。

（三）从货币政策效力的递减看货币政策松动以及力度加大的必要性

现在让我们回到经济紧缩之后财政政策与货币政策配合使用这个问题上来。既然我们已经懂得了货币政策效力的递减是不可避免的，以及市场不完善条件下货币政策效力的递减更是必然的现象，那么我们完全有理由认为，要让紧缩之后的经济再度活跃起来，有必要采取稍紧的财政政策与松动的货币政策的配合，而货币政策松动的力度应当大一些。下面，从三个方面来进行论述。

1. 由于受到货币政策作用的对象——包括商业银行与其他金融机构，以及社会上的投资者——是理性的行为人，他们根据形势变化与政策变化而采取的对策会使货币政策的效力递减，因此，在放松了银根的条件下，如果不适当加大放松的力度，很可能使货币政策起不到应有的作用。有理性行为的投资者总是根据以往的经验与政府的做法采取相应的对策，特别是在经历过一段时间的经济紧缩之后，他们尤其不敢轻易地采取行动，总会打一点埋伏，留一手，以免再度使自己在投资中陷于不利状态。只有货币政策放松的力度加大一些，才能在一定程度上抵消或缓解货币政策效力的递减，使货币政策的预期目标得以实现。

2. 正如以上已经指出的，在经济紧缩之后走向经济活跃的过程中，人们对市场前景和投资前景的信心的恢复与增强十分重要，而信心的增强又是一个累积的过程。因此，在政府实行稍紧的财政政策与松动的货币政策相配合的办法来推进经济活跃时，为了防止松动的货币政策的效力递减，货币政策松动的力度应当加大一些，这样才有利于人们对市场前景和投资前景的信心的增强与信心的累积。信心的充足与不足，通常表现于“可买可不买的买”与“可买可不买的不买”的不同。尽管只是一字之差，但对市场活跃程度的影响却是不可低估的。假定货币政策仍然从紧，人们将倾向于“可买可不买的不买”，市场活跃无望。货币政策稍松动一些，但力度不够，这种倾向依然不会改变。只有货币政策松动的力度大一些，人们信心增加了，转而采取“可买可不买的买”的做法，经济的兴旺与市场的活跃才会出现。

3. 单凭对股市的看好是不足以使经济紧缩之后转入再度活跃的局面的。相反地，股市一枝独秀还可能是经济尚未活跃的反映，因为其他行业的投资前景不乐观，投资渠道又窄，于是大量资金从其他投资领域流进了股市。加之，在其他行业的投资前景尚未看好的情况下，股市的上扬未免显得基础不扎实。这样，我们就应当设法启动其他行业，至少是某些能支撑经济活跃的几个行业，而在政策配合使用方面，需要让货币政策松动的力度加大一些。这实际上强调了结构性货币政策的重要性，即并非不顾行业的结构、投资的结构而让货币政策的松动无序，而是有选择地加大货币政策松动的力度，使某些能支撑经济活跃的行业先复苏，先兴旺，带动相关行业一起发展。对这些行业的货币政策松动力度大一些，将促进有效供给的增长，而不至于导致通货膨胀的加剧。有效供给增长才是名副其实的经济增长。此外，还应当注意到，现阶段的经济增长中不是没有水分的。如果说经济中确实存在着泡沫的话，那么经济增长中的水分就是最大的泡沫。要设法消除这种泡沫，那就必须消除无效供给。趋向于松动的结构性货币政策，只有力度加大一些，才能做到这一点。

总之，经济紧缩以后，要使经济转入兴旺活跃状态，根据中国的实际情况，目前我们不但需要采取稍紧的财政政策与松动的货币政策相结合，而且货币政策松动的力度要加大一些，同时，我们应当谨慎使用非常规的货币政策手段，更多地使用常规的货币政策手段。这就是本文的中心思想。

（本文曾摘要发表于《亚太经济时报》1997 年 5 月 29 日、6 月 5 日、6 月 12 日）

论效率的双重基础

一、在效率问题的研究中必须考虑人的因素

在市场经济条件下，效率是受市场调节的。利益的驱动就是市场调节起作用的表现。每一个资源投入主体为了取得利益，必须根据市场上生产要素的供求状况与价格水平来组合生产要素，提高效率。因此，在市场经济中，效率背后的机制实际上就是利益机制或市场机制，资源投入主体的利益最大化就是他所追求的目标，这样，利益驱动与目标吸引在效率问题上是统一的。

假定在市场调节之外还有政府调节，那么在效率的背后必定存在着政府调节的影响，目标的吸引主要是政府调节起作用的表现。政府有自己的目标，政府目标不是单一的，而是多元的。政府为了使自己的目标得以实现，就需要通过各种调节手段对资源投入主体发生影响，使他们在资源投入领域的选择上与资源投入方式的选择上作出符合政府目标的选择，从而影响效率的变动。

由于市场调节与政府调节是共同起作用的，所以高效率或低效率的产生实际上受到市场调节与政府调节的共同影响。但对这个问题的分析不应到此为止，我们还需要作深入一层的探讨。这是因为，在市场上进行活动的是各个交易人，一个交易人就是一个资源投入主体。对市场

进行调节的是政府，政府自身也是资源投入主体。受到政府调节的是市场上的交易人，他们作为资源投入主体，既要考虑自己的利益，也要考虑政府采取的调节手段对自己利益的影响。于是就出现了另一个问题：资源投入主体是怎样考虑的呢？他们的行为受哪些因素影响呢？效率除了受到市场调节与政府调节以外，是不是还受其他力量的影响呢？

让我们先以一个企业为例。

一个企业内部的关系可以分为人与物之间的关系和人与人之间的关系。人与物之间的关系主要反映为生产资料使用者与生产资料之间的关系。企业的生产资料状况和平均每个劳动者所使用的生产资料数量的多少，基本上反映了这个企业的技术水平，技术水平的高低影响着效率的高低。从人与人之间的关系来看，问题要比人与物之间的关系复杂些。可以把企业内部的人与人之间的关系分为若干种关系，例如，企业领导层同一般职工之间的关系，企业领导层内部的合作共事关系，企业领导层与各级管理人员之间的关系，各级管理人员内部的合作共事关系，一般职工相互之间的关系，等等。这些人际关系中，有的协调，有的不那么协调，还有的完全不协调。有些人际关系在这种情况下比较协调，在另一种情况下却不协调。人际关系的协调程度影响着效率的高低，而且对效率的影响同技术水平对效率的影响是不一样的。如果技术水平低，企业通过增加投入，或增添新设备，修建新厂房，或进行职工培训，鼓励职工钻研技术，就可以大幅度提高技术水平，达到效率增长的要求。但如果企业内部人际关系不协调，增加投入能有多大成效？效率能大幅度提高吗？

再从企业从业人员（包括各级管理人员与工人）的角度来看，在一定的技术水平之下，人的因素被摆到了显著的位置，企业的效率取决于人的因素所发挥的作用。在人的因素中，职工的工作时间、每个人已达到的文化技术等级、每个人在自己的工作岗位上的责任明确程度都是已知的。但在人的因素中，还有一些未知数。例如，职工的努力程度就是未知的，因为每个人在工作中究竟使出了多大的劲，不易确定。又如，每个人都有一定的惰性，惰性的影响小，积极性、创造性发挥得充分；反之，惰性的影响大，职工的积极性、创造性的发挥就受到阻碍。职工自身能在多大程度上克服惰性，也是一个未知数。再如，如果职工个人的目标同企业目标是协调的，效率将会增长；反之，职工个人目标同企业目标不协调，效率将会下降。但职工个人目标同企业目标究竟在何种程度上协调或不协调，同样是未知的。这些未知因素的存在对企业效率的影响，是值得研究的课题，也是市场调节或政府调节都难以解决的难点。

由此可见，对效率的研究有必要在市场调节与政府调节以外展开。这并不意味着市场调节与政府调节对效率的增减不重要，这只是表明市场调节与政府调节在影响效率方面有局限性，特别是在分析效率的源泉方面有局限性。比如说，对企业内部人与人之间关系的研究，对与人的工作努力程度、人的惰性等有关的若干未知因素对效率的影响的研究，都需要深入到更深的层次。这就是说，道德力量在许多方面对人的行为发生作用，进而影响效率。什么是效率的真正源泉？效率的真正源泉在于人的作用的充分发挥、人的积极性与创造性的充分发挥，而要做到这一点，道德力量的作用不可忽视。在道德力量作用之下，人的作用充分发挥了，人的积极性与创造性充分发挥了，效率将会大大提高。

应当指出的是，上述分析是以既定技术水平作为前提的。技术水平的高低，从人与物之间的关系的角度来看，关系到效率的大小。比如有两个国家、两个地区或两个企业，如果一个国家、地区、企业的技术水平高出另一个国家、地区、企业很多，那么道德力量对效率发生作用后所产生的后果就难以进行比较。因此，只有把技术水平作为既定，道德力量对效率的作用才能准确地显示出来，这样的对比才有意义。

二、效率来自凝聚力：团体的凝聚力和社会的凝聚力

前面已经指出，在一定的技术水平的条件下，效率的真正源泉在于人的积极性、创造性的充分发挥，而要充分发挥人的积极性、创造性，必须有合理的经济运行机制，必须做到人际关系的协调。

凝聚力的大小是人际关系是否协调或协调到何种程度的体现。凝聚力基本上分为两类：一是团体的凝聚力；二是社会的凝聚力。团体的凝聚力以团体内部人际关系的协调为条件，社会的凝聚力则以社会中人际关系的协调为条件。凝聚力产生效率：团体的凝聚力产生团体的效率，社会的凝聚力产生社会的效率。

这里所说的团体，包括了企业、事业单位、社区、社团、村、家庭，等等。团体有大有小，但各有各的凝聚力。团体的组织有松有紧，紧密不等于有较大的凝聚力，松散也不等于缺少凝聚力。团体组织的松散或紧密，是从组织形式上说的，团体有没有凝聚力或凝聚力有多大，则同团体与成员之间协调与否、成员与成员之间协调与否有直接的关系。比如说，某个社团，有严密的组织，但成员彼此之间可能勾心斗角，难以形成一股力量，或者成员对社团的领导层离心离德，存在着强烈的离心倾向，那么不管社团的组织形式多么严密，照样没有凝聚力。反之，某个社团尽管组织形式上是比较松散的，但成员之间的关系协调，成员同社团的领导层的关系协调，成员们为社团的发展齐心协力，这样的社团不仅有凝聚力，而且凝聚力还可能是很强的。

企业是由企业工作人员组成的一个团体。企业的凝聚力是团体的凝聚力中的一种。企业文化建设有助于企业凝聚力的形成。一个企业，如果有较大的凝聚力，不仅能够促使企业效率不断提高，而且在企业遇到困难时，能够使企业克服困难，闯过难关。关于这一点，人们一般是不会产生疑问的。

需要深入探讨的问题是：社会的凝聚力如何形成？团体的凝聚力同社会的凝聚力之间存在什么样的关系？怎样正确处理这两种凝聚力

之间的关系，以便既有团体的凝聚力，又有社会的凝聚力？

社会的凝聚力是指社会成员们能够团结一致，各尽所能来实现共同的目标。最显著的例子就是一个国家、一个民族在反侵略战争时期或在严重自然灾害时期，其成员所表现出来的齐心协力、艰苦奋斗与自我牺牲的精神。社会的这种凝聚力带来社会的高效率，会出现许多奇迹。即使在正常的情况下，如果社会上人际关系协调，社会凝聚力强，那么也会出现社会协调的环境，同样有利于效率的增长。

至于团体凝聚力与社会凝聚力之间的关系，应当认为，二者之间可能存在着相互促进的关系，也可能存在着相互制约的关系，关键在于团体的性质与团体的目标是什么样的。社会上有各种各样的团体，性质互异，目标互异。假定某个团体是政治性的组织并具有分离主义政治倾向，它的目标是要求改变现状，从一个国家分离出去，那么，这样的团体内部越有凝聚力，对社会越不利，社会的凝聚力越会受到损害。当然，这是极端的例子，我们可以把这一类团体作为特例，略去不谈。在一般情况下，团体的目标同社会的目标是相容的，也是可以协调一致的，因此，团体的凝聚力与社会的凝聚力通常有着相互促进的作用。这里仍以企业为例。

在市场经济中，企业作为自主经营、自负盈亏的商品生产者，有自己的目标，而首要的目标就是争取实现最大利益。企业之间存在着竞争的关系。为了使自己在竞争中取胜，企业不断调整生产和经营方向，也不断改进管理，增加内部凝聚力。正当竞争、合法条件下的竞争，是处理企业之间关系的前提。在这一前提下，企业之间有着共同的利益，这就是：社会越稳定，经济越繁荣，企业越能受益。一个企业的兴旺并不是必定以另一个企业的衰败为条件的。在社会稳定与经济繁荣的大环境中，企业都有发展的机遇，并且都能实现这一愿望。从现实生活中可以看到，即使在这样的大环境中，也总有一些企业由于生产经营不善，或投资决策失误，或适应不了技术迅速变化的形势，发生生产收缩、企业倒闭或被其他企业兼并等情况，但这是正常的，这只不过是资源重新组合的反映。只要资源的重新组合能给国民经济带来效率的增长，为投资者创造新的机遇，那么某些企业收缩、倒闭或被兼并不会损害企业界的共同利益。

团体的凝聚力同社会的凝聚力是两种不同类型的凝聚力。团体的凝聚力能否同社会的凝聚力统一起来，或者说，团体凝聚力的加强能否促进社会凝聚力的加强，同作为促进团体凝聚力的重要因素的文化建设（如企业文化建设、社区文化建设、校园文化建设等）的内容与成效有密切关系。不妨仍以企业为例。在一个企业中，假定企业文化不仅强调企业自身的目标，而且同样强调社会的目标；不仅关注企业自身的利益和本企业职工的利益，而且也关注公共的利益；不仅致力于企业精神的培育，而且也致力于优良的社会风尚的培育，这样，企业文化建设的成就既表现于企业凝聚力的加强，也表现于社会凝聚力的加强，企业凝聚力与社会凝聚力是一致的。这正体现了成功的企业文化建设的社会功能与社会价值。反之，假定一个企业单纯着重企业自身利益与本企业职工利益的追求而忽略了企业文化建设的社会功能与社会价值，这样，尽管企业的凝聚力也有可能在某种程度上加强，但却无法使企业的凝聚力同社会的凝聚力协调一致，也无法使企业凝聚力的加强带来加强社会凝聚力的结果。在分析效率源泉问题时，我们不应当忽视这一点。

如果再作进一步的分析，那么可以了解到，国民财富的增加、社会的经济繁荣和文化教育事业的发展是联系在一起的。一个经济繁荣、文化教育事业发达的社会，将更有条件来进行文化建设，促进社会凝聚力与团体凝聚力共同加强。道德调节作用在促进社会凝聚力与团体凝聚力共同加强方面表现得尤为明显，道德调节的这种作用是市场调节或政府调节无法替代的。这是因为，只有运用道德力量，才能使团体的成员认识到团体目标的实现从根本上说是同社会目标一致的，个人的利益、团体的利益从根本上说是同公共利益一致的，于是团体的成员就会从内心认同社会目标，其结果将是既增强了团体的凝聚力，又增强了社会的凝聚力。团体的效率与社会的效率将在道德力量的影响下不断提高。

由此可以得出下述结论：以往在效率源泉问题的研究中，通常只着重经济因素与技术因素而忽略非经济因素与非技术因素，只注意利益的影响而不注意社会责任感与公共目标的作用，只强调物的价值实现而忽视人的价值实现。在这种传统的思想与方法的指引下，实际上研究不了效率变动的深层次问题，也揭示不了效率的真正源泉还在于人的作用以及人与人之间的关系，而不仅仅在于物的作用以及人与物之间的关系。团体凝聚力产生团体的效率，社会凝聚力产生社会的效率，在这种情况下，效率的产生与提高的原因不应当到市场机制中去寻找，也不应当到政府的调节行为中去寻找，而只能到道德力量及其对人的影响中去寻找。

三、超常规的效率是怎样产生的

效率具有物质基础，这是人们所公认的。一定的生产设备和原材料，一定的技术条件和具有一定技术水平的工作者，以及一定的社会基础设施（如交通运输设施、通讯设施、供水供热设施、能源供应设施等），构成一定的效率的物质基础。效率的物质基础的重要性已经得到了公认。不设法改善效率的物质基础，效率的提高会遇到障碍。

但是，效率是不是仅有一个基础，即物质基础呢？是不是只要具有效率的物质基础，效率就必定增长呢？从以上的论述中已经可以清楚地了解到，单有效率的物质基础是不足以充分说明效率增减的原因的。我们必须讨论效率的另一个基础，即道德基础。生产设备和原材料由人来使用，技术条件的发挥同人的素质有关，也同人的积极性、创造性有关。作为效率的物质基础的组成部分之一的具有一定技术水平的工作者，是活生生的人，而不是机器人。他们有思想，有主张，有感情，也有目标。对待生活，他们可能持这种或那种态度；对待工作，他们可能热情，也可能冷漠。加之，他们一个个都不是孤立的人，他们同其他人交往，构成各种各样的人际关系，而这些关系的协调程度是不一样的。这一切成为效率的另一个基础，可以称之为效率的道德基础。

效率的物质基础和道德基础是并存的。单单用物质基础或道德基础都解释不了效率的增长或下降。两家企业，假定物质技术条件完全相同，生产出来的产品也相同，并且都被消费者所需要，但为什么其中一家企业的效率高而另一家企业的效率低？效率的道德基础的比较分析将会提供答案。

因此，正确的说法应当是：效率具有双重基础，即物质基础与道德基础。

在任何时代，小到一个家庭、一家企业、一座村庄，大到整个社会、整个国家，都需要有一种精神上的凝聚力、一种以道德规范为准则的行为引导、一种伦理观念。这些同科学技术是可以并行不悖的，而且也互不干扰。在处理人际关系时，凡是科学技术无能为力之处，就需要有道德力量来调整。人际关系融洽了，个人的积极性、创造性发挥了，效率自然会增长。这表明效率确实有自己的道德基础。

效率有双重基础，已如上述。接着要讨论的是：效率的物质基础是变化的，因为经济发展了，技术进步了，工艺改进了，使用生产资料的工作者的知识也更新了，效率的物质基础肯定会发生变化，而且这种变化是不间断的；那么，效率的道德基础是不是也这样呢？难道会有一成不变的道德原则作为效率的道德基础吗？再如，既然效率具有物质基础与道德基础这样两个基础，物质基础是不断变化的，难道效率的道德基础就不会随之变化吗？如果说效率的道德基础是变化的，那么这种变化是主动的变化还是适应性的变化？所谓主动的变化，是指构成效率的道德基础的那些道德规范、行为守则、评价标准等自身发生了变化，从而导致了效率的道德基础的变化。所谓适应性的变化，是指适应于效率的物质基础的变化而引起的效率的道德基础的变化。当然，主动变化与适应性变化有时是很难分开的。效率的道德基础的变化可能既有主动变化，又有适应性变化，二者往往交织在一起。

接着，让我们考察这样一个问题：超常规的效率究竟来自何处？物质基础通常提供的是常规效率，道德基础则不仅保证常规效率的产生，而且还能提供超常规效率。

历史上移民社会的超常规效率，一直是学术界感兴趣的课题。在中国，中原战乱期间，流民纷纷南下，在广东、福建一带披荆斩棘，排水造田，改变了当地荒芜的面貌。在西欧，从12世纪起，移民们就开始在尼德兰北部从事垦荒，他们兴修水利，发展农牧业。这些移民所表现出来的高效率，是超常规的。工具简陋，人力单薄，环境艰苦，为什么会涌现超常规的效率呢？在移民迁移过程中，甚至在移民社会形成后的较长时期内，既没有市场调节，也没有政府调节，那么，是什么力量使他们产生如此大的热情，提供如此高的效率呢？这就不能不归因于道德力量的作用、凝聚力的作用、人的创造性的作用。也许可以下这样一个结论：从历史上看，这些移民都是在超常规的客观条件下以超常规的主观力量来完成拓荒任务的，甚至移民们的社会组织也是超常规的。这些可以被看成是人类历史上的一种奇迹。如果没有相应的道德基础，就不可能有超常规的移民社会组织，也不可能有超常规的个人主观力量，从而也就不可能有超常规的效率。

超常规的效率涌现向人们充分显示：效率增长是有潜力的。效率增长潜力的发挥，主要依靠效率的道德基础的存在，依靠道德力量的作用。除了前面提到的移民社会，还可以列举一些例证。例如，反侵略战争时期人们种种奋不顾身的行为，在抗御重大自然灾害袭击时人们作出的种种努力，甚至在为了团体（小至一个家庭、一个家族，大至一个宗教组织、一个民族或一个国家）的目标的实现或团体尊严、荣誉的维护方面，都可以看到道德力量、信念、信仰在激发人们的意志与能力中的作用，超常规的效率正是这样产生的。那么，效率的物质基础是不是也能为效率的超常规作出贡献呢？当然，效率的任何增长总是离不开物质条件的。例如，移民拓荒过程中，无论人的积极性多么高，总需要有一定的生产资料；抗御重大自然灾害时，也需要有一定的物质条件。假定没有道德力量、信念、信仰等在这些场合发生巨大的作用，依靠物质条件，人们仍然只能产生常规的效率，而不可能产生超常规的效率。不仅如此，还可以认为，假定缺少效率的道德基础，即使有效率的物质基础，完全有可能出现不充分的效率、低效率，甚至负效率。

在学术界曾经长期引起争论的所谓效率标准与道德标准之间的冲突问题，通过对超常规效率的分析，这个问题实际上已经得到了解决。所谓效率标准与道德标准之间的冲突，通常是指：对一种经济行为，究竟如何判断，有两个标准，一是效率标准，即以效率是增长还是下降作为标准，效率增长是善，效率下降是恶；二是道德标准，即以伦理上的是非作为标准，符合伦理原则的是善，违背伦理原则的是恶。这两种标准在许多场合是不一致的，因为效率的增长很可能不符合伦理原则，而符合伦理原则的却引起效率的下降。这是一个由来已久的老问题，它之所以难以解决，主要在于伦理上的是非究竟是从什么角度来判断的。

效率标准是经济学的标准，效率判断也是经济学中的判断，而道德标准和道德判断都不是经济学的研究对象或研究任务。但是，当问题涉及道德标准同效率标准之间的关系，以及涉及道德判断同效率判断是否一致时，这些问题便进入了经济学的讨论范围。我在《社会主义政治经济学》一书中，曾对这些问题做过如下的论述："经济行为的道德判断必须和实践检验统一起来，否则经济中的伦理原则也就会变得难以捉摸……我们可以用'劳动者的最大利益'作为经济行为的伦理标准。也就是说，凡是符合'劳动者的最大利益'的，就是'是'或'善'，不符合'劳动者的最大利益'的，就是'非'或'恶'。"① 这是可以用来协调效率标准和道德标准的方法之一。如果采取这种方法，也许可以作为某些经济行为评价的依据。

但不管怎么说，在另一些经济行为的评价中，效率标准和道德标

① 厉以宁：《社会主义政治经济学》，商务印书馆 1986 年版，第 438—439 页。

准的冲突仍有可能出现。这也是至今使经济学研究者感到困惑的事情。然而，单就超常规效率的产生来看，我们不难发现，效率标准和道德标准实际上已经一致了。超常规效率的产生，本身就已经表明效率的大大提高，所以效率标准在这里是完全适用的。而超常规效率是怎样产生的呢？正如前面已分析的，这与道德因素的作用直接有关。没有道德因素的作用，在移民社会中，在反侵略战争期间，在重大自然灾害来临时，是不会产生超常规的效率的。因此，用道德标准来衡量，可以说明超常规效率的产生在符合效率标准的同时也符合道德标准。

四、效率增长潜力的发挥

在谈到效率的道德基础时，还有一个问题需要作进一步的探讨，这就是：是个人越有自主性，效率的增长潜力越大呢，还是个人的自主性越少，个人越是从属于某个团体、某个组织，甚至从属于整个社会，效率的增长潜力越大？

为什么会提出这个问题？这与效率的道德基础有关。在生产资料的技术性质与生产的客观条件为既定的前提下，在个人作为生产者、工作者的文化技术水平已知时，如果个人有较大的自主性，那也就会有较大的积极性和创造精神，从而效率增长的潜力较大。这就是说，经济中自主的生产者、工作者越多，经济就越具有活力，经济增长的能力就越强，效率增长的潜力就越容易发挥出来，所以，不能认为生产者、工作者的自主性越大对经济越不利。但从另一个角度来看，既然效率的源泉也在于人际关系的协调，在于人同团体或社会的适应，那么在个人从属于某个团体、某个组织，甚至从属于整个社会时，人际关系协调的可能性、人同团体或社会相适应的可能性也就越大，这岂不是表明效率增长的潜力越大吗？

其实，上述问题并不是不易弄清楚的。个人的自主性与个人对某个团体、组织甚至社会的从属，可以相容并存，不能作出必然非此即彼、必须二者择一的结论。效率的道德基础，既包括了人的积极性、创造性的发挥，也包括了人际关系的协调与适应。只强调前一方面而忽视后一方面，或者只强调后一方面而忽视前一方面，都是不对的。不能设想在个人从属于某个团体、组织甚至社会的同时，个人又缺乏自主性、积极性与创造性的情况下，效率会持续地而不是暂时地增长。也不能设想在个人虽有较大的自主性，但人际关系不协调、不适应的现象不断加剧的情况下，效率会持续增长。因此，合理的情况应当是：既有个人的自主性，又有人际关系的协调与适应，二者不可偏废。个人对某个团体、组织甚至社会的从属，与团体、组织、社会对个人的尊重，是并存的，这种并存保证了效率的不断增长。换言之，个人对团体、组织、社会的从属应当是发自内心的，而不是强加的、被迫的，而要人际关系保持协调，人与人之间应当在各自自重的基础上相互尊重。

现实中的情况正是如此。一个人生活在社会中，他必然是社会的成员。一个人在社会中总会参加一定的团体、组织。家庭是最小的团体，一个人总属于某个家庭。如果他是职工，他会在一家企业中工作，也许他还加入工会。如果他是农民，他所在的那个村，或许有村民自治组织。如果他是城市居民，他从属于他所在的那个社区、街道。如果他是私营企业主或个体工商户，那么他有自己的协会之类的组织。总之，他既是社会的成员，又是某个团体、组织中的一员，为此，他必须尽可能地处理好人际关系，以求得相互协调，彼此适应。但与此同时，作为一个人，他有自己的愿望、自己的要求、自己待人处世的原则，他必须有自主性，然后才有积极性与创造性。换言之，他是有活力的。一个人的自主性，是他处理好人际关系的前提，也是他同团体、组织、社会协调与适应的前提。假定他连一点自主性都没有，纯粹被当作一种工具供别人使唤、支配，他没有活力、没有生气，处理好人际关系又有什么意义？人际关系的协调、适应等又何从谈起？这不正说明个人的自主性同人际关系的协调相比，应处于首位吗？

进一步说，社会上有无数个个人，一个团体、组织中有若干个个人，如果这些个人都有自主性，都有活力，都能发挥积极性、创造性，也都能够按自己的目标进行活动并力求同社会的目标、团体的目标相协调、相适应，那么人际关系必定处理得更好，效率的增长会更快、幅度更大，这不正是社会或团体所希望实现的吗？

以上的分析告诉我们，效率的道德基础是客观存在的。但效率的增长既有可能是现实的，也有可能是潜在的，效率增长的潜力不一定能充分发挥出来。要发挥这种潜力，一要靠对人的自主性的尊重，以便人的积极性、创造性能得到发挥，二要靠人际关系的协调，靠人同团体、组织、社会的适应。

（原载《北京大学学报（哲学社会科学版）》1998 年第 6 期）

管理、自律与道德激励

一、个人持久主动性、积极性的源泉

经济活动中，任何人都需要自律。自律通常被理解为个人的一种道德上的自我约束。这种理解未免有些狭窄。自律还有积极的、进取的一面，这就是：一个人不管从事哪一种工作，不管在什么样的岗位上，都应当有敬业精神、进取精神，在自己的工作岗位上努力工作，做出成绩来。精神上的活力是重要的，可以把道德的激励称做自律的另一面，它与道德的约束是相辅相成的。

关于自我的道德激励同敬业精神、进取精神之间的关系，不妨从经济生活中的动力谈起。在经济分析中，“动力来自个人物质利益”的假设是有局限性的。个人利益不以物质利益为限。人是“社会的人”，他的利益要比单纯的物质利益或经济利益广泛。“动力并非全部来自利益”的假设正是这样被提出来的。在任何一级收入水平上，个人的行为都会受到利益以外因素的影响，而在个人收入增长后，非利益的考虑往往更加突出。这就是说，在个人收入达到一定水平后，物质利益对个人主动性、积极性的激发会有所减退，个人会较多地从利益以外的角度来考虑问题，而他在经济活动中的主动性、积极性的一部分或较大部分也可能由此而来。

正因为个人的动力中有来自非利益的部分，所以在经济活动中一般不可能出现个人动力递减的现象。这里所说的动力递减，是指个人在从事经济活动时，随着经济活动的进行和收入的增长，他的主动性、积极性会逐渐减弱。在动力唯一地来自个人物质利益的条件下，动力的递减是可能出现的，因为收入不再像过去那样有那么大的刺激作用了。这里涉及收入的取得和为了取得这种收入而付出的努力之间的替代关系。对个人来说，当收入水平增长后，个人将考虑是否继续值得投入同过去一样多的努力去取得一定的收入，时间与精力也许对他更为重要些。个人收入激励作用的递减、物质利益动力的递减就是这样形成的。而当利益以外的考虑在个人经济活动中占据越来越大的位置时，即使个人的收入水平上升了，但个人的动力不一定下降。这时，他完全可能同以往一样地有主动性、积极性，甚至比以往更加主动、更加积极，因为经济方面的顾虑已经解除，他可以把主要的时间和精力投入非利益动机的事业之中。

如果我们从这个角度来考察，那么“动力来自个人物质利益”假说的局限性就很清楚了，我们可以由此进一步探讨社会经济活动中个人持久的主动性、积极性的源泉。

当然，个人持久的主动性、积极性不能只从个人的角度来考察，对客观条件的分析同样是必要的。一个人能否持久地有主动性、积极性，他自身的努力固然重要，但如果他在某个企业中工作，那么那家企业是否注意发挥职工的主动性、积极性也是十分重要的。如果那家企业漠视对职工主动性、积极性的调动和发挥，个人就很难迸发出持久的主动性、积极性。而要让企业注意调动和发挥职工的主动性、积极性，又同经济体制有关。比如说，市场机制取代了计划指令，公平竞争代替了对企业的差别对待，企业的自负盈亏代替了国家对企业的统收统支，这样，企业就必然重视调动职工的主动性、积极性。

假定经济体制与企业体制都符合市场经济的要求，那么人的主动性、积极性怎样才能产生并能够持久化呢？让我们转入道德激励问题的讨论，因为个人持久的主动性、积极性的源泉与此有关。

二、道德激励与利益动机的相容性

一个人自我的道德激励同一个人在工作时具有利益动机是不是可以相容？这个问题是值得探讨的。不能简单地认为一个人有了利益动机，道德的自我激励就消失了；也不能简单地认为，一个人在道德激励之下产生了持久的主动性、积极性，就不承认他还受到利益动机的某种程度的影响。一个人的主动性、积极性很可能部分地来自利益动机，部分地来自自我的道德激励；持久的主动性、积极性也可能如此，只是道德激励起的作用更大一些而已。再说，当个人以利益作为活动的动机时，也需要有敬业精神，在同其他人进行交易的过程中应当讲信用，这里也包含了道德的自我激励的内容。

对社会上大多数人来说，可能既以个人利益为目标，同时也有实现公共目标的愿望，因为他们认为个人利益的实现与公共目标的实现是不矛盾的。比如说，一个人兴办某个企业，他认为如果他成功了，企业越办越兴旺，不仅他的个人利益增长了，而且对社会也有好处，这不也有利于公共目标的实现么？又如，一个人在某个企业中做工，他想自己的这份工作虽然能给家庭带来收入、改善生活，但出色的工作将使得企业的效益增加，而企业效益增加对社会是有利的，这样个人利益动机与公共目标在他的身上也就统一起来了。虽然每个时代都有不考虑个人利益而只考虑公共目标的人，但毕竟只是少数人。

当个人利益与公共目标发生冲突，二者只能择一时，对每一个既考虑个人利益又考虑公共目标的人是一场考验。社会上大多数人是会把个人利益与公共目标结合在一起考虑的，个人利益与公共目标的兼顾使他们不需要作出二者只能择一的决策，因为实现了个人利益，对公共目标的实现也有利，而公共目标的实现中也包含了个人利益的实现，没有二者只能择一的必要。然而一旦个人利益的实现与公共目标的实现只能二者择一时，并不是所有的人都能作出正确的决策与选择的。道德力量的作用在这种场合将充分地显示出来。选择个人利益而放弃公共目标的人，在道德力量的面前退缩了，在历史上和现实生活中不乏这方面的例子。但仍然有不少人能选择公共目标而舍弃个人利益。这也是自律的结果：自律使他们既有道德的约束，又有道德的激励。道德的自我约束，使他们谨守道德规范的防线，不做违背公共利益与公共目标的事，在个人利益和公共目标只能二者择一时，不能为了个人利益而牺牲公共目标。道德的自我激励，使他们激发为公共利益与公共目标的实现而努力的热情，自愿地在个人利益和公共目标冲突时把公共目标的实现置于个人利益之上。在这里，道德的自我约束与道德的自我激励是同等重要的。

在社会经济活动中，道德的自我激励有时会被人们所误解，即认为凡是个人在经济活动中因存在利益动机而获利时，就会被看成是出于个人的利益考虑，道德的自我约束可能还存在，而道德的自我激励却不存在了，不起作用了。这种误解之所以出现并会被人们所接受，是因为他们把道德激励与利益动机说成是互不相容的。根据以上的分析，我们可以得出如下的论断：

在个人利益与公共目标之间不需要作出二者只能择一的决定时，对个人来说，个人利益的实现与公共目标的实现可以相容。道德的自我激励既有助于公共目标的实现，也有助于个人利益目标的实现。在这种情况下，道德激励与个人利益动机也是一致的。因为个人受到敬业精神和诚实信用原则的激励，为了实现利益目标，工作应当做得更好，提供的产品与劳务应当得到社会更多的欢迎。

在个人利益与公共目标之间存在着只能二者择一而且必须作出果断决策时，对个人来说，无论是选择公共目标而放弃个人利益还是选择个人利益而放弃公共目标，都能感受到个人利益与公共目标的冲突。假定他选择个人利益而放弃公共目标，那么道德激励没有起到作用，道德激励同他的利益动机是不协调的。假定他选择了公共目标而宁肯放弃个人利益，那就表明在这种情况下道德激励已经发生了作用，道德激励与个人利益动机可以相容，个人从而作出了应有的选择。一个人在不违背公共利益与公共目标的条件下争取实现个人利益，以及他在个人利益与公共目标有冲突时选择公共目标而放弃个人利益，都有可能受到道德激励的影响。这都表明了道德激励与个人利益动机不是不可以相容的。二者的相容表现为认定公共目标中包含了个人利益。

由此可见，道德激励与个人利益动机可以相容，但又并非必然相容，因为在个人利益与公共目标之间存在着只能二者择一，而个人选择个人利益而放弃公共目标时，道德激励与个人利益动机的不相容就暴露出来了。

三、自律是道德自我约束与道德自我激励的统一

以上的分析已经说明，道德的自我约束固然重要，道德的自我激励同样重要。社会经济生活中，假定只有个人的道德自我约束而没有道德自我激励，社会也许会失去生气，失去活力，失去进取精神，人们可能谨小慎微，但求无过。假定只有个人的道德自我激励而没有道德自我约束，人们在行动中可能失去应有的警惕而放松自己行为的检点，也就是有可能守不住道德规范的防线。只有道德的自我约束与道德的自我激励并重，才能使社会既能充满生气与活力，又能兼顾公共目标与个人利益。一个严于自律的生产者、工作者，可以是一个具有奉献精神的人，也是一个具有进取心的人；可以是一个有敬业精神的人，也是一个收入不断增长的人。他的奉献精神、进取心、敬业精神，以及事业成功并取得不断增长的收入的事实，都同他的道德自我激励和自我约束有关。

一个人在非正常条件下不仅更加需要有道德的自我约束，而且也更加需要有道德的自我激励。历史上的情况暂且不谈，就以现实生活中

的例子来说，人生活在社会中，要生存，要发展，要适应各种不同的生活环境和工作环境。他除了要能够在正常条件下生存和发展外，还要有在各种非正常条件下生存和发展的能力，否则这个人的生存能力是脆弱的、经不起挫折和打击的。还应该看到，人们通常所说的适应能力主要不是指适应正常条件的能力，而是指适应非正常条件的能力。判断一个人的能力大小和生命力是否旺盛，一个重要的标准就是看他能否在非正常条件下生存和发展，能否适应种种逆境。

然而，在处于相同的非正常条件下的若干人之中，为什么有些人消沉，有些人奋进？为什么有些人堕落，有些人却能自持不屈？道德的自我约束和自我激励同时发挥作用。一个人如果在非正常条件下能够自持、奋进，应当从精神方面去寻找产生适应非正常条件的能力的原因。这里尤其应当提到的是道德的自我激励的作用。在道德的自我激励之下，为了一种信念、一种理想、一种目标，他会正确对待困难，克服困难，把艰苦的环境作为对自己的磨炼。道德的自我激励会使他学会如何适应非正常条件，从而使自己得到发展。从这个意义上说，一个人越是处于非正常条件下，就越需要有道德的自我激励，道德力量的作用也更能显示出来。

任何一个人都难以避免惰性的产生及其对自己行为的牵制。如何克服惰性？一方面，这同良好的社会风尚的形成与影响有关，另一方面，又同个人不断的道德自我激励有关。在良好的社会风尚的影响下，当周围的人都能战胜惰性，不断创造与进取时，一个人即使存在着惰性，但摆脱惰性的可能性将增大。而在良好的社会风尚还未建立的情况下，道德的自我激励在这种情况下之所以显得更加重要，原因在于：不管周围的人是否战胜了惰性，是否创造或进取，只要自己在道德的激励下能奋发有为，那么不仅能克服惰性的牵制，还能影响周围的人，使他们有信心和毅力去战胜惰性。

总之，自律作为道德自我约束和道德自我激励的统一，理所当然地会引起社会的重视、管理部门的重视。当人们有道德的自我约束时，就会在社会经济活动中严格要求自己，不做任何违背道德规范的事，抵制一切损害公共利益与公共目标的行为。当人们有道德的自我激励时，就会有进取心、奉献精神、敬业精神，就会摆脱惰性，战胜困难，即使处于逆境之中也能使工作更有成绩，更为出色。

我想，以上所说的这些对于改善我们的管理工作是有启发性的。

（原载《现代管理与现代领导》1999 年第 1、2 期合刊）

中国选择的改革方式是正确的

中共十一届三中全会重新确立了实事求是的思想路线，为市场经济取向的改革开辟了道路。在改革经历了20年之后的今天，当我们回顾改革的历程时，不能不感到我们所选择的改革方式是非常正确的。

要知道，计划经济体制由若干个次一级的体制所组成，例如计划的企业体制、计划的财税体制、计划的金融体制、计划的价格体制、计划的劳动用工体制与人事体制，等等。它们彼此紧密地结合在一起。这个次一级的体制依存于另一个次一级的体制，而另一个次一级的体制又依存于第三个次一级的体制，盘根错节，难解难分，此存则彼存，此损则彼损。于是，要想冲破计划经济体制的束缚，对任何单个的企业或单个的居民个人来说，简直是不可思议的事情。这种情况清楚地说明，要摆脱计划经济体制和建立社会主义市场经济体制十分艰难。假定改革方式选错了，比如说，选择某些国外经济学家所推荐的“休克疗法”，即全面放开价格的改革方式，中国经济只可能陷入混乱状态而不会有目前的成就。

中国所选择的改革方式是：先从农村改革开始，再转入城市改革，而在城市改革中，以企业改革为主线，同时进行经济方面的一系列配套改革，逐步取得胜利。价格的放开是渐进的，价格改革不是改革的突破口，但改革的最终成果必定是自由市场市价。实践证明了这种改革方式的正确性。

农村的改革使家庭承包制确立下来。到20世纪80年代初，农村面貌大变，农民的温饱问题基本上解决了，农民向市场提供的农产品增多了，市场商品日益丰富。这一切全依靠中共十一届三中全会制定的正确路线。正是由于农村改革取得了成就，所以从1984年10月中共十二届三中全会起，改革重点从农村转入城市。

在城市改革中，假定不以企业改革为主线，改革不仅不可能真正有所进展，而且更可能使物价连续上涨不已，最终导致改革的停顿、流产。这是因为，企业改革的核心是界定产权、政企分开。各种配套改革都同产权改革有关。要让投资主体承担投资风险，而不进行产权改革，投资主体怎么可能承担投资风险，怎么可能同市场经济相适应？再如，金融改革中的重要一环是把专业银行改造成为自主经营、自负盈亏的商业银行。这同样是一个产权改革问题。商业银行的自主经营和自负盈亏是以界定产权、明确产权为前提的。要使商业银行成为真正的金融企业，必须使商业银行拥有包括国家在内的出资者投资形成的全部法人财产权，成为享有民事权利、承担民事责任的法人实体。这不是产权改革是什么？最后，以社会保障体制的改革来说，要建立企业养老和失业保险制度、企业工伤保险制度，以及要合理运营社会保险基金，如果不进行产权改革，不理顺企业的产权关系，各种社会保险基金如何由社会统筹？社会保险基金又如何能在社会范围内运营并使之保值增值？可见，产权改革的确是推进经济改革的关键。

然而，以界定产权、政企分开为核心的企业改革并不是一帆风顺的，改革中遇到了巨大的思想阻力。一些人认为，如果进行产权改革，那就是实行私有化，就是恢复资本主义。姓“社”姓“资”、姓“公”姓“私”的争论困扰人们达10年之久。尽管如此，改革并未停顿。中共十一届三中全会的路线已深入人心，容许试验，容许探索，使得企业改革逐渐深化。十一届三中全会以后，人们已经从改革实践中懂得，所有各项改革，包括产权改革，都是在维护社会主义制度的前提下进行的，它们将促进生产力的发展，有助于共同富裕这一目标的实现。假定在这个问题上犹豫不决，被姓“社”姓“资”、姓“公”姓“私”的争议所困扰，那只会延误改革的时机。

邓小平同志在谈到改革的必要性时，曾多次指出在社会主义革命取得胜利并建立了社会主义制度之后，体制改革是社会主义条件下经济发展的动力。如果忽略了改革作为社会主义经济发展的动力，社会主义制度建立以后一切墨守成规，那就不仅会使社会主义难以继续前进，难以在生产力不断发展的基础上实现共同富裕这一目标，而且会使社会主义社会失去活力，失去吸引力。在苏联和东欧国家发生剧变后，我们对此有更深的体会，不能错过改革的时机。不抓紧时机进行改革，最后将丢掉社会主义制度。只有致力于改革，使社会主义经济充满活力，使社会主义制度的优越性在适应生产力发展的新体制下不断发挥出来，使人民群众热爱社会主义，拥护社会主义，社会主义制度才能得到维护，社会主义才能继续前进。今天，当我们回顾20年来所走过的改革历程时，更加体会到中共十一届三中全会的伟大历史意义，体会到中国选择的改革方式的正确。

中国改革开放20年的实践已经向全世界表明，只要坚持改革开放，中国的经济一定会迅速发展，人民生活水平也一定会逐渐提高。在邓小平同志提出的有中国特色社会主义理论的指引下，加快改革，加快发展，这样，到20世纪末与21世纪初，社会主义市场经济体制肯定会在中国初步建成；而到21世纪中叶，即中华人民共和国成立100周年的时候，中国将成为一个发达的社会主义国家。我们对此深信不疑。

（原载《经济参考报》2000年4月26日）

论经济学研究的范围

20世纪90年代初，我担任了中国环境与发展国际合作委员会中方委员兼环境经济专家组组长，至今已近10年。这些年内，环境、资源、可持续发展成为我研究的重要领域之一。在同北京大学光华管理学院几位研究环境与资源经济学的博士生谈论时，我曾经向他们提出这样三个问题供他们思考。这三个问题是：第一，经济学的研究范围有多大？第二，经济学的边界在哪里？第三，新的经济学分支学科是怎样形成的？

实际上，这也是我时常思考的问题。我希望经济学界有越来越多的人对这些问题感兴趣，愿意参加讨论。最近我读到南京大学洪银兴等同志所著的《可持续发展经济学》书稿，十分高兴。书稿中涉及的若干理论问题，如人口增长、自然资源、生态、环境与可持续发展的关系，产业协调、区域协调、产权、技术进步与可持续发展的关系，文化、法制建设与可持续发展的关系等，都同我在上面提到的第一个问题与第二个问题有关，而书稿中关于可持续发展经济学及其理论史的阐述，又同我在上面提到的第三个问题有关。本书是一部专著，有特定的研究对象和研究范围，书中涉及的专门问题，我不想在这里展开陈述自己的看法，但可持续发展经济学作为一门新的经济学分支学科，却引起了我进一步的思考。在应洪银兴同志约请为本书撰写序言时，我想先就上述三个问题谈一些看法。

一、经济学的研究范围有多大?

这里实际上可以分为两个问题，一是纯经济学的研究范围有多大?二是所有的经济学分支学科加在一起有多大的研究范围?所谓纯经济学，无非就是指经济学基本理论研究。这一研究范围大体上是已有定论的。生产、分配、交换、消费领域内的经济学基本理论，无疑是纯经济学的研究范围。换一个角度来看，宏观经济的、微观经济的、制度经济的理论研究，应是纯经济学范围内的课题。假定按照一种流行的观点，经济学是研究资源配置的科学，怎样合理地、有效地配置资源，怎样调整资源配置的增进公平和效率，并使二者协调，同样是纯经济学所要研究的。因此，从纯经济学的含义可以基本上判断出什么问题是纯经济学要研究的，什么问题是纯经济学不研究的。简言之，纯经济学的研究范围就是经济学的基本理论问题。至于所有的经济学分支学科加在一起的研究范围有多大，那就很难说清楚了，因为谁也不知道究竟有多少个经济学分支学科，今后还会出现哪些新的经济学分支学科。19 世纪末、20 世纪初的经济学大师，像英国的马歇尔，他能料到以后几十年内会出现那么多经济学分支学科吗?马歇尔研究过消费问题，他怎能料到以后会出现消费经济学这一学科?马歇尔研究过福利问题，他在世时还没有福利经济学这一学科，但他去世后不久，福利经济学就产生了。既然谁也不能准确地掌握经济学分支学科的数目，而经济学的研究范围又要把所有的经济学分支学科的研究范围包含在内，那么经济学研究范围究竟有多大只可能是一个无法回答的问题。

我们也许可以换一种方式来回答。在所有的研究领域内，只要是同经济有关的，总会是经济学某一分支学科所要研究的问题。如果说至今还没有这一经济学分支学科的话，那么随着时间的推移，随着其他学科研究工作的深入、细致，以及随着人们眼界的拓宽，迟早会出现与此有关的经济学分支学科的。教育经济学、环境经济学、卫生经济学、信息经济学、旅游经济学等经济学分支学科不正是这样一个个相继出现的么？何况这里所说的是分支学科，既包括二级学科，也包括三级学科。二、三级学科的出现，意味着经济学的研究范围扩展了，难道三级学科之下不会出现四级学科吗？不管我们是不是把它们称作四级学科，但事实上是存在着四级学科的。这样，我们可以有把握地说：经济学的研究领域将会越来越大，而在每一个具体的研究领域内，研究将越来越深入。

二、经济学的边界在哪里？

经济学研究的边界所涉及的是这样三个有关联的问题。一是经济学研究是不是渗入（或“侵入”）其他学科的研究领域？二是经济学研究的尽头究竟在哪里？三是如果说经济学研究有一个边界的话，那么边界之内的研究课题是不是也容许其他学科介入？

当然，一个学科的研究不可能没有边界。假定没有边界的话，岂不是任何问题都可以成为某一学科的研究对象了，那么学科的划分也就失去意义了。具体学科研究总是有边界的。问题在于：一个学科的研究边界同另一个学科的研究边界如何划定？以经济学来说，经济学研究是不是渗入（或“侵入”）其他学科的研究领域？不妨以教育经济学和卫生经济学这两个经济学分支学科为例。教育经济学是经济学和教育学的交叉学科或边缘学科，卫生经济学是经济学和医学的交叉学科或边缘学科，既然这两门经济学分支学科都是交叉学科或边缘学科，那么当经济学研究者研究教育经济方面和卫生经济方面的问题时，就不可避免地渗入了教育学和医学的领域。这种渗入是正常的，不然的话，交叉学科或边缘学科怎会产生并发展起来呢？换句话说，在一个学科与另一学科的交叉地带或边缘地带，很难划定两个学科的边界，因为两个学科的研究者在交叉地带或边缘地带开展研究、展开讨论是正常的、有意义的。在交叉地带或边缘地带完全没有必要去划定这一学科与另一学科的边界。

这样，我们就可以回答“经济学研究的尽头究竟在哪里”这一问题了。经济学研究的尽头在于经济学各个分支学科同其他学科的交叉地带或边缘地带。由于交叉地带或边缘地带的范围很广，而且如上所述，很难划定经济学的边界，也没有必要划定经济学的边界，所以经济学研究的尽头只能笼统地说说，而不可能具体地指出究竟在什么地方。何况经济学中分支学科的出现并未到此为止，今后仍会不断出现经济学新的分支学科。每出现一个新的经济学分支学科，经济学同其他学科之间就会出现一块新的交叉地带或边缘地带。经济学研究的尽头就需要把这块新的交叉地带或边缘地带包括在内。这同样是学术研究中不可遏制的趋势。

“经济学研究的尽头何在”只能笼统地说说，但经济学研究总有一定的边界，而不可能漫无边际地把任何问题都包括进来。那么在经济学研究的边界（即使是模糊的、不明确的）之内，是不是容许其他学科介入呢？在这里，有必要先说明这样两点：

第一，其他学科的研究者以个人身份或出于个人爱好而研究经济问题，与我们现在所讨论的学科边界无关。魁奈是医师，他深入研究了经济问题，这不等于说医学研究渗入了经济学研究。与此相似的是，尼古拉斯·巴尔本既是医师，又是建筑商，也是经济学家，我们不能说巴尔本把医学、建筑工程、经济学三者结合在一起了。个人出于爱好或兴趣，从一个学科的研究又转入第二个学科、第三个学科的研究是常有的事情。

第二，既然经济学同其他学科之间存在着交叉地带或边缘地带，而且经济学中会不断出现新的经济学分支学科，那么我们完全有理由认为，在其他学科中也会出现新的分支学科，研究该学科中的有关经济问题。因此，其他学科研究介入经济学研究领域是必然的，这里不存在经济学界容许还是不容许其他学科介入的问题。经济学研究渗入到其他学科，同样不需要其他学科的容许。即使经济学界不容许其他学科介入经济学研究领域，顶什么用？挡得住吗？

把这些问题弄清楚了，我们也就可以对社会上一部分人中间流行的一种说法作些评论，这种说法是："经济学的'帝国主义'，老是侵入其他学科的领域；经济学有'扩张主义'倾向，经济学的领域拓展得太宽了……"毫无疑问，这种说法是不符合事实的。如果说某个研究经济学的人对其他学科有兴趣，比如说，他研究经济学之外还研究文艺理论或数学，那么这纯粹是他个人的事，同经济学这门学科的研究领域无关，正如一个化学家在闲暇时也探讨些音乐问题或历史问题同化学这门学科的研究领域无关一样。如果说经济学中不断出现新的分支学科，经济学同其他学科之间一再出现交叉地带或边缘地带，那么这是科学进步的结果，而不能把这种情况说成是经济学的"扩张主义"倾向。其实，随着科学的进步，一个学科中不断出现新的分支学科，这个学科同其他学科之间一再出现交叉地带或边缘地带，应当是比较普遍的现象，岂止经济学如此？社会学、法律学、伦理学的分支学科不是也越来越多吗？它们之中每一个都有同经济学交叉的研究领域，难道我们能说社会学（或法律学、伦理学）侵入了经济学的领域，从而有"扩张主义"倾向吗？显然是得不出这样的诊断的。

三、新的经济学分支学科是怎样形成的？

新的经济学分支学科的形成通常需要三个条件。

第一个条件是：在新的经济学分支学科形成以前，已经有一些经济学研究者从事有关问题的研究了。他们或者是从经济理论的角度来进行研究的，或者是从有关的实际问题出发进行探讨的。他们在这些问题的研究中得出一些有价值的看法，从而引起较多的人的兴趣，也愿意投入类似的研究中。

第二个条件是：这一即将形成的、新的经济学分支学科确实有较大的发展空间，而且它可以单独成为一个新的研究领域。这样在研究逐步深入的过程中，人们逐渐取得了一个共识，即认为有必要、也有可能建立一个新的经济学分支学科。否则，研究无法深入进行下去，还有什么必要建立新的经济学分支学科呢？

第三个条件是：新的经济学分支学科总是处于经济学同其他学科的交叉地带或边缘地带，因此，要形成一个新的经济学分支学科，除了经济学研究者的努力外，还有赖于与此有关的其他学科研究者的努力。换句话说，在两个学科的边缘地带形成一个新的边缘学科，需要这两个学科的研究者们共同努力，缺少任何一方的努力都不行。

具备了这样三个条件，新的经济学分支学科就会逐渐形成。至于这一分支学科是否被经济学权威性的学科分类机构或文献编纂机构所认定，那是另一回事。学术研究是学术界的事情，新的经济学分支学科什么时候载入权威性的学科分类目录或在文献杂志上单列出来，可能会拖延很久，但只要这一新的经济学分支学科具有广阔的发展空间，并且有深入挖掘、探讨的余地，那么不管什么时候被权威性的学术分类机构或文献编纂机构所认定，都无损于这一新的分支学科的继续发展。

以上，我对本文一开始提出的三个问题一一作了阐述，现在，让我们转入可持续发展经济学这一课题上来。

可持续发展经济学是经济学中一个新的分支学科，它是形成于经济学同人口、环境、资源、生态等学科之间交叉地带或边缘地带的一个分支学科。而在经济学内部，它又同发展经济学、人口经济学、教育经济学、环境经济学、资源经济学、技术经济学、区域经济学、城市经济学、产业经济学等学科有交叉之处。可持续发展问题是上述各个学科（不管是经济学以外的学科，还是经济学内部的学科）共同关心的问题，也是所有这些学科的研究者需要共同探讨的问题。可持续发展的重要性已经被越来越多的人所认识；可持续发展之不易，也已经越来越被经济增长的事例所证实。因此，建立这样一个经济学的新的分支学科，任务是迫切的。那么，可持续发展经济学的研究同经济学中其他分支学科的研究有没有重复之处呢？如果有重复的话，有没有必要另建一个分支学科即可持续发展经济学呢？应当承认，重复是不可避免的，这正是交叉学科、边缘学科的特点，但这并不等于不必建立可持续发展经济学这一新的分支学科了。比如说，可持续发展经济学在研究中要探讨人口、环境、资源等问题，人口经济学、环境经济学、资源经济学同可持续发展经济学在有关问题上的重复研究显然是存在的。我们需要有人口经济学、环境经济学、资源经济学的研究，同样需要有可持续发展经济学的研究。在学科与学科之间存在着交叉地带、边缘地带的情况下，研究中有一些重复是没有关系的。可持续发展经济学在研究这些问题时不同于人口经济学、环境经济学、资源经济学之处在于：它是从综合方面对可持续发展问题进行研究的，而且它不限于考察人口、环境、资源问题，它还考察人口经济学、环境经济学、资源经济学所不考察的许多问题。因此，不能因为已经有了人口经济学、环境经济学、资源经济学而认为不必建立可持续发展经济学了。

尽管洪银兴等同志所著的《可持续发展经济学》一书中有些论述还有深化的必要，但毕竟在这个领域内开了一个很好的头。衷心希望他们在现有基础上继续探讨，为这一新的经济学分支学科的建立与发展作出新的贡献。

（原载《南京大学学报（哲学·人文科学·社会科学）》2001 年第 1 期）

畅谈发展地方工业

加入 WTO 后，我们在工业方面有两大承诺。第一，关税率的降低。第二，领域的开放和准入。这两大承诺给工业增加了压力，工业应该采取什么对策呢？

第一，政府职能转换着重在对企业的管理方面。有一个简单比喻，假定给你一堆沙子、一堆石头和一堆水泥，怎样把它们拌匀，最好的办法是放在搅拌机里，搅拌机一转，它们就均匀分布了。市场就是一个大型搅拌机，各种生产要素投入后，搅拌机就转动起来了，最后一定得到有效配置。搅拌机需要管理者，这个管理者有三个作用，一是制定规章制度，二是处理在运转时出现的故障，三是对搅拌机运行进行微调，使其转速合乎要求。市场是一个大型搅拌机，市场需要管理者，这个管理者是政府，政府同样有三项任务：即制定法律法规，解决市场出现的问题和对宏观经济的微调。这样，政府职能才算到位。如中国的汽车工业，1958 年就建立了，可是 40 多年内汽车工业发展缓慢，而中国的家电工业是最近十多年才建立的，家电工业却发展很快，而且已经走向国外，原因何在？主要是政府对汽车工业管得太多了。对家电工业管得少，靠市场，由市场竞争、淘汰、发展。

第二，要进行资产重组。资产重组意味着将把国有资产存量盘活。我们是社会主义国家，国民经济中国有企业有三类情况。第一类是某些特殊部门，国家必须独资经营，如尖端武器的生产、特殊矿种的开采、印钞业等。第二类是对国民经济有重要作用的行业，如钢铁、化工、石油、铁路、银行等行业，国家要控股，不要独资。第三类是一般性行业，国家根据情况，可控可不控的不控，可参与可不参与的也不一定要参与。关于资产重组，要转变观念。

控股，并不是都要占51%。多元投资主体，股权分散，不一定要占这么高的比例。尽量学会用较少的国家投资去支配更多的社会资本，从而盘活国有存量资产。

关于国有资产的转让。一定要消除转让就是流失的错误观念。国有资产有两种形态：一是实物形态，二是货币形态。只要价格是合理的，通过公开招标，卖的钱是入库的，国有资产的出卖就是实物形态转化为货币形态。而货币形态的国有资产又是暂时性的，可以再投资，通过一定的方式又转化为新的实物形态。所以该卖的就卖，迟卖不如早卖，迟卖卖不出好价钱，国有资产闲置在那里，反而会流失。

关于好企业不能先搞改革的观念是错误的。有人说靓女不能先出嫁，关键要弄清出嫁是好事还是坏事。假定出嫁是坏事，无论丑女还是靓女都不能出嫁。如果出嫁是好事，企业可以增加活力、增加资金投入，并使国家增加税收，社会增加就业，企业无论是好是坏，只要能嫁出去就嫁出去。区别在于好的企业要价高一点，差的企业要价低一点。

关于重组。一定要开门重组，不要关门重组。不能搞拉郎配。政府牵线搭桥，主角是企业，因为兼并重组是市场行为，是企业行为。政府出政策，让外资企业、中外合资企业、民营企业、股份制企业、乡镇企业都进来。由他们自由组合，组合的结果必定是高效率的、有生命力的，资产重组对加工工业来说是最重要的对策。

第三，产业升级。产业升级不是只靠发展几个高新技术企业。有条件的，发展是对的，但是不要忽视传统产业升级。传统产业是中国国民经济的基础。传统产业升级要引进技术，搞发明创造。经济学里有一句著名的话："从来没有夕阳产业，而只有夕阳技术。"夕阳产业是没有的，夕阳技术是有的。那么，夕阳企业有没有？采用夕阳技术的企业就是夕阳企业。每一个企业都要了解一下自己竞争对手在哪里，哪些方面要发明创造。能不能随着市场的发展而增大自己的份额，关键在产业升级。

第四，营销定位。中国的人口多，市场大，人们的收入档次不一样，生产的产品适合于哪个阶层的消费，要选择好自己产品的消费对象在何处，这叫营销定位。外商进来，有些产品是我们不如人家，但有些产品是有优势的，因为中国人最熟悉中国的情况，每一个企业只要把营销定位准了，找到自己的产品消费对象，就找到了发展空间。

第五，名牌战略。发挥名牌效应的巨大作用，善于巧借别人的名牌。温州人到意大利去生产同样的皮鞋，变成了意大利产品，皮鞋由原来 300 多元卖到 3,000 多元。在创造名牌的过程中，一定要讲信用，信用非常重要，只要一次不讲信用，把牌子砸掉，损失就大了。

第六，民营企业改革。民营企业是从家族经营制发展起来的，创业开始时是有效的，但上规模后，民营企业的局限性就表现出来了。有四个局限性，一是家族企业的决策往往是家长凭经验决策；二是寻找接班人不容易；三是用人唯亲，而不是用人唯贤，特殊人物在关键岗位上，制度就不起作用；四是产权封闭性，肥水不流外人田，发展受限制。民营企业要改革，怎样改？和国有企业一样，都要走现代企业制度的道路，改成有限责任公司或股份有限公司，重要的企业家族可以控股，像国有企业重要的由国家控股一样。香港、海外华人的私营企业，第一代基本是家族经营，第二代以后，大部分就改变成了家族控股的现代企业。家族企业越是规模大越要改，而且还要真改。有的是在形式上改，比如有的家族经营制企业改成股份制，分成三股，自己一股，爱人一股，孩子一股，这不叫改。

第七，培育企业家。企业家不是一种职务，而是素质。所谓素质就是要有眼光，知道什么地方能赚钱；有胆量，敢于拍板作决策；有组织能力。符合这三条标准就称为企业家，这是经济学教科书的概念，但

21 世纪的现代企业家仅有这些还不够，要注意两件事：一是要树立终身学习的观念。由于知识更新率非常快，需要不断学。学习还需要讲求方法。如进学习班，到有名的学校培训，不仅学知识，而且广交朋友。二是要善于融资和善于聘人。我在 2001 年北大光华管理学院 MBA 新年论坛上讲了八个字：“挣钱、生钱、赚钱、来钱。”从这几个字看企业家创业的几个阶段：第一阶段“挣钱”，“挣”字由“手”和“争”组成，是要辛辛苦苦用自己的双手，通过拼搏、竞争才能创业。第二阶段“生钱”，“生”字由一个“平台”和“牛”字组成，把企业改成股份制，有了这样的平台，加上企业上市，乘牛市而上，就做大了，这叫生钱。第三阶段“赚钱”，“赚”字由“贝”与“兼”组成，“贝”是钱，就是要靠融资——兼并——再融资——再兼并，这就是赚钱。第四阶段“来钱”，繁体字的“來”，由三个“人”组成，把众多的人才吸收到企业，有了人才，企业发展了，自然来钱了。

20 世纪 50 年代以前，经济学中谈效率，讲的是生产效率。所谓生产效率就是多投入多产出，有投入就有产出。20 世纪 30 年代以后，出现了另一种效率概念——资源配置效率。所谓资源配置效率就是：投入不变，改变配置方式，就产生了不同的效率。用 A 方式配置，产生 N 效率，用 B 方式配置，产生 N+1 效率。由于资源配置效率的概念出现，引起了经济理论中两个重要变化：一是改变了生产效率概念之下，凡是从事组织、人事、宣传、行政管理等工作的人都被认为是非生产性，不创造效率。资源配置概念出现后，从事这些领域工作的人都是创造效率的，企业家要明白这个道理。二是证券市场提供资源配置效率，证券市场的作用在于优化资源组合，调整产业结构，引导资金流动。一个好企业必须到证券市场上去融资。同时，对 10 年来的中国股市应有正确估计。主流是好的，什么“推倒从来”，“跌到 1000 点再说”，对国家、股民都是有害的。企业家都要明白这个道理。

作为一个新时代的企业家还必须有一个观念，就是要有利益导向，而不要有危机导向。什么叫利益导向？就是指一个企业，你今天日子虽然很好过，甚至还赚钱，顺顺当当在走发展的道路。可是你要看得更远，看到前面有更大的利益存在，为了取得这个利润，你必须进行改革。什么叫危机导向？中国很多国有企业都是危机导向，就是说，只要日子还混得下去，不会想到改革。到混都混不下去了，才想到改革。为什么呢？就是常说的"改革总是受命于危难之际"，不是在危难之际，为什么要改革？为什么没有利益导向，而是危机导向？因为对改革者来说，对于企业领导人来说，他的得失是不对称的。按利益导向进行改革时，他本人得到什么好处？改革遇到麻烦，遇到纠葛，得罪了上级，得罪了左邻右舍，有时跟职工关系也搞不好，上面就来过问了："你好端端的企业干嘛要改啊？瞎折腾。"撤职了，换人了。好处得不到，有过失是自己的，因此他不愿意搞利益导向的改革，多半是危机导向。逼得没办法非改不可了，只好改革。改革有可行性，也有必要性。当你日子好过的时候，觉得没有必要改革，尽管这个时候改革的可行性很大。到了危机阶段再改革，可行性小了，改革困难重重。这么难，怎么改革啊？所以说一定要认清，作为一个新时代的企业家，一定要有利益导向，而不要有危机导向。

新时代企业家还要了解专家比较决策。任何一项决策、一项可行性研究、一种战略发展规划，都是要请一批专家来做的。但专家做出了决策，你认为不妥当，你能够轻易地把它否决掉吗？这是专家们做出的决策，你必须去求教另一批专家来论证这一批专家做的决策对不对。假定他们说做得对，那还好办，假定他们说做得不对，那你就怀疑了。两批专家意见不同，怎么办？你就要去找第三批专家来鉴定究竟哪一批专家对，最后仍然是专家来决定。那你马上就会想到：我这个企业能养活这么多专家吗？这个眼光就不够了。现在社会上的专家多，咨询行业为什么有这么大的发展空间呢？因为它为企业提供了各种各样专家咨询服务，不需要企业去养这么多专家，那样成本太高。你应该去利用社会上的专家，利用高等院校、科研机构等各方面的专家，请他们做方案，进行论证；要善于利用咨询业。在中国，咨询业的发展前途是不可限量的。

对现代企业家来说，还有一个要求：要树立终身学习的概念。北京大学光华管理学院张维迎教授还有一句名言，叫作：“知识像牛奶，知识像水果，都是有保鲜期的。”知识不断更新，特别在今天技术创新的时代、市场竞争激烈的时代，你一定要知道终身学习的意义。学习要付成本，但收益比成本大得多。所以尽管你是大学毕业，也要不断地学习。怎么学习？一定要进学习班，去考 MBA 或 EMBA。前面已经谈到，学习班能给你两个好处，一是给你知识，另一个是让你广交朋友。因为这个班都是跟你同一类型的各行各业的、各地的企业家，这个同学关系的建立可能使你终身受益。

在这里还应当强调的是：一个重视企业文化建设的企业，必然是有竞争力的。企业的竞争力在于企业的凝聚力。企业要创新，但如果没有职工的一致行动，没有职工认识上的一致，没有职工的认同，没有职工的凝聚力，想创新也没有办法搞好。所以核心问题是培育职工的凝聚力，发挥职工的积极性。

人的积极性是最重要的，在经济学叫“人力资本”。物质资本是指机器设备、原材料、厂房。人力资本就是体现在每个人身上的才能、知识、动力、积极性，也就是体现在一个人身上的人力资本。古代希腊、罗马奴隶社会中，奴隶一无所有，可是有些奴隶后来成为大作家，有些奴隶后来还成为大商人，这是怎么回事？尽管他们一无所有，但他们身上的人力资本是属于自己的。他们发挥了人力资本的作用，赎买了自己，最后创业成功。1979 年改革开放后出现了第一批企业家，他们是些什么人？这些企业家可不是旧中国老的资本家的延续，他们是社会主义建设者，是社会建设力量，跟老的资本家没关系。他们是如何出来的？他们是农村的能人、下乡返城的知青、冤假错案从牢里放出来的，他们没找到工作，什么都没有，唯一有的是人力资本。发挥人力资本的作用，第一批企业家产生了。企业要把每个职工的人力资本都发挥出来。一家企业如果能做到这一点，它的前途就无可限量。

（原载《民族论坛（经济）》2002 年第 6 期）

保护私人财产有利于完善我国基本经济制度

我国现行法律中规定了对公有财产的保护，而对私人财产的保护却一直没有明确的规定。这对民营经济的发展十分不利，以至于不少私人投资者总是担心自己的财产缺乏保障，因而不敢增加投资、扩大规模，甚至出现了“见好就收”或将资本向国外转移等情况。十六大报告提出“完善保护私人财产的法律制度”，这将促进民营经济的发展，并在调动私人投资的积极性方面起到重要作用。

第一，坚持和完善基本经济制度，需要有良好的社会环境和市场秩序。在经济活动中，一家企业要取得同行的信任、公众的信任，行为必须诚信，必须守法。保护一切合法的投资和通过投资而形成的财产，以及由此而带来的收入，是维护正常市场秩序的必要条件之一。这表明一切合法财产都应得到法律的保护。不管是公有财产，还是私人财产，都要保护，而且必须是有法可依，执法必严，违法必究。假定法律上只明确规定保护公有财产，而私人财产得不到法律的明确保护，那么财产保护的法律就是不完整的、有缺陷的，市场秩序也就不可能良好、正常。比如说，随意侵占私人投资的成果，不遵守同民营企业签订的合同，欠民营企业的债款拖着不还，盗窃、贪污、挪用民营企业的资金而不被追究等事件之所以时有发生，原因之一就在于保护私人财产的法律制度还不健全，使一些人有漏洞可钻。在这种情况下，怎么会有良好的市场秩序呢？市场秩序混乱，受害者是一切企业，而不仅仅是民营企业。市场秩序混乱，坚持和完善基本经济制度也就会困难重重。

第二，我国的基本经济制度是公有制为主体、多种所有制经济共同发展的经济制度。在企业组织形式上，除了极少数由国家出资经营的企业外，普遍存在的是混合所有制企业，此外还有纯粹由私人投资而建立的民营企业。这里所说的混合所有制企业，就是由公有投资主体和非公有投资主体共同投资建立的企业。例如，以有限责任公司和股份有限公司形式出现的股份制企业，只要有公有投资主体参股（不管参股所占份额是多少），都属于混合所有制企业的范畴。如果在法律中只有对公有财产保护的规定而没有对私人财产保护的规定，公有财产与私人财产处于不平等的地位，那么就很难设想一个既有公有投资主体又有非公有投资主体的混合所有制企业会走上顺利发展之路。结果，投资于混合所有制企业的公有投资主体会因混合所有制企业经营管理不善而受到损害，发展混合所有制经济的设计也会因此而落空。

第三，在基本经济制度下，公有制经济同非公有制经济都在国民经济中起着重要作用。在市场经济的大环境中，公有制经济和非公有制经济不仅存在竞争的关系，更重要的是存在着协作和相互补充的关系。二者协作和相互补充的结果是双赢，而不是一方吃掉另一方。就一个具体的企业来说，无论公有制企业、混合所有制企业，还是纯粹民营的企业，在竞争中可能失利，也可能破产倒闭，但这是市场经济中的正常现象。一家企业的破产倒闭无非是生产要素重新组合的开始，公有制经济和非公有制经济之间的竞争、协作与相互补充的关系仍然继续存在。然而，如果不完善保护私人财产的法律制度，非公有制经济固然难以健康地发展，而公有制经济的发展也会因此受到牵制，遇到阻碍。一个处于良性循环之中的社会主义经济不应该、也不可能是单一的公有制经济。历史已充分证明，在社会主义经济中，仅仅致力于公有制经济的发展，国民经济不可能持续稳定增长，公有制经济自身也难以顺利发展。再说，在社会就业压力随着人口增加而增大的情况下，如果没有民营经济和混合所有制经济的发展来吸纳劳动力，公有制经济的包袱会越来越沉重，最终必定会拖垮公有制经济。从这个意义上说，保护私人财产不仅对民营经济和混合所有制经济的发展起着促进作用，对公有制经济的发展同样是有利的。

第四，完善保护私人财产的法律制度，有助于把公有制企业引入正当竞争轨道。在社会主义建设时期，公有制经济的资本形成不外乎两条途径：一是来自政府的投资或公有投资主体的投资；二是公有制企业自身盈余转化而来的新增投资。每一个公有制企业、每一个公有投资主体都必须关心自己的投资成果，关心通过投资而形成的财产，并在经营中提高资本使用效率，增加收入。从各级政府到各个公有制企业都必须懂得，公有制经济不能靠剥夺、侵占、强制并购等方式损害私人的合法权益，来达到壮大自己的目的。任何单位和个人侵占公有财产的行为都是违法的，任何单位和个人侵占私人财产的行为同样违法。法律中应当明确这一点，即不论公有财产还是私人财产都依法受到保护。因此，完善保护私人财产的法律制度将督促每一个企业遵守法律，通过正当竞争及自身效益的提高来积累更多的财产。完善保护私人财产的法律制度将有助于把所有的公有制企业引入正当竞争的轨道，这对于提高公有制企业的核心竞争力是有帮助的。

（原载《当代经济》2003 年第 6 期）

提高经济增长质量，发展要有新思路

当务之急是提高经济增长质量

去年以来，我国经济运行中出现了许多新情况、新问题，大家对此有许多不同看法。我认为，当务之急是想方设法把我国经济增长的质量搞上去。判断经济增长质量有三个标准：一是资源消耗率。如果经济运行中，资源消耗率在不断降低，表明经济增长的质量在提高。二是经济发展对环境的破坏程度和可修复程度。如果经济增长以破坏环境为代价，且难以恢复，环境保护意识差，这不是高质量的增长。三是自主知识产权的多少及其掌握程度。从这几条标准来看，我国经济目前虽然GDP上去了，但增长质量并不如人意。采取有效措施，大力提高经济增长质量，是我们当前和今后的一项紧迫任务。

对当前经济形势的判断

目前，大家对经济形势的议论很多。先是对热与不热的争论，现在对宏观调控方式也有许多不同意见。对什么事情的判断都要先把标准弄清楚。对经济形势的分析和判断也是这样。当前经济确实有局部行业投资过多现象，但并不代表经济已经过热。在绝大多数产品供大于求的情况下，一定的通货膨胀水平并不值得惊慌。一般来说，各国央行都有把通货膨胀说得严重一些的倾向，因为央行的目标就是维持货币稳定。

我认为，去年以来物价上涨的原因主要有这么几点：一是全球经济复苏，原材料、燃料、海运价格上涨。这种情况下，我国紧缩不起作用，而应加大对有关部门的投资。二是多年来对农业重视不够，粮食、耕地减少，导致农产品价格上涨。对这种情况，紧缩也没有用，而是要一方面加大对土地的控制，另一方面应继续加大对农业的投资力度。三是“瓶颈”部门制约造成的。结构型的通货膨胀只能用结构调整来解决，紧缩同样是没有用的，反而应加大相关部门的投资。四是部分行业投资过多。对这部分行业，紧缩政策可以起作用，但关键在于加快投融资体制改革和消除地方保护主义。因此，要解决物价上涨问题，主要应加快结构调整和体制改革，而不能“一刀切”。

工业化、城市化和农业产业化要有新思路

关于工业化。工业化应以创新为主，要搞自主知识产权，一味地搞来料加工是得不偿失的。

关于城市化。发展城市就必须要用地，一亩地都不批的做法不可取。征地收益应有一定比例用于改良其他土地，“以地养地”。弄出一亩地，改良几亩，把它的产量提高。即使将来降到12亿亩，一亩地一吨粮，就12亿吨；一亩地一千斤粮，还有六亿吨呀。一定要这样做，这样好多问题就好解决了。思路得放这儿来，不是仅仅管、卡的问题。

关于农业产业化。农业产业化现在最关键的是要走新型的合作制。新型的合作制是“公司＋基地＋农户”，用订单农业的方式联结起来。

农户只要订合同了，就是合作组织成员了。西方国家，丹麦、新西兰的农业合作都是一家一户只管生产，在流通领域内参加合作，统一运输，统一销售，农户分享其中的利润。农业产业化得走这样一条路，这样能跟现代化适应，又避免了一家一户产、运、销一起搞的农业。光有种植大户是不行的，种植大户不能大到那么大啊，150 亩地才 10 公顷，在国外是非常小的农场。所以不能够只靠种植大户，农业还要走新型的合作化道路。基地引进新技术，推广新品种；公司管销售、管投资；农户管生产，三个一结合起来，就是合作社，社会主义的合作社。

（原载《经济界委员通讯》2004 年第 5 期）

企业的社会责任

我们知道，中国经济成长是离不开企业家的，而中国企业家的成长同样离不开中国和中国所处的世界大环境。在有关企业家的讨论中，传统的看法是：企业家有眼光，有胆量，有组织能力。这三点都是对的，但对于中国的企业家来说，应该再加一条：要有社会责任感。因为中国是在一个落后的、贫穷的基础上成长起来的，作为一个中国的企业家，社会责任感是应该具备的条件之一。

究竟什么是企业的社会责任？可以从三个方面来认识。

第一，企业最重要的社会责任就是为社会提供优质的产品、优质的服务，出人才、出经验。这是企业最大的成果。如果企业能够给社会提供优质的产品，那么我们的产品就能走向全世界；如果提供了优质的服务，我们就能够吸引各国的客户到这里来；如果我们出人才，那么我们的企业管理人才将通过自己的企业培养出来；如果我们能够出经验，这个经验能够为其他企业所用，大家共同发展，这就是企业对社会的最大贡献。一家企业本身吸收的就业人员是有限的。一个企业不可能吸收那么多人就业，而且企业需要不断地提高职工的素质。那么，企业最重要的就业贡献在哪里？企业出了好产品，出了好成果，这样就增加了社会的就业，因为社会就业是靠人均购买力上升而增加的，是靠销售增长而增长的，也就是说就业靠就业扩大。企业发展了，不仅能够增加自己的就业人数，更能使社会增加就业。

企业要尽到自己的社会责任，一定要创业、创新。创业是没有止境的，创新在每一个时代都是新的起点。我们的企业要有更多的自主知识产权，自主知识产权对我们来说是最重要的。企业的社会贡献表现于它有更多的自主知识产权。经济学界流行一个笑话，不知道大家听过没有，我曾经讲过，这里不妨再重复一遍。有两个人去野外旅游，忽然听到老虎叫，老虎要来了怎么办？其中一个人赶快蹲在地下把鞋脱掉，把运动鞋换上。另一个人很奇怪，问道：你穿运动鞋干什么？老虎跑得比人快啊！这个人说，老虎当然跑得比人快，但只要我跑得比你快就行了。这个人换上运动鞋，就逃走了。第二个人不慌不忙地把鞋脱掉，爬到树上去了。老虎来了，把穿运动鞋的人吃掉了。这告诉我们，在竞争中，大风大浪是避免不了的，要有过硬的本领。你会爬树，老虎会爬树吗？如果你是武松，武艺超群，把老虎制服了，岂不更好？所以企业一定要有自己的自主知识产权。创业、创新是企业尽到自己社会责任的必要的途径，同时也是它的社会责任。

第二，企业必须重视经济增长的质量。今天在我国，经济增长的质量比经济增长本身更重要。现阶段，保持高速经济增长没有问题。一个企业要使生产上去，总有办法，但这是不够的。一定要考虑经济增长质量。经济增长质量中最重要的是使资源消耗不断降低，使环境质量改善。如果只顾产量上去而使资源消耗量扩大，这违背了自己的社会责任。因为资源是我们和子孙后代共享的，环境是我们和子孙后代共用的。一个企业现在不管创汇多少，假定尽是高能耗的产品，消耗了国内大量的能源，靠这个出口，尽管你为国家创汇了，但你不要认为自己问心无愧，因为你消耗了这么多资源。你想过环境没有？想过资源没有？不要轻易说自己问心无愧。不但看你的产值，看你的创汇，还要看你尽到社会责任没有，看资源消耗率，看环境保护情况。一个企业至少应把自己的废水、废气、废渣处理了，减少所在地区的污染，改善所在地区的生态状况，改善环境。这是你能够做到的。你做到这些，你就在这方面尽到了社会责任。

第三，企业的社会责任还在于为社会的和谐作出贡献。我们知道，企业是生活在群体当中、社会当中、社区当中。企业必须关心社会群体。社会的和谐也是企业持续稳定增长的条件。“以人为本”体现在：你不但要关心自己厂内现有的职工和退休的职工，还要关心你的社区，因为你和大家一起共同生活在这样的环境里面。这里讲一个故事。有一个小孩子在路上走，碰到一位神仙，他抓住神仙的手问：“神仙爷爷，什么叫天堂？什么叫地狱？我老听大人说这几个字，却始终没有弄明白。”神仙说，你跟着我走就懂了。小孩子就跟着神仙走。走到一个大房子旁边，看到左边一大间，右边一大间。神仙说，咱们到屋子里面看看。到了房子左边的那一间。一看，上面有高台，下面是长桌子，桌上放着鸡、鸭、鱼、肉、面包、馒头，台上放着筷子，筷子很长，三尺长。门一打开，进来一群饿汉，这么好吃的东西！但三尺长的筷子，能夹到菜，却没法送到自己的嘴里，吃不着。一个个蹲在地上哭。神仙告诉小孩，你看到了吧，这就叫地狱。咱们到另外一间去。另外一间，也有高台，有长桌子，放满了鸡、鸭、鱼、肉，也有三尺长的筷子。门打开了，进来一群饿汉，吃得很高兴，因为我夹菜给你吃，他夹菜给我吃。神仙说这就是天堂。可见，只关心个人的生活，是地狱般的生活。人们互助、互爱、互信，才是天堂。这样才能使社会和谐。

（原载《中国流通经济》2005 年第 7 期）

工业化的比较研究

工业化和资本供给

工业化最主要的问题是投资问题，没有投资就不可能有工业化。在工业化以前，每人的投资均摊是很少的，比如要开一个矿、修一条路，一个人只要有一把铁锹就可以了。一把铁锹才多少钱？非常的少。以后随着工业化的不断推进，平均每个人所需的投资额越来越大。工业化解决的第一个问题就是资本从哪里来。最早实行工业化的国家是英国，然后是法国、德国。普遍认为工业化的钱是从海外掠夺来的，但经济学界的实证研究认为这个观点是不对的。工业化的钱来自国内，并非来自国外。

为什么这么说呢？因为英国工业化开始的时候是18世纪中后期。当时西印度比东印度对英国来说更重要，西印度主要从事奴隶贸易，从事种植园的生产，比如甘蔗。但这些赚的钱到哪儿去了呢？西印度集团利用这笔钱主要是在英国国内买豪华的住宅，歌舞升平，自己当议员，没有把钱投到工业上去。最早从事工业的资本从哪里来？根据经济史，英国最早一批工厂主基本上是从工匠、小商人、小业主慢慢发展起来的。西印度商人和东印度商人对商业不是完全没有投入，但主要投资在商业航运而非工业上，因为在他们看来工业是很费事的事情——当时工业投资期很长，利润率也没有把握，而且他们瞧不起那些小商人——我怎么会和他们搞在一起，小商铺、小工厂。这个情况到什么时候才改变呢？到19世纪后期。为什么？主要是因为证券市场发展起来了。证券市场早期都是从事海外贸易投资或者航运、修铁路方面。19世纪后期，证券市场发展起来了，这时候他们感觉到不用自己去经营了，于是就购买工业方面的股票，工业的资本得到增强。19世纪后期工业化的进程比较快，到20世纪情况就完全变了，主要靠证券市场。

工业化的资本积累就是这样一个过程，法国、德国、英国都是如此。资本供给问题的解决其实有三个重要启示：

第一，证券市场最有利于工业发展。没有证券市场不行，靠工业内部慢慢积累很慢。

第二，工业化发展过程中，英国比较慢，德国比较快。在20世纪有一个企业兼并、重组的过程，钱从哪儿来？也是从融资而来。“赚”在中文里面是“贝”和“兼”，“贝”就是融资，“兼”就是兼并，这也是符合整个经济发展的。英国的工业化发展后来之所以慢，就是因为企业兼并。英国企业在第二次大危机以后才开始兼并，它一开始并不是靠企业兼并，而是靠企业慢慢做。

第三，在这个过程当中，远在资本市场以前就有国际贸易。国际贸易究竟在工业化过程中起了什么作用？实际上起了两个主要作用：

（1）原料缺乏的国家通过国际贸易取得原料。比如，英国纺织业需要棉花，所以就进口埃及、印度、美国的棉花。没有原料的进口就不能促使自己的工业化进一步发展。

（2）国际贸易中最要紧的一点，就是自己的产品要输出到国外去。输出到什么国家去？好像过去的言论都说，从不发达国家大量进口原料，把工业制成品主要销往发达国家。这个观点是不对的，至少不符合事实。进口原料是对的，但制成品出口，特别是高级制成品的出口国主要不是不发达国家，而是工业化国家和正在工业化的国家。原材料从不发达国家进入发达国家，制成品再回到不发达国家。

从国际收支的逆差长期来看，并不是由于外国的投资，而主要是借债以后的还本付息问题。借债关键在于借债人做什么用。大部分国家借债之后不是发展经济，而是搞战争、打内战，或者是挥霍掉。所以说，国际收支逆差的关键不在于对外贸易，也不在于外部投资，而在于借钱以后没有很好地利用，还本付息时间却到了，于是一味地借债还债、借债还债。工业化和资本供给的看法，对我们以前的观点多少有点儿修正。

工业化和人才供给

工业化一是需要资本，二是需要人才。工业化的人才从哪儿来？人才包含两方面：熟练的技术工人和企业家。

这两种人从哪里来？首先我们看熟练技工从哪里来。工业化过程中，熟练技工并不是从农村出来的，因为农民中没有熟练技工，农民不适应工业化的国家。英国修铁路的时候，没有人愿意去做铁路工人，铁路工人需要的技术比较低，都是农民去做。“铁路工人”这个词在当时看来是社会最基层的人，被人瞧不起。熟练技工从哪儿来？手工业的工匠是最早的熟练技工。最早的技术师画图、设计、造机器，当时也叫工程师。最早的工程师又从哪里来？在英国和欧洲国家主要来自钟表匠。在所有的工匠当中，最熟悉、最懂得机械齿轮转动，而且会造出这种齿轮的就是钟表匠。除了钟表匠以外还有搞磨坊的。当时还不知道从学校培育技工，英国就吃了这个亏。工业化初期，英国靠大量的钟表匠、木匠作为最早的技工，采取师傅带徒弟的方法传授技艺。英国的工业化过程中有一个很奇怪的现象——一个工厂有两种学法：一种叫做工厂学徒，就是厂里面招的，拿工资的；另一种叫做私人学徒，每个师傅自己还可以带几个学徒，学徒不发工资，发一点儿零用钱。在19世纪前期，英国一直重视这样的学徒。

最早开展职业技术教育的是德国。19世纪后期，德国开始办学校，招人当学徒、技术工人。而美国认为光培养中等人才不行，美国的高等学校和欧洲的高等学校不一样，美国的高等学校培养工程师。英国很晚才涉足职业教育，到19世纪末英国就感觉力不从心了，因为光靠学徒是不够的，必须有技术学科，必须进行职业教育。美国和德国后来就超过了英国。

企业家从哪儿来？企业家的产生取决于当时的社会、政治、经济条件，企业家在初期并不被人重视。在英国开设工厂的都是小业主、小老板，上层社会瞧不起他们，所以当时企业家的地位很低。慢慢情况发生了变化，从小商人、小业主起家的企业家逐渐把工厂做大，做大之后就知道要培养自己的孩子，那就要读好学校。第一代还是被人瞧不起，到第二代开始学习，到第三代就起来了。在这个过程之后，大商人、银行家也搞投资，于是就产生了金融家兼工业企业家。在发展初期并没有企业家，政府代行了企业家的职能，政府、政府官员来办企业，也就是我们所说的“下海”，但很多人在这个过程中感到并不适应。

企业家过程是从实践开始的，这对我们是有启发的。中国当前最缺的是什么？是熟练技工。根据发达国家的情况，熟练技工一般要占到工人总数的35%左右，而中国熟练技工只占5%，是非常不够的。为什么人们不愿意学呢？主要是因为社会上不知道熟练技工的重要性，存在偏见：再熟练也还是个工人。有这个观念在，人们就不愿意进入职业学校。熟练技工的待遇现在开始提高了，但要使整个社会改变看法，还需要很长一段时间。听人说，最近我们出口了一套设备到巴基斯坦，我们中国员工安装完了之后，巴基斯坦人总感觉不满意。于是在我们走了之后又请了一个退休的英国熟练技工，他敲敲打打几下机器就正常了。这个事情对中国来讲非常严重。这次我们去广州调查，就发现广州必须要注重培养熟练技工。

工业化和技术创新

第三个问题就是技术创新问题。工业化曾经发生过一次燃料危机。英国最早炼铁是靠砍树烧木材，工业要烧木材，居民家庭也要烧木材，所以英国北部地区的大片森林都被砍伐了，土地荒了。英国工业化到这里很危险，没有燃料，工业化很可能就要停下来。造船需要木材，如果把树都砍了，船怎么造？结果就到北欧进口木材。经济史里有一段记载：有一个人买了一条羊腿，但没有柴火烧，于是到邻居家借。邻居说，不能借，得拿钱买，结果比市场价高了好几倍。干嘛不用煤啊？工业化初期已经在开采煤，但只是表层煤。工业化链条需要大量的煤、大量的燃料，表层煤都挖完了，深层挖最难的问题就是没有动力排水。蒸汽机就是在这个情况下发明出来的，首先运用于煤矿排水，水排了以后就可以往深层次挖了。挖出来之后怎么运出去？修运河、铁路。煤作为主要燃料，蒸汽机时代开始了。

新的产业往往是在危机中产生的。法国不产甘蔗，但她又需要大量的糖，从哪儿来？进口。当时主要是西印度产糖，拿破仑战争时期封锁了，糖进不来，就造成了糖荒。糖进不来怎么办？法国全国就种植甜菜。历史书上有这么一个记载：英国报纸上有一幅漫画，一个婴儿哭，塞一个东西进去，就是一个甜菜根。漫画下面有说明：拿破仑的婴儿继承人嘴巴里含着一个甜菜根，旁边的护士说："嚼吧嚼吧，你爸爸说这就是糖。"从这里就看出很多新产业是在压力之下、逼迫之下出现的。

一个新技术的革命往往是淘汰中小企业，特别是小企业。但历史证明并不是这种情况，在工业化进程当中，这个现象是不存在的。为什么不存在？在整个工业化历史中有两次大的挽救，都是新技术挽救了小企业。第一次挽救是电的使用。本来讲用电以后小企业会遭受沉重打击，结果用电以后成本大幅度降低，很简单的机器都可以转起来，救了一大批小企业。所以我们对工业化过程中的技术问题，有了一些新的看法。一个重要的经验就是，工业化过程实际上就是产业升级和结构调整的过程。

这里举三个例子。

第一个例子是瑞典。瑞典过去主要是出口生铁，“生铁”在英文里是 Pig——猪。干嘛叫 Pig？主要是因为当时的炼铁技术，铁熔下来变成铁水流进小坑，就像小猪在吃奶一样。在整个的工业化过程中，瑞典的工业化就是结合产业的优势，从炼钢到钢铁制品。瑞典的钢铁制品现在仍然保持在全世界的前列。

第二个例子是丹麦。丹麦最早是欧洲采粮食的地方，但丹麦出口粮食竞争不过加拿大、澳大利亚，这两个地方的粮食比丹麦的便宜，所以大量的粮食从这两个地方进口。丹麦经济的转型比瑞典要晚，主要是在第二次世界大战以后。出口粮食不行，就把粮食改为饲料，饲料喂牛、羊、猪，出口奶酪、炼乳、香肠、咸肉等东西，工业的附加值增大了，农业转成食品工业了。但这些还不够，丹麦觉得还得有自己的工业。在当时丹麦政府多次讨论：我们发展什么呢？发展钢铁、机器制造？机器制造肯定不如德国，钢铁制造肯定不如瑞典。最后决定发展造船、柴油发动机。选中之后就集中力量，丹麦成为了全世界船用柴油发动机大国。

第三个例子是芬兰。芬兰长期以来都是砍树出口木材，但这么做不行，怎么能够大量出口木材呢？于是材料升级，木材制成纸浆，造纸，再发展到高科技产业，如有名的手机厂商诺基亚。

每个国家都要在技术创新中懂得这个道理，懂得自己的优势在哪里还不够，还要懂得初级优势和高级优势。在工业化过程中，有一个争论的问题，就是平衡增长论和不平衡增长论。这两种理论都有道理，所以在经济学界引起了争论。平衡增长论就是说为了使效率更高，各部门必须平衡增长，如果各部门不平衡增长，发生产业结构失调现象，效率就会大为降低，造成损失。不平衡增长论认为，经济发展一定要建立在不平衡增长的基础上，一个带动其他，齐步走表面看是协调，其实是阻碍速度，阻碍速度是更大的效率损失。

经过长期的经济史研究，这两种观点都是错误的。它们都是基于这样一个前提——经济的起点建立在产业结构协调和平衡的基础上，但这个前提是不存在的。任何一个地方，任何一个阶段，发展工业都是从人开始的，都是在原有基础上考虑下一步的问题。而原有的基础，多半是产业结构不能协调。在这个基础上，提出平衡增长，实际上是继续保持原来不合理的状况。那么，不平衡增长难在什么地方呢？搞得好增长快，也可能恰恰相反，因为不平衡倾斜的点错了。所以经济史学家有一句话：扭歪的或者歪曲的不平衡增长是更坏的。在创新过程中，需要注意这个问题。

技术创新过程中很大的问题是知识产权保护和环境保护问题。环境保护主要是要靠技术创新把废物变成有用的东西，技术创新可以解决问题，但如果没有法律制度创新的保证，技术创新起不到很好的作用。知识产权更是一个制度问题。假定没有技术保护，技术发达可能给人类带来更大的灾祸。没有技术保护，就没有人创新了，因为一创新就被人学走了、盗版了。

工业化和自主创新

首先是企业组织的创新。经济史的考察和我们现实问题的考察有点不太一样的地方，就是在发达的国家特殊手工业仍然是家传，家族经营制、家族世袭、子承父业，按照经济理论都被淘汰了，因为这些都是落后的。但现在在一些西欧国家的小城市里可以明显看到，剪刀生产最好的是小城镇世代相传的手工作坊；欧洲吃西餐用的刀叉最好的不是工厂生产出来的，而是父业子承的家庭手工作坊生产出来的。陶器、酒业等也是如此。小企业做大了，但是父子相传，家族经营。大的发展，小的也照样存在，大的不排挤小的，大的可以和小的配套，但也可以独处。他们谈论的一点很有意思：近亲繁殖是从生物学开始的，有基因问题，所以要避免。但在特殊手工业方面，最好的技术是父子相传的。这听起来有点儿道理，中国也是这样，比如中医父子相传，唱戏也是几代人延续下来。技术传授和生物学的繁殖不一样，没有基因的问题。样子长得像爸爸，那是生物学概念，不是人文概念。

谈到技术创新问题，其中重要的就是政府主导的评价问题。工业化初期，在企业家人数不足的时候，政府往往代替企业家起作用，这是可以的，但不能认为政府主导的方式有利于工业长期发展。从整个工业化过程来看，政府主导弊大于利。经济史的考察已经得出这个结论。可以从三个方面来说：

一、工业化要不断取得成就，国内市场就要小断扩大。政府主导不能提供连续的、长期的国内市场。政府主导要政府投资，政府投资是拉动经济的力量，但并不能最终提供消费者。国内发展要靠最终消费，而最终消费是居民消费，只有居民消费才能保证工业化不断进行。在人均 GDP 增长的前提下，国内市场才能增长。

二、政府主导并不能够提供发展工业所需的资本投入，因为资本投入要依靠国内市场的不断扩大。国内市场不断扩大是动因，而它应该来自民间。人均 GDP 增长以后，一部分转为消费，一部分转为储蓄，储蓄转为投资。

三、政府主导一开始保护了本国的新兴产业，但这是暂时的。在政府保护之下新兴产业可能有一定程度的发展，但同时带来三个弊病：

（1）在政府垄断的保护之下，在政府主导之下，它可以无忧无虑，没有竞争对手，很容易发展。这就像打乒乓球一样，我们要提高水平，就必须和世界上最强的队比。假设我们老是和国内的相比，和乒乓球弱的国家比，有什么用？就是要和强手比，输了也值。新兴产业发展必须要有竞争者。

（2）新兴产业发展需要技术创新，技术创新需要钱，钱从哪里来？必须开放，开放了，资本才能进入。

（3）政府主导之下的效率可能受到限制。

因此，从经济史的角度来讲，要把政府主导改成市场的带动——

制度创新。在工业化过程中，一些经营方式都是在实践中产生的。现在都搞物流，物流的第一个环节是物品配送。物品配送是怎么产生的？最早是在英国，农妇牵一头奶牛到城里挨家挨户说卖牛奶啦，然后拿一个桶挤。后来就开始变了，在家挤好牛奶后装瓶，用马车送。再后来就是连锁店，牛奶公司成立了。

企业也是一样。股份制最早出现在航海业，在工业化之前或者刚开始。当时开始大西洋贸易，有船的安全程度问题：海上的风浪太大，一旦触礁或翻了怎么办？海盗也很猖獗。这些损失怎么办？另外还有一个规定：船出海后，遇到风浪要翻船，就要把货物抛到海里去以减轻船的重量，那抛谁的呢？最后大家开始入股，抛了谁的，几家卖了之后还他；赚钱回来了，就平均。恩格斯在《资本论》第三卷专门写了航海业开始搞股份制的情况：每一只船都定合约太麻烦了，最后干脆弄成股份公司吧，大家都入股，货主、水手都有股份。

这是最早的，但还是比较原始的，股份制真正的发展是在工业化以后。铁路被认为是现代股份制经营最好的方式、最成功的例子。首先一点是资本的筹集，现代铁路没有股份制就没法修起来。经营过程中，由股东会选出董事会，董事会定总经理。这一套铁路最早形成，我们今天把它叫做法人治理结构。国家、企业的关系也摆对了，国家只管服务、管理规章制度，企业只管经营。在德国、日本，一开始铁路由国家经营，后来逐渐改为民间经营，这就是制度创新。没有制度创新，技术创新就不可能取得成功。

刚才讲环境保护，形成环境保护制度必须有三个条件：创新的主体、创新的方案，创新后得到的利益。工厂旁边的居民受到影响了，噪音、废气，这时候居民就成了创新的主体。创新方案怎么改呢？瞎闹、掐电不行，这是违法的。所以就要求政府制定《环境保护法》。环境法使创新主体得到了利益，减少了损失，比如你要把水污染治好，我生病你得赔偿，等等。怎么治理污染，怎么净化废水，怎么把废气减到最少？这是技术创新。知识产权也一样。

但是在工业化的过程中，制度创新和技术创新究竟有哪些不同点、哪些相同点？相同点可以知道，都是想通过创新得到利益。但是非常重要的一点是它们的区别。技术创新可能要受到固定资产年限的限制——我刚换了一套机器设备，现在新机器又来了，我是否又要换？如果换，这台机器就要报废了。制度创新不存在这个问题，这是小区别。还有一个大区别，就是成本、收益是不一样的。

技术创新主要是获利、支出问题，创新没有效可能就是损失钱。但制度创新不是这样，它的成本可能是无限大的。为什么这么说呢？因为它把命都搭进去了，搞不好就被抓了、杀了，株连九族。所以，其成本远远大于技术创新的成本。收益也是这样。在《知识产权保护法》出台以后，技术创新的收益是有保证的——你要用我的发明就要有专利许可证，盗版，我就告你、罚你。而制度创新是不付专利费的。举一个国内很明显的例子，家庭承包制最早是从哪里开始的？安徽凤阳小岗村。18 个农民在油灯底下签了一个协议，搞大包干，对谁都不讲，最后谁被抓了，其余各户有义务抚养其儿女。他们成功之后，全国都在学，但没有一个给他们付专利费。如果付专利费，小岗村一定是最富的，但我前几年去看的时候，它仍然很穷，因为它只种粮食。我们现在到外面去参观、去学人家的技术创新，而对人家的制度创新学得少。制度创新专利费又不用付，你干嘛不学呢？制度创新有大有小，有些可能是历史遗留下来的。英国汽车靠左开，美国汽车靠右开，为什么呢？汤姆森经济史里有记载：在封建时代后期，路上运货的商队很多，土匪也很多，抢货，所以带保镖。保镖都拿着剑，必须朝左，因为对面来人相安无事就过去了，但一发生问题左边拔剑比较顺利，放在右边就很麻烦。为什么到了美国又是靠右走呢？因为当时拿的是枪，右边拿枪走比较习惯。

大家知道银行是怎么产生的？它源自中古英语 Bench，意思是小板凳。因为当时欧洲各国都有自己的货币，在国际贸易大集市上，有一些商人出来拿一个小板凳在十字路口坐着进行货币兑换。换的一方说：我下次集会还要来，钱多路上不放心，放在你这儿，下次我来这儿取。另一方说：行啊。这就是吸收存款，最早的吸收存款没有利息，还要交保管费。最早的汇兑就这样开始了。从事这些的多半是犹太人，因为犹太人不能买地、做官，只能搞商业，于是银行业便产生了。在整个工业化过程中，新的制度在工业化过程中不断产生。

工业化和农业

农业 GDP 在产业中的下降，说明农业和农村的下降——这样的根据是不对的。我们必须站在经济史的角度看，这是人类社会工业化过程中必然的趋势，是规律。农业是否衰退了呢？主要看三个指标：

农业生产率的变化。农业生产率是提高了，还是降低了？

农民绝对收入水平的变化。

农村总人均公共设施投资增长率，包括学校、医院、孤儿院等福利方面的组织。人均公共设施的投资也在增长，不能说农业是衰退的，因为这是规律的问题。

在农村中应该看到，不同国家农村的状况是不一样的。根据经济史研究，中国有一个现象，就是城市人均收入增长高于农村人均收入增长。根据这个现实情况，我们可以得出一个结论：下一个阶段城乡人均收入差别还要扩大。为什么这样说呢？因为各国的情况和中国过去的情况都证实，有三个原因使然：

一、城里人生育率低，生育少。中国就更突出了，一般城里人的孩子少，而农村由于各种原因孩子多。假定人均收入农村增长和城市一样多，都是 5%，但农村孩子多，人均收入自然会低。

二、受教育。各国都一样，城市的教育设施比较齐全、比较好，城里人对孩子上学也比较重视，所以孩子能够受到较好的教育。孩子受过好的教育就可以获得好的就业机会，有了好的就业机会收入就比较多。而在农村中，学校没有城里的好，也不那么重视上学，尤其是女孩子——上学还不如捡煤渣呢，捡煤渣还有收入呢，上什么学？职业决定了人的收入，这样人均收入就不一样了。

三、医疗卫生。城市医疗卫生设施比较齐全，农村医疗卫生比较差，小孩生病就不容易好。

这就得出一个结论；必须做到农村收入大幅度提高，这样农村才能和城市一样。但大幅度提高就难了，怎么大幅度提高呢？这是各国解决农民问题的共同话题。国外的办法是在工业化过程中的办法，也就是农业合作化。西方国家农业合作化做得相当好。比如新西兰和丹麦，都是一家一户的家庭农场、牧场，农产品出来之后，大家联合组织起来（合作社），有车队、仓库、初步加工厂，有造奶酪的、把牛奶装瓶的、运输的，生产和流通紧密结合在一起。尽管其农村人口在减少，但劳动生产率在提高，人均收入也在增加。这条路子对中国农村非常有借鉴意义。

再就是减少农村人口，农村人口不断地移动到城里。工业化的整个过程就是农村人口的流动，发达国家能够有现在这种情况，也是多年以来人口不断流动的结果。我们国家也注意到这个问题，鼓励人口流动。流动也有一个问题：到哪儿就业？

农业人口的减少有利于农民收入水平的提高，但有一个相比的例子——意大利。人口外流并不一定能够提高农民的收入，只能够使外来的人收入得到提高。意大利，特别是意大利南部，在工业化过程中，农村人一多就移民，但人一走生育率就提高了，人于是又多了，又移民……如此反复。后来意大利政府发现光靠移民不行，必须在农村中普及教育，让农民自愿地降低生育率。人们为什么自愿降低生育率呢？你到发达国家去看，很多都不生小孩了。第一，孩子就是目的本身。是家里的寄托、安慰，为生孩子而生孩子没有任何意义，也没有打算靠孩子养老。但中国就不一样，中国人是为了解决养老问题而生孩子。第二，孩子是负担。把一个孩子从小培养成人，费用一年一年累计起来是相当大的。父母年轻的时候要创业不能生，年纪稍微大一点儿，事业刚稳定，再大一点儿又晚了，所以不能生。现在中国正在想办法解决农村的生育问题。比如，如果你家里没有男孩，只有女孩，不要紧，到你60岁以后，政府每月给你补助钱，这样就不必为生男孩而生男孩了。

工业化和城市化

先集中再分散，先让农村人口往城市集中，到一定程度城市人口向郊区分散。在工业化过程中，城市分不同类型，一些是特殊功能城市，比如宗教中心、文化教育中心、政治中心等，还有一些属于资源型城市。资源型城市又分成两种：矿业资源型和森林资源型。资源型城市有的自然资源就是煤矿，发展其他的工业没有条件。但资源用完了怎么办？我前一阵子到黑龙江小兴安岭考察，现在黑龙江不让砍树，每年都有指标。砍伐树带动一系列行业在发展，树不让砍怎么办？所以有转型问题。

阜新是产煤的城市，煤都挖完了，人都下来了，下来的人怎么办？有的就遣散了，遣散也是问题。阜新有一个办法：遣散费不给个人，而是盖塑料大棚。你到阜新看，好几百个塑料大棚，有人种菜，有人养花，有人栽培蘑菇。种菜的还问我：我们算什么？我们是农民吗？我说：你们不是农民，没有自留地、宅基地。那我们是工人吗？我说：你们过去是工人。那我们是什么人？我说：你们是新兴农业中民营经济从业者，因为你们是面对市场的，说不定在你们当中，若干年之后会有养鸡大王、蔬菜大王。

现在讨论的是大城市、中等城市、小城镇问题。有一派主张根据历史的经验，城市要大，城市越大效益越高。中国13亿人口，1,000万人口以上的城市有几个？北京和上海，还有深圳——1,070万人口。大城市的好处是效率高。另外，中国是农业人口大国，8亿到9亿农民，农民要进入城市，所以要大力发展小城镇。上次讨论“十一五规划”的时候，有教授提倡发展大城市，还有教授建议加快发展小城市，我主张积极发展中等城市。小城市太分散，不好控制，第三产业很难发展起来，因为农民刚进城，很多东西还没有需求。中等城市就好很多，另外中等城市和小城市相比，利用效率更高。大城市、小城镇都可以适当发展，但重点要放在中等城市上。

城镇化问题主要是就业问题，中国工业化过程中应该吸取国外的经验。就业主要是靠第三产业来吸收。第三产业比重高有两种原因：

一、正常情况下，第一产业减少，第二产业发展到一定程度后，第三产业迅速发展。一般国家都是这样的。

二、不正常情况下，第一产业比重没有下降多少；第二产业萎缩，人都下岗了，都在外面摆小摊；第三产业发展上去了。这是不正常的，是第二产业发展不正常的表现。

就业问题也就在于第三产业，关键是人均收入提高。在全国政协最近一次常委会上，我讲了四个基本观点：

一、就业是靠就业扩大的。一批人就业，就会有收入花掉，就会再有一批人就业，这批人又有收入花掉，别人又可以就业。

二、富裕是靠富裕带动的。一批人富裕，就能帮助周围的人、亲戚朋友，对本地区人也有示范作用。

三、繁荣是靠繁荣支撑的。居民消费带动经济，就会为下一次繁荣做准备。

四、和谐是靠和谐积累的。和谐要从点滴做起，从身边做起。

中国工业化的反思

当前我们正处于工业化的中期，离工业化的完成还有一段距离。从总量来说我们也不够，13 亿人口一分，人均就少了。工业化的完成标志，是要有制造成套装备的能力，也就是重型机器制造业。现在我们正处于大规模固定资产更新阶段，因为环保的要求越来越严，过去的设备不行了，原材料消耗要降低，那就要更新。可你看，这些工厂首先投在哪儿了？投到国外去了，买造纸去芬兰，买设备去意大利去，买哪个去哪个国家，我们缺少成套机器设备的制造能力。

在工业化中期阶段，重化工业仍然是必要的。我们可以绕过重化工业阶段吗？直接从轻工业阶段直接进入IT科技工业不行吗？小国可以，但像中国这样拥有13亿人口的大国是不可以的。我们的机器制造业是建立在这些基础之上的。国际上认为一艘航空母舰，或者最大的波音747是高新技术的集中体现，其动力、装甲、火炮都是世界最先进的。但我们没有这个技术，还得去国外购买。我们的重化工业没有完成，这个阶段是跳不过去的。前一个阶段的工业化走的路是大量吸收外资来建沿海工业，这是对的，在工业化初期是不可避免的。但应该看到这也带来了一些问题。最近我在珠江三角洲考察时就讲，投资是外方的，利润就归外方了，可是它用的能源是中国提供的。我们能源本来就很紧张。根据工业化的经验，我们今天要走自己的道路，要有更多的自主创新能力，重化工阶段的技术要跳到前面。

（原载《北大商业评论》2006年第1期）

关于当前宏观调控的一些看法

中共十七大是在我国改革发展关键阶段召开的一次十分重要的会议。对继续解放思想、坚持改革开放、推动科学发展、促进社会和谐、夺取全面建设小康社会新胜利具有重大的现实意义和深远的历史意义。

胡锦涛同志在报告中鲜明地回答了在我国改革开放的关键阶段，举什么旗、走什么路、朝什么样的发展目标继续前进的问题。举什么旗？就是高举中国特色社会主义伟大旗帜。走什么路？就是中国共产党团结带领全国各族人民，坚定不移地走中国特色社会主义道路。朝什么样的发展目标继续前进？就是在新的时代条件下继续全面建设小康社会，加快推进社会主义现代化，完成时代赋予的崇高使命。

根据个人学习十七大报告的体会，结合当前的宏观经济形势，我讲一讲宏观调控的问题。当前我国宏观经济在发展中有三大压力：一是通货膨胀压力，二是经济增长压力，三是社会财富差距的压力。必须消除这些压力，让中国经济又好又快地发展。其中的一个手段就是宏观调控。

宏观调控始终是必要的。因为我们搞的是社会主义市场经济，但是社会主义市场经济不是不要政府来进行宏观调控。因为只有进行宏观调控，更能够指导产业的合理布局，产业之间的协调，并且在经济运行过程中可以防止过冷过热的现象。

当前宏观调控要应对的问题主要有三个。

第一，我们仍然承受着通货膨胀的压力。报上经常用的词是“流动性偏大”，主要是讲货币供应量过多，资本过剩。货币供应量为什么过多，最主要的原因是投资偏大，银行信贷偏多，这样大量货币就投入了市场。对这个问题该怎么办呢？为了防止国民经济出现过热的现象，宏观调控是必要的。政府现在采取的措施也正是怎么样更好地利用财政条件、货币政策的条件。从货币政策来讲，提高存款准备金率的方式一直在做，就是商业银行吸收的存款不能够全部都放款出去，必须把存款准备金留下，减少银行能放款的数量。另外，很重要的一条是，为减少通货膨胀的压力，土地要严格把关。源头就在土地，没有土地建设什么项目呢？土地要严格把关，把这些问题都看到以后，通货膨胀的压力就会渐渐减少。所以提出在宏观调控方面我们要更好地总结经验，使它更完善。

第二，汇率制度改革问题。对汇率制度改革问题，经过学术界的讨论，大家基本上有了共识。人民币大幅度升值对中国经济是不利的，人民币大幅度升值以后，就可能影响我们的出口，我们的企业萎缩了，甚至倒闭了，工人会大量失业，农产品也卖不出去，农民的生活也会受到影响。所以说，从国民经济的整体利益考虑，人民币大幅度的升值是不可取的。但是，人民币的小步升值，专家们认为这样会利大于弊。看弊在何处呢？弊还是有的，大升值对出口大不利，小升值对出口是小不利，但是总是不利。只要升值对出口都不利，这个弊是存在的。

小步升值会使外资的热钱继续流入中国，等待人民币进一步的升值，这些都是弊。这个弊我们应该看到。

经济学是研究生产力和生产关系相互关系的，是研究资源配置的，我们用通俗的话讲“两害之间取其轻，两利之间取其重”，就是做利弊得失的比较。所以说，总有利弊，只要利大于弊就行了。最大的利是什么？减少中外贸易摩擦，这样的摩擦不会产生，外商希望大幅度升值。利在何处？人民币小步升值的利在于给中国的企业以鞭策、警告。从现在起看到汇率是小步在升值，不要再指望扭曲的汇率作为自己竞争力的根据，要抓紧时间加强管理，集中创新，创立品牌。这是当前需要做的，错过了这个机会，以后再做就晚了。现在的信号已经出来了，人民币在小步升值的过程中，企业要抓紧时间干，企业只要利用这个机会改进技术、加强管理，长远来说这样对中国竞争力的增强是有好处的。

我们的汇率小步升值升到什么程度呢？胡锦涛总书记在报告中讲“完善人民币汇率形成机制，逐步实现资本项目可兑换”。这条很重要，资本项目可兑换是一个过程，我们将来要做，但是现在要沿着这个方向走，逐步来实现。人民币的汇率是由市场来定的，是浮动的。比如前一段时间是 8.1 左右，现在在 7.5 以下，这是市场形成的汇率，是符合市场经济规律的。资本项目可自由兑换是我们迟早要做的，但是这个过程我们要注意到，我们要防止金融风险的发生。

因为资本项目可自由兑换同样有利有弊。东南亚金融危机 1997 年爆发的时候泰国首当其冲，泰国受的损失很大。因为泰国的货币是自由兑换的，本身的经济实力又不强，银行的不良贷款又很多，这样一来，外资一进一出对他们的冲击极大，他们就一下子处于极其困难的境地，我们要吸取这样的教训。

为什么东南亚危机对我们没有什么影响？因为我们有一个外汇管制政策，进来不那么容易，出去也不那么容易，就是因为我们“逐步的实现”。用锦涛同志的话说“逐步实现资本项目的可兑换”。

第三，金融问题，资本市场问题。

我们应该看到，中国的股份制、中国的证券市场是在跟世界其他国家不一样的情况下开展起来的。因为其他国家都在市场经济过程中自然形成股份制、证券市场，而中国是在计划体制向市场经济过渡过程、转轨过程中形成的，因为我们的企业都是国有企业，国有企业要上市，一方面经验不足，另一方面在股份制还在逐步进入期间，我们对很多问题还没有把握。这怎么办呢？当时就实行分两步走，第一步“双轨制”，增量先股份化，存量后股份化。增量是什么意思呢？这个企业有 10 亿元资产，这是它的存量，虽然折成股了但并不上市，增量增发3亿元股票，这3亿元股票上市，所以说增量流通，存量暂缓流通，这就是“双轨制”。因为双轨制的推行，我们股份制就开始启动了。经过10来年的经验，股份制取得了一定的成绩，证券商有了一定的规模，但是问题的暴露也越来越明显了。问题暴露在什么地方呢？因为实行股票上市最大的目的是转化企业运行机制，存量多不多，70%、80%的股份作为存量不流通，机制是没有转换的。增量股份化，就是完成波段筹钱的目的，这样到了21世纪初，中国股份制面临着必须进行第二次改革的问题。就是现在经常说的“股权分置改革”。股权分两块，双轨并成单轨，在并轨的过程中就要给流通股的持有者一定的补偿。有些人不理解，为什么给他们补偿呢？

他们不懂这个道理，当初国有企业上市的时候是发了招股说明书的，招股说明书上有一句承诺“国有股暂不上市”。现在要上市了就违背了当时的承诺，按照《中华人民共和国合同法》就应该给受损失的人以补偿。当时写的国有股要上市，准备上市，就不会花这么高价钱买股票，现在又要上市，就违背了当时的承诺，所以要给予补偿。10股送3股，或者10股送2股来补充，这样中国的股份制才真正地走上了正轨。股市开始成为中国宏观经济的晴雨表。

下一步改革怎么办呢？胡锦涛同志在报告中强调“优化资本市场结构、多渠道提高直接融资比重，加强和改进金融监管，防范和化解金融风险”。

这几句话非常重要，现在的证券市场已经有了，需要一个完善的资本市场体系。比如说现在除了上海、深圳市场以外，将来还要推出“创业板”市场，将来不上市的产权怎么交易呢？要有一个完整的资本市场体系，要提高直接融资的比重。因为我们现在的融资主要是靠银行贷款，而直接融资的比重是很小的。特别强调要“加强监管”，因为中国的股市经过了这么多年的风风雨雨，现在走上了正轨，这时候如果金融监管不加强，又会出来一些诈骗案等大案要案，最后人心就涣散了，信心就丧失了，好不容易聚集起来的人气一下子又丧失了。

还有在证券市场过程中一定要加强风险教育。我曾经多次讲过大学生别炒股。

经济学家为什么不让大学生炒股？大学生阶段主要的任务是学习，时间太宝贵了，炒股可以，来日方长，这时候要抓紧时间学习，把这个机会错失了，将来你们会后悔。在金融市场上加强风险教育，防止非理性化投资的趋势。现在市场上就有这样的情况。据报道，有一个人把房子抵押来炒股，人家买什么股票他就买什么股票，看哪个股票价钱低就买哪个股票。他的操作是非理性的。价钱低的股票可能是被低估的，也可能是垃圾股，别人都不要的股票。要加强他们的风险教育，这样我们的宏观调控才能够走到一个正常的轨道，使得大家按照市场规律来做。

金融监管的加强在当前是必要的，在宏观调控中还要提到一点，胡锦涛同志讲“要推进金融体制改革”。中国的金融体制改革的确要进一步加强，因为大家都普遍反映这个问题，外资银行进来了，我们如何跟外资银行竞争呢？如果我们在体制上不把商业银行当成市场主体，没有完善的法人治理结构，我们怎么跟外商直接竞争呢？国内有些地方民间资本多、中小企业融资难问题又没有很好地解决，能不能把这股水引来，把过多的民间资本吸纳进来解决企业融资难的问题，这就是下一步金融改革要考虑的问题。

比如，允许成立更多的民营中小型银行，现在我们的标准已经在降低了，允许做试点，成立“乡镇银行”，几百万资本可以做乡村银行，资本可以大一点，在城市中帮助中小企业发展。再比如，在金融体制改革过程中，有些试点还可以继续扩大。现在做的一个试点叫做“只贷不存”的金融机构。它不能吸收存款，比如说我们 10 个人，每人出 1 亿元的资本，成立一个“只贷不存”的银行，贷款收回来再贷，收不回来就成了坏账，但不能吸收存款，因为吸收了存款，风险就更大了。这方面我们也正在做试点，但是规模还没有那么大，只有几千万，这都是金融改革中的一些试验。

现在的商业银行越来越多了，存款多了银行垮了怎么办？现在出了“存款保险”，银行垮了可以把存款保险下来。比如说，一些小企业想贷款，但是没有人做担保，允许民间成立金融担保公司，专门做担保。

种种试验我们都需要在下一步改革中来探索。所以，胡锦涛同志讲“我们要形成多种所有制、多种形式，功能合理、结构完善、高效安全的现代金融体系”。

（原载《今日浙江》2007 年第 22 期）

中国股份制改革的回顾与前瞻

一、股份制改革设想的提出

尽管 1949 年之前在中国已经有了股份制企业和证券市场，但 1949 年之后，这些都相继退出了历史舞台。当 1979 年中国经济体制改革刚起步时，国内的企业主要是国有企业，另一部分是集体所有制企业。国有企业是政府直接控制的，产权并未明确地界定，政企不分，生产和销售都由政府规定，企业根本没有投资权和自主经营权。简单地说，企业只不过是政府的附属物。至于集体所有制企业，同样是产权不清楚不明晰的。产权归于谁？谁是投资人？"集体"概念一直是模糊的。这些企业实际也归政府控制，生产和销售同样纳入政府的计划，企业不是自主经营者。这就是改革刚开始时的状况。

1978 年 12 月中共十一届三中全会召开后，中国的经济体制改革起步了。股份制也在悄悄地推进。这同农村家庭承包制的试验和推广有关。农村家庭承包制大大调动了农民的生产积极性，农产品供给丰富了，农村中多余的劳动力转向非农业，于是乡镇企业兴起，不少地方的农民自发地采取集股的方式，组成了股份制的乡镇企业。当时流行的两句话就是："以资带劳，以劳带资。"这些股份制的乡镇企业就是改革开放以后中国股份制企业的雏形。1980 年 1 月，中国人民银行抚顺支行代理抚顺红砖厂面向企业发行 280 万股股票，获得成功。这是改革开放后银行代理股票发行的最初尝试。

经济理论界参与有关股份制讨论，据我所知，最早是 1980 年 4 月至 5 月在北京由中共中央书记处研究室和国家劳动总局联合召开的工资与劳动就业座谈会上。这次座谈会有一个明确的目标，就是要经济学家们为形势严峻的就业问题提出政策建议。当时的就业压力很大，因为历年上山下乡的知识青年纷纷回城了，回城青年有 1,700 万人，再加上没有上山下乡、继续留在城市的青年 300 多万人，一共 2,000 万人以上，他们被称为“待业青年”。他们急需找到工作，但工作岗位远远不足，所以有的城市就发生了“待业青年”包围市政府、请愿等事件。经济学家们在会议上各抒己见。在会议上我提出，可以号召大家集资，以入股形式组织新的企业，也可以让企业通过发行股票增资，扩大规模，以此解决就业问题。会上，林子力同志问我：那么中国就会出现股票交易所了？我的回答是：只要实行了股份制，股票流通就是正常的，股票交易所的建立是迟早的事。

隔了三个月，即 1980 年 8 月，中共中央和国务院召开了全国劳动就业会议。股份制问题在会议上被热烈讨论，被看成是缓解城市就业压力的一项重要对策。这时，赞成股份制的经济学家很多，据我所知，于光远、童大林、冯兰瑞、蒋一苇、董辅礽、王珏、赵履宽、鲍恩荣、胡志仁等学者都同意推行股份制，说实行股份制是一个好办法。1984 年 10 月，中共中央十二届三中全会召开了，改革的重点从农村转入城市。从这时起，有关股份制改革的讨论进入了一个新阶段。城市改革从何着手？重点何在？当时成为主流意见的是放开价格的思路。“休克疗法”常被人们谈起。“休克疗法”是 1949 年联邦德国经济改革的做法。要知道，第二次世界大战结束后，英、美、法三国占领联邦德国，苏联占领民主德国。联邦德国经济混乱，物资奇缺，通货膨胀，失业严重，不得不实行物价管制和凭票证供应的做法。1949 年起，联邦德国进行了经济改革，主要的措施是：放开价格，听任市场调节。这样，虽然经济乱了一阵，但在市场机制起作用的条件下，经济逐渐稳定下来，几年之后，联邦德国经济转入复苏和繁荣。这种做法就被人们称做“休克疗法”。所以有些经济学家认为：既然联邦德国的经济改革有成效，为什么中国不实行“休克疗法”呢？放开价格的思路被当时的国务院领导接受了。

1985 年，国务院有关部门着手制定价格放开的方案，并准备在 1986 年起实施。于是就引起了两种改革主线之争。两种改革主线（一是价格改革主线，一是企业改革主线）之争在 1986 年公开化了。

1986 年 4 月末，我在北京大学办公楼礼堂做了一场题为《改革的基本思路》的报告。报告中指出：中国经济改革的失败可能是由于价格改革的失败，中国经济改革的成功必须取决于所有制改革的成功，也就是企业改革的成功。报告中还指出：企业改革的目标模式就是股份制。至此，我已经不再把股份制仅仅看成是集资和扩大就业的方式，而是把股份制的实行看成是推进中国市场化改革的必要条件，认为只有通过股份制改革才能重新构造市场经济的微观基础，才能完成市场化改革。我认为，尽管价格的改革是必不可少的，但价格的放开将伴随市场化改革而逐渐推进，价格的市场化是整个经济体制改革的最终成果，而不是经济体制改革的出发点。

我的这一改革思路引起了当时中共中央和国务院的重视。1986 年 8 月，我带领北京大学的一些年轻教师在黑龙江哈尔滨讲学。忽然，中共黑龙江省委有一天晚上派人来找我，说接到北京方面的长途电话，要我连夜回京，向国务院领导汇报我的改革设想。于是我们一行只得遵命回到北京。在向国务院领导汇报时，我提出了为什么不宜实行价格放开的理由。我认为，中国和联邦德国的情况完全不同。联邦德国是私有制国家，价格一放开，私营企业就根据市场状况自行调整，有的企业存活下来，有的企业被淘汰，企业兼并重组和优胜劣汰的结果使联邦德国经济走向复苏。中国则是一个公有制国家，除部分集体所有制企业以外，主要是国有企业，它们不是独立的商品生产者和经营者，如果不进行股份制改革，它们不可能适应市场经济，价格放开起什么作用？只能导致通货膨胀和经济混乱，达不到体制转轨的作用。我还进一步分析，如果国有企业体制不改，即使放开了价格，一旦局面不好收拾了，一夜之间可能重新管制价格，退回计划经济老路上去；而企业的股份制改革则不同，可以分期分批推进，走一步是一步，不断总结经验，不断推进改革，因此看起来不像价格改革那么“激进”，但这种“渐进”却是稳妥的。甚至可以说，它貌似“渐进”，实际上是一种根本性的改革，因为它改变了中国宏观经济的微观基础。

我的这些观点在《非均衡的中国经济》一书中作了充分的表述。

二、几经波折的股份制改革

虽然价格改革主线和企业改革主线之争仍在继续进行，但从1984年到1986年，股份制改革却一直持续未停。1984年10月，上海市政府发布《关于发行股票的暂行管理办法》；同年，北京市开始了天桥百货公司股份制改革的试点；1985年，广州绢麻厂、明兴制药厂、侨光制革厂三家国有中小企业进行股份制改革试点；1986年12月，国务院发布了《关于深化企业改革、增强企业活力的若干规定》，允许各地可以选择少数有条件的国有企业进行股份制改革。

1986年11月，我随胡启立同志到四川考察，准备以四川作为股份制改革的试点。当时，重庆市仍属于四川省。我在成都和重庆作了两场有关股份制改革试点的报告。担任中共四川省委书记的杨汝岱同志很支持把四川作为股份制改革的试点。为什么会选择四川作为试点呢？一是因为四川的国有企业数量多，二是因为这些国有企业中有一些是重要的大型企业，有影响。胡耀邦同志是支持股份制改革的，以四川为试点进行股份制改革，得到他的同意。然而，当我们从四川考察回来以后，才两个月，胡耀邦同志辞去了中共中央总书记的职务，股份制改革受到了一些人的严厉批判。在这种形势下，股份制改革受挫。1987 年 5 月，企业承包制正式出台。人们都议论道：企业承包制是股份制改革的替代方案。实际上，股份制改革与企业承包制不是同一个层次上的问题。可以从三个方面来加以说明。

第一，股份制改革使国有企业产权清晰和投资主体多元化，这样，改制后的公司将以独立商品生产者的身份活跃于市场上，企业自主经营，投资人自负盈亏。于是社会主义宏观经济就有了与市场相适应的微观经济基础。企业承包制则完全回避了产权界定和产权明晰化这一关键问题。

第二，股份制改革使企业不再成为政府的附属物，政府只能依据法律法规来规范企业的运行，而不能像计划经济体制下那样直接操纵企业、干预企业。这样，市场经济的规则就起作用了。企业承包制则不然。在企业承包制之下，企业仍然不能摆脱政府附属物的地位，从而导致市场经济体制无法确立。

第三，通过股份制改革，企业关心投资人的利益，既包括投资人的近期利益，又包括投资人的长期利益，企业的发展是有机制上的保证的。企业在承包制之下，只可能考虑近期利益，因为企业承包制到期以后的情况是不可知的，于是，承包以后企业很可能出现短期行为，拼设备，拼资源消耗。这既不利于企业自身的发展，又不利于国民经济的发展。

这些都是我当时对企业承包制的批评意见。当时经济学界坚持企业承包制的杨培新同志，同我私交不错，往来也多，但在股份制与承包制的争论中，我的观点一直是十分鲜明的，寸步不让。

企业承包制在胡耀邦同志辞职后终于全面铺开了，效果不好，这是预料之中的事情。1987 年 10 月，李铁映同志作为国家体制改革委员会主任，提出由各种不同观点的经济学家带头，建立课题组，提出方案。我是北京大学课题组的组长，带领一批年轻教师和学生进行调查、研究、分析、讨论，最终拟定的三年、五年、八年的改革方案报送给国务院。在这个方案中，我们提出，尽管企业承包制已经推行，但这决不是长久之策，要尽快过渡到股份制，把明确产权放在首位。股份制作为企业改革的目标模式，是我们的方案的核心。

正是由于企业承包制没有什么成效，所以到了1988年夏天，国务院又回到了价格改革为主的做法上来。为了使“价格闯关”顺利进行，为了防止出现通货膨胀，准备采取“控制货币，物价放开”的措施。然而，消息一传开，在全国范围内发生了挤提存款、抢购商品的风潮。而“控制货币”实际上是做不到的，因为“控制货币”至多只能抑制投资，但挡不住人们利用手头的现金和动用储蓄存款来购买商品。不得已，政府又宣布暂停物价放开，改行“治理整顿”。这一次“价格闯关”的失败，证明了在市场缺少自负盈亏、自主经营的市场主体的条件下，以价格改革为主线的改革思路是行不通的。

企业承包制不灵，“价格闯关”又行不通，国务院再度回到了股份制改革的道路。1989年3月底，在北京的一些经济学家接到了国务院有关部门的请柬，要求认真准备，参加4月27日在中南海召开的有关股份制改革的座谈会。但谁都没有想到，胡耀邦同志在4月15日突然去世，形势骤变，原定4月27日召开的座谈会参加者寥寥无几，什么问题也解决不了。接着，“六四”风波之后，股份制再一次遭到批判和质疑。从这时起，对股份制的否定和质疑，实际上是两个层次的问题。

对股份制持否定态度的人认为，实行股份制就是实行私有化。他们说，如果在中国实行国有企业的股份制，无异于把中国引入资本主义道路。

对股份制有疑问的人，涉及股份制是否适合于中国的问题。他们认为：

第一，中国经济是复杂的，不宜采取股份制。股份制不解决问题，反而会弊端丛生，如侵占国有资产，导致国有资产流失。

第二，即使股份制作为一种形式可以被采用，那也只适合于集体所有制企业和一些中小型国有企业，大型国有企业是无法采取股份制的。

第三，即使股份制作为一种形式可以被采用，那也只适合于新组建的企业，并且仅限于一些无关国计民生的新企业，原有的国有企业不宜采取股份制。

在这段时间内，我仍然坚持自己的观点，即认为要建立市场经济体制，必须重新构造微观经济基础，而股份制改革是必由之路。值得庆幸的是，在这段时间内，股份制改革在实践中仍在推进。1990 年 3 月，国家允许上海、深圳两地试点试行公开发行股票。1990 年 11 月，上海市政府颁布了《上海市证券交易管理办法》；1990 年 12 月，上海证券交易所和深圳证券交易所先后成立并开始营业。1991 年 5 月，深圳市政府颁布《深圳市股票发行与交易管理暂行办法》。1991 年 8 月，作为中国证券业的自律组织中国证券业协会在北京成立。到 1991 年底，有 8 只股票在上海证券交易所上市，有 6 只股票在深圳证券交易所上市。

中国股份制改革在艰难中继续前进，反映了股份制是适应时代潮流的。在这个关键时刻，迎来了邓小平同志 1992 年的南方谈话。邓小平同志在深圳视察时指出："证券、股市，这些东西究竟好不好，有没有危险，是不是资本主义独有的东西，社会主义能不能用？允许看，但要坚决地试。看对了，搞一两年对了，放开；错了，纠正，关了就是了。关，也可以快关，也可以慢关，也可以留一点尾巴。怕什么，坚持这种态度就不要紧，就不会犯大错误。"① 邓小平同志的南方谈话，大大激发了全国人民建设社会主义市场经济体制的热情，股份制改革经过了几度波折之后，终于迈上了加速前进的平台。

三、证券法的起草、讨论和通过

1992 年，在邓小平同志南方谈话之后，全国人大常委会在万里委

① 《邓小平文选》第 3 卷，人民出版社 1993 年版，第 373 页。

员长建议下，任命我担任证券法起草小组组长，负责起草证券法。这是第一个由专家担任组长起草的法律。股份制和证券方面的专家，被聘为起草小组顾问或成员，他们是：董辅礽、江平、曹凤岐、高西庆、王连洲等人。我们花费了好几年的时间逐条起草初稿，并赴香港考察。我们还注意吸收国外证券法的经验。证券法草案经全国人大财经委员会讨论通过后，由财经委主任委员柳随年同志在全国人大常委会宣读起草报告，进入全国人大常委会立法程序，提请全国人大常委会审议。

证券法的制定同国有企业股份制的推进，尽管二者之间有十分密切的关系，但还不能等同起来。这是因为，证券法被通过并实施以后，标志着中国的资本市场走向规范化的发展，有利于企业股份制的规范化发展，然而，究竟有哪些企业实行股份制改革和上市，这不是证券法所能决定的。假如改制为股份制和上市的公司仍然是一些中小型企业（包括国有企业和非国有企业），社会主义市场经济的微观经济基础的重新构造工作依然没有完成。因此，在证券法审议过程中，国有企业的股份制改革仍须加大力度。《邓小平文选》第3卷出版以后不久，有一天下午，江泽民同志专门找我及中国社会科学院的王家福同志、国务院发展研究中心副主任陆百甫同志三人到他的办公室，一起讨论股份制问题。我从经济学角度谈了在中国推行国有大型企业股份制改革的必要性和可行性，王家福同志从法律学角度谈了企业股份制推行过程中所涉及的问题，陆百甫同志从改革研究角度谈了如何推行企业股份制的问题。江泽民同志最后说：我在上海市工作的时候就赞成实行股份制，现在也一样，可是现在只是一些中小企业在搞股份制，要搞就搞大的。目前有些领导同志对国有大型企业如何实行股份制还有些疑虑，所以要统一思想认识。

关于股份制扩大试点范围以及如何把国有大型企业纳入股份制改革的系列，在1997年召开的中共十五大报告中作了明确的规定。报告中提出："股份制是现代企业的一种资本组织形式，有利于所有权和经营权的分离，有利于提高企业和资本的运作效率，资本主义可以用，社会主义也可以用。不能笼统地说股份制是公有还是私有，关键看控股权掌握在谁手中。”这是一次思想解放，因为理论上有所突破，对计划经济时期一直牢牢支配人们思想的传统公有制概念有了重大的修正。从 1980 年算起，到 1997 年已经 18 年了。国有大型企业的股份制改革跃上了新的台阶，人们不再被股份制企业姓“社”还是姓“资”的争论束缚手脚了。

紧接着，证券法草案经过多次审议，于 1998 年 12 月由全国人大常委会通过，并于 1999 年 7 月 1 日实施。在正式表决的前几天，李鹏委员长专门找我询问有关证券法中还有哪些问题需要完善。我说，任何法律都不可能是尽善尽美的，以后肯定还会作些修改，但能够提请全国人大常委会审议通过，已经是一大成绩。证券法以高票通过了，我感到非常欣慰。

从 1999 年起，国有大企业的股份制改革工作大大加快，上市公司数目也日益增加。中国的股份制改革进入了全面铺开的快车道。

四、从双轨制转向单轨制：股权分置改革

证券法实施以后，中国股份制改革和资本市场发展中面临的一个重要问题，就是如何从双轨制转向单轨制。这是一个必须及时解决的问题，但又是一个相当棘手的问题。

双轨制是指股份分两类：流通股和非流通股。双轨制的形成是有历史原因的。如前所述，中国企业的股份制改革是在计划经济体制开始有所松动，但仍然在经济中占据主导地位的情况下起步的。当时唯一可以被政府部门接受的方案就是“先增量股份化，后存量股份化”。具体地说，国有企业改制为股份制企业并上市后，增发的股份是流通股，可以在股市中交易；原来的资产虽然折为股份，但不上市，不流通。流通和非流通股并存，就是股份制的双轨制。《中国经济体制改革》1986 年

第12期、1987年第1～2期，全文刊载了我的《所有制改革和股份企业的管理》一文。我在文中写道："把原有企业的资产分为两个部分，一部分是企业原来已经拥有的资产，另一部分是企业新增的资产。前一部分资产暂不实行股份化，后一部分的资产则是通过股份方式集资的。很明显，这是一种过渡的措施，但就我国目前的全民所有制企业而言，这种过渡的措施是必要的。"[①] 双轨制的确是一个过渡性措施，这是因为，国有企业的股份制改革在20世纪80年代中后期遇到的阻力很大，如果不采取存量暂时不流通的做法，国有企业的股份制改革就难以起步。换句话说，如果中国当时就实行全流通的做法，除了一些集体所有制企业可以上市以外，国有企业是无法突破重重阻力而实行股份制改革的。

国有企业的股份制改革终于在双轨制的条件下启动了。从邓小平同志南方谈话之时算起，到21世纪初，用了10年左右的时间，国有企业的股份制改革取得了很大进展，资本市场也初具规模，但双轨制造成的问题也越来越明显，或者说，双轨制留下的制度缺陷也暴露得越来越突出。在证券法通过几年后，全国人大财经委员会组织了证券法执法检查，周正庆同志和我分别率组到上海和深圳调研和检查工作。我们发现，双轨制最大的问题是上市公司的机制并未真正转换，国有股占大头，通常高达60%～70%，有的上市公司甚至高达80%～90%，股东大会根本开不起来，董事会清一色是国有股持有方派出的，一副面孔，一种声音。上市公司的机制没有转变，就达不到股份制改革的目标。结果，增量股份化变成了公司圈钱的手段，增发一次股票就圈一次钱。1999年以后，虽然曾经采取过国有股减持的措施，但并不成功，一是国有股减持并未改变双轨制的总体格局，也未能消除双轨制的制度性缺陷；二是只要双轨制继续存在，即使进行了部分企业的国有股减持，新上市的公

① 厉以宁：《所有制改革和股份企业的管理》，载《中国经济体制改革》1986年第12期，第28页。

司又会使非流通股总量继续上升。因此，2002 年 6 月，财政部和证监会宣布停止在 A 股市场减持国有股。作为替代方案，股权分置改革出台了。这是 2004 年年初的一件大事。

股权分置改革实际上是股份制的第二次改革，它要解决的主要问题就是要把股份制的双轨制变成单轨制，即把流通股和非流通股的分置改为全流通股。改革中遇到两个障碍：第一，有人认为，一旦把国有股从非流通股转变为流通股，国有资产转让，甚至流失的大门就敞开了，这岂不违背了国有制主导的原则？第二，国有股从非流通股转变为流通股时，要不要由国有股给流通股持有者以一定的补偿？有人认为，如果非流通股的持有者给流通股的持有者以补偿，这岂不是国有资产的损失？国有资产为什么要承受这种损失呢？

经过经济学界的激烈争论，终于形成了这样一种看法：一方面，国有股从非流通股转变为流通股是完善股份制和资本市场的重要举措，并不等于国有资产的流失，国有股的监督管理机构会依照法律来妥善处理这一问题。如果国有股继续处在隔绝于资本市场之外的非流通状态，不仅对国有资产本身不利，而且也不利于国民经济。另一方面，国有的非流通股转变为流通股的过程中，非流通股持有者给流通股持有者以一定的补偿是有根据的：因为当初国有企业改制为上市公司时都在招股说明书或上市公告书中承诺，其公开发行前股东所持股份暂不上市流通，从而所发行的股票才得以按较高的价格出售。现在，国有股要从非流通股转变为流通股了，这就违背了当初的承诺。按照中华人民共和国合同法的规定，这是一种违背合同的行为，违背合同的一方给另一方带来损失的，应当给予赔偿。所以，在非流通股持有者同流通股持有者之间作出相应的利益平衡的安排，是有法律依据的。至于补偿多少，则由市场决定。股权分置改革方案终于得以实现。到 2006 年年底，中国股份制的第二次改革基本完成。

五、中国资本市场有待继续完善，股份制改革有待继续推进

资本市场的继续完善和股份制改革的继续推进，二者是紧密地联系在一起的，它们之间有着互为前提和相互促进的关系。

（一）多层次的、完善的资本市场体系的建设

一个多层次的、完善的资本市场体系，除了包括主板市场以外，还应当有中小企业板市场、创业板市场、未上市的股份制企业的场外交易市场等。完善的债券市场和证券期货市场也应包括在内。在中国现阶段，有必要及早着手多层次的、完善的资本市场体系的建设，汲取国外成熟的资本市场的经验。股份制继续推进与此密切有关。

这里首先需要提到民营企业的股份制改革问题。民营企业在初建时，规模一般不大，而且主要是家族企业。家族经营制在企业规模不大时是能够发挥积极作用的。家长多数是能人，有凝聚力，所以家族企业成长较快。但企业规模扩大以后，家族经营制的局限性便暴露得越来越充分。家长个人支配企业的做法越来越不能适应新的形势，家长的经验既可能是财富，更可能成为包袱，成为发展中的障碍。因此，达到一定规模以后的家族企业，改制为股份制企业是一种明智的选择。如果资本市场的结构单一化，对这些民营企业的发展是不利的。如果资本市场是多层次的，那么它们根据企业自身的实际情况，可以在主板市场、中小企业板市场、创业板市场和未上市的股份制企业的场外市场中作出选择。多层次的、完善的资本市场体系的建设将大大促进民营企业的发展，并为民间资本开辟广阔的活动空间。

还应当提到，一些高等学校毕业生或科技人员很可能走上创业的道路，自行创办企业。他们有自行创业的热情，也可能有科技方面的研究成果，并且还能吸引创业投资公司或创业投资基金的关注和资本投入。这同样需要有多层次的、完善的资本市场体系作为他们的活动

平台，其中有些可以进入创业板市场，有些可以先在未上市的股份制企业场外交易市场上进行股份转让。这将会大大调动人们创业的积极性，调动企业自主创新的积极性，促进自行创业和自主创业，对国民经济的发展十分有利。

进一步而言，建立多层次的、完善的资本市场体系后，民间资本将被充分调动起来，它们将源源不断地进入各个层次的资本市场，实现金融资源的有效配置。直接融资的比重将迅速增加，从而将改变中国经济发展中历来偏重于或大部分依赖于银行贷款的现实。产业结构的调整、经济增长方式的转变、经济增长质量的提高，将因资本市场体系的多层次和完善而加快速度。一切股份制企业，不管是已经上市的还是尚未上市的，在多层次的、完善的资本市场体系建立后都会感到市场竞争的压力，因为投资者“用脚投票”的选择更加方便了。效益差的股份制企业在这种形势下不得不急起直追，否则将被投资者们所抛弃；而效益好的股份制企业将能融到更多的资本，它们将更上一层楼。这一切都有利于国民经济又好又快发展，有利于社会经济可持续发展。

（二）上市公司治理结构的完善

股市能否走好，主要取决于两个因素：一是宏观经济形势良好，二是上市公司质量普遍提高。这两个因素都重要，但第一个因素即宏观经济形势是否良好，不是企业自身所能决定的，它同国民经济运行有关，受到经济增长率、就业率、通货膨胀率、国际收支状况变动等因素的影响；而第二个因素即上市公司质量问题，则同上市公司的经营管理和核心竞争力、盈利能力有关，也同上市公司治理结构是否完善有关。

股份制改革的继续推进，不只是使更多的企业改制为股份制企业和上市公司，还包括促进上市公司治理结构的完善。上市公司治理结构的完善，是指让股东会、董事会和监事会真正起作用而不是流于形式。应当强调上市公司的独立性必须得到切实的维护，上市公司资金严禁被侵占，诸如20世纪90年代时常发生的上市公司募集资金的不规范使用、上市公司资金被侵占、上市公司违规对外担保、上市公司编报虚假财务会计信息、上市公司的高层管理人员因缺少监管而使上市公司遭到损失、上市公司财务管理混乱而导致股东利益受损等情况，将通过上市公司治理结构的完善和管理制度的健全而得到遏制。

问题还不仅限于此。完善上市公司治理结构是促使中国资本市场规模进一步扩大和投资于股份制企业的人数不断增加的重要保证。这是因为，在公司治理结构不完善的条件下，投资者的信心是不足的，他们既担心上市公司的资金被侵占或被违规运作以至于流失，又担心控股的股东不顾小股东的利益而直接干预上市公司的事务，担心内部董事与外部董事、董事会与监事会之间没有相互制衡的作用，担心上市公司高层管理人员不受约束，为所欲为，使投资者的利益受损失。投资者信心的下降或者丧失，也就是资本市场上人气的消散。常言说得好，人气易散不易聚。一旦人气消散，投资者失去信心，对资本市场的发展是非常不利的，同时也不利于上市公司质量的提高。这就更加表明上市公司治理结构完善的迫切性。

（三）行业垄断的打破和公平竞争格局的形成

国有大型企业的改革将继续推进，除了要加强公司治理结构的改革与调整外，行业垄断的打破也是重点之一。国有大型企业往往依赖自己在某些行业的特殊地位，获得垄断利益。这种情况不仅对市场经济体制不利（因为领域不能自由进入，妨碍了公平竞争格局的形成），而且对居于垄断位置的国有大型企业同样是不利的（因为它们放松了对自主创新和改进经营管理的要求，躺在特殊地位上享受既得利益，享受优惠政策，享受其他各种好处）。从这个意义上来说，行业垄断的打破应当成为下一阶段改革的迫切任务。

要打破行业垄断，必须允许领域的准入。这就是说，除了法律有专门规定的以外，领域应向一切有资格的进入者开放。同时，上市公司的并购重组活动应当加大透明度，由市场规律来主导，由参与的市场主体根据利弊的权衡作出决策，行政部门只依法管理而不应直接干预，这才符合公平竞争的原则。

行业垄断打破后，中国证券市场的结构会相应地发生变化。这是因为，行业垄断主要产生于资源开发行业和交通运输通信行业。此外，金融行业中实际上也存在类似于行业垄断的现象。这些行业的上市公司基本上都是国家控股的特大型企业，它们的股票在股票总体中所占的权重过高，不利于资本的合理配置。领域开放公平竞争的格局形成后，国家控股的特大型企业的股票所占的权重会逐渐下降。同时，民间资本进入资源开发行业、交通运输通信行业和金融行业后，将会出现这些行业进一步发展的局面。这无论对国民经济的发展还是对资本市场的完善，都是有利的。

（四）有效的资本市场监督管理体制的确立

加强对资本市场的监督管理并不意味着政府采取行政手段来干预资本市场的运作，而首先是指政府应当健全法制，使资本市场在法律的框架内规范化地运作。如果法制不健全、不配套，那就只好依靠行政手段的干预了。因此，对前一阶段资本市场的监督管理中的某些行政干预，要进行实事求是的分析，它们固然会带来某些弊病，产生某些后遗症，但这通常是在法制不健全、不配套的情况下不得已才采取的措施。在股权分置改革已经基本完成后的今天，我们必须尽快完善资本市场监督管理体制，健全有关法律体系，慎用、最好不用单纯的行政干预手段。

在这方面，有三项工作要特别引起注意：

第一，对于违法违规运作和损害投资者权益的现象，要有明确的刑事责任追究制度和民事赔偿制度，并且要监督其落实。只有这样，才能使违法违规者受到惩处，才能切实保护投资者的合法权益。

第二，加强监督管理队伍的建设，吸引有社会责任感和有专业技术知识的人才参加监督管理机构工作，同时要加大对资本市场发展前景和前进过程中可能遇到的新问题的研究，并拟定对策。这样，才能使资本市场的监督管理工作更加有效。

第三，着力防范由资本市场动荡引发的金融风险，建立和完善针对金融风险的预警机制和快速应对机制。金融风险不一定由资本市场的动荡引发，但一旦金融风险产生，必然会影响资本市场的稳定。因此，还需要加强资本市场监督管理机构同其他金融监督管理机构之间的合作、协调。

（五）中国上市公司和资本市场国际竞争力的提高

要使中国资本市场稳定健康地发展，中国上市公司和资本市场的国际竞争力应当不断提高。这是下一阶段有必要认真解决的问题。

从上市公司的角度来看，要提高国际竞争力，必须加大研究开发费用的数额及其在公司总产值中的比重，必须拥有自己的专利、知识产权，必须创建并维护自己的品牌。同时，还必须致力于降低成本，降低资源消耗，提高管理水平，增强营销能力。而要做到这些，正如前面已经指出的，完善上市公司治理结构是必不可少的前提。

从资本市场的角度来看，问题显然要比提高上市公司国际竞争力复杂得多。首先，要弄清楚什么是资本市场的国际竞争力。应当说，判断资本市场国际竞争力强弱的重要标志，在于国际上有影响的大企业和有成长潜力的新兴行业企业选择上市场所的考虑。如果某个资本市场成为它们的首选之地，那就表明这个资本市场具有较强的国际竞争力。其次，怎样才能使某个资本市场成为具有国际竞争力的资本市场？这至少取决于三个因素：一是法制和监督管理体制的完善，以及市场运行规范化，市场秩序良好；二是有一些资本雄厚、专业人才充足、有信誉和有影响的证券公司；三是有一批理性的个人投资者和若干规范运作的机构投资者。由此可见，中国的资本市场距离有国际竞争力的资本市场尚有一定的差距。我们应当朝这个方面继续努力。最后，要使中国的资本市场成为具有国际竞争力的资本市场，还必须考虑中国经济的对外开放程度，以及中国经济在对外开放方面应当解决的一些问题，如人民币资本项目的自由兑换、人民币汇率的市场决定机制的确立、人民币能否成为国际储备货币之一，等等。这些并不是仅靠中国资本市场自身所能解决的。但只要中国经济已经走上了市场经济道路，那么在时机成熟时中国会具备这些条件的。我们现在还难以确定人民币资本项目可自由兑换的日程表。人民币汇率的市场决定机制的确定也是改革的大势所趋，总有水到渠成的那一天。至于人民币能否成为国际储备货币之一，以及什么时候可以成为国际储备货币之一，则取决于中国综合国力的增强，这同样是我们努力的方向。

六、结束语

从 1978 年算起，中国改革开放已经 30 年了。中国的股份制改革至今也有近 30 年的历史。回顾这 30 年，我们国家所取得的种种成就，都离不开思想的解放。如果没有 1978 年 5 月份开始的、历时半年之久的“实践是检验真理的唯一标准”的大讨论，没有 1978 年 12 月份召开的中共十一届三中全会，我们是不可能取得这些成就的。

思想解放和理论创新都没有终点，也不可能有终点。从计划经济体制转向市场经济体制的改革，是前人所没有从事过的事情。谁都不可能是先知先觉者，谁都不能说在 1979 年我就知道改革该如何进行，改革会遇到什么样的阻碍，改革又会如何突破这些难点。经济学界在 30 年内所发生的各种争论，应当说是正常的，大家都在改革开放的实践过程中学习、成长、提高。有些观点在刚提出来时不一定完全准确、完全符合实际，但在实践中会得到补充、修正、丰富、完善。人们的认识总是逐步深化的。以股份制改革来说，这些年内股市出过多少事情。例如，1992 年 8 月 10 日深圳发行新股认购申请表过程中发生的申购人群的拥挤、游行、抗议；1993 年年初成都红庙子市场上地摊式的股票交易；1996 年海南琼民源公司利用虚假消息操纵股价的违法事件；1998 年中科创业违法操纵股价、自买自卖、坑害投资者事件，等等，都酿成了不小的社会震荡。但这些绝不是中国股份制改革的主流。经验是不断累积、不断丰富的。中国股份制改革和资本市场建设，在牛市和熊市一再交替的过程中走过了艰难的道路。投资者逐渐理性化，监督管理机构也逐渐成熟、老练。这就是下一阶段继续推进股份制改革和完善资本市场的希望所在。我们对此满怀信心！

（原载魏礼群主编：《改革开放三十年：见证与回顾》，中国言实出版社 2008 年版）

走向城乡一体化：建国60年城乡体制的变革

我从小生活和学习都在城市中，对农村情况是不了解的。我第一次下农村是在1955年4—5月，当时我是北京大学经济系四年级的学生，全班去北京市海淀区肖家河参加农业合作化实习。学生被分配到各个自然村，分散住在农民家中。主要任务是进行农民家访，宣讲党的农业合作化政策，并向农民解释合作化的意义。在农村中看到的是土地改革以后农民生活安定、一心投入生产的情况。

接着到了1958年，北京大学的一部分教职员作为下放干部，下放到门头沟区（当时称京西矿区），经济系、法律系、生物系的教职员的下放地点是西斋堂村。这正是“大跃进”的年代，我们每天清早就上工地，修引水渠，从1月份干到4月份，天天如此。5月份起，转到农田里干活。到了8月份，全国掀起了人民公社化的高潮，西斋堂村也不例外。村里办起了公共食堂，我被调到公共食堂担任会计。冬天，我又被调到新组成的公社文艺宣传队任编剧，创作了不少小品、快板，宣传人民公社的好处，到各乡巡回演出。1959年1月回到北京大学。今天回想起来，这一年下放农村，虽然对农村的情况有些了解，但所了解的只是浮面的东西。比如说，就在1958年，由于户口制度分为城市户口和农村户口，城乡之间的人口流动受到严格限制，城乡二元结构制度化了。这将对今后中国农村居民和农业发展存在什么样的影响，当时我是完全不了解的。

从1964年10月起到1966年6月初，北京大学师生分两批到农村参加社会主义教育运动，两批我都参加了。第一批是在湖北荆州江陵滩桥公社，第二批是在北京朝阳区高碑店公社。紧接着，发生了“文化大革命”，在这期间，我也在海淀区六郎庄、玉泉山等农村参加劳动。到了1969年，北京大学教职员下放到江西南昌县鲤鱼洲农场劳动。我是第一批下放的，在鄱阳湖边的茅屋内一住就是两年。在这段时间内，我到过附近的农村，也看到时常有逃荒的农民到北大农场来讨饭。我见到的逃荒的农民都衣不蔽体。鄱阳湖边，冬天很冷，而这些农民却穿着单衣，光着脚穿着草鞋。我想，鄱阳湖畔本是鱼米之乡啊，建国已经20年了，农民为什么还如此穷困呢？这是一个沉思的年代，眼见耳闻，使我不禁想到，是不是我们的经济体制存在问题，否则怎么解释这些现象呢？在大学里书本上所学到的经济学理论为什么解释不了眼前看到的这一切呢？我的经济观点的转变正是从这时开始的。

从江西回到北京是1971年秋天。此后几年，我大部分时间仍在北京市郊区各县和河北省的农村参加劳动，参加“开门办学”，所看到的仍然是农民缺衣少食的穷苦生活。我对时局感到困惑：经济已衰落，失业激增，农民逃荒，社会矛盾正在激化，预感到不久可能发生社会大动荡。1976年春季，我和北京大学一些师生在北京市大兴县农场“开门办学”，到1976年10月粉碎了“四人帮”，下乡办学的北京大学师生全部返校。接着不久，邓小平同志复出主持工作，改革的呼声日益高涨。1978年12月中共十一届三中全会召开了，从此中国转入了改革开放新阶段，我也就从这时起，把研究中国经济体制改革作为自己的主要研究课题。

20世纪80年代内，我的大部分时间用于国有企业体制的改革方面。这段时间内，我虽然到过一些省市进行调研，但对于农村问题，我没有进行深入研究，因为我认为国有企业体制改革问题是当时最需要解决的。我还认为，农村家庭承包制既已推广，乡镇企业也已兴起，这一基本格局短期内不可能有大的变动，所以对农业和农村问题可以稍后再来考察。

到了20世纪90年代，农村家庭承包制之下，大量农民工外出，引发了一系列新问题。例如，农村青壮年劳动力外出之后，土地有撂荒现象；农民工进城后，家属也进城了，于是又出现子女无法在城市就学问题；而且每逢春节，火车为什么这样拥挤，同农民工回乡探亲有很大关系。由此激起了我对城乡二元体制和城乡一体化的思考。再说，“农民工”这个称呼是不合理的：工人就是工人，农民就是农民，从未听说过什么“农民工”。从清朝末年到民国时期，中国第一批近代工厂先后在上海、天津、广州等地出现，最早的产业工人来自何处？不正是来自大城市周边的农村么？他们在乡下是农民，以种地为生，一进城做工，就成为工人了，他们工作安定下来，可以把妻子儿女接进城去。为什么现在有了“农民工”呢？这是城乡二元体制的产物：“身份”是农民，职业是工人，“农民工”享受不了城市居民的待遇。上述这些问题在20世纪90年代都明显地暴露出来了。

2003年，我担任了中央智力支边协调小组毕节试验区专家顾问组组长，以后几年，我每年都要带一些专家到毕节进行考察，帮助当地脱贫。在扶贫过程中，我发现最重要的问题依然是体制改革、机制转换，即把以前的“输血机制”改变为“造血机制”。如果不从体制、机制上着力，不把城乡二元体制改革作为今后改革的重点，农民始终难以摆脱困境；如果不推进城乡一体化，农民就无法与城市居民一样享受改革和发展的成果。基于这种认识，我个人的研究重心就转移到农村问题上来。

回顾从1949年到现在，有关城乡体制的变革过程可以划分为三个阶段：

第一阶段：从1949年到1978年。这是城乡二元体制逐渐形成和日益巩固的阶段。城乡二元结构的制度化从1950年土地改革以后就已开始，这是同建立社会主义计划体制相配合的。到1958年，随着人民公社制度的确立和户籍制度的城乡分割，城乡二元体制终于形成。城乡之间生产要素的流动受到极大限制，城市化进展得十分缓慢。在权利方面，农民实际上处于“二等公民”的位置。

第二阶段：从 1979 年到 2002 年。这是城乡二元体制虽然略有松动但基本上依然存在的阶段。改革开放之初，农村推行了家庭承包制，调动了农民承包经营的积极性。但这只不过是城乡二元体制略有松动而已。城乡二元体制的极端形式——人民公社制度——虽然退出了历史舞台，但农民依然受到社会流动的限制。农民仍然难以享受改革和发展的成果。

第三阶段：2003 年以后。这是着手改革城乡二元体制并逐步推进城乡一体化的阶段。在科学发展观的指引下，农村的土地流转启动了，农业的规模经营有了很大的发展，城市化的速度也加快了。在统筹城乡发展和改革这个新课题上，理论上有创新，实践上有突破。城乡一体化已成为新一轮改革的重点。①

2008 年，正值纪念中国改革开放三十周年之际，我写了《论城乡二元体制改革》一文（《北京大学学报（哲学社会科学版）》2008 年 3 月），对实现城乡一体化问题进行探讨。在这篇论文里，有这样几段话扼要地反映了我的基本观点：

“城乡二元结构自古就有。从宋朝算起，至今已有一千年以上的历史。但当时尽管有城乡二元结构，却没有城乡二元体制。城乡二元体制是 20 世纪 50 年代后期才建立的。”（第 5 页）

“从 20 世纪 50 年代后期起，由于计划经济体制的确立，户籍分为城市户籍和农村户籍，城乡二元体制形成了，城乡也就被割裂开来了。从这时开始，城市和农村都成为封闭性的单位，生产要素的流动受到十分严格的限制。”（第 5 页）

“计划经济体制实际上有两个重要支柱：一是政企不分、产权不明的国有企业体制，二是城乡分割、限制城乡生产要素流动的城乡二元体

① 柳晓森、张烁：《城乡二元体制：中国下一轮改革重点》，载《人民日报》2008 年 9 月 3 日。

制。这两个支柱支撑着整个计划经济体制的存在和运转。”（第 5 页）

“从社会协调的角度来看，必须做到统筹发展，包括城乡发展的统筹、区域发展、经济和社会的统筹、国内发展和对外开放的统筹、人与自然和谐发展的统筹。所有这些都同城市二元体制的改革有关。”（第 6 页）

“由于城乡二元体制的改革将导致农民收入的增加和农民生活方式的变化，以及由于社会最低生活保障的基本建立而导致社会低收入家庭后顾之忧的逐渐消除，必定引起内需的大突破。全世界最大的待开发的市场在哪里？就在中国的农村。”（第 11 页）

这篇论文发表之后，在 2008 年春和 2009 年春的一年时间内，我又先后在广东、湖南、贵州、重庆、河北、吉林、内蒙古、天津八个省（市、自治区）继续围绕这个问题进行更广泛的调研。下面就是在调研八个省（市、自治区）的基础上写成的。

一、进一步解放思想，朝着城乡一体化的目标前进

改革开放三十年成就举世瞩目，逐步破除了传统计划经济体制，改革了传统的国有企业体制，初步建立了社会主义市场经济体制，经济社会发展迅速，综合国力大大提高，广大农村也发生了深刻变化。这是一个巨大的飞跃。但在从计划经济体制转向社会主义市场经济体制的过程中，还有一个大的问题尚未解决，就是对于几十年来形成的城乡二元体制的改革相对滞后，甚至可以说这三十年来，基本上没有触动城乡二元体制，因为农村家庭承包制是在维持城乡二元体制的前提下推行的。结果，导致城乡发展不协调，城乡差距呈扩大趋势。城乡二元体制改革的滞后，增加了全面建设小康社会、实现共同富裕、构建和谐社会的难

度，为此必须加大城乡统筹的力度。[①] 统筹城乡发展最重要的任务就是改革城乡二元体制，这是中国下一轮改革发展的重点，也是一场伟大的社会变革，为此需要付出巨大的努力和艰辛。

曾经流行于学术界部分人士中间的一种看法是：改革开放三十年了，农业方面已经取得了不少成绩，使我国早已脱离了凭票证供应生活必需品的年代；目前，农村的改革不妨暂且搁置一下，发展更加重要。比如说，对农民，财政上多给一些，少取一些；金融上，放宽一些，多贷一些；让农村的生产生活条件再改善一些，这样反而更加有利于农民生活水平的提高。这种看法如果出现在80年代后期，那是可以理解的，而且就当时的情况而言，这种看法有一定道理，因为农村土地承包刚推广，不能急于再改革。但从20世纪80年代后期到现在已经20年了。再不着手破除城乡二元体制，不仅阻碍农业的发展和农民收入的提高，而且还会使城乡收入差距继续扩大，使工农收入差距继续扩大，使广大"农民工"不得不徘徊在城乡之间[②]，这就违背了"以人为本"的原则，不符合构建和谐社会的理念。让农民充分享受改革开放的成果，不是靠增加政府投入或放宽信贷就能解决的。只有不失时机地进行城乡二元体制改革，让农民和城市居民享有同等的权利，拥有同等的机会，才是下一阶段改革的重点。

中国的改革开放从来都是以思想解放领路。回顾三十年前，1978年5月起，不正是历时半年之久的"实践是检验真理的唯一标准"的大讨论为中共十一届三中全会的召开做了思想上的准备么？也就是说，中国特色社会主义道路和市场经济体制的成功探索，首先是从一场思想解放运动开始的。当前，打破城乡分割分治的二元体制，形成城乡发展一体化新格局，也必须进一步解放思想、实事求是。学术界必须开展前瞻

---

① 孙津：《城乡统筹是一种综合性要素统筹的创新》，载《中国发展》2008年12月，第59—61页。

② 中国社科院"农民工返乡机制研究"课题组：《徘徊在城乡之间的中国农民工》，载《光明日报》2009年4月9日。

性理论研究和理论创新，在理论上率先突破，摆脱一切束缚城乡二元体制问题解决的思想桎梏，在全社会营造改革城乡二元体制的氛围；必须在政策、法律、制度、文化等诸多方面进行有利于推进城乡一体化的变革，尽快扭转城乡差距扩大趋势；必须勇于探索实践，统筹城乡试验区要大胆改革试验，开辟一条新路。

具体地说，在城乡二元体制改革过程中，有必要就以下三个问题消除误解：

第一，城乡二元体制改革将大大促进社会的稳定，而不会导致社会的不稳定。

关于这一点，一种误解是：农民已经习惯于一家一户的承包经营了，他们之中不少人不愿意离开本乡本土。即使离开本地到城市中打工，但叶落要归根，在外面挣些钱是要带回家来盖新房、娶妻生子的。他们习惯了农村的生活，何必改革城乡二元体制，反而使他们心里不踏实呢？何况农民一旦大批进入城内，生活方式一变更，城市生活设施建设又跟不上，反而会引起他们不满，有些人又想回到乡下去，社会不就不稳定了吗？有这种看法的人多半是不了解实际情况。要知道，在城乡二元体制改革过程中，农民是不是迁进城市，要根据本人意愿而定；外出打工的农民是不是愿意回乡，也由本人决定。体制的改革只是提供了更多的机会供农民选择，而不是排除农民的选择。从社会稳定还是不稳定的角度来看，关键在于农民（不管是进城的还是留在农村的）的利益是不是增加了。如果农民的近期利益和长期利益都能通过城乡二元体制改革而增加，那么社会将迈向稳定而不会导致动荡。

第二，城乡二元体制改革将推动城市经济的改革和发展，而不会因加重城市的负担而阻碍城市经济的发展，也不会阻碍城市经济改革的深化。

在这方面，一种误解是：城市经济的改革和发展毕竟是最重要的，而在现阶段着手城乡二元体制改革，很可能会加重城市的负担，这样，不仅城市经济的改革和发展受阻，而且农村经济的改革和发展也会相应地受连累。不如目前暂时把城乡二元体制的改革搁置一下，一心加快城市经济的改革和发展，等到城市的经济实力增强了，城市就有较多的力量来帮助农村的发展。西方发达国家一般是在工业化后期，政府才把农村发展放在重要位置上的，中国目前仍处于工业化中期，何必这样急于去做本来可以推迟一些才做的事情呢？其实，这种看法并不正确。问题在于：在西方发达国家工业化初期，城乡二元结构是存在的，但在那里并没有形成城乡二元体制，因此也就不需要进行城乡二元体制改革。它们之所以在工业化后期着力于发展农村经济，是适应稳定社会的需要。中国的情况与它们不同。在城乡二元体制下，中国的工业化在长时期内是以牺牲农民利益为代价的。如今已到了城市回馈农村的时候了。提高农民收入、让农民充分享受改革发展的成果将大大促进内需的增长，这对于城市经济的进一步发展是绝对有利的。因此，城乡二元体制的改革只会推动城市经济的改革与发展，而不会变成城市经济改革与发展的阻力。

第三，城乡二元体制改革不是要消灭农村和农民，也不是要把农村变成城镇，把农民改变为职工，而主要是使农村和城市的差别大大缩小，使农民充分享有改革开放的成果，在社会方面享受同样的待遇。

关于这个问题，一种误解是：城市就是城市，农村就是农村；工人就是工人，农民就是农民，进行城乡二元改革以后，农村就会逐渐不存在了，农民也就逐渐消失了，这样，岂不是用消灭农村和农民的方法来强制性缩小城乡差别吗？这对中国经济是祸还是福，还不得而知！需要指出的是：城市和农村的差别不会因城乡二元体制的破除而消失，工人与农民在职业或社会劳动分工方面的区别也不会因城乡二元体制的改革而消失，这些差别的消失也许要经过许多年的生产力发展才会出现。改革城乡二元体制所需要消除的，是对城乡之间生产要素流动的人为障碍，以及两种户籍之下工人和农民的不平等待遇，从而就能导致城乡之间的差距缩小。这一切是可以做到的，而且对国民经济发展只会产生积极的结果。

二、农村产权制度改革势在必行，尤其是宅基地管理制度更需要改革

当前，要发展农村经济，增加农民收入，面临的问题之一是农村金融服务严重滞后，而农村金融发展之所以迟缓，则又归因于城乡二元体制的存在，归因于现行农村产权制度的制约。

农民目前同产权无缘。对承包的土地，没有产权；对宅基地，没有产权；甚至对宅基地上的住房，尽管住房是自己花钱盖的，但由于对宅基地没有产权，所以农民对宅基地上的住房也没有产权，连房产证都没有，这确实是不合理的。由于宅基地及其上面建造的住房没有产权，只有使用权，所以他们既无法出售，也不能抵押，从而制约了农民土地权益的实现。这不仅不利于农民致富和农村经济发展，而且不利于农村劳动力转移，严重阻碍城镇化进程。

现阶段我国法律对农民的土地（包括承包的土地和宅基地）的权利保护实际上是不明晰、不到位的，这个问题急需解决。[①] 对于城市化，世界上已经有正反两方面的经验和教训。西欧一些国家在工业化、城市化过程中，城市内没有出现“贫民窟”现象，主要原因就在于农村土地和农民住房可以根据农民意愿进行流转和抵押，农民通过土地和农村住房的流转或抵押，可以得到一笔资金，这有助于他们进城务工、创业、定居，并成为城市居民。

宅基地和宅基地上建成的农民住房理应是农民的重要财产，应当鼓励支持各地探索宅基地和农民住宅流转和抵押的办法，保护和实现农民对宅基地和农民住宅的应有权益。农村宅基地和农民住房的实际使用已经使农民对宅基地和农民住房的使用权变成了事实上的长期权利。针对这一客观事实，在法律上应予以确认，赋予农民对宅基地和农民住房

---

① 孙荣飞：《“土地管理法”修订：推进农村集体土地财产权制度变革或破题》，载《第一财经日报》2008 年 6 月 24 日。

的产权，这对保障农民土地权益、搞活农村经济和金融具有特殊重要意义。而且，如何处理宅基地问题必须充分尊重农民的权利和他们的意愿，不能使农民的利益受到损害。[①] 今后法制建设的方向就是赋予农民与城市居民同等的产权落实和产权保护。为了实现城乡一体化，建议适时修订《物权法》《土地管理法》等法律和相关法规，通过宅基地和农民住房的产权制度的改革可以大大激活农村经济和农村金融。当前应积极探索宅基地及其上面农民建造的住宅抵押的有效途径，总结一些地方将宅基地及其上面建造的住宅抵押给信用社或其他农村金融机构进行融资等做法，大力开展农村宅基地及其上面建造的住宅抵押试点。再就是要积极实现宅基地及其上面建造的住宅的可转让性，至少可以让统筹城乡发展改革试验区的经验逐步推广。

在推行宅基地管理制度改革时，一些人在思想上仍有所顾虑。主要有四种顾虑：

第一，认为宅基地对农民来说是庭园经济，宅基地周边的土地是精耕细作的菜园、果园，生产率很高，农民的现金收入不少是来自庭园经济的。如果农民把它置换出去了，不仅是较大的损失，而且还断了外出农民的退路，因为万一农民在外面经营得不好，收入不多，连退路都没有了，岂不是会引发新的问题？

其实，这种顾虑是可以打消的。绝大多数农民并不是先置换自己的宅基地再外出工作，而往往是先外出工作，等到在外面有了一定的安排，经济上比较有基础了，再回乡把家属接走，再处理自己的宅基地。对他们而言，是否置换宅基地是近期利益和长期利益反复比较而做出的选择。农民在这方面的行为是理性的。当然，在这个过程中也不能否认偶然事件的出现，例如家中主要劳动力在外面工作时遇到了重大工伤事故，该怎么办？这就告诉人们，要有保险意识；有了保险，损失会减轻些，也不至于陷入绝境。

① 贾杰华、陈文雅：《宅基地换房的执行隐患》，载《投资者报》2009年3月16日。

第二，认为宅基地的置换可能只适合城市郊区的农民，而不适合偏远地区的农民，更不适合山区的农民。再以宅基地及其上面的房屋来说，可能只有城市郊区的才能抵押出去，偏远地区的尤其是山区的宅基地怎么抵押？谁愿意接受？加之，那里的农民住房多数是简陋的、破旧的，没有人愿意要。抵押岂不就成了一句空话？

应当承认，这种情况是存在的。但不能因为有这种情况，宅基地的置换工作就应停顿下来。如果停顿下来，等山区农民富裕了，山区农民住房都换成了新楼，再着手宅基地置换工作，那要等到何年何月？其实，当初实行农村家庭承包的时候，也并不是一下子就铺开的，一切由农民自行作出选择，有些地方先推广，有些地方后推广，还有些地方选择了家庭承包以外的其他经营方式。宅基地的置换或抵押也是这样。条件合适的先推行，条件不合适的可以推迟，等条件成熟时再推行也不算晚。不要把早推行、晚推行看成是“觉悟”高低的反映，实事求是原则是最重要的。不实事求是，反而会误事。

第三，认为宅基地的置换可能只适合就近进城务工或创业的农民，而不适合远赴千里以外去务工或创业的农民，对这些远赴千里以外的农民来说，宅基地置换给谁？比如说，不少农民长期在珠三角各县市工作，老家在贵州西部农村，宅基地置换给谁？

这种顾虑是有道理的，但可以设法解决，关键在于寻找出解决问题的办法。宅基地置换工作应当有一个程序，按程序去做，问题可以得到解决。如果农民在本县（市）城镇安家，问题比较简单。如果农民在省内的另一个县（市）安家，省内也可以统筹解决。如果农民到跨省的某个县（市）安家，那么应当按如下程序去做，还是可以解决的：首先，准备到外省去安家而需要置换宅基地的农民提出申请，先经本地县（市）政府同意，然后向准备迁往的外省的县（市）政府提出申请，经同意后，于是该农民将宅基地交给本地县（市）政府处理，得到一笔相应的补偿费，由该县（市）政府有关部门转到农民所要迁往的外省的县（市）政府的有关部门。这样，对三方都是合理的：对农民来说，达到了转移的目的，并在所迁往的县（市）生活和住房有了着落；对农民原籍所在的县（市）来说，由于得到了农民所交出的宅基地，可以用它们置换为相应的城市建设用地，因此尽管付出一笔补偿费，也是合理的；而对于农民所要迁往的外省的县（市）来说，得到了一笔补偿费用来安置迁入的农民，在经济上没有损失。可见，只要合理统筹，问题仍是可以解决的。

第四，认为宅基地的抵押存在着两种风险，一是农民为此承受的风险，二是金融机构为此承受的风险。如何防范这两种风险是在宅基地管理制度改革中不得不面临的问题。假定还没有找到合适的防范这两种风险的可靠的措施，还是谨慎为宜。

应当承认，这两种风险确实是存在的，因此必须有可靠的防范措施，但这并不等于说由于担心出现风险就放弃了宅基地抵押的做法，而是要事先找出可以防范风险以及化解风险的措施。当初，全国人大常委会制定《中华人民共和国担保法》时就考虑到宅基地是农民生活必需的，所以排除了宅基地以及承包土地抵押的做法。[①] 但根据实践的经验，关键仍在于有没有妥善的防风险措施。

如何防范农民因宅基地抵押而出现的风险？一方面，接受农民宅基地抵押的金融机构必须是符合条件并经过审查批准的有资格从事农民宅基地和农民住房抵押业务的金融机构，以免农民上当受骗；另一方面，当农民把宅基地和自己的住房抵押出去后，可以贷得一笔款项，用于生产经营，亏损了怎么办？农民岂不是从此失去了宅基地和住房？因此，大力开展农村保险业务是减少风险的途径之一。例如，农民用这笔贷款自主创业办了养殖场，开了作坊或外出务工，遇到洪水、火灾、地震、瘟疫等，或者发生了车祸、工伤，如果已经上了保险，就可以得到赔偿，从而减少损失。

从事宅基地抵押业务的金融机构如何防范风险？这里的风险主要是指还贷率低而金融机构又难以处理作为抵押品的宅基地和农民住房，

① 《土地承包权宅基地不能抵押》，载《人民日报》2008 年 10 月 24 日。

因而陷入资金困境。为了防范和减少这种风险，可以采取以下措施：即使农民以宅基地和住房作为抵押，金融机构仍应对抵押人的信用状况和还债能力进行调查；如果采取农民信用互保方式来发放农民宅基地和住房的抵押贷款，那就更好了。总之，风险总会存在，但可以尽量减少它。

此外，据我们在一些地方的调查，有些农户在农村的住房不止一套。在这种情况下，多余一套的住房为什么不能抵押出去？再说，在有的村里，农民的住房有时是三层楼或四层楼，在这种情况下，农民的住房可以抵押一半。即使将来还不起贷款，自己还留下一半住房，可以居住。这有什么不妥？

三、农业适度规模经营呼唤完善农村土地承包制，加快实现农民承包地的流转

随着新时期农村形势的发展，现行的农村家庭承包制已有一些不适应的地方。问题主要是把土地等生产要素分散在一家一户，制约了土地规模经营和土地使用效率，影响对土地加大投入的积极性，进而影响农业生产率的提高和农民收入的上升。加之，在农民有可能进城务工的情况下，不少农村青壮年劳动力外出务工，家庭承包的耕地或者撂荒，生产资料闲置，或者只剩下老弱劳动力耕种，使土地使用效率大大降低。这在耕地流转有限的广大农村形成了极不合理的状况。因此，农业适度规模经营是发展现代农业、提高农业生产力的内在要求。没有规模经营，不能有效地利用土地资源，农业生产效率就很难提高。当前土地承包办法急需根据情况的变化调整完善，急需合理科学地配置土地资源，鼓励各地探索土地承包权的多种有效流转方式。[①]

① 国家行政学院法学部课题组：《成都市农村集体土地流转案例调研与评析》，载国家行政学院科研部：《政府管理参考》2008 年第 4 期，第 1—6 页。

这里，先对转包、出租和土地入股三种主要的土地流转形式作进一步分析。这是因为这三种土地流转形式较为普遍，它们都适用于一定地区，也都具有一些特点。

以转包形式进行承包地流转的方式在一些粮食产区是适用的。在一些粮食产区，外出务工的农民把所承包的土地转包给本地或外地的种植能手。一个种植粮能手如果包下了十几户农民的承包地以后，只雇几个工人，采取机械化生产，就能取得高产并有利润可得。这对种粮能手和外出务工农民都有利。在湖南调查所得到的资料表明：单个农民承包十几亩稻田，收入很低，只够糊口。如果种植能手通过转包形式，承包了200亩以上的稻田，采用机械化作业，雇几个工人，一年生产两季，收获40万斤稻谷，除了柴油、农机折旧和维修、化肥、农药等开支，在加上雇工工资和承包者自己的相当于工资的收入而外，还可以有较多的盈余。而把土地转包出去的农民，进城后的务工或经商收入也超过了自己种地的收入。

以出租形式流转承包地的方式在一些地方也比较流行。承包地或者出租给种植能手，或者出租给果品或蔬菜企业，或者出租给养殖场种饲料，租金数额通过协商解决。原来的土地承包者有些外出安心务工，有些并不外出，而在土地租出后给租方做工，按月取得工资收入。在广东徐闻县调查的资料表现，当地的菠萝种植园正是在广大农民出租土地的基础上发展起来的。

在目前农村的土地流转中，有四分之三的耕地是以转包和出租形式流转的。[①]

以入股形式进行承包地流转的方式（即农民把承包地作为股份加入农民专业合作社）在一些已经组成农民专业合作社的地区可能更有推广的价值。农民入股后受聘为农业工人，每月有工资收入，年终还有股

① 《财经》杂志2009年第2期，第62页。

利收入。[①]但是，如果农民把承包地直接入股到大公司，可能带来三个问题：第一，在农民专业合作社中，农民作为股东是有发言权的，而在大公司中，农民作为股东则失去了发言权。第二，农民专业合作社是农民自己的经济组织，在公司经营不善时，农民们可以商量如何渡过难关，而大公司一旦亏本，农民要求退股（退还所承包的土地）的愿望很难实现，于是会引起社会动荡。第三，如果大公司把农民入股的承包地抵押出去，把资金投往外省，农民在不知情的情况下，等于把土地交给了大公司任意使用，这样也会引起农民不满。因此，农民把承包地入股于农民专业合作社是较好的选择。以前曾经流行过“公司＋农户”的土地入股模式。在重庆一些区县调查，这种“公司＋农户”模式已经发展为“大公司＋小公司＋农户”的模式。大公司是指大型的龙头企业，小公司是指农民专业合作社。农民把承包的土地入股于农民专业合作社。这样，不仅农民放心，而且便于监督土地的使用状况。农民专业合作社（小公司）与龙头企业（大公司）之间则以供应生产资料和农产品运销或加工方式订立合同，建立市场供求关系。

还有的地方正在试验新的土地流转形式，例如土地信用合作社的模式。“从经营宗旨来看，（土地信用）合作社不以利润最大化为目的，而是以促进土地承包经营权有序流转和规模经营、实现农民生产和生活方式转变为途径服务于‘三农’。”[②]从经济效益上看，“土地信用合作社降低了土地承包经营权流转的成本，并通过其良好的示范效应，不仅培育了本地的贷地需求，而且吸引了其他地区的贷地需求，体现了土地承包经营权流转制度的成功创新对农业产业化的积极的作用。”[③]此外，有的市县也在试验农民把承包土地存入农村信用社，并收取利息的做法。

① 刘维涛：《探索中国农村新一轮改革方向》，载《人民日报》2008年9月3日。

② 程志强：《对我国土地信用合作社实践的思考：以宁夏平罗为例》，载《管理世界》2008年第11期，第2页。

③ 程志强：《对我国土地信用合作社实践的思考：以宁夏平罗为例》，载《管理世界》2008年第11期，第8页。

当地农民把这样的农村信用社称做“小银行”。农民外出务工就放心了。农民之所以欢迎这种土地流转形式，是出于以下考虑：第一，风险小，因为农村信用合作社被认为是可靠的，不像土地出租后的租地者（无论是个人租地还是企业租地）有较大的风险。第二，土地出租收益稳妥并且按时交付，不至于拖延、欠交或打白条。第三，灵活方便，距农民住地较近，并可随时查询。在有的地方，如果农民想收回承包土地，可以提前通知农村信用社，农村信用社届时归还，但不一定归还原来那块地，而是面积相当的另外一块耕地。

另据调查，重庆正在探索建立的农村土地交易市场是实现土地流转的新尝试。通过“地票”（“地票”就是用地指标的凭证）交易，将农民自愿放弃的宅基地进行整理并复垦成耕地，并以“地票”形式挂牌出售给需要耕地占补平衡指标的城里用地单位，因此这个市场能够较好地沟通城市与农村建设用地指标的联系，实现农民的土地权益。从这个意义上说，“地票”交易意味着土地指标流转的程序化和公开化，既可以解决宅基地的流转问题，又可以增加城市建设指标，同时不使耕地减少。国务院规定的 18 亿亩耕地的红线不会被突破。[①] 在这方面，建议对重庆设立的农村土地交易市场进行调查研究，及时总结经验。这个市场如果能规范、发展、推广，将有利于将城市资金、技术等市场要素有效导入农村。同时，要探索除宅基地以外，农民承包的土地是不是有希望进入农村土地交易市场，形成承包土地流转的另一种新形式。

在这里，一个有待于说明的问题是：承包地的流转同宅基地的流转可分可合，究竟是“分”更好些，还是“合”更好些？这里所说的“分”，是指承包地的流转和宅基地的流转可以分开进行：有些农民只流转承包地而保留宅基地，也有些农民只流转宅基地而保留承包地，但交给熟人代管代耕。这里所说的“合”，是指承包地和宅基地合在一起流转，如承包地入股了，宅基地置换了，农民外迁了。

① 《全国土地利用总体规划纲要（2006—2020 年）》，载《人民日报》2008 年 10 月 24 日。

应该说，承包地的流转要比宅基地的流转容易些，而且农民如果外出务工，可能先考虑承包地的流转，后考虑宅基地流转。因为农民本人外出在先，家属外迁在后，农民很少一开始就携带家属一起外出务工。还有，如果外出务工的农民认为外出务工毕竟是暂时的，等有了积蓄后要回本村创业、盖新房，那么他们就更不会在外出时就流转宅基地。这表明，承包地流转和宅基地流转以分开进行为宜。当然，这并不排除一部分农民愿意把承包地和宅基地合在一起流转。比如说，这些农民有亲属在城里，在亲属的帮助下，工作和住宿实现都有安排，那么他们就不一定先流转承包地再流转宅基地了。

四、大力倡导、鼓励、支持农民创业，以创业带动就业

在城乡一体化调查中，我曾把浙江和重庆两地的情况作了比较。浙江的情况比重庆要好。这不仅是由于自然条件和地理区位不同，也不仅是由于两地的历史情况不同，更重要的原因在于农民创业积极性不一样，农民创业的环境有差别。浙江统筹城乡之所以搞得比较好，主要原因在于转移出来经商开店的农民多了，也就是自行创业的农民多了，仅温州一个地区就有 400 万个民营企业老板，其中有小老板，也有大企业的投资者、经营者。而重庆市共有 400 万农民外出打工，由此就可以看出差距。

转移的农民并非只有进城打工这一条途径。更为稳定、有效而又十分重要的途径恰恰是农民创业，并由此进入非农产业领域。尽管农民创业有一定的投资风险，但打工不也有一定风险么？农民创业的好处：第一，自身脱贫致富、全家脱贫致富。第二，带动更多农民就业，这一方面是由于创业后的农民可以雇一些农民作为雇工，另一方面在于发挥示范作用。第三，有利于发展小城镇和县域经济，因为创业农民所开设的店铺、作坊主要设在县城和镇上。第四，繁荣农村经济，这主要指创

业的农民为了扩大规模，往往招聘本乡本村的农民前去打工，他们在本乡本土收购原材料，以及用赚得的钱在家乡建房、修路，等等。第五，农民工回乡创业有利于传播城市文明观念，改变农民生活方式，助推城乡一体化进程。

在一些地方，一些优秀的青年农民经过多年进城打工，在城里学到了本领，开阔了视野，积累了一定资金，有着回乡创业的愿望。调查中发现，从湖南乘汽车到广西，沿着国道走，公路两边的小饭馆、小旅店、小商铺、小作坊，几乎都是到广东打工后返乡农民开的，生意都比较红火。

农民创业需要政府扶植，但目前对农民创业尚缺乏相关政策扶持体系，导致目前农民回乡创业的比例还很小。

当前，我们应当充分重视农民创业对推进城乡一体化的重要作用。要出台进一步扶持农民创业的政策，如手续便捷的小额担保贷款，加大对创业者的贴息补助；允许农民以宅基地以及上面建造的住宅作为抵押获取贷款；对农民创业和农民工返乡创业初期实行减免税政策；大力开展创业培训，树立榜样、宣传典型，鼓励外出务工人员回乡创业，等等。

根据现代经济学理论，在创业和经营过程中，物质资本、人力资本和社会资本三者是缺一不可的。物质资本是指投资于厂房、设备和原料方面的资本，这可以通过各种不同渠道筹集到。人力资本是指体现于创业者和经营者身上的知识、技能、经验和智慧，虽然他们因人而异，但人力资本通过个人的努力和个人的实践是可以逐渐积累的。社会资本是指对社会网络、人际关系和相互信任的利用而产生的一种巨大力量，它体现于各种社会关系方面。它是无形的，却可以转化为推动创业的巨大力量。农民在创业和经营时最缺少的往往是社会资本。有些农民处于偏僻山区，同外界交往极少，信息缺乏，又没有亲戚朋友在外面工作，他们几乎不可能有什么可以利用的社会资本。但这也不是一成不变的，社会资本可以增加，关键在于如何增加社会资本，如何利用社会资本。比如说，本县、本乡、本村的人在外地务工、经商、创业的人多了，对于准备到那里去工作的人来说，就是可利用的社会资本。同乡会、校友会、同学会，不管是有形还是无形的，同样是一种社会资本。农民自己组织起来的各种专业协会也是社会资本。还有，沿海城市同中西部城市结成帮扶关系后，对其中任何一方都是可利用的社会资本。有了社会资本，农民创业就会比较顺利一些。

农民创业，对于城乡二元体制改革来说，一个更有深远意义的效应是农民的创业积极性被激发出来了。这是蕴藏在民间的一股巨大的力量，多年以来由于受到城乡二元体制的束缚，这股力量一直是受压抑的。外出务工，只是使这股力量的一小部分得以发挥出来。当然，农民外出务工也可能为此后的自行创业作准备，但务工毕竟不等于自行创业。自行创业之初，不论规模大小，但都体现出农民把投资者、经营者甚至劳动者这几种身份全集于一身了。他们必须熟悉市场，关心市场，改善经营管理，引进服务，并且自己承担风险，这是同受雇的身份不一样的。换句话说，只有进行了城乡二元体制改革，才能真正把广大农民解放出来，成为市场经济中的活跃分子。农民自身有了更大的活力，市场也就增添了更多的活力。创业的农民人数越多，城乡二元体制改革就越顺利。

对农民的创业还应当有更深入的理解。农民创业不仅仅表现为农民在城镇创业，即农民到城镇开店、开作坊、甚至办企业，而且也可能表现为农民在农村创业，例如农民把自己的承包地当作市场经济中的家庭农场、家庭养殖场来经营，或者农民利用自己的房屋和庭园办成“农家乐”形式的农村家庭旅馆和家庭饭店，或者农民在乡间从事家庭手工业品的生产和经营，甚至农民个人投资或集体投资在农村办企业，等等。要知道，在城乡二元体制之下，农民的积极性是受到极大限制的。即使他们在承包地上种植各种作物，或者家里养猪养鸡，但都没有把这些看成是一种“创业”，他们也没有创业的积极性，他们只不过以此作为一种谋生的手段，聊以糊口而已。当初，农村实行家庭承包制以后，为什么农业、畜牧业产量会大幅提高，短短几年之内农贸市场上鸡鸭鱼肉全都有了，全有赖于农民积极性的提高。目前，可以预料，通过城乡二元体制改革，农民的创业积极性更会迸发出来。加之，农村中总有一些能人，他们先行一步，会使承包地和庭院经济中的创业取得更大成效。于是就产生了示范效应。这样，即使他们不进城，就在承包地上，在自己的住房和庭园中，他们照样会大有作为。同市场的联系越多越密切，他们创业的热情就越高，他们的精神状态也会发生很大的变化。这对国民经济的发展、对农民自身收入水平的提高以及对农村面貌的更新，必将产生深远的影响。

五、将统筹城乡综合配套改革作为国家战略，大力支持试验区大胆闯、大胆试

改革需要巨大的勇气和努力，需要宽松的舆论和政策环境。现阶段重庆、成都是统筹城乡发展的试验区，它们可以在体制、机制方面先行先试，错了不要紧，总结经验教训就行。改革是需要付出代价的，不然怎么叫做“探路”？[①] 三十年前，改革开放的路子正是首先通过建立经济特区的方式闯出来的，经济特区的榜样力量无穷。重庆、成都两个统筹城乡发展的试验区，同样会在这方面充当“探路”的角色，起着示范作用。重庆、成都两个试验区通过改革，在试验区实现了“三个集中”，即工业向工业集中区集中，土地向规模经营集中，农民向集中居住区集中。“三个集中”的动向引起了全国关心城乡一体化的人们的注意。[②] 这表明，促进城乡一体化的工作在全国具有典型代表性和示范性。全国各省市都希望两地及时总结经验教训，为全国的城乡一体化改革探路、引路。

① 刘维涛：《探索中国农村新一轮改革方向》，载《人民日报》2008 年 9 月 3 日。

② 刘裕国：《成都城乡一体化夯实发展基础》，载《人民日报》2009 年 3 月 29 日。

试验区先行先试，是中国改革开放三十年的宝贵经验。回顾从1978年到现在，哪一项重大改革不是先试点，再总结，再推广的？假定改革的试验同现行法律有一定的抵触，那也不要紧，可以先在少数地方试行，等到条件成熟了，再修改法律或制定新的法律。不妨举农村改革中的两个例子。一个例子是20世纪70年代末到80年代初，当初在安徽凤阳小岗村开始的农村家庭承包在法律上不仅没有依据，而且如果死扣法律条文，则家庭承包制显然是不合法的，因为农村家庭承包更改了人民公社制度下土地统一经营的做法，重则可以扣上“图谋资本主义复辟”的帽子。20世纪60年代初，在当时发生大饥荒的环境中，不是有些地方曾经试行着家庭承包制么？但结果是悲剧性的：有些人被抓了，家庭承包的做法被废除了，甚至有的带头人弄得家破人亡。但1979年以后却不同于过去，因为召开了中共十一届三中全会，安徽凤阳小岗村的自发的农村家庭承包制试验被推广了，全国普遍推行了农村家庭承包制的做法。另一个例子是20世纪80年代前期，乡镇企业兴起后，乡镇企业为了购置原材料和推销自己的产品，派出了不少采购员、推销员，跑遍全国，在计划经济体制之下形成了一个“计划外市场”。在当时，这也是不合法的，并且可能被扣上一项罪名：投机倒把罪。但大批乡镇企业并没有就此停步。他们继续采购，继续推销，继续招人聘人，继续扩大生产。这样，乡镇企业终于逐渐发展壮大。这就说明，改革是在不断试验，不断总结中一步步前进的。因此，对重庆、成都的城乡一体化试验，要充分支持，充分信任，相信这些试验会为中国城乡二元体制的改革探出一条新路。

当然，中国的国土面积这么大，农民人数这么多，而且各地经济和社会的发展又如此不平衡，所以不要设想城乡二元体制改革可以很快就完成。农村家庭承包制推行三十年了，在这段时间内，中共中央和国务院研究过多少次，出台了多少个重要文件，才开始转到城乡二元体制改革的轨道上来，而且这一改革至今仍在试验阶段。当然，也许不用再花三十年的时间，但至少也得花上二十年：到2028年，也就是到了中国改革开放五十年的时候，城乡二元体制改革才能被认为取得了决定性的胜利，估计到那个时候，城乡体制已经一元化了。

城镇化的速度在这二十年内会加快。中国与美国的国情不同，把农村人口的比例降到像美国那样的 4%—5% 是不现实的。但能不能降到 25%—30% 呢？也就是说城镇人口要占 70%—75%。这还是有可能的。到那时，户籍是统一的，社会的职业分工是必要的，人们之间只有居住地点的不同和职业分工的不同，权利是平等的，机会也是平等的。这就是城乡一体化的真正含义。曾经存在过的城乡二元体制于是就成为中国历史上的一段插曲。①

六、城乡一体化改革中最困难的问题是就业问题以及失业失地农民的社会保障问题

城乡一体化改革进程中最困难的环节究竟在哪里呢？不在于承包土地的流转，不在于宅基地的置换，也不在于从二元户籍制度转为一元户籍制度，而在于以下这个大问题：这么多的农村人口陆续进城居住，城市中有这么多工作岗位吗？如果城市就业不足，进城的农民中不少人将成为无业者，这样就会影响城市的稳定和发展。而且，已经进城的农民如果在城里长期找不到工作，他们只得返回农村，但在农村还有土地可耕种吗？土地对农民来说，既是收入的来源，又是社会保障的依托。假定连农村的承包地都失去了，他们回乡后又怎么生活？下面，从三方面对此进行分析。

第一，在城乡二元体制改革过程中，必须保持较高的经济增长率。

从世界各国的情况可以了解到，在任何一个国家，新的工作岗位

---

① 李晨：《宅基地流转的重庆试验》，载《北京青年报》2008 年 11 月 3 日；周春林：《宅基地流转的成都突破》，载《北京青年报》2008 年 11 月 2 日。

总是在经济增长中涌现的。尽管存在经济增长与就业增长的不对称性，即就业增长总是滞后于经济增长，但经济增长促进就业增长却是不容置疑的。然而现阶段中国就业问题具有复杂性和长期性。比如说，在西欧国家，一般只要年经济增长率保持在2%—3%，就业市场基本上是稳定的，不会出现多大的就业问题，中国经济增长率要保持在9%—10%以上才不会产生失业严重化的现象；如果经济增长率降到7%以下，失业问题就会相当突出。原因何在呢？

1. 西欧国家多年来经济增长率较低，每年新退休一批工人，腾出工作岗位，可以由新达到就业年龄的年轻劳动力补上空缺。即使经济增长率较低，失业问题不会严重。在那些国家，构成失业队伍的主要成员是国外移民中的求职者。不仅如此，西欧国家的工业化开始较早，在长达一二百年的工业化过程中，农村劳动力的释放已差不多了，现在不会有很多农民想进城打工，来自国内农村的就业压力明显减少。

2. 更重要的是中国与西欧国家在体制上的一个巨大区别，就是西欧国家早已不存在城乡二元体制，而中国至今仍存在城乡二元体制。在城乡二元体制下，城乡由于体制不同而割裂开来，城乡在社会经济生活方面存在着因体制不同而造成的巨大差异。如果存在着传统的计划体制，城乡人力流动受到严重限制，那么不管农村中的劳动力多么想到城市中来工作，也难以如愿。但从20世纪80年代和以后，随着中国改革开放的进展，尽管城乡二元体制未被取消，但城乡之间的人力流动却放松了，于是就出现农民工进城浪潮。农民工进城不仅是为了增加收入，而且还为了在城市生活，得到与城市居民一样的待遇，而且只要在城里找到的职业比较稳定，就把家属接进城市。这样，农村劳动力的供给就是源源不断的，而城市对劳动力的需求却是有限的，就业压力难以缓解。加之，农民在中国人口中的比重大、数量多，一些外出务工的农村劳动力在城市中找到了工作，就会吸引更多的同乡进城，所以就业压力的存在肯定是长期的。西欧国家则没有这样的情况，因为那里不存在城乡二元体制。

3. 由于中国依然处于从计划体制向市场经济体制过渡的阶段，国有企业在国民经济中仍占有举足轻重的位置，民营企业是在 20 世纪 80 年代以后陆续发展起来的。在企业规模方面，国有企业主要是特大型的和大型企业，它们的技术装备好，资本雄厚，甚至在某些行业成为垄断性企业，但国有企业属于资本密集型和技术密集型企业，吸纳的劳动力，尤其是一般劳动力是有限的。民营企业绝大多数是中小企业，其中很多是劳动密集型企业，吸纳的劳动力多。但是，民营企业在许多方面（如税收、融资、政府采购等）尚未受到公平待遇，在经济中处于弱势。一旦经济发生动荡，首先受到冲击的是民营企业。这样更加加剧了劳动力市场上供大于求的状况。而在西欧国家，虽然也有国有企业，但数量不多，在经济中起作用的主要是私营企业，只要经济有所增长（哪怕经济增长率只有 2%—3%），只要人均 GDP 增加了，私营企业包括大量小企业就会进一步发展，增雇劳动力。

4. 中国是一个耕地面积有限，人均耕地面积很小的大国。据统计，中国现有 2.27 亿农户承包了耕地，每户平均承包经营的耕地只有 5.36 亩。[①] 农民耕地不足，自 20 世纪 80 年代以来，不断有农民外出务工、经商。另据统计，中国现有 9.5 亿农村户籍人口，除了中小学生和老人，约有 5.3 亿劳动年龄人口。[②] 其中，3.2 亿劳动力真正从事农业（包括林、牧、渔业），余下的 2.1 亿劳动力中，统称为“广义农民工”。广义农民工中包括两部分人。一部分是离土不离乡的、在乡镇企业工作的职工，约 8,000 万人，其余 1.3 亿人是外出就业的农民工，他们被称为“狭义农民工”。[③] 可见，今后如果不从农村继续分流出去大批劳动力，在农村生育率较高的条件下，人均耕地会更少。为了提高农业的单位面积产量，走规模化经营的道路和农业集约化的道路是大势所趋。但据 2006

① 《财经》杂志 2009 年第 2 期，第 62 页。

② 《财经》杂志 2009 年第 2 期，第 62 页。

③ 《财经》杂志 2009 年第 2 期，第 62 页。

年资料，全国（除西藏外）耕地流动面积只有5,551万亩，只占家庭承包经营耕地面积的4.57%。[①] 加快耕地流转势在必行。而土地流转的后果之一是在农业中实际从事生产的劳动力数量会下降，于是又会推动农民进城务工。这种情况在西欧国家是不存在的，因为那里的农民人数已经不多了，农民有自己的家庭农场，面积适中，需要家庭成员全力经营，才能得到好收成，他们不急于进城，也不愿意丢掉土地去做工。

5. 第二次世界大战结束以后的几十年间，西欧国家的社会保障制度已逐渐完善，无论城市居民还是农民都能享受到较好的社会保障待遇。进城的农民同城市居民一样，有相同的社会保障待遇。即使他们所在的企业倒闭了，他们失业了，由于有了社会保障，他们一般不会返回农村。中国的情况与之不同。长期以来，“城乡二元分割制度是农民工无法获得同等社会保障的根本原因”[②]。现在，中国的城乡社会保障改革刚刚起步，至今仍处在初始阶段，因此，失业的农民工只好返回农村；如果农村的承包土地已经流转出去而又没有相应的社会保障待遇，他们便成为无地无业无社会保障的“三无”农民。这是最令人担忧之处。

6. 再从产业结构看，中国的就业压力大与产业结构中第三产业较小有关。西欧国家从工业化开始，经历了200多年，最终形成了这样的产业结构，即在GDP中，第一产业通常只占百分之几，第二产业占到百分之二十多，第三产业则占到70%以上。服务业成为最大的产业，它吸收了大量就业者，包括自行创业的中小型服务业企业的业主们。而中国至今仍然处于工业化中期，第三产业发展较缓慢，大约只占GDP的40%左右。第二产业则仍是劳动力力求进入的主要行业。因此，中国服务业发展的滞后是就业压力形成的一个重要原因。需要探讨的是：为什么中国的服务业发展较缓慢？可以从城市化速度慢和城乡居民大多

① 《财经》杂志2009年第2期，第62页。

② 中国科学院“农民工返乡机制研究”课题组：《徘徊在城乡之间的中国农民工》，载《光明日报》2009年4月9日。

数收入偏低来分析。由于城市化速度慢，农民人数多，而且农民的收入偏少，因此对服务业产品的需求只可能缓慢增加。那么，为什么城市化进展迟缓呢？为什么农民收入偏少呢？这又同城乡二元体制的存在有直接的关系。由此可以作出判断：产业结构问题在现阶段的中国是同城乡二元体制的存在联系在一起的，离开了体制原因，说明不了产业结构问题。

总之，在中国城乡二元体制改革中，经济必须保持高速增长，这是由中国的国情决定的。在中国，高经济增长率和城乡二元体制之间存在着特殊的关系，即没有高经济增长率，就业压力将一直是巨大的；而就业问题难以缓解，城乡一体化的进程必然会放慢。只有城乡二元体制改革取得了重大进展，城乡一体化逐步实现了，农村居民和城市居民在权利上趋于平等了，农村人口外出的压力减轻了，经济增长也就不一定需要那么高的速度了。

第二，在城乡二元体制改革过程中，必须切实有效地实现经济转型。

前面已经提到，在城乡二元体制改革过程中，中国需要高经济增长率，才能缓解就业问题。但我们也应该看到，持续的高经济增长率会带来很大的风险。这些风险是：

1. 只顾速度，不问效益，资源消耗率居高不下，环境遭到破坏的趋势未能扭转，必定影响经济和社会的持续发展。

2. 持续的高经济增长率往往同投资过大联系在一起。投资需求过大，要素价格持续上升，由此将引发通货膨胀。

3. 为了促进经济增长，而忽略产业升级和产业结构调整，很可能引发某些行业产能过剩，由此导致经济发生巨大的波动和下滑，从而需要再度加大投资，刺激经济。

4. 在上述情况下，银行放贷中坏账的比例将上升，这是金融风险增长的反应。

可以断言，有必要在经济增长的同时实现经济转型。如果没有经济的转型，经济不可能实现又好又快的增长，不可能实现提高经济增长质量这一目标。

经济转型一词有两层含义。

由于经济转型始终与结构调整、产业升级紧密地联系在一起，所以经济转型的第一层含义是：抓紧时间实现产业结构和产品结构的调整，以及产业的升级，鼓励企业自主创新，把提高经济增长的质量放在首位。经济转型的第二层含义是：抓紧时间实现就业结构或劳动力结构的调增，以及劳动力素质的升级，使技术人员、研发人员的比重上升，使熟练技工的比重上升，利用目前这段时间开展职业技术培训工作，以迎接新阶段的到来。

只有实现了这两层含义的经济转型，中国才能成为名副其实的经济强国、工业强国，才能既是世界的制造中心，又是世界的创造中心。同时，也只有实现这两层含义的经济转型，城乡二元体制的改革和城乡一体化的蓝图才有可能早日成为事实。道理是很清楚的，因为这时的经济增长才是又好又快的经济增长，能提供更多的就业岗位，并且不至于引发经济的剧烈波动，使人们的收入稳步上升。也就是说，我们所说的经济增长能够带动更多人的就业，不是单纯依靠 GDP 的增加就能使就业岗位不断增多，而是指在 GDP 增长的基础上，人们的收入能稳步上升，人们的消费结构能不断调整，从而导致产业结构发生变化，导致第三产业在 GDP 中的比例不断加大，这样才能吸收更多的人就业。从 GDP 增长到就业增长之间有三个重要环节，即人均收入增长、消费结构变化和第三产业在 GDP 中的比例扩大，从而形成“GDP 增长→人均收入增长→消费结构变化→第三产业在 GDP 中比例扩大→就业增长→ GDP 持续增长……”

具体地说，一定要认真落实科学发展观，重视经济增长的质量，而不能片面追求经济增长速度，即不能片面讲“快”而盲目攀比经济增长率。为此，根据中国当前经济增长的特点，应当着力于优化结构、提高效益、节能降耗和治理环境。发展能够快一些就快一些，但这样的高速度应当在经济转型中实现，应当使人民的生活质量得到切实提高。工业化初期曾经采取的粗放型增长方式应当摒弃，粗放型增长方式是不符合可持续发展的。

为了实现第二层含义的经济转型，有必要加紧人才的培养，实行新的人才战略。这也是推进城乡一体化的需要。总的来说，在人才培养方面，必须尊重知识，尊重科学，尊重人才，尊重创新，提高全社会的创新意识。只有倡导创新精神，完善创新机制，才能激发全社会的创新活力，使人才脱颖而出。同时要加大倡导全社会敢于创新，勇于竞争和宽容失败的精神。不宽容失败，就不可能有真正的创新。为此，教育改革、教学内容和教育方式的改革是必要的。今后应当注意创新能力的培养，推进素质教育，培养学生的独立思考能力，鼓励学生参加社会实践和创新实践，这样才能涌现一大批有创新精神的人才。

农村中蕴藏着大批人才，他们在过去很长的时间内之所以没有涌现出来，主要是由于受到城乡二元体制的束缚，这不仅是由于他们生活在城乡分割的条件下，没有受到良好的教育，更重要的是没有发挥自己才能的环境，他们的积极性受到挫伤。试看，当初开始推行农村家庭承包制之时，尽管城乡二元体制依然存在，但毕竟稍有松动。这样，从广大农村不就涌现出一些能人和农民企业家？今后，如果消除了城乡二元体制，走上城乡一体化的道路，大环境改变了，蕴藏于农村中的创新人才就会大量涌现。[①] 城乡一体化之后的小城镇建设和新农村建设，需要多少敢于创新和创业的人才，他们来自何处？不正是来自广大农村，来自涌入城镇的农民之中么？

第三，在城乡二元体制改革过程中，必须让失去土地的农民有稳定的个人社会保障账户。

在城乡二元体制改革过程中，不要形成一批“三无农民”，即无业

① 刘阳生：《建立城乡统筹的就业支持体系，促进城乡之间劳动力的合理流动》，载《中国发展》2008年12月，第62—65页。

无地又无社会保障的农民。关于进城的农民或留在农村的农民可以分为以下几种情况：

一种情况是：无论是留在农村还是进城务工或经商的农民，他们把承包的土地转包了，出租了，或入股了。这种情况下，他们不能被认为已经失去了承包的土地。

另一种情况是：如果他们通过宅基地的置换而进城工作或居住，并由此得到了城市户口、城市住房和城市低保，他们也不能被认为已经失去了宅基地。[①]

再有一种情况是：由于各种原因，农民的承包地或宅基地被征用了或被收购了，如为了修公路、修铁路、修机场、建工厂、修水库、建城市住宅区，农民失去了自己的土地，但也得到一笔补偿费。在这里，姑且不谈补偿费的多和少，不谈补偿制度的标准是否合理，也不谈补偿费发放到农民手中时是否被人贪污了一部分，而只讨论农民把领到的补偿费花完了，又没有合适的工作，或者当了一段时间农民工又失业了，后者经营的小商店、小作坊亏损了，关闭了，那该怎么办？这样不就成了真正的无业、无地、无社会保障的“三无农民”？

为了防止这种情况的发生，应当在征用或收购农民的承包地或宅基地时，让失去土地的农民建立稳定的个人社会保障账户，个人账户中的社会保障资金由三部分组成。一是政府从土地转让所得的资金中划拨一部分进入农民个人社会保障账户；二是得到了补偿费的农民从自己所领到的补偿费中划出一部分，进入个人社会保障账户；三是由得到土地的开发商、企业或建设单位交一笔钱，进入农民个人社会保障账户。这三部分资金都是强制性交纳的。农民有了个人社会保障账户中的保障，再遇上生活困难时就可以有所依靠了。

比较特殊的是以下两种情况：

① 国家行政学院法学部课题组：《成都市农村集体土地流转案例调研与评析》，载国家行政学院科研部：《政府管理参考》2008 年第 4 期，第 4 页。

第一种情况：经济形势较好，外出务工的农民把承包地出租给种粮大户，每年取得租金；到了经济形势较差时，外出务工的农民回乡了，他们无以为生，就向承租土地的种粮大户索取土地，否则他们就成了无业无地农民了。在这种情况下，有的种粮大户就办起了农民专业合作社和粮食加工企业，既保住了农业的规模经营，又让租地给他的农民稳定下来，有了工作和收入。这种情况被称为“种粮大户的转型”。①

第二种情况：农民在把承包地入股到企业之后，虽然不能被认为是失去了土地，但如果以后企业倒闭、破产了，农民不仅失去了土地入股后本来可以按年领取的红利收入，而且连原来的承包地也丢掉了，这不是“失地”又是什么？关于这个问题前面已经提出，根据重庆试验区的经验，农民应当把承包地入股到农民专业合作社（小公司），而不要把承包地入股到龙头企业（大公司）。然而，农民专业合作社既然作为市场主体，仍会有投资风险和经营风险，一旦这种农民专业合作社经营不善或投资失误，亏损累累、倒闭、破产了，那又该怎么办？这是一个迄今尚未找出有效对策的难题。常言说“不怕一万，只怕万一”，在探讨土地流转中农民把承包地入股这一形式时，不能不防止可能发生的农民失地风险。

一种可供选择的对策是：试行土地入股保险制度。这正如居民到银行存款一样，如果银行倒闭了，居民存款岂不是血本无归了？于是就有了银行存款保险制度，由保险公司为居民存款保险，以减少个人存款户的损失。可以试行的土地入股保险制度是指：在一些城市设立由国家控股的专营农民土地入股的保险公司，或在现有的国家控股的保险公司下面设立专营农民土地入股保险业务的子公司。农民专业合作社在吸收农民承包地入股后，就在保险公司上保险，定期交纳保险费，如果万一因市场风险而导致农民专业合作社倒闭了，保险公司给土地入股的农民

---

① 杜安娜、何涛：《农民返乡要地，种粮大户转型》，载《广州日报》2009年2月24日。

以一定的补偿，以减少他们的损失。平时，保险公司可以对农民专业合作社的经营进行监督、帮助，防止出现巨额亏损等情况。

总之，改革是需要探路的，改革总是在试验中积累经验的。我相信，通过实践、实践、再实践，城乡一体化必定能顺利推进。

（原载《北京大学学报（哲学社会科学版）》2009 年第 6 期）

总量调控和结构性调控并重

——对中国货币政策的思考

一、货币政策总量调控的局限性

在宏观经济层面上，总需求和总供给的平衡一直是政府调控最为关心的。总需求由投资、消费和出口三项构成，因此，政府调控总是从总量分析的角度对投资、消费和出口进行调控。货币政策的调控通常就是一种总量调控，它的依据就是货币流量分析：货币流量多了，就采取减少货币流量的调控措施；货币流量少了，就采取增加货币流量的调控措施。货币政策中惯用的做法无非是提高或降低存款准备金率，提高或降低银行利率，增加或减少公开市场业务，有时还直接调控信贷规模，如增加信贷总量或压缩信贷总量。货币政策调控之所以习惯于运用上述总量调控手段，因为货币流量分析的依据就是：在经济运行过程中，货币流量的多和少、增或减将直接影响总需求，影响宏观经济全局。

货币政策的总量调控是有用的，但它的局限性同样不可忽视。货币政策总量调控的局限性主要反映在以下四个方面：

第一，宏观经济的基础是微观经济，而微观单位千差万别，各自的情况很不一样，货币政策的总量调控往往形成“一刀切”的弊病，因此从总体上说，对宏观经济是有利有弊，而且“一刀切”所造成的弊病对于正处于经济转型阶段的中国经济而言，可能是严重的，甚至是弊大于利的。

第二，货币政策总量调控作用于总需求的扩大或压缩，而对于总供给的影响不明显。这是因为，对总供给的调控不可避免地会涉及产业结构调整、产品结构调整、地区经济结构调整、技术结构调整、劳动力结构调整、投资结构调整等问题。这样，货币政策总量调控的局限性十分清楚，因为既然它影响不了总供给的调整，又怎么可能有效地实现总需求和总供给的平衡呢？特别是对中长期的平衡和增长而言，结构调整极为重要，必须从总需求调控和总供给调控两方面着手，双管齐下，这才是有效的调控。

第三，迄今为止中国经济依然是非均衡经济。市场还不完善，资源供给有限，资源定价机制还在继续改革和有待于形成，再加上信息的不对称，使得货币政策总量调控不可能像在完全市场化的经济中那样发挥作用。沿海和内陆地区的差别，东部和中西部的差别，大城市和小城镇的差别，总量调控的效果是不一样的。货币政策总量调控不仅缩小不了地区间的差距，反而会扩大这种差距。

第四，即使在发达的市场经济国家，如美国，货币政策的总量调控有可能通过货币流量的减少而抑制通货膨胀，或者有可能通过货币流量的扩大而刺激总需求，从而减少失业，但一旦遇上了滞胀，即经济停滞、失业率上升与通货膨胀的并发，货币政策的总量调控就无能为力了。20 世纪 70 年代初美国发生的滞胀，使传统凯恩斯经济理论中关于调节总需求的宏观经济政策不起作用，就是明显的例证。如果中国今后发生了滞胀，或者为了防止出现滞胀现象，货币政策的总量调控决不是有效的对策。

因此，货币政策的总量调控尽管有用，但必须同货币政策的结构性调控相配合，二者兼用，二者并重。

在宏观经济学中，作为政府调控的手段一般有四大政策，即财政政策、货币政策、价格政策和收入政策。除货币政策以外，其他三大政策都是强调结构性调控的。

财政政策：财政政策既是总量调控，又是结构性调控，而且更侧重于结构性调控。财政政策大体上包括财政收入政策和财政支出政策。以财政收入政策来说，总量调控是指对财政收入总量的调控、对税收总量的调控，但在具体执行过程中，必须有结构性调控与之配合，例如哪些税收应增，哪些税收应减，哪些税收不变；又如，就纳税人而言，哪些纳税人的税收负担宜加重，哪些纳税人的税收负担宜减轻，哪些纳税人的税收负担保持现状为宜，这些都属于财政收入政策的结构性调控。再以财政支出政策来说，控制财政支出总量或增加财政支出总量，都属于总量调控，但总量调控必须落实到具体支出项目，才能使调控具有针对性，才能实现调控目标。什么支出应增，什么支出应减，什么支出不变，这些都是结构性的调控。可以说，财政政策从来都是总量调控和结构性调控并重的。

价格政策：调控总物价水平，以及调控物价水平同比增长百分比，都是价格政策的总量调控，但总量调控目标是通过结构性调控目标的制定而实现的。具体地说，生产资料价格水平和消费品价格水平各自适宜于保持在何种水平，这就是目标。生产资料价格中，有必要进行细化，石油、天然气、煤、电、建筑材料、钢材、有色金属等有影响的生产资料的价格，都应当根据市场供求状况来调控价格水平的波动。消费品价格中，同样有必要进行细化，粮食、食用油、畜产品、棉花等价格以及某些与人民生活密切相关的服务收费（如交通费用、通讯费用、医药费用、教育费用、房价和房租等），也都属于价格政策结构性调控的对象。所以价格政策同样需要兼用总量调控和结构性调控，在实际工作中，价格政策的制定和执行部门正是这么做的。

收入政策：对居民收入水平进行的调控是总量调控，但究竟如何实现调控目标，同样应当通过结构性调控。根据中国经济现状，有必要把城镇居民和农民的收入水平分开计算，并制定如何提高城镇居民收入和提高农民收入的措施，这就是结构性调控。再说，收入总量等于各种生产要素收入之和，而每一种生产要素所获得的收入及其所占比重，则是收入分配结构问题。如何提高劳动收入在收入总量中的比重，是收入政策结构性调控的任务，因此仅有总量调控是不够的。

货币政策与财政政策、价格政策、收入政策不同。货币政策调控建立在货币流量分析的基础上，向来都偏重于总量调控。不仅如此，货币流量分析作为一种总量分析方法，往往掩盖矛盾，制造假象，使人们对经济形势得出不正确的印象，进而导向错误的判断。

二、对当前中国信贷量的分析

自 2009 年第三季度以来，国内经济学界就有一种议论，即认为 2009 年前两个季度的信贷量偏多，货币流量偏大，货币政策应当及时进行调整，转向从紧。这种分析是从总量的角度作出的，其实并不符合中国的实际。

2009 年前三个季度的统计数字表明：中国经济运行在第一季度已经触底，第二季度、第三季度连续回升，这是事实。需要指出的是：中国经济目前回升的基础尚不巩固，主要反映于：

第一，经济回升主要依靠投资带动，消费在经济回升中起的作用较小，而出口起的作用更小。投资所造成的需求是中间需求，只有消费和出口造成的才是最终需求。

第二，在投资为主带动的经济回升中，所依靠的主要是政府投资，并且政府投资至今尚未发挥政府投资为杠杆、启动民间投资的作用，在一些地区和一些行业，政府投资对民间投资有挤出效应，甚至地方政府对民间投资设置障碍，进行排斥。这正是当前中国经济回升基础不巩固的重要证据。

第三，政府投资的主要去向是基础设施工程的建设。政府向基础设施建设大量投资，对保证中国经济的长期增长是有积极意义的，铁路、高速铁路、公路、高速公路、飞机场、港口的建设有助于增加中国经济持续增长的后劲。但要促进消费需求的增长，必须扩大就业。基础设施建设的投资并不能增加很多就业机会。目前，要扩大中国的就业，必须推进民营经济的发展，扶植和帮助中小企业、劳动密集型企业，以及加速发展服务业。仅靠增加政府投资起不到这样的作用。

正由于中国经济回升的基础并不巩固，所以适度宽松的货币政策目前还不宜改变。那么，究竟应当怎样看待信贷量偏多这一事实呢？结构分析可能比总量分析更有用。也就是说，关于当前中国的信贷量更应当从信贷量结构的角度进行分析。

首先，要弄清楚在银行放出的信贷资金中，有多少真正进入了实体经济领域，又有多少停留在虚拟经济领域。如果本来应当进入实体经济领域但却进入虚拟经济领域的信贷资金占有信贷资金总量的一定比例，那就应当采取针对性的措施，让它们及早转入实体经济领域，否则只会使股市、楼市产生泡沫。在这种情况下，单纯采取货币政策的总量调控、紧缩货币流量，是无助于问题的解决的。

其次，银行放出的信贷资金究竟有多少真正惠及了中小企业、民营企业，尤其是民营小企业，也需要弄清楚。有的资料显示，银行用于信贷的资金中有一部分规定是贷给中小企业的，2009 年这部分资金的贷放已经完成任务。实际情况并非如此简单。在中国现阶段，全国企业总数的 99% 以上是中小企业，而且中小企业的覆盖面非常广泛，从雇工 3,000 人的到雇工几个人的全在中小企业范畴之内。据全国政协经济委员会民营经济调研组 2009 年 5 ~ 6 月份在广东省和辽宁省的调查，得到银行贷款的中小企业大都是中等偏上的企业，中等企业、中等偏下的企业很少得到贷款，至于数量众多的小企业根本得不到贷款，它们或者靠企业互助互济方式来解决流动资金短缺问题，或者干脆靠高利贷来渡过难关。因此，当前紧缩信贷总量无助于中小企业、民营企业融资问题的解决。

再次，银行放出的信贷中，即使有相当大的份额进入实体经济领域，那也要进行结构分析，弄清楚其中有多少信贷资金进入产能已经过剩的行业和产能即将过剩的行业，有多少信贷资金进入了属于短板的行业或急需信贷支持的新兴高科技行业。如果属于短板的行业或急需信贷支持的新兴高科技行业得不到贷款，而产能已经过剩或产能即将过剩的行业所得到的信贷资金较多，单纯的货币紧缩必定有害无利。

还应当指出，货币政策的转向是经济生活中的大事，它的副作用之一是改变人们对经济前景的预期，而人们预期的改变对经济运行造成的影响有时是难以预料的。

众所周知，对通货膨胀的预测、对市场供求状况的预测以及对物价上涨的预测，同天气预报是不一样的。如果明天是休假日，人们都希望是晴天，也都预测会是晴天。但自然界有自己的运行规律，即使大家都预测是晴天，明天该下雨还是下雨，天气不以人们的意愿或人们的预测而改变。而经济的预测并非如此。通货膨胀预期会导致通货膨胀的来临，至少会加速通货膨胀的来临。这是指：如果社会出现了通货膨胀的预期，一传十，十传百，百传千，大家都说通货膨胀快要来了，于是作为消费者的个人，以及作为供给方和需求方的企业，是会改变自己的消费行为和投资行为的。如果每户居民多储存一袋粮食，以防止粮食价格上涨，粮食价格真的会涨上去。如果企业预期钢材价格、煤炭价格会上涨，作为供给方，企业产生惜售心理，暂时减少出售，等待时机再出手，钢材、煤炭的市场供应量就少了；作为需求方，企业愿意多储备一些可能涨价的生产资料，于是钢材、煤炭的价格就涨上去了。可见，通货膨胀预期是会使通货膨胀提前来到的。

货币政策，无论是总量调控还是结构性调控，都贵在掌握时机，当断即断，不要总是议而不决。货币政策议而不决，反而会造成人们预期紊乱，从而改变自己的消费行为和投资行为，使经济的走向发生变化。而在总量调控与结构性调控二者的比较中可以发现，总量调控的变化对人们预期变化的影响更大，更直接，而结构性调控变化的影响多多少少要和缓一些，轻一些，也间接一些。这是货币政策决策部门需要考虑的。

三、针对当前中国信贷量偏大应当采取的结构性调控措施

根据以上的分析，信贷量偏大主要是信贷资金结构不合理问题，采取总量调控虽然也有一定作用，但结构不合理情况不会因总量调控而有明显的改善。所以在目前情况下，货币政策的结构性调控会更有成效。可以采取的货币政策结构性调控措施如下：

第一，针对大量信贷资金并未进入实体经济领域，而是停留在虚拟经济领域的情况，可供采用的调控措施是实行信贷资金用途的追踪调查。凡是信贷资金用途与原定的资金用途不符合，必须限期收回，在某些情况下还可以处以罚款。这样，既能限制信贷资金流入股市、楼市，进行炒股、炒楼，又能收回贷款的一部分，甚至大部分。

第二，关于中小企业、民营企业难以融到资金的问题，可以有针对性地从以下四个方面着手解决：

1. 增设以民间资本为主的中小银行，包括地区性股份制商业银行、村镇银行等。银行有大中小之分，企业也有大中小之别，历来是大银行对大企业，中等银行对中等企业，小银行对小企业，各类银行有自己的主要贷款对象。这样一来，中小银行的贷款对象明确了，中小企业也就容易得到贷款了。

2. 增设担保公司和担保基金。担保公司中的民营企业应当同国有担保公司处于平等地位，不应有差别待遇。地方政府应支持成立担保基金，可以多方筹集担保基金，便于中小企业、民营企业得到贷款。

3. 扩大抵押品的范围。在当前，有针对性的是容许企业的专利、知识产权和品牌作为抵押，这将有利于高新技术行业的中小企业、民营企业得到贷款。此外，根据全国政协经济委员会民营经济调研组 2009 年 5 ~ 6 月份的调查，在一些地方，大企业实行“零库存管理”，专由中小企业提供原材料和零配件。当大企业需要原材料和零配件时，电话通知供货的中小企业，要求 24 小时内送到，否则供方要支付赔偿金，甚至取消供货合同。于是，实行“零库存管理”的大公司成本降低了，而

向它们供货的中小企业的库存加大了，占用的资金也增多了。不仅如此，大企业在收到供货方的原材料、零配件之后，通常三个月之后才付清货款，有的要六个月之后才付清货款。中小企业作为供货方的资金就更为紧张。解决这一难题的办法，就是容许以应收账款的单据作为贷款时的抵押。

4. 地下金融在引导和规范化后容许浮在面上，即由非正式的融资过渡为正式的融资。这对于小企业和个体工商户的帮助是很大的。至于地下金融在浮到面上以后究竟采取何种形式，可以由投资人自行选择。

此外，中小企业自身的财务制度也应当加紧建设和完善，账目要齐全，要按统一的标准记账。任何一家银行都不愿意贷款给财务制度不健全的中小企业。这不能单方面责怪银行和银行信贷人员。

第三，为了防止产能过剩行业和产能即将过剩的行业继续盲目扩张，银行应当严格按照国家产业政策发放贷款。如果发现企业把已经获得的贷款转移到产能已经过剩和产能即将过剩的生产线上，或打算新建产能已经过剩和产能即将过剩的分厂或车间，银行应收回贷款。这样就可制止企业的违规行为、盲目扩张行为。

除了上述三项有针对性的制止信贷量偏大的结构性调控措施外，中央银行通常采用的存款准备金率调整和利率调整的总量调控政策也是可以结构性处理的。

先谈存款准备金率的调整。如果存款准备金率的调整幅度是全国统一的，那就是总量调控。这种总量调控可能有“一刀切”的弊端。如果使存款准备金率的调整幅度因地区而有所差别，那就体现了货币政策总量调控和结构性调控的兼用和配合。比如说，对中西部地区或中西部某些省（市、自治区）和东部地区实行有差别的存款准备金率调整幅度，可能使中西部地区在信贷方面多得到一些照顾，就全国范围而言则存款准备金率的调整仍可以收到控制货币流量的作用。

再谈利率政策的运用。差别利率政策是货币政策总量调控和结构性调控相结合的又一种形式。差别利率政策的差别可以体现于地区的差别、行业的差别、企业规模的差别和企业技术水平的差别等方面。给经济次发达地区的适当照顾，有助于经济次发达地区更快发展。对新兴行业、短板行业给予适当照顾，将促进这些行业的成长。企业规模的差别主要反映于企业分为特大型企业、大型企业、中等企业和小企业这样几类（有的专家建议从小企业中再分离出职工人数和资本金更少的微型企业，这种建议可以考虑），从而在利率方面也可以有适当的差别。至于企业技术水平的差别，则可以体现出政府对于采用新技术和致力于自主创新的企业的鼓励和支持。比如说，凡在采用新技术、节能减排方面有显著成效的企业在贷款方面可以得到利率的优惠；或者有重大技术突破，在新能源、新材料、生物科技、环保等领域有巨大贡献的企业，也可以得到贷款利率优惠的照顾。

总之，货币政策的总量调控不一定是纯粹的总量调控，总量调控和结构性调控的兼用和配合，二者并重，可以收到更好的效果。

四、关于流通性大小及其对中国经济影响的三个问题

流动性大小是近年来中国经济学界关心的问题之一。如何判断流动性大或小，经济学界有争论。至于流动性大和小究竟会对中国经济产生多大的影响，更是经济学界争论的焦点。在这里，我想就此谈一谈自己的看法。下面将讨论三个问题。

（一）从 2008 年国际金融危机对中国经济的冲击可以看出，流动性偏大和流动性不足有时是并存的，而且是会迅速转化的。

2008 年第三季度我在沿海一些城市调查发现，流动性偏大的同时还存在流动性不足的情况，并且从流动性偏大转向流动性的不足异常迅速，几乎在很短的时间内一下子就从流动性偏大变成流动性不足了。怎么会出现这种现象呢?

2008 年第三季度正是国际金融危机对中国的影响显现的时期。到第二季度末，我们所获得的资料一直是流动性偏大；到第三季度初，听

到越来越多的企业反映资金紧张；到第三季度末，几乎普遍听到企业诉苦，说银根太紧了，简直无法融到资金。调查结果表明，虽然当时受打击最大的是出口企业，但出口下降所影响的却是一条条产业链。即使出口产品产业链的最末一端是出口企业，但产业链上的其他企业则是为出口企业供应原材料、半成品、零配件和为它服务的企业，结果，整条产业链上的企业都受到了影响。产业链处于断裂状态，意味着平时正常运行的资金链也断裂了。

于是，“现金为王”的观念很快地扩散到很多企业。企业害怕资金链断裂会带来不利影响，它们就手持现金，不敢轻易出手。超正常的企业现金储备已成为企业应急手段。所以从中央银行的角度看，现金出笼的数量很大、流动性很大，而实际上真正在市面上流通的现金数量不多，企业普遍惊呼流动性不足。在这种情形下，2008 年第二季度所采取的一连串削减流动性、抽紧银根的做法，除了给企业增添更大困难之外，能有什么积极效应？

从这里可以总结的一个经验教训是：要深入中国经济的实际，了解中国经济运行的特点，不要迷恋于货币流量分析。

（二）名义利率、实际利率和企业信贷成本之间的关系是复杂的，这反映了中国经济运行中的又一个特点。

名义利率是指中央银行规定的贷款利率，也就是在中央银行信贷规模之内企业贷款时所支付的利率。相对于通货膨胀率而言，名义贷款利率是比较低的，哪家企业能够按名义利率获得贷款，无论从什么角度来看，这家企业都是合算的。问题恰恰在于：有多少企业能够得到信贷规模之内按名义利率支付的贷款？

实际利率是指借贷双方通过协商而议定的贷款利率，也就是市场决定的贷款利率。借贷双方议定的以这种利率实现的借贷，不在中央银行的信贷规模之内。实际利率高出名义利率若干个百分点。由于企业通常感到资金紧张，而信贷规模又有限，所以它们只好接受实际利率。

企业信贷成本是指企业为获得贷款而花费的成本，除了其中包括企业支付的利息（或者是按名义利率支付的利息，或者是按高于名义利率的实际利率支付的利息）而外，还要加上担保公司所收取的费用（如果企业贷款由担保公司担保的话）、质押贷款时质押品所丧失的流动性和由此带来的损失，以及企业为了得到贷款而支付的公关活动支出，等等。可见，企业的信贷成本不仅高于名义贷款利率，而且高于实际贷款利率。

以上所分析的就是经济转型过程中中国经济的实际情况。在这方面中央银行的信贷规模起了重要作用。一方面，在信贷规模控制之下，如果信贷规模扩大了，实际利率同名义利率之间的差距就会缩小，相应地，企业信贷成本也会降低；反之，如果信贷规模削减了，名义利率可能升高，实际利率和信贷成本也都会随之升高。另一方面，信贷规模的扩大或缩小会影响通货膨胀率的升或降，进而对名义利率的调高或调低产生直接影响，结果又会使实际利率和企业信贷成本随之上升或下降。

由此看来，信贷规模控制在当前中国经济中的作用不可忽视。它影响着名义利率、实际利率和企业信贷成本的变动，影响着通货膨胀预期，影响着通货膨胀率的升降。然而，正如前面已经指出，中国经济正处于转型阶段，利率的市场化改革仍在进行之中，信贷规模控制依旧是必要的，目前还不可能听任信贷量自行扩大，但对于信贷规模控制的弊病也应心中有数。特别是在运用信贷规模调控手段的过程中，不能只根据流动性大小作出决策，因为流动性大小是参考指标或决策依据之一，并不是决策的唯一依据。金融决策部门必须考虑结构问题。在信贷规模控制时，兼用总量调控和结构性调控将会更有成效并减少副作用。这样，名义贷款利率、实际贷款利率和企业信贷成本也就会调整到比较合理的水平，它们之间的差距即使存在，仍有可能趋于缩小而不致扩大。

（三）货币流量分析对于弄清楚通货膨胀的成因是有一定帮助的，但那只是对总需求过大引起的通货膨胀原因有所说明。货币流量分析对于成本推进型或结构性通货膨胀的成因难以作出有效的解释。

成本推进型通货膨胀的成因主要不在总需求方面，而在于成本的上升，包括劳动力成本的上升、土地成本的上升、原材料燃料价格的上升等。资源的有限所造成的成本上升和供给不足，不可避免地会导致价格的上涨，由此造成的通货膨胀被定义为成本推进型通货膨胀。在这种情形下，通过货币流量分析不能解释通货膨胀形成的主要原因。而且，面临着成本推进型通货膨胀，往往需要采取增加供给的措施，而增加供给往往又同增加投资有关。假定把这类通货膨胀归结为总需求过大引起的，所采取的主要是减少流动性、压缩信贷、削减投资等措施，那是治理不了这类通货膨胀的。假定这时采取的是价格政策（硬性限制成本的上升，即冻结物价水平），至多是临时性措施，肯定不能持久。假定这时采取的是收入政策（硬性限制工资收入的上升，即冻结工资水平或硬性限制利润率的提高），很可能激起工资收入者群体的不满和投资者群体的不满，对经济的害处更大。20 世纪 70 年代初美国政府实行的价格管制和收入冻结等措施在治理成本推进型通货膨胀时的无效，证明了这一点。

结构性通货膨胀的成因主要在于产业结构、产品结构的失调，从而引起一部分关键产品需求过旺和另一部分关键产品供给不足。从这个意义上说，结构性通货膨胀兼有需求过旺和供给不足的性质。正由于结构性通货膨胀是由关键产品价格上升而带动起来的，所以压缩总需求的调控措施难以解决问题，而流动性大还是小的总量分析也无法指明有效对策之所在。结构性通货膨胀主要应采取货币政策总量调控和结构性调控相配合的措施来治理，同时还必须调整产业政策，以便抑制部分关键产品的需求过旺，增加部分关键产品的供给。这里必然涉及经济体制改革问题。这是因为，部分产品需求过旺很可能与投资决策的政府主导体制有关，而部分产品的供给不足则很可能与资源定价体制不合理和行业垄断体制的继续存在有关。

这就再一次证实了货币流量分析的局限性和货币政策总量调控的局限性。

（2010 年 1 月 15 日在北京大学光华管理学院关于经济形势研讨会上的发言）

中国经济发展十问

一、资本大量进入资产市场怎么办？

金融危机后，中国经济首先回暖。但进入实体经济的资本并不多，大量的资本流入资产市场。这是每次金融危机后，都会呈现的一个普遍现象。尽管经济回升了，实体经济的盈利情况并不清晰明朗，投资者仍在迟疑观望。于是大量资金流入楼市、股市和其他资产进行炒作。到目前为止，这种现象还没有完全消失。因而，形成了泡沫。如不警惕，一旦泡沫再次破裂将有可能出现二次探底。因此，一年以来，不少经济学家呼吁要警惕二次探底。

解决问题的办法就是要让民营企业、民间资本有足够的信心进入到实体经济领域。新非公经济 36 条（《国务院关于鼓励和引导民间投资健康发展的若干意见》2010 年 13 号令）的公布实际上就为它创造了前提。长期以来民营经济担心受到不公平待遇，担忧投资前景没有保证。所以切实可行的措施就是要认真落实非公经济新 36 条，为民间资本进入实体经济领域创造制度保障，以此分流资本大量进入资产市场的问题。

二、怎样扩大内需?

扩大内需是重要的，因为我们不能再单纯依靠投资增长来拉动经济，更不能把希望寄托在出口贸易上。出口贸易也是重要的，但如果变成出口依赖型的经济增长就是不可持续的。投资需求只是中间需求，最终的需求还应是居民的消费需求。扩大内需的办法有很多，最要紧的还是要提高农民的收入。比如家电下乡和农机补贴，但都不解决根本问题。再如国家提高农产品的收购价格也是有用的，但提高的幅度仍不算大。国家还有其他的一些措施，都能够提高农民收入，但都不是主要的，最主要的是要给农民财产权。农民没有什么财产，自己辛苦盖了房子没有产权证，这应该引起重视。十七大一再提出要让农民有财产性收入，而现在农民没有什么财产。所以首先要给农民发房产证，有房产证了，整个内需扩大问题就解决了。

2010 年 6 月 5 日，上海《文汇报》第一版登了上海市嘉定区的经验，把农民的房子拆掉以后盖了新村，每户农民分三套住房，面积都不大，60 平方米一套，80 平方米一套，110 平方米一套，农民自己选两套住，一套出租，三年以后房子可以自由买卖。这是上海经验。在山东威海离城不远的农村里有一个社区，是由几个行政村合并而成的，叫“小城故事”社区，农民们盖了新村，每家人分两套房子，大概都是 100 平方米左右的，自己住一套，出租一套，农民有了房产证，就可以出租房子，他的收入就大幅度提高，内需就扩大了。农村的土地是集体所有，山东莱阳的农村是真正的农村，农民的住房同样发房产证。有了房产证农民就可以抵押了，抵押就有钱了，可以用于扩大再生产，内需也就扩大了。

三、就业问题如何得以缓解？

就业问题的主体人群是下岗工人、进城农民工、大学毕业生、残疾人、库区移民。要通过大力发展中小企业，特别要发展扶植微型企业来缓解就业压力。微型企业是包括业主本人在内，雇工人数加在一起不超过 20 个人的，创业投资的资本金 10 万元以下的企业。对微型企业要实施更为优惠的政策，包括：财政补助、减免税收、职工培训、银行贷款的政府担保、开业、登记注册简化手续、银行开户快办等。这样有利于形成创业高潮，带动就业。因此，中国要解决就业问题，就要靠发展民营经济，发展微型企业。假定有大量的微型企业，每个微型企业可以雇到 20 人的话，中国的就业问题就会缓解很多。

四、经济发展方式转变的要点是什么？

经济发展方式的转变主要靠产业升级，自主创新。重点要培育一批优质的民营企业，促进其走在创新前面。从深圳的经验来看，民营经济的自主创新是很有潜力的，要充分发挥他们的潜力，加强培育优质民营企业。同时，既要完善既有的资本市场，又要开发新的资本市场，从而形成完整的资本市场体系，包括主板、中小企业板、创业板、第三板（第三板是指未上市公司的产权的流通场所）。这有利于加快中国经济的快速转型。

五、怎样对待当前农产品价格上涨的趋势？

当前农产品价格上涨是所有人，特别是城镇中的工薪阶层所担忧的事情。

稳定农产品价格主要靠什么？主要靠增加供给，供给不足价格就势必会上涨。解决这个问题时，不应靠限价，限价并不能从根本上解决问题。因此，一方面应实行有差别的信贷政策，发展农业、扩大供给；另一方面应鼓励民间资本进入广大农村，民间资本进入后，情况就会大为改观。

六、如何应对人民币汇率的变动？

人民币大幅度升值是不可行的，因为我们的经济难以负荷人民币的大幅升值。但小幅升值是可以的。小幅升值实际上就是放宽浮动上下限，由市场在其中起作用，可能升也可能降，升升又降降，降降又升升。

对此，我国的国际贸易要相应地做两个调整。首先，根据国际贸易形势的变化调整出口的产品和出口的地区，使其更为多样化。其次，加快自主创新，进一步放宽领域，加大民间资本介入高端出口产业，认真贯彻新非公经济36条。带动自主创新的新高潮，进一步实现产业优化升级。

七、地方财政怎么来应对城镇化和城镇化进程中需要解决的民生问题？

目前，我们正在进行城镇化，城镇化进程中要循序渐进地解决民生问题，如教育、卫生、公共福利、社会保障和整个生活条件的改善等。解决问题的关键还在于民营资本的参与，先有序地进行一些试点，发行公共建设投资基金，吸引民营资本让其参与到第三产业和公用事业的建设中来。要让民营经济预期到将来的收益。假定是垄断的，只让政府部门和国有企业承担，城镇化进程将会遥遥无期。

八、怎样满足中等收入以下居民购买住房的基本生活需求？

中央政府反复出台了一系列限制房价增长过速的措施，提出了“限制投机性购房”的措施。这是必要的，但也是不够的，还应增加供给，增加更多的廉租房和平价房。廉租房和平价房是政府采取的积极有效的调控手段，应当值得肯定。但不应采取谁报价高谁就中标的方式，其结果只能使得地价越抬越高，房价日益高涨。

我认为，应该采取政府采购的方式，根据市民的购买力规定土地的价格、面积，房子的规格、质量。谁报价低，质量好，就让谁中标。

九、中国经济长期增长的动力是什么？

中国经济增长的主要动力在于充分调动广大群众的积极性。在中国可以酝酿群众的积极性，并充分地调动起来。1979 年的农村承包责任制，调动了广大农民的积极性。乡镇企业的兴起调动了广大农村的积极性。股份制也调动了群众的积极性。所以中国经济增长的动力还在于公众的积极性。一定要吸取以前的经验教训，避免挫伤积极性，要激发群众的创业积极性，增强群众促进中国经济增长，以及提高自己生活质量的积极性。一旦积极性发挥出来了，中国巨大的增长潜力也就实现了。

十、在经济增长中怎么加快生态建设？

当前最要紧的是要加快生态建设，要继续推行集体林权制度改革，加快改革国有林场的产权制度。

集体林权制度改革后，农民开始自发植树造林。如湖南、江西、福建、云南这几个省，规定了70年承包期不变，上一代种树下一代收成。这既增加个人的生活收入，又满足市场的需求；既改善了环境又激发了地方林权制度改革。因而，要进一步把激励林权制度的改革经验通过试点，推广到国有林场，从而形成经济发展和生态建设并重的良好局面。

（原载《全球化》杂志2011年第1期）

扩大内需十论

中央经济工作会议将经济工作重点确定在拉动内需方面，这是一项极有针对性的决策。怎么拉动内需呢？这里谈谈我的看法。

一、扩大内需主要指扩大民间消费

扩大内需主要指扩大民间消费，也就是说，要提高民间消费在经济增长中的作用。扩大投资可以扩大需求，扩大政府消费也能够扩大需求，但是与扩大民间消费相比，二者都有一定的限制条件，并且副作用大，后遗症也可能存在，历史经验已经证明了这一点。

二、扩大民间消费是一个渐进过程，不能靠一时突击

扩大民间消费是一个渐进的、持续推进的过程。不是靠一时突击，就能提高民间消费能力的。如果一时突击提高民间消费能力，比如，靠政府发钱，靠向其他国家掠夺，都会造成不好的后果。历史上有两次教训：第一次是公元前 4 世纪末，马其顿国王亚历山大控制了希腊以后，

渡海攻打波斯帝国，波斯帝国被灭了，波斯帝国王宫中的金银宝藏都落在了亚历山大手里。他怎么花？一部分发给希腊各个城市（除了斯巴达，因为它不支持亚历山大）；一部分给老兵退役，大量发钱，而且都是大量现金；官员又分了一部分。这些钱到民间以后，造成了消费品价格上涨，连续100年都是通货膨胀，这是历史上有记载的。可见，用这种方式来花钱，最后造成的是通货膨胀，因为供给没有上去。第二次是16世纪到17世纪时，西班牙占领了拉丁美洲（除巴西以外），因为开采了一些金银矿，这些钱被运回了西班牙，成为王室成员、官员、军官等家庭的私有财产，但是西班牙国内供给不足，就向法国、荷兰、英国去买消费品，引起整个西欧的物价上涨达200年之久，这就是“价格革命”。这两个例子告诉我们，我们要随着经济的增长逐步扩大民间消费能力，使供给和它相适应，这样才会出现一个稳定发展的状态。

三、从以投资拉动为主转变为民间消费为主的经济增长，其中必须有一个过渡

我们要从现在以投资拉动为主，转变为民间消费为主的经济增长，其中必须有一个过渡期，如果突然从投资拉动变成民间消费拉动，消费力量还不够，中国经济就会下滑，可能会降到5%，那是不行的。所以，我们首先要经历一个过渡阶段：投资和消费并重的阶段，然后再到民间消费为主的阶段。历史上有没有这个例子？有的。最典型的例子：第二次世界大战结束以后，西欧和美国的增长是投资与消费并重的，共同拉动了经济，长达20多年。这是因为，战后，西欧经济因遭到破坏，需要重新建设。为什么能做到消费和投资并重？因为20世纪30年代危机以来就一直被压抑的个人消费在战后恢复了。家家都要重新盖房子、买汽车，这样，消费有了，再加上投资，二者并重是可以做到的。所以当前我们扩大内需、扩大民间需求，应由投资为主过渡到投资与消费并

重，再到民间消费为主。

四、当前扩大内需主要是提高低收入者的收入

当前扩大内需主要是提高低收入者的收入。低收入者的收入边际消费倾向是高的。但要尽可能让更多的低收入家庭转为中等收入家庭。因为中等收入家庭消费趋于多样化，低收入家庭的消费基本上是单一的，就是吃、穿、住，而中等收入家庭则不一样，消费多样化了。只有这样，才能使我们做到长期增长的稳定性。

五、扩大内需必须先解除中低收入家庭的后顾之忧，这就要实现城乡社会保障的一体化

要扩大内需必须先解决中低收入家庭的后顾之忧，这就要实现城乡社会保障的一体化。20 世纪 30 年代大危机的时候，在西方经济学界发生了一场争论，当时主流经济学派是新古典学派，有两位经济学家，一个是罗宾斯，一个是坎南，就如何解决当前的失业问题，他们说有办法：一个人的工作两个人做，一个人的工资两个人分，一个人的饭两个人吃，就解决了。可是，当时年轻的瑞典经济学者米尔达尔，跟他的同事一起向瑞典政府提交了一个报告，认为解决瑞典的社会问题必须先解决老百姓的后顾之忧，具体政策是大盖平价房出售、大盖廉租房出租，让人人有房子住；再加上失业救济、教育免费、公费医疗、养老金保障，这些政策是瑞典成为福利国家的开始。

第二次世界大战结束以后，西方经济学者再次开会讨论 30 年代初期两派经济学家的论断谁对谁错（30 年代初，凯恩斯主义还没有出来）。大家一致认为，新古典学派是错的，瑞典学派是对的。新古典学派错在

什么地方？一个人的工作两个人做，一个人的饭两个人吃，一个人的钱两个人花，这不会增加社会购买力，这是靠企业内部来解决就业问题的办法，对社会失业问题是没有效的，所以瑞典学派在这方面是对的。可见，要扩大消费，就要解决消费者的后顾之忧。消费水平的提高会增加就业，一批人就业后就有收入，收入花掉，又有一批人可以就业了。这批人有收入再花掉，更多人就业了。这就是就业乘数理论。

六、要让农民有财产性收入

要让农民有财产性收入，这是增加农民收入、扩大民间消费的一个重要途径。产权要落实到户。最近几年进行了集体林权制度改革，林权落实到户，林权证发到农户手里，这样，农民的积极性就调动起来了。假定不是这样，比如，搞集体林权制度改革，只是承包到乡、承包到村，就不会有今天这样的效果。

七、兴办小型微型企业是扩大内需的重要方法

各类民间创业，兴办小型微型企业是扩大内需的重要方法。要调动这种积极性，要给予支持，包括金融支持。农民的家庭果园、家庭菜棚、家庭作坊、家庭养殖场，一直到家庭林场，都是小微企业，它们是与市场直接联系的。提高农民收入，可以通过经营自己的林场、菜棚、果园、养殖场等形式来进行。这样，农村经济就活了，小城镇的经济也就活了。

八、让社会垂直流动，保持渠道畅通，这是促进居民收入增加的重要手段

让社会垂直流动，保持上下流动渠道畅通，这是促进居民收入增加的重要手段。20 世纪 70 年代以后，西方经济学界出现了二元劳工市场理论。什么叫二元劳工市场？就是说，市场分上等劳工市场和下等劳工市场，上等劳工市场的职业是“好职业”，下等劳工市场的职业是“坏职业”。“好职业”和“坏职业”区别在哪里？工资这个多，那个少；福利这个多，那个少；这里有发展前途、有提升机会，那里没有；还有，就是这里可以不断学习知识、增强自己的能力，那里只是简单的重复劳动。今天的中国可能有这样一种情况，社会流动渠道堵塞，父母干这个职业，儿子也干这个职业，孙子也干这个职业，父子世袭。农民出来打工，世世代代都还是农民工。流动渠道不畅，应该怎么办？怎样避免社会阶层的凝固化？首先要创造公平竞争的环境，所有人都竞争上岗、择优录用，没有例外。另外，“好职业”数量应不断增加，让“坏职业”逐渐变成“好职业”，比如，可以改善工资待遇，提高服务标准，改善工作环境，提供学习机会，等等，这些对增加农民和低收入者的收入，都是有好处的。

九、要增加教育投资，使教育资源均衡分配

没有一定的投资推动不了民间消费，特别是要增加教育投资。教育资源分配不均衡，这是一个大问题，会造成就业不均衡，就业不均衡进一步造成收入不均衡，收入不均衡就会造成生活不均衡，生活不均衡了，那下一代也就处在不平等的起跑线上了。

十、对奢侈品的认识要逐步改变

对奢侈品的认识要逐步改变，要随着时代的变化而改变。30 年前，戴一条金链子、戴一条珍珠项链、用一些化妆品，就是过奢侈生活了。现在变了，现在人们出国旅游，特别是去欧洲旅游，会购买很多东西，其中很多都是奢侈品，或者叫做“高档消费品”，这种现象是挡不住的。与其如此扩大外国的消费，不如创造条件让大家在国内买，所以，要减低这些产品的进口税，而前提就是对奢侈品的认定要跟上时代发展，要有所变化。

（原载《新华文摘》2012 年第 7 期）

论中国的双重转型

一、中国正在逐步实现双重转型

在传统的发展经济学中，经济转型是指从农业社会转向工业社会，而计划经济体制的推行则被认为是另一条通往工业社会的道路，十月革命以后的苏联正是这样走的。

中国从20世纪50年代到70年代末的实践表明，依靠计划经济体制转向工业社会是一条不成功的道路。这是因为，在中国这样的发展中国家，在计划经济体制之下，虽然可以建立一批大型工业企业，但效率不高，代价过大，而传统农业社会中的种种问题不但没有解决，反而以新的形式凝固化了，所以农业发展是失败的，农村是落后的，农民的生活依旧是艰苦的，农民的人身自由受到很大的限制。

从1979年起，中国进入了双重转型阶段。双重转型是指体制转型和发展转型的结合或重叠。

什么是体制转型？就是从计划经济体制转向市场经济体制。

什么是发展转型？就是从传统的农业社会转向工业社会。

两种转型的结合或重叠是没有前例的，也是传统的发展经济学中没有讨论过的。在第二次世界大战结束之后，一些新独立的发展中国家，由于过去在这些地方不曾实行计划经济体制，所以只出现发展转型，即从传统的农业社会逐步转向工业社会。而1979年以后的中国则不同，一方面，要摆脱计划经济体制的束缚，以市场经济体制代替计划经济体制，这就是体制转型；另一方面，要从传统的农业社会转向工业社会，使中国成长为一个现代化的国家，这就是发展转型。

总结1979年至今30多年的改革与发展实践，中国在推行双重转型过程中积累了一些经验。可以把这些经验归纳为以下八项：

1. 双重转型中，重点是体制转型，即从计划经济体制转向市场经济体制，要以体制转型带动发展转型。这是因为，计划经济体制对中国经济的束缚和限制是全面的；既包括城市，又包括农村；既包括工业，又包括农业；既包括城市居民，又包括农民。如果不打破计划经济体制的束缚和限制，中国不可能实现从传统农业社会向工业社会的转变，中国转型的目标（使中国成为现代化国家）是无法实现的。

2. 双重转型中，必须解放思想，清除计划经济理论的影响，否则改革与发展都寸步难行。1978年中国所进行的“实践是检验真理的唯一标准”大讨论，使人们的思想得到解放，进而启动了改革和对外开放。1992年年初邓小平同志视察南方的讲话，又进一步解放了人们的思想，使中国走上了改革和发展的快车道。因此可以这么说，中国双重转型在短短的30多年内之所以能取得这样大的成果，同“思想先行”是分不开的。

3. 双重转型中，必须把产权问题放在改革的首位。计划经济体制下，产权模糊，投资主体不确定，投资方的权利和责任不清晰，是改革的严重障碍，也是发展的巨大阻力。因此在体制转型中，产权改革是突破口，是主线；在发展转型中，产权界定和产权清晰是动力源泉。对广大农民来说，土地需要确权，住房也需要确权，而且确权应当落实到户，这既有利于保障农民的合法权益，也能使农民获得财产性收入，用于扩大再生产和创业。

4. 双重转型中，一定要在经济增长的同时改善民生。改善民生，是缩小城乡居民收入差距和缩小地方收入差别的重要途径。在宏观经济政策目标中，就业是重中之重。考虑到农村劳动力向城市转移是双重转型中需要认真解决的迫切问题，所以在转型的任何时候都不能忽视就业问题。同时，由于新的工作岗位是在经济增长过程中涌现出来的，因此经济需要保持一定的增速。经济增长率过高当然不行，但如果经济增长率偏低，则会产生更大的就业压力。

5. 双重转型中，要不断提高企业的竞争力，而提高企业竞争力的核心是鼓励自主创新。如果自主创新不足，企业的竞争力就不足，在日趋激烈的国际市场竞争中，中国必将丧失自己的市场份额，或者中国又会回到过去依靠资源出口、初级产品出口以获取外汇的境地，这就难以实现现代化的目标。而自主创新的成效既取决于知识产权的保护，也取决于专业技术人才的培养和激励。人力资源政策应得到更大的关心，得到更有效的贯彻。

6. 相对于较早实现工业化、现代化的国家而言，环境压力在中国显得更为突出。中国在双重转型中，必须重视经济和社会的可持续发展问题。1979 年以来的经验告诉我们，经济增长固然重要，但提高经济增长的质量更加重要。经济增长的质量高低，结构的优化是一个标志，另一个标志是环境保护、节能减排、资源合理利用和清洁生产。环境是我们和子孙后代共享的，资源是我们和子孙后代共有的，只有走可持续发展道路，我们才有更广阔的发展前景。

7. 城镇化率的提高是双重转型的成果，同时也是继续实现双重转型的助推器。计划经济体制下，城镇化的进度是异常缓慢的，甚至在某些年份还出现了“反城镇化”的趋势，即不但不允许农民进城，而且还把一部分城市居民强制迁入农村。直到双重转型过程开始后，情况才有所好转。提高城镇化率已是大势所趋，这将是今后若干年内最有潜力的投资机会，能保证中国经济增长继续以较高的速度推进。

8. 双重转型中，大力发展民营经济不仅是为了缓解就业压力，更主要是为了调动民间的积极性，包括调动民间资本的潜力。民营企业与国有企业的关系，无论是“国退民进”还是“国进民退”，都不是国家的方针。国家的方针是国有企业和民营企业的共同发展，他们之间既有合作，又有竞争，进而形成双赢的格局。这是对国家最有利的。

以上八项经验，说明了中国双重转型之路是怎样一步步走过来的。这些经验总的说来表明了这样一点：中国有中国的国情，不根据国情进行转型，什么经验都不会产生。

二、继续以体制转型带动发展转型

双重转型的任务，在中国至今尚未完成。改革需要深入，发展也需要继续，并双双登上新台阶。

那么，改革和发展之间的关系有没有变化？没有变化，仍同过去30多年一样，继续以体制转型来带动发展转型，即继续以改革促进发展，为发展开路。下面分三方面来论述：

1.内生力量和外生力量

什么是内生力量？这是指一种体制及其所具有的机制所发生的作用。改革就是为了清除新体制或新机制建立过程中的障碍和阻力。

什么是外生力量？这是指外界对经济运行发生作用的某种力量，它从外界对经济活动进行干预，或对经济活动进行刺激，或对经济活动进行抑制。改革就是为了把外生力量的干预减少到正常的程度，不要让外生力量的干预削弱体制及其具有的机制所产生的自我调节作用。

不妨以一个人的健康为例。一个人如果能健康地生活和工作，一定要有完善的内生机制；如果生病了，自身内部调节机制是能够克服障碍和恢复健康的。外生力量就像必要的时候需要服药或动手术一样。相对于外生力量而言，内生力量毕竟是最重要的。

到现在为止，尽管我们的改革开放已进行30多年了，但内生力量还不健全，主要靠外生力量来调控经济。比如说，我国存在一种“投资冲动怪圈”的现象，从最近这几年的情况可以清楚地看到：地方政府、各个单位都希望加速发展，因此要求增加投资，增加项目，增加信贷，这样，投资加大了，项目增多了，信贷扩张了，经济也就上去了，结果，发生了通货膨胀。通货膨胀发生后，中央政府就依靠外生力量来压抑，地方政府感到困难，财政收入下降，产值下降，企业不振，就业也减少了，中央政府不得已再次启动外生力量调控，刺激经济，恢复经济快速增长。如此周而复始，一会儿经济上去了，一会儿经济又压缩了。这表明内生力量并没有发挥很好的作用，外生力量在某种程度上取代了内生力量。

继续推进改革，就是要完善体制，让体制所具有的机制发生应有的作用，让外生力量的调控成为辅助性的。

2. 阶段性成果和目标模式

从 1979 年至今 30 多年，我们在改革开放方面取得了很大的成绩，但这些仅仅是阶段性成果，还不能称为已经实现了目标模式。我们的目标模式是明确的：从体制转型方面说，我们的目标模式是建立完善的社会主义市场经济体制；从发展转型方面说，我们的目标模式是实现工业化，建立现代化社会，使全国人民走向富裕，使和谐社会得以实现。改革要深化，发展要再接再厉，不可松懈，不可半途而废。中途停止下来，可能前功尽弃。

要知道，经济中很多问题不是靠宏观调控可以解决的，要靠改革的继续和深化。举一个例子，现在出现了“社会阶层凝固化”现象，跟改革开放初期相比，现在还不如改革开放初期。改革开放初期，77、78、79 级大学毕业生的社会流动渠道是通畅的。社会垂直流动和水平流动是调动人们积极性的主要方式。然而现在，“社会阶层凝固化”造成了水平流动、特别是垂直流动渠道的堵塞，这又形成了另一种现象，即“职业世袭化”。比如说，父亲是农民工，儿子还是农民工，孙子以后也可能是农民工，这就是“社会阶层凝固化”和“职业世袭化”的表现。这种情况要通过体制转型才能解决，宏观调控解决不了这样的问题。

再说，城乡二元体制至今仍未消失。计划经济体制有两大支柱，一个支柱是国有企业体制，另一个支柱是城乡二元体制。过去 30 多年的改革，主要围绕着国有企业体制改革而展开，这一改革至今已取得很大进展，当然还有些问题有待于继续解决。虽然城乡二元体制在过去这段时期多少有些松动，但基本上尚未解决。

城乡二元体制不同于城乡二元结构。城乡二元结构自古就有，而且今后较长时间内还会存在。但城乡二元体制是计划经济体制的产物。1958 年户口一分为二，农村户口和城市户口分开了，城乡被隔离开来，农村户口和城市户口都不得自由迁移。这种划分，基于使农民处于与城市隔绝的状态，大大阻碍了经济的发展。而城市二元体制绝对不是依靠宏观经济调控就能消失的，一定要深化改革，才能改变现状。

总之，阶段性成果就是阶段性成果，它绝对不是我们的目标模式。

3. 全盘考虑，统筹安排

前面已经指出，中国从计划经济体制过渡到社会主义市场经济体制，在全世界没有先例，必须探索前进。当时有一句很形象化的话，叫做“摸着石头过河”。这在当时是对的。但现在不行了。为什么？因为水深了，摸不着石头了，怎么前进？假如河底的石头布置不均匀，摸着摸着，又摸回来了，又该怎么办？

所以一定要全盘考虑，统筹安排。改革领导者要站得高，看得远，想得深，要有战略家的眼光、胆识、魄力。这就是当前不少人所谈论的顶层设计。

举一个例子，集体林权制度改革。1979 年一些地方的农村试行承包制时，没有动集体的山林。有的地方分了山林，结果砍树成风，因为那时刚改革开放，不少农民对党的政策缺乏信心，怕变，所以承包山林后就砍树了。中央制止了把集体林权分掉的做法。集体林权制度改革是一个迟到的改革，晚了 20 多年。2003 年，在福建、江西等几个省开始试点，中央、国务院很快在 2008 年 6 月 8 日发文件，决定在全国范围内推行集体林权制度改革。

这项改革有三个突破。一是林权证落实到户，而不是按学术界某些人曾经建议落实到村，落实到乡，或落实到自上而下组成的林业合作社、林业协会等。事实证明，这些都是没有效的，必须把林权落实到农户，农民们的积极性才会调动起来。二是林地、林木可以抵押，这样一来，农民承包林地后就有可能经营林场了，一个个家庭林场就是一个个小微型企业。金融活了，全盘皆活，农民林下养鸡种药材，生产蘑菇、木耳，农民经营林场，日子也富裕起来了。三是明确林地承包期为70年不变。农田承包，最后用的词是长久不变。长久不变？究竟多长？农民心里还是不踏实。集体林地定为70年承包期，70年，第三代都长大了，爷爷种树，让孙子来砍吧，种树的积极性就增大了。可见，如果没有中央做出决定，地方敢这样干吗？这就是统筹安排的成果。

现在需要全盘考虑、统筹安排的问题很多，包括金融体制如何改革？财政分权制度如何改革？国有企业今后的管理体制如何确定？今后的改革过程中，试点仍是需要的，但重要的是从整体上考虑，要有战略眼光。

三、双重转型中的结构调整

结构调整是没有止境的。随着科学技术的进步，消费习惯和消费观念的转变，国内国外形势的变化，以及经营管理经验的丰富和经营管理人员水平的提高，今天的结构优化只代表现阶段的结构优化，不能代表以后对经济优化的认识。从这个角度看，结构优化总是相对的，所以结构调整还将继续。

尽管结构优化在发展的不同时期有不同的标准，但总的说来，在发展的任何时期都有新兴产业这个概念，结构优化要符合每个阶段的实际，把发展新兴产业作为衡量结构优化程度的标准之一。在发展的任何时期都有产能过剩产业和产能短缺产业这样的概念，所以结构优化要从这些产业的产值在国内生产总值所占比例的增减程度来衡量，产能过剩产业和产能短缺产业所占比例的下降都反映了结构在趋向优化；反之，如果产能过剩产业和产能短缺产业所占比例上升了，则反映结构状况趋向恶化。因此，在现阶段要讨论中国的结构调整，必须首先关注新兴产业的发展、产能过剩产业和产能短缺产业所占比例的下降，以及产能基本平衡产业所占比例的上升。

另一个值得关注的问题是，在双重转型过程中，一定要朝着清洁生产、循环经济、低碳经济的方向进行结构调整。高污染、高耗能以及其他高消耗资源的产业要进行技术改造，其中有些企业要被淘汰，不能再因此而使环境继续遭到损害，使资源过度消耗。中国在环境治理方面一定要有决心，否则社会经济的可持续发展将难以维持。

在双重转型过程中，地区经济结构的合理化也是结构调整方面的重要课题。根据中国的实际情况，地区发展不平衡是受到自然条件和历史文化因素的影响而形成的。结果，东西部发展和居民收入之间的差距呈扩大趋势。要缓解和逐步扭转这种地区差距扩大的趋势，必须实行向西部地区倾斜的政策，让西部得到政策优惠，以促进西部的发展。产业向西部转移和西部改变过去单纯输出资源的状况，是地区经济结构调整最重要的两项措施。

关于产业转移，主要同发生地区的制造业企业，尤其是劳动密集型企业，出于降低成本的考虑有关。例如用工成本、土地使用成本、企业建设成本、物流成本等，随着工业化的推行，近年来都有逐步上升的现象。而经济次发达的地区则成为产业地区间转移的承接者，它们一般拥有较丰富的劳动力资源、土地资源和矿产资源，可以发挥这些优势来承接产业的转移，以加速本地区的发展，并增加地方的财政收入和扩大就业。在这方面，体制改革依然是最重要的。有什么样的体制才会出台什么样的政策，才能让有责任的、有效率的、讲政府诚信的、重法制的官员在岗位上得到重用。只有这样，次发达地区的经济才有可能迅速发展。与此同时，因产业转移到次发达地区之后，发达地区的经济结构可以更好地发挥自己的优势，在自主创新和产业升级等方面做出更大的成绩，并在增强本地区的企业竞争力方面继续领先。

关于西部（也包括东部发达省内某些次发达地区）如何改变，过去只谈输出资源的状况，现在同样需要在体制和政策上做出新的安排，例如发展资源在本地加工的产业，以增加产值，把收益留在本地。还应当注意到，西部和其他次发达地区在产业转移和发展资源加工产业的过程中，一定要加快培育本地的民营企业队伍。这是因为，当发达地区的企业迁移到西部和其他次发达地区以后，骨干职工可以从发达地区带来，有管理经验的管理人员也可以一并带来，但配套的生产营销方面的合作企业却不一定迁入，在西部和其他次发达地区需要有一些能与转移来的企业配套的、为之服务的合作企业。这将有赖于本地民营企业家的努力。由于产业转移和发展资源为加工企业提供了若干商业机会，而且这些商业机会往往是瞬间即逝的，本地的民营企业不抓住它们，很快就被外地的民营企业所获得。

再者，产业向西部和其他次发达地区的转移，只是地区经济结构调整中的一个阶段。随着西部和其他次发达地区承接发达地区的企业转移后，势必也会促进本地企业和转移进来的企业的产业升级。这是阻挡不住的趋势。也就是说，发达地区准备向西部和其他次发达地区转移企业，既是为了利用这些地区的资源优势，也是着眼于这些地区的市场前景。而一旦实现了产业转移之后，为了提高企业的竞争力，以及开拓更大的市场，取得更多的市场份额，迟早会走上产业升级之路。这也意味着西部和其他次发达地区的结构调整，不可能只限于产业转移，而可能把今后的产业升级也包括在内。

结构调整有可能是存量调整，还可能是增量调整，二者各有利弊。一般说来，存量调整见效快，效果也大，这是它的好处；但存量调整的影响面过大，难度较大。一个常见的例子就是：如果强制关闭某些企业，迫使某些企业或某些产品停止生产，这样一来，无论对地方财政收入，还是本地的就业都会发生消极的影响，从而引起地方政府不得不采取“明关暗不关，明停暗不停”的做法。增量调整，是指在经济继续增长，财政收入继续上升的情况下，进行结构调整。其弊病在于收效较慢，拖延的时间较长，但这样做也有好处：第一，经济仍保持一定的增长率，从而为结构的调整提供更好的条件，以免发生较多的企业关闭、停产和较多的职工失去工作等情况。第二，在经济增长和财政收入增长的条件下，可以利用较多的投资支出来改进技术，以便在产业升级的过程中实现结构的调整，使经济在较平稳的环境中实现经济转型。

实际的做法可以是：经济仍应保持一定的增长率，财政收入大体上也应保持增长的态势，然后实行增量调整，同时也可以有选择地强行关闭某些严重污染和耗能高的企业，或强制它们停止生产某些产品。增量调整与存量调整相比，增量调整的可行性更大一些。

四、双重转型中，宏观调控应以微调和预调为主

前面在讨论经济运行中的内生力量和外生力量之间的关系时已经指出，要通过深化改革，让内生力量起主要作用，而外生力量则起辅助性作用。在双层转型过程中，这一点是可以逐步做到的。这符合建立完善的市场经济体制的要求。

问题首先在于政府职能的正确定位。政府不可能是万能的，政府调控经济的作用在任何情况下都带有局限性。经济中的变量过多，这些变量对经济运行的影响经常是不确定的、难以准确预测的。而且，政府掌握的信息始终有限，政府不可能在较短时间内掌握全部信息，即使在较长时间内可以掌握到较多的信息，但客观形势在较长时间内可能已经发生变化，政府所掌握的信息中肯定有一部分已经过时了。因此一般来说，政府总是在不完整信息的条件下作出决策的。这就是政府在宏观调控中不可避免的局限性之一。

政府在宏观调控中的另一个不可避免的局限性是，政府的博弈对手是公众，政府在同公众的博弈中通常处于被动的地位。这是因为政府

只有一个，而公众则是千千万万；公众的千千万万双眼睛都盯着政府，政府却无法用眼睛盯着千千万万个公众。于是就必然形成了如下的格局，即政府有政策，公众有对策，或者说，上有政策，下有对策。公众人数众多，无论是投资者、消费者，还是储蓄者，都根据自己的预期选择自己的对策，从而抵消了政府政策的效果。这表明，来自方方面面的公众的预期和对策，会使政府趋于被动。

政府在宏观调控中还有一个不可避免的局限性就是，由于政府总是在不完整信息的条件下作出决策的，以及由于政府政策的推行总是处于同公众博弈中的被动地位，所以政府的宏观调控措施往往会力度过大，矫枉过正，因此造成了“一管就死，一放就乱”的局面。“一管就死”，是因为政府总是相信自己的力量，所以一紧缩，就把经济搞死了，企业就失去活力；“一放就乱”，也是因为政府事后感到紧缩过度给经济造成了损害，于是从紧缩转向放松，而一放松，投资过热，信贷膨胀，通货膨胀又来了，于是政府又感到再度紧缩的必要。

在双重转型中，这种时紧时松、时“死”时“乱”的现象之所以一再发生，既由于市场机制尚未完善，也由于政府职能未能正确定位。

由此得出的结论只能是，在双重转型已经取得一些成绩的基础上，政府职能更应正确定位，切不要再像过去那样认为政府是万能的。政府要遵循市场规律，不要打乱投资者、消费者、储蓄者的正常预期，宏观调控不宜大升大降、大紧大松、大起大落。否则，要么会导致经济中出现大量泡沫，要么经济中的泡沫会突然破裂。这些都会使经济遭到伤害，并使公众对宏观调控失去信心。

经济运行中是会出现运行不正常的预兆的。即使政府掌握的信息始终是不完整的，但通过筛选，仍会发现经济运行不正常的预兆。所以今后政府的宏观调控应当重在微调，并且要尽可能少采取总量调控措施，而要以结构性调控措施为主。与总量调控措施相比，结构性调控措施所引起的震荡较小，效果会更显著。

在今后的宏观调控中，除了应当重视微调以外，还应当进行预调。

宏观调控起始时机的选择是十分重要的。过去，宏观调控起始时机往往滞后，宏观调控的结束时机更可能滞后。这两种滞后都会给国民经济造成损失，也会给后续一段时间的经济运行增加困难。

宏观经济运行中，政府调控原来只是以调节总需求为目标，这主要适应于对失业和通货膨胀的短期调节。自从20世纪70年代以后，由于美国发生了滞胀，单纯调节需求不解决问题，仅仅着眼于短期调节也远远不够的。于是美国在先，其他国家随后，宏观调控由单纯调节总需求转为需求调节和供给调节并重，由短期调节转向短期调节与中期调节并重，以及由总量调控转为总量调控与结构性调控并重。这已经成为当前发达的市场经济国家惯用的调控方式，可供我们在双重转型中借鉴。

在中国，宏观调控滞后的主要原因在于政府不仅所掌握的信息不完整，更重要的在于政府没有对自己所掌握的信息进行认真的筛选，从而易于被各地区、各部门汇报上来的报喜不报忧的假象所迷惑，而经济运行中的许多真实情况却不一定能被政府所掌握，这样，宏观调控的时机往往滞后。在今后的宏观调控中，政府应当吸取以往的教训，要尽可能掌握经济中的真实情况，并把预调放在重要位置上，做到今后预调和微调并重。

最后，还需要谈一谈宏观调控中的限价政策问题。既然我们要继续体制转型，那就必须懂得限价政策的局限性，因为这是破坏市场机制发挥作用的手段。加之，在经济生活中，商品价格总是相互影响的，也是互为成本的。在宏观调控中，有时为了控制某种商品价格的上涨而采取对该种商品限价的政策。但经验表明，限价政策顶多只在短期有效，而给经济带来的损害却是不可低估的，因为限价政策实行的结果，结构失调现象必然更加突出，更加严重。这是因为全部商品价格都得到管制，这是做不到的。能够做到的，不过是对某些商品的价格采取限价措施。这样一来，在商品互为成本的条件下，在其他相关商品的价格可以浮动时，某些商品的价格却被冻结了，那只能使被冻结价格的商品供应量减少，使产业链断裂，使结构更不协调，进而给经济运行带来一系列后遗症。

资源价格的管制所造成的是同样的后果。资源绝对不可能做到无限供给，土地资源、水资源、矿产资源和劳动力资源莫不如此。中国劳动力资源虽然比较充足，但如果按年龄、技术工种、专业水平、居住地区来分类，依旧是有限供给的。所以从土地资源、水资源、矿产资源来考察，不能完全按市场需求来制定使用和分配规则，政府在必要时可以实行配额管理。但配额管理的利弊并存，不能随意使用，否则对经济运行不利。至于对资源产品实行价格调节，也应当考虑到资源有限供给的现实性，价格调节也会导致产业链断裂，扭曲结构现状，甚至使结构失调更严重。对于资源产品价格不合理之处，最有效的对策是推进资源价格体制的改革。只有通过这一改革，使资源定价趋向合理，才能避免资源价格不合理所造成的不良后果。

这再一次证实体制转型在双重转型过程中的首要作用。

（原载《中国市场》2013 年第 1 期）

谈谈产权改革的若干问题

近年来，我对产权改革问题比较关注，这里结合十八届三中全会通过的《中共中央关于全面深化改革若干重大问题的决定》(以下简称《决定》)的有关精神，谈谈有关产权改革的几个问题。

一、关于产权：没有产权界定，就谈不上市场经济

贯彻落实《决定》的精神，一个很重要的实践问题就是产权界定问题。因为没有产权界定，就不能形成真正的市场主体，就谈不上市场经济。

关于产权改革和非均衡经济中的市场主体，我在20世纪80年代末写作、90年代初出版的《非均衡的中国经济》一书中有所论述。其实，非均衡是一个普遍现象。非均衡可以分为两类：一类是资本主义国家出现的非均衡，主要是因市场不完善和存在着垄断等情况而形成的；另一类是中国这样的非均衡，即除了市场不完善以外，还缺乏市场主体。为什么会缺乏市场主体呢？因为产权不明晰，产权没有界定；没有产权界定，当然就不会有真正的市场主体。所以我当时提出的主要观点是股份制改革。我认为，股份制是明确产权最有效的办法，因为只有产权明确

了，市场主体才能形成，这样中国才能走上市场经济的道路。

中国的产权改革到现在为止尚未完成。为什么呢？虽然国有企业进行的产权改革相当有成就，但是还不彻底，还要继续努力。另外，从全国范围看，广大农民的产权至今没有明确界定。这么多农民，他们作为农产品的种植者、销售者，照理说都应该是市场主体，但因为产权没有界定，农民实际上并没有产权，从而没有财产性收入，所以到现在为止仍算不上是真正的市场主体。

加快发展社会主义市场经济，我们仍然需要推进产权改革。因为不妥善解决农民的产权问题，不继续解决剩下的国有企业的产权改革问题，我们的市场经济就很难发展成为有效的市场经济。所以，《决定》指出："健全归属清晰、权责明确、保护严格、流转顺畅的现代产权制度。"这是完善社会主义市场经济体制的必然要求。

二、关于土地确权：农村改革最重要的环节

"允许农村集体经营性建设用地出让、租赁、入股，实行与国有土地同等入市、同权同价。""完善土地租赁、转让、抵押二级市场。"《决定》中的这些规定，对于推进农村改革、进一步解决"三农"问题具有重要意义。当前，农村改革从哪里启动？最重要的环节在哪里？我认为，就是土地确权。去年党的十八大结束后不久，我带领全国政协经济委员会的调研组到浙江的杭州、嘉兴、湖州三个市下面的县做了土地确权的调研。我们经过调查、座谈，听取市政府的汇报，感觉土地确权的确是一场受农民欢迎的大变革。

1. 农民心里踏实了。对于土地确权，农民说："我们不怕别人随意侵占土地了。承包地的经营权、宅基地的使用权、宅基地上房屋的房产权都已经明确了，他能够随便圈我的地吗？能够不经过我们同意就把房子拆了吗？他不敢！"土地流转，也使农民心里踏实了。要知道，农村

土地流转到现在为止还很少。因为以前如果农民用土地入股，他们会怕入股以后土地就归别人了。现在不一样了，土地确权以后入股，农民的股权有了保证。土地出租以后产权不变，所以农民放心了，踏实了。

2. 城市人均收入与农村人均收入之间的差距缩小了。例如，嘉兴市的汇报明确地讲：在土地确权以前，城市人均收入与农村人均收入之比是 3.1 ∶ 1，土地确权以后调查的结果是 1.9 ∶ 1。为什么会缩小那么多呢？我们在农村开座谈会时，听到有的农民说："土地确权了，我放心了。一方面，我扩大了种植业、扩大了养殖业。另一方面，我宅基地的旧房子拆掉了，盖成几层楼的新房。"我们调研时去的那个村子，农民都盖了四层楼。我当时问了一位农民："你住得了吗？"那位农民回答："家里人少，我只住两层就够了。第一层出租，租给别人开店、开作坊，另外三层，价钱不一样，他愿意租哪一层就租哪一层。这样，我就有房租收入了。另外，土地确权以后我不怕了，土地流转以后我可以到外面去打工。"所有这些都表明，城乡收入差距在缩小。

3. 还有一个意想不到的好处就是耕地面积增加了。这是因为：土地确权之前，要重新丈量，丈量以后发现耕地面积增加了 20%。怎么会增加 20%呢？主要有如下原因：一是当初承包制开始的时候，土地质量差别大，所以好地一亩算一亩，坏地两亩折算为一亩。经过 30 年的承包和农民精耕细作后，土地质量差距不大了，所以这次土地确权前重新丈量时，都是一亩算一亩，这样土地就多了。二是过去土地都分成小块的，有田埂，用牛耕作。重新丈量土地时，田埂扣除不算耕地，田埂两边挡住太阳的地方也不算耕地。现在，田埂都拆掉了，农民用拖拉机了，于是耕地也就多了。三是当初农民要交农业税，所以村里对于耕地基本上都是少报。比如，一亩三分地报一亩，家家如此。现在不同了，不用交农业税了。而且，土地刚丈量完毕，大家都实报，没人少报，因为少报吃亏。少报土地，土地入股后股份少，土地出租面积也少了。这样，重新丈量后，耕地增加了 20%。农民都很开心。

土地确权将使农业大有希望。今年中央一号文件提出，要推行家庭农场制。这次三中全会《决定》也明确提出："鼓励承包经营权在公开市场上向专业大户、家庭农场、农民合作社、农业企业流转，发展多种形式规模经营。"这也将会给农村带来一些大变化。现在，世界上只有西欧、美国、加拿大有真正意义上的家庭农场制，中国还没有。中国要推行家庭农场制，要提高家庭农场主的技术水平和劳动生产率。农民还要懂经营，要采用规模经济的做法。

三、关于国有企业：行政干预太多

《决定》对于我国今后的国有资本体制改革将产生重要影响。一般说来，国有资本体制改革分两个层次：高层次的是国有资本配置体制的改革，低层次的是国有企业管理体制的改革。《决定》指出："完善国有资产管理体制，以管资本为主，加强国有资产监管。"因此，不妨可以这样改革：国资委下面设立若干个专业的或综合的国家投资基金公司，负责国有股权的增加和减少：哪个部门是短缺的，哪个是新兴产业，要增加投资；哪个是产能过剩的，哪个是效益不好的，把国有资本撤走。这样，资源配置的效率就能提高了。

三中全会《决定》提出要"使市场在资源配置中起决定性作用"，这突出强调了市场在资源配置中的地位和作用。为什么强调资源配置呢？经济学中原来所讲的效率是生产效率。生产效率多年以来一直是一个传统的概念，着重点是生产单位的投入和产出之间的关系。一定的投入下，产出增加了，表明效率提高了；一定产出下，投入减少了，效率也提高了。这就叫生产效率。20 世纪 30 年代以后，经济学中开始出现了资源配置效率。资源配置效率是另外一个意义。假定投入既定，用 A 方式组合生产要素，配置资源，可以产生 N 效率；用 B 方式组合生产要素，配置资源，可以产生 N+1 效率。这就表明资源配置效率提高了。所以，一定要重视资源配置。

资源配置效率与生产效率的意义不同，对宏观经济来说可以更有效。资源配置效率会带来两个观念变化。一个观念变化是：过去经济工作中，管融资的企业职员，从事人事组织工作的职员，从事宣传工作的职员和做行政管理的职员，都被看成是非生产人员。他们不在生产第一线，生产效率跟他们没有关系。资源配置效率提出后，情况就变了。管融资的人，使资源得到更好的配置；管人事组织工作的人，把人力资源配置到最佳位置；做宣传工作的人，调动了每个工作者的积极性；做行政管理的人，把物质资源跟人力资源更好地结合在一起，可以使效率提高。这样一来就不能认为从事这些工作的人员与效率提高是无关的。另一个观念变化是：对资本市场、产权交易市场的看法改变了，它们都是提高资源配置效率的最佳场所。因此，要发展资本市场、产权交易市场，这是有利于资源合理配置的。

当前，国有企业的产权改革还没有完成，对国有企业行政干预太多。《决定》指出："健全协调运转、有效制衡的公司法人治理结构。"今后，国有企业应一律按法人治理结构来管，因为它们已经是股份制企业了，有些已经是上市公司了，是独立的市场主体。

四、关于民营企业：产权必须清晰，必须界定

关于民营企业改革问题，我提出不用"体制改革"这几个字。因为用"体制改革"会引起误解：民营企业会误以为是要国有化！我提出用"体制转型"。所谓体制转型，是指民营企业的产权必须清晰，必须界定。

据调查，有些民营企业的产权也是糊里糊涂的。比方说，有些民营企业为什么现在会出问题？一个重要原因是当初成立的时候就没有很好地界定产权。因为当时有当时的情况，当时有当时的惯例，这就造成产权一开始就不清晰的状况。民营企业原来可能是家长制，因为家长是

个能人，他有凝聚力，有经验，等等。后来，这些民营企业规模大了，到了第二代，是不是一定要实行家长制管理呢？根据我们在广东、浙江的调查发现，民营企业第二代中有些人是留学回来的。他们在国外学习，但不一定是管理人才，而是某一行业的专家，所以谁来接班就是个问题。民营企业中的家族企业，其接班无非是两种选择：一是选贤，谁能干挑谁，不一定是家庭成员，可以到社会上去选聘；一是选亲，挑选跟自己的关系最密切的，如长子或者最信得过的儿子，等等。但这是不适应发展潮流的。今后，民营企业也要走完善法人治理结构的道路，企业规模扩大以后一定要走这样的道路，即采取职业经理人制度，可以从外面聘经理人，也可以从家庭内、家族内聘经理人。经理人重在能干，能把企业搞好，民营企业也能持续发展下去。

《决定》指出："公有制经济和非公有制经济都是社会主义市场经济的重要组成部分，都是我国经济社会发展的重要基础。"这涉及对国有企业与民营企业关系的认识。我认为，国有企业与民营企业既不是"国进民退"，也不是"国退民进"。它们的目标是双赢，当然，双赢的目标现在还实现不了。因为它们中不少企业还不完全是独立的市场主体，所以今后要有国有企业体制改革，要有民营企业体制转型。民营企业如果不进行体制转型，也谈不到今后的大发展。这就是当前中国的情况。

五、关于收入分配：初次分配更重要

关于收入分配体制改革，我的一个基本思路是：初次分配是重点。这跟现在一些人的看法不同。有的人认为，二次分配更重要，二次分配便于抑富济贫。也有的人认为，初次分配、二次分配同样重要，应两者并重。我的观点很明确，初次分配更重要。这里，我举几个例子说明 。

第一个例子，农民必须有产权，农民没有产权是初次分配不到位的表现。关于这一点，前面已经提到。

第二个例子，劳动力市场的情况。劳动力市场有供求双方，供给方多数是农民工和城市中的中下层，这些人都是单个进入市场的，他们是弱势一方。需求方是大企业、大事业单位，它们是强势一方。供求双方力量对比不对称、不平等。大企业力量强，工资给多少，由需求方说了算，弱势群体没有发言权。这种情况不改变行吗？国外的经济发达国家是怎么解决这个问题的？他们靠工会的力量。工会维护低收入者权益，工资过低或者欠工资不发，工会替供方说话。工会是一个强势群体，它介入供求，双方的力量对比就变化了。农民工干了这么多年，他们也是工人，但因为他们是农村户口，工会管不着。所以，这种情况要改变。

第三个例子，农产品销售市场。出售农产品的，主要是单个农户、牧户，他们的力量是弱的，即使收购方在他们家门口把农产品收购了，供方还是弱势。而收购商、大超市，或者食品加工企业等收购方，它们是强势单位。他说不要你的产品，就不要你的产品，你到哪里去卖？你自己去卖，成本更高。所以，这种情况要改。在发达国家，农民组成了农业合作社，农业合作社有联社。我到荷兰、丹麦考察过，在新西兰也考察过，他们的农业合作社联社的力量很大，自己有车队、船队、仓库、冷藏库、码头，等等，农产品直销国外。在中国还不行，因为中国的农业合作社刚成立，都是以村、乡为单位的小规模经营。联社现在还没有开始组建。

第四个例子，教育制度的改革。教育制度关系到初次进入市场的就业者的工资待遇情况。在中国，由于存在城乡二元结构或者城乡二元体制，往往出现这样一种情况：城市人均教育经费多，农村人均教育经费少。所以，农村义务教育校舍差、师资差、设备差，学生学习质量不高，农村的孩子读完初中以后不想升高中。他们说，升高中有什么用，反正考不上大学，考不上大学还不如现在就找工作，所以初中毕业就找工作。但是，农村孩子初中毕业找工作，能找到什么好工作？当一个简单的、重复性的体力劳动者。这在西方发达国家叫做二元劳动市场，一些人只能从事低等劳动工作。这种情况，慢慢就会在中国社会上形成社会阶层固化，或者叫职业世袭制。举个例子说，农民工的孩子还是农民工，孙子可能还是农民工，他没有其他技术，没有受过较好的教育，他不当农民工能当什么？这就影响到收入的初次分配了。所以教育资源的配置一定要均衡化。

关于收入分配问题，我强调初次分配的重要性。产权问题重要，劳动市场上的双方力量要对等，农产品销售市场的供求双方力量也要对等，再加上教育改革，这些都是能说明中国的初次分配重要的问题。当然，二次分配也重要。在中国目前的二次分配中，最重要的是城乡社会保障一体化。社会保障一体化表明，我们可以有西方市场经济发达国家一样的福利制度。西方市场经济发达国家的情况是：初次分配不足，二次分配补，通过二次分配缩小收入差距。中国现在的情况是：初次分配有差距，二次分配又扩大了差距，因为城乡社会保障不一样，城市职工看病有公费医疗或医疗保险，能够办合作医疗的农民工看病也要交一部分钱，有些连合作医疗都没办。这种情况要改。

（原载《新华文摘》2014 年第 3 期）

当前中国经济发展需要注意的几个问题

一、我国经济实现中高速增长的两个重要条件

关于中国经济下一阶段如何发展，首先要从新常态谈起。

对于新常态，我们应该正确认识。新常态就是按经济规律办事，不按照经济规律办事就会违背市场规律。比如，前些年中国经济一直高速增长，持续的高速增长并不符合经济发展规律，也不能够持久。正因如此，我们转入中高速增长，比较符合当前中国的实际情况。

持续多年的高速增长带来五个方面的不利影响：一是资源过度消耗；二是生态恶化；三是部分产业产能过剩；四是普遍低效；五是为了促进高速增长而错过了技术创新和结构调整的最佳时机。2008 年国际金融危机爆发后，包括美国、德国、日本在内的西方发达国家都千方百计从技术创新中寻找未来经济发展之路，而我们则因忙于高速增长而错过了最佳时机，这是我们要认真面对的一个重要问题。

另外，新常态的重要表现之一就是我国经济转入中高速增长。一般经济学认为，经济增长速度在 6%~7% 的区间属于中高速增长。实际上，中高速增长同样不容易，并非转入中高速增长期就真能够实现中高速增长，因为它需要两个重要的条件：一是经济结构调整；二是创新。没有创新，没有结构调整，中高速增长是不可能实现的。

二、找到经济下行的真正原因

当前，我们遇到了经济下行的压力，首先要分析下行压力是如何形成的，经济下行压力增大的情况下该怎么办？首先要把问题搞清楚，然后再想办法找出对策。

第一，现在不是增长率本身的问题，而是增长速度放慢的问题。同时也要看到，要长期保持高速增长代价过大，如近期出现的产能过剩、低效率等问题，就是前几年高速增长过程中大量的低水平重复建设，再加上其间很多地方产能过剩等多种因素叠加所产生的后遗症。产能过剩的最大问题，一是造成过度消耗；二是浪费了资源。前几年的超高速增长，实际上是浪费资源的增长、无效率的增长。

第二，从经济学角度讲，经济稳步增长要看基数是越来越大还是越来越小。目前我国经济的基数与10年前相比（更不要说与20年前相比）越来越大，在这种情况下，每增长1%难度都很大，而且不可持续，它将会是一个递减的过程。所以说，前几年的高速增长实际上给今天的继续增长带来了较大的困难。

第三，国际市场不稳定带来若干问题。这种不稳定对我国出口和对外贸易造成了一些不利影响，我国经济目前面临的困难与国际经济形势是有关系的。主要表现在两个方面：一是日本在高科技产品方面是我们的主要竞争对手；二是东南亚国家在低端产品方面是我们的主要竞争对手。东南亚国家的劳动生产率虽然比我国低，但工资水平也低，劳动力便宜。

第四，经济下行压力增大，要扭转局面困难重重。为什么？结构调整并不是一件容易的事，已经形成这么多过度投资，要真正扭转过来并非易事。结构调整要有壮士断腕的决心，也要明白这也会带来损失，但能不能承受、能不能坚持是非常重要的。因此，要充分认识到结构调整的艰巨性，如果不坚持下去就会前功尽弃。

第五，技术创新问题。技术创新不能急于求成，一个能真正占领市场的技术创新需要经过多年积累。比如深圳的华为公司，它并不是一夜之间突然就冒出来的，而是一天一天、一步一步发展起来的，走到现在可能已经进入守成期，但还要继续创新，不能止步。

目前互联网的迅猛发展意义重大。我国互联网发展还处于起步阶段，正在探索，以后互联网会把我们推到什么地方去，经济学界也难以预测，但可以肯定，这是未来发展的一种趋势。互联网的作用是巨大的，呈现出很多新技术，可以让结构调整变得更为顺利，但是否能拉动经济发展，还要经过一段时间的检验。

正因如此，我们在应对经济下行压力时还是要坚持两点：一是结构调整，结构调整这一关非过不可；二是技术创新，要走群众创新创业的道路。对此，思想要坚定，思路要清晰，不要再抱任何幻想，也不要老调重弹，经济的大起大落没有好处。因此，还要进行宏观调控，而且应将重点放在定向调控上。定向调控就是结构性调控。要重视微调和预调，才能应对当前经济下行的压力。

三、高投资未必带来高就业

高投资未必带来高就业，这是我们遇到的新问题，因此需要我们转变观念。过去一直讲新的工作岗位是在经济增长中出现的，经济增长率高，新出现的工作岗位就多。这在过去是符合实际情况的，因为那时我国经济还在比较低的层次上运行，现在情况发生了变化，我们是在产业升级中实现经济增长，而且是通过高科技实现发展。因此，在当前，就业问题不是靠大量投资就可以解决的。

最近我在一家企业考察时，企业负责人介绍说，他们进行了大量投资，我问能增加多少就业，他的回答很简单：一个都不增加，还得裁员。为什么？因为现在的投资和过去不一样，技术创新的投资是完全现代化的，比如用机器人代替劳动力，效率提高了，但不增加就业，年龄大的工人被重新安排，有的就此退休，年轻职工要进行再培训，新聘员工首先必须是一个技术工人，这就和以前大不一样。

我也问过其他企业负责人，当前的就业问题怎么解决。他们也认为不能靠高投资来解决，而是要把民间的积极性调动起来，民间有创业的积极性，让他们创业，创业增加就业。还有就是把企业的很多部门分散开来，一个部门就是一个创新单位。现在很多人的观念都有所改变，就是从农村出来的劳动力，也不像过去那样出去就单纯为了打工，而是首先学习技术，掌握技术以后就可以适应更多地方更多需求，也可以创业（包括回家创业）。民间存在着极大的创业积极性，这就是中国未来解决就业的主要途径之一。有人预测，20 年以后一般企业根本不需要写字楼，因为职员完全可以在自己家里办公，所以我们的就业观念需要改变，这意味着解决就业未必靠高投资。当然，尽管技术在改进，但适度的基础设施投资和加强人力资源培训的投资还是需要的。

四、高利率未必能抑制通货膨胀

高利率未必能够抑制通货膨胀，这也是一个新的观点。

传统观念认为，通货膨胀是由于投资太多、消费太旺等原因导致需求过大而造成的，在这种情况下，可以用紧缩的办法来解决通货膨胀问题。20 世纪 70 年代初在美国出现了滞胀，一方面是通货膨胀，另一方面是失业，失业与通货膨胀并存。当时的主流经济学家都感到不知所措，因为按照传统的凯恩斯理论，总需求大了就会出现通货膨胀，总需求小了就会出现失业，因此通货膨胀和失业不可能并存。当时的美国总统尼克松找主流经济学家研究为什么会出现滞胀。主流经济学家说，实际上，当时经济出现了两种垄断力量。一种垄断力量是工会，工会认为自身能够控制工人的行动，坚持工资必须是刚性的，只能上升不能下降，如果下降就罢工。但同时，经济上还有另一种垄断力量——跨国公司，跨国公司认为自身可以控制价格，所以坚持价格刚性，也是只能上升不能下降，宁愿将产品销毁掉也不能降价。两种刚性同时存在，于是经济生活中就出现类似小孩子玩的“跳背”游戏那样的现象。主流经济学家主张去按住小孩，如果两只手把两个小孩全按住，那工资和物价就都跳不起来。这完全是违背市场经济规律的观点，但尼克松居然接受了，实行了“新经济政策”，这就是20世纪70年代美国著名的工资冻结、物价管制措施。后来搞不下去了，尼克松实行的“新经济政策”也就夭折了。到20世纪80年代，里根总统接受了供给学派的观点，认为主要的问题在供给，供给有问题才出现这样的结果。只有通过技术创新生产更多新产品，由此形成的创新成果带动经济增长。于是美国从80年代以后经济摆脱了停滞状态，通货膨胀问题也得到解决。

这就告诉我们一定不能短视。今天的通货膨胀，就是投资过多、需求过大造成的，该投资的就得投资，银行该降低利率就要降低利率，只有这样才能适应新经济。“钱荒”是什么原因造成的？我为此在浙江专门考察过好几座城市，发现这不是货币供应不足，因为货币M1和货币M2的供应量都很大，“钱荒”的原因主要是贷款难。银行认为民营企业靠不住，如果贷款收不回来就成了大问题，所以找国有大企业贷款，找信得过的国家独资企业贷款。可是这些被银行看好的国有企业并不需要那么多钱，贷款利率又比较低，于是就将贷来的资金转放出去。民营企业贷不到款，就找国有企业分借一部分，并承担高利息，也有很多企业负责人贷不到款就求助于自己的亲友。在浙江流行一句话，叫“现金为王”，即企业最重要的就是把现金拿在手里，有了现金就有了一切，资金链不会断，产业链会顺畅，有投资机会就能下手。每家企业都有超正常的现金储备，结果就是现金储备量增大。所以虽然M1、M2不少，但资金还是紧张。这告诉我们，以后如果发生通货膨胀，一定要多方面考虑，紧缩信贷在新形势下不一定管用。

五、市场是可以创造的

“市场是可以创造的”，这是一个新的命题，任何行业都应该懂得这一点。我在河北沧州考察时去了肃宁县，肃宁以做裘皮生意为主。有些人说，现在生意不好做，以前裘皮主要卖到俄罗斯，但如今卢布的购买力下降，所以肃宁裘皮即使比欧洲裘皮便宜得多，俄罗斯人也不买。我向他们提出几点建议：一是“让产品更加个性化”，因为当前的消费和几十年前不一样，20世纪90年代初甚至90年代末都属于排浪式消费，赶时髦，现在则不然，是个性化消费；二是“让服务更加人性化”，让顾客的购物体验更愉快；三是树立中国品牌，“把产品品牌打到国外去”。树品牌要靠长期高质量的产品，目前中国产品的品牌还没有完全建立起来；四是“把顾客留在国内”，如果国内能够买到质量好的马桶盖，人们又怎么会到日本去买呢？把顾客留在国内，是完全可以做到的，自由贸易区就是要解决这个问题。

在北京大学光华管理学院，我经常给研究生讲这样一个案例：一家生产木梳的企业招了四个推销员，让他们各带一批样品和订单到指定的寺庙向和尚推销木梳，结果却大不相同。第一个推销员一把也没有卖掉，因为和尚说：光头不需要梳子。第二个推销员跟和尚们说，梳子除了梳头之外还有其他功能，如刮头皮、止痒、活血、明目、清脑、养颜美容等，于是卖出几十把。第三个推销员观察到庙里香客很多，香火很旺，但香客们拜佛磕完头后头发有点乱，有时香灰还会掉到头发上，于是他就去找方丈，说庙里香火旺，香客这么热情，寺庙应该多关心他们，在每个佛堂前面放几把梳子，让他们感觉到寺庙很关心他们，替他们着想，他们就会来得更多更勤，方丈同意了，于是他卖出几百把。第四个推销员直接找方丈聊天，说寺庙出去办事时有公共关系要打通，公关就需要有礼品，而木头梳子正是最好的礼品，在木梳的一面刻上庙里最出名的对联，在木梳的另一面刻上“佛在心中”“积善为本”等字样，把它变成寺庙的名片。于是他一下子就卖出去几千把木梳。

这个故事告诉我们，市场是可以创造的，产品功能会发生各种各样的变化，这就是新功能。企业要把产品打出去，走出国门，一定要让产品增加新功能，一定要让产品满足消费者的新需求。这样才能打开新的市场，创造新的市场。

六、要重视“互联网+”时代的“社会人”视角

以前，几乎所有的经济学著作中谈到的都是“经济人假设”。“经济人假设”就是说人是从最低成本、最大收益考虑的，所以一定要符合最低成本和最大收益原则。在这些经济学家看来，经济学是从“经济人假设”出发的。但今天的世界正在发生变化，只有“经济人假设”显然是不全面的、不够的，“社会人假设”渐渐抬头。“社会人假设”是指人不完全从“经济人”角度考虑问题，也会从“社会人”角度考虑问题。

比如，有A和B两个地方都可以进行投资，在A地投资利润高，成本小；在B地投资利润不如A地大，成本却比A地高。如果从“经济人假设”出发，人们都会选择在A地投资。实际上，偏偏有人愿意在B地投资。为什么？也许会有各种原因。第一个原因是：“B地是我的故乡，我已经发展起来了，可故乡还那么穷，因此我愿意在那里投资办厂，解决家乡人的就业问题。”这是从故乡的角度出发。还有人可能是出于这种考虑：“我从小在那里生活过，在那里上学、工作时，很多人瞧不起我，认为我没出息。离开那里创业之后，现在有了成绩，我就回来办一个大企业，让你们看看我是不是像你们当初想的那么没有出息，我要改变你们过去的成见和对我的看法。”还有人是因为过去在那里生活了一段时间，做过一些对不起当地人的事情，包括犯过错误等，后来感到内疚、后悔，所以在创业成功之后就在那里办个工厂，以弥补过去所犯的错误。

人有各种各样的想法。今天进入“互联网+”时代，人们更多地会

从“社会人”的角度考虑问题，单纯从经济角度考虑问题的情形越来越有限了。

七、重视“第三种调节”——文化调节

“第三种调节”，就是通过道德力量进行调节，也就是文化调节。过去讲的第一种调节是市场调节，市场是一只无形的手，靠市场规律进行调节。后来有了第二种调节即政府调节。政府调节是用政府这只有形的手来调节，用法律、法规和政策来调节。那么有没有第三种调节呢？在几千年前，出现了商品交换，才产生了市场。政府调节的出现更晚，是有了国家和政府以后才产生的。人类在市场调节和政府调节出现之前，主要靠道德力量进行调节。有了市场调节和政府调节后，道德调节也在发挥作用。常言道：“小乱居城，大乱居乡。”发生小动乱，乡下人到城里投靠亲友，认为城里比较安全，所以小乱居城。大乱居乡是指发生大动乱时城里人都往乡下跑。大乱时，市场是失灵的，政府是瘫痪的，但人类社会还是延续下来了，社会仍在不断地向前发展。没有市场不要紧，没有政府也不要紧，还有道德力量在发挥作用，在进行调节。

因此，我们要重视第三种调节，即通过道德力量来进行调节，也就是文化调节。文化调节是指每个人都自律，每个人都遵守公共规则。社区文化建设、企业文化建设、校园文化建设，等等，都在促进人们加强自律。这对今后社会经济发展很有好处。

八、提高资源配置效率，让国有资产增值更多

多年以来，经济学中研究的生产效率就是投入产出之比：投入不变，产出增加，生产效率提高；假定产出不变，投入减少，生产效率也

会提高。所以生产效率是很重要的。20世纪30年代以后经济学中出现了第二种效率，叫资源配置效率，资源配置效率的前提是：假定投入既定，对配置方式进行调节，就会出现不一样的效果。比如，同样的资源，用A方式配置，产生N效率，用B方式配置则产生N+l效率，于是两种效率并存。生产效率的重点在于微观领域内的企业管理、生产部门管理；资源配置效率的重点则在宏观方面，即如何提高资源配置效率。因此，今后要更加重视提高资源配置效率，尤其是要让国有资产配置得更好，效率更高，增值更多。

九、结语

实际上，关于未来中国经济发展，我们可以得出两个结论：一是其变化远远超过预期；二是急剧变化而且是加速度变化。在这种情况下，我们很难预料到30年或50年以后的经济是什么样子，比如，那时还有没有蓝领和白领的区别？大家都在计算机旁工作，分得清谁是白领谁是蓝领？还有，货币的用处还有多大？人们都用信用卡了，谁身上还带货币？企业的规模会不会变得很小？还有人会买汽车吗？人们还像现在这样早上赶去上班，傍晚赶着下班回家吗？很多都是我们今天想不到的。但是，想不到也要想，因为经济生活中的许多重大变化最早往往就是异想天开引发的，经过努力，异想天开最终成为事实。所以说，每个人都在学习的阶段，每个人都在探索的阶段。

（2015年6月13日在“2015中国互联网创新大会·河北峰会”上的演讲）

如何让供给方更好地发力

2015年10月10日，习近平总书记在中央财经领导小组会议上，首次提出“在适度扩大总需求同时，着力加强供给侧的结构性改革，着力提高供给体系的质量和效率”。随后，在10月15日G20会议上，习近平总书记又重申重视供给端和需求端的协同发力。至此，供给方面改革进入决策公共讨论阶段。

供给方面发力到底是什么意思?

经济学当中经常考虑供求平衡问题，认为既可以从需求方面调控，也可以从供给方面着手调控。二者区别在哪里？从需求方面调控是近期内可以做到的，主要通过增加财政收入、货币贷款来刺激需求，或者用减少财政收入和减少信贷来抑制需求。

而供给方面的调控，被认为是中期调控。供给方面调控之所以是中期的调控，主要在于经济结构的调整，包括产业政策的调整、技术政策的调整、资源配置的调整，这些都不是近期可以见效的。

供给方面可以抑制供给，但不是主要的。抑制供给，比如关闭产能过剩、消耗能源、消耗资源过多的企业，看起来容易，实际上也会遇到困难。比如说怎样安置失业工人、怎样处理闲置设备和厂房。当然供给方面的发力和需求方面的发力都可以取得一定成效，但是供给方面的调控比需求方面调控一般都难一点，风险也会大一点。

最大的风险在哪里呢？在于失业人数增加，如果长期存在失业，社会将不会稳定。因此一谈到供给侧的发力，通常是指增加供给，而不是关停企业。

供给方面发力的难点在哪里？

在供给产能不够的情况下，盲目扩展产能是有问题的。虽然产能扩张会使停产企业由于重新得到贷款又恢复运行，但却使资金继续流向那些停产、减产的企业，结果不但会造成宏观上的通货膨胀，而且会导致国内经济结构更加不合理，结构调整也将因此而更加困难。此外，供给增加的同时会带来“三个不足”：一是资本不足，因为要增加投资；二是专业人员跟技工不足；三是土地和淡水供给不足，营销力量也不足。这“三个不足”都需要统一规划、统筹解决，这也从侧面说明为什么把供给方面发力看成是中期调控的原因。

那么，怎样克服当前供给方面改革的这些难点和障碍呢？一是可以通过定向调控。定向调控也就是结构性调控，以定向减税、免税手段来鼓励现有生产能力，促使他们增加供给。二是鼓励高新企业的成长，扶持短板行业，以弥补生产能力的不足。三是大力发展新产品，使它们能够提供居民需要的消费品与服务，以扩大需求。四是加强职业技术培训，提高劳动力素质，缓解人力资源供给的不足。五是继续简政放权，明确“三个清单”，即负面清单、权力清单、责任清单。这样有利于民间资本投入到供给方面去，增加供给的主体。六是调动企业创新的积极性，加快国企混合所有制改革，也促使民营企业加快转型。所谓民营企业的转型，主要是指到了一定规模以后，应该从家族经营制转型为现代企业制度，要实行职业经理人制度，实行产权的细化、产权的奖励。

增加供给和增加需求是什么关系?

供给方投资主体和需求方投资主体都不是被动的，他们各有自己的盈利目标和实现目标的途径，它们的行为是互相影响的。简要地说，要增加供给，就必须增加投入，包括资本的投入，各种生产资料的投入，以及人力资本的投入。而要增加需求，除了政府购买以外，更需要民间的消费。民间的消费包括居民的购买力，这就要求缩小城乡收入差距，并且还要提高居民的消费愿望。甚至可以讲，现在要真正扩大消费，更重要的是要加强他们的购买意愿。年轻一代的消费观念跟老一代不一样，但是年轻一代一般刚开始没有什么钱，有钱也不一定投入消费，关键是他们愿意投资。

但是，作为投资者，无论他是投资到供给方面，还是投资到需求设施方面，他首先一定会考虑回收的成本、利率的高低。假设都往供给方面投，这个时候需求怎么样？需求方投资者会转到供给方面，因为感觉到供给方面力量大。假定供给方力量没有需求方力量高，人们又会从供给方面把资金抽出，改投到需求公共设施上，所以双方有一个互动的过程。不要以为你增加供给，民间资本就会跟着来。不一定，他们还要观察。所以这个过程是缓慢的。

另外，供给的增加，还意味着人力资源结构的调整。在供给方面，不仅要看资本的投入，还要看人力资本的投入。如果人力资本跟不上、技术工人跟不上，专业人员跟不上，供给就不可能取得那么大的效果。所以这里就涉及一个重要的问题，即我们既要重视供给的发力，同时要将供给的发力跟人力资源升级结合在一起。我们经常讲旧人口红利没有了，但新的人口红利将不断涌现。

比如，大众创业、万众创新就给人力资源升级创造了条件，农民热衷于创办家庭农场，创办小微企业，这都是人力资源的创新。所以未来中国的人力资源应该会随着供给的发力逐步提高。因为不提高就跟不上供给的需求。

怎么跟上？一是要靠我们前面提到的创新创业。二是靠教育制度的改革。比如，贵州把过去的毕节学院改成了贵州工程综合学院，开始把重点放在培养技工上，90% 以上的毕业生分到企业。在云南，我们也看到职业学校开始向沿海一带输送技工。这就使人力资本发生了变化。

供给的增加会遇到哪些不可逾越的障碍？

增加供给不是万能的，因为供给增加也要符合经济规律。要注意增加供给的长期效益，不然将来又会遇到麻烦。

首先，供给的增加会遇到一些不可逾越的障碍，主要是资源有限，包括土地、淡水、交通运输等资源有限。我国东南沿海的土地已经稀缺，在西部投资又有困难。西部土地虽然多，但其他资源不足，交通运输成本高。这些问题短期内不容易解决。

其次，供给方发力是与需求互动的，现在的需求还有很多问题。比如，不久前，我在河北考察时，曾讲过四句话：第一，让产品更个性化。第二，让服务更人性化。第三，把品牌打到国外。据中国品牌协会的调查，给外商发调查表，让他们把知道的中国品牌写出来。最后问卷拿来一看，就一个品牌“茅台酒”。对中国的制造业，他们只知道茅台酒，好多制造业不知道。第四，把顾客留在国内。现在到国外旅游的人很多，旅游者在国外购买生活品花的资金非常多，为什么到国外买呢？一是认为可以买到真货；二是人家货卖得比中国卖得便宜。为什么中国卖得贵？因为关税高。人们到国外去买不是不可以，但是到国外买增加的是外国的税收，增加的是外国的就业。给我们的进口商品减少关税以后，我们还是可以做到把顾客留在国内的，这样，增加的就是国内的税收，增加的就是国内的就业。

这些问题怎么解决？我们说供给是中期的调整，中期的调整就跟政府规划有关。现在中央正在制定“十三五”规划，“十三五”规划中，应该考虑增加一些解决上述问题的措施，让供给方更好地发力。

（原载《财经界》2016 年第 2 期）

实现国家富强、人民富裕这一光荣而艰巨的历史任务

一、富强的内涵和现实意义

自从鸦片战争以来，中国备受列强的侵略，既贫穷又衰弱。在仁人志士的心目中，他们一直寄希望于国家的富强和人民的富裕，但中国积贫积弱已久，富强之梦始终未能实现。1949 年中华人民共和国成立，中华民族从此“站起来”了，但远远还没有做到“富起来”了。同世界上已经实现工业化的国家相比，始终处于贫穷状态。这成了开国一代老革命家的一块心病。他们费尽心血在寻找通向富裕之路，但始终未了却这一心愿。

一个国家的富强，通常以国内生产总值（GDP）的多少来衡量。国内生产总值被经济学界看成是最能反映某个国家是否富强或富强到何种程度的指标。但经济学界逐渐认识到 GDP 这个指标是不可能真正说明某些国家是否富强的。GDP 的结构，也就是经济的结构，应当比 GDP 总量更能说明问题。不妨以鸦片战争时期中英两个国家的情况为例。1840 年爆发了英国侵略中国的鸦片战争。当时，中国的 GDP 总量远远大于英国，然而从 GDP 结构上看，中国和英国的差距却大得惊人。中国的 GDP 是农产品和手工业品构成的，中国的出口品主要是茶叶、丝

绸、瓷器、桐油、猪鬃等。中国也出口棉纺织品，但都是手工纺织的产品。英国却与中国大不相同。1770 年左右，英国的工业革命开始了，到 1840 年鸦片战争爆发之际，英国工业化已进行了 70 年。英国的 GDP 中，包括了各种机器设备、蒸汽机、钢铁等。英国的棉织品是机器制造的。英国的主要交通工具已经是火车和轮船，而中国的主要交通工具仍然是马车和帆船。当时欧洲大陆国家正在推进工业化，英国制造的机器设备、蒸汽机、机车、铁轨等便源源不断地输入欧洲大陆国家。英国的 GDP 结构跟中国不一样，是符合世界科学技术进步潮流的，中国的 GDP 结构则大大落后于英国。这就充分表明 GDP 固然重要，但 GDP 的结构更加重要。今天，虽然中国的 GDP 总量已经跃居世界第二位，然而 GDP 的结构同世界发达国家相比，还有一定的差距，因为高新技术产业在 GDP 的比重方面，我们仍是不足的。加之，我国是一个人口众多的发展中国家，以人口平均的 GDP 数量来说，我们依然处于中等收入水平。这也是需要赶上的。

由此，我们可以再分析一下与富强密切有关的人力资源总量和人力资源结构问题。在 1840 年鸦片战争爆发的时候，中国的人口总量大大超过英国，然而人力资源结构却存在严重缺陷，远不如英国。这时的英国离工业革命已经 70 年了，小学教育在英国已经普及，城乡各地建立了许多中学，另外还创办了一些大学。在英国，年年培养出一批又一批的科学研究人员、工程师、技术工人、经济管理人员、金融方面的专业人员。英国工人的熟练技术是闻名世界的，法国、德国、荷兰、比利时等国家当时正积极推进工业化，它们除了输入英国的资本和进口英国制造的机器设备以外，还输入英国的技工。据历史记载，当时英国铁路已经修了一段时间，所以法国修铁路时，巴黎到鲁昂的铁路要请英国工人来修，法国工人惊呆了。书上记载说，英国工人的工作熟练程度和吃肉的本领比法国人强多了。英国人生活富裕了，工人每餐供应肉，所以英国工人很耐劳，和他们的营养状况改善是有关的。

而中国呢？ 1840 年和以后很多年，中国人口虽多，但人力资源结构不行。在中国，绝大多数农民是文盲，绝大多数妇女是文盲，极少数读书人，读的是“四书”“五经”，目的是为了参加科举。中国当时有几个人懂得近代科学技术？有几个人懂得近代经济管理和企业管理？又有几个人懂得近代金融业务？中英两国人力资源结构的比较切实表明了中国的落后。今天，论 GDP 总值，中国已居于世界第二位，论人口总量，中国依旧居于世界第一位，但论人力资源的结构，中国同那些西方发达国家相比，差距仍旧很大。比如说，中国的大学毕业生在全国人口总数中所占的比例小于西方发达国家。又如，熟练技工在全国工人中的比例，中国也小于西方发达国家。这表明，人力资源结构的调整同 GDP 的结构调整一样，都是影响中国实现“富强”目标的重要问题。所以从人力资源结构来说，应该有清醒认识，和 GDP 总量是世界第二位一样，不能自满，我们还有很大的差距要赶上去。

“富强”作为一个目标，在更大程度上还同制度更新直接有关。2014 年是甲午年，回顾 120 年前发生的中日甲午战争，中国惨败，割地赔款，受尽屈辱。但仔细思考，中国败在何处？败在中国制度的腐败，这是最重要的教训。甲午战争开战之前，论国力，中日相差不大。即以海军来说，中国和日本双方舰队的战斗力几乎不相上下，中国海军之所以惨败，并非由于黄海战役不力，而是由于日军在辽东登陆，中国的陆军畏战畏敌，一触即溃，从而日军得以从陆路包抄威海基地的后背，以致北洋舰队全军覆没。朝鲜境内和辽宁境内的中国陆军简直不堪一击，见敌即溃退。这更能说明中国陆军之腐败，以致日军渡过鸭绿江后即长驱直入，中国陆军节节败退。中国陆军在甲午战争中的惨败，最明显地反映了制度腐败是中国失败的最大原因。无怪乎甲午国耻引起当时中国有识之士深思，以为非变法改制不足以拯救国家于危亡之中。由此看来，对于既贫又弱的中国来说，调整 GDP 结构固然重要，大力发展教育和培养人才固然重要，但制度不改，腐败不除，中国从贫穷转为富强是不可能真正实现的。

辛亥革命结束了清朝的封建专制统治，但中国贫弱依旧。“五四运动”唤醒了中华民族，中国共产党成立了。在中国共产党领导下，中国人民经过长时期的探索和奋斗，终于击败了日本军国主义的侵略，推翻了国民党政权的专制统治。在以毛泽东为核心的中国共产党第一代领导集体的共同努力下，1949年建立了中华人民共和国，中华民族经过一百多年的艰苦奋斗，从此“站起来”了。但在如何使中国富强起来的问题上，却并未找到一条正确的道路。虽然第一代领导人有他们自身的局限性，但在新中国成立后选择了计划经济体制也反映了时代的特点。要知道，新中国成立之初，西方帝国主义列强敌视新中国，排斥新中国，封锁新中国，逼迫我们唯有向苏联学习，朝苏联靠拢。既然如此，中国只有照搬苏联实行的计划经济体制，照搬高度集权的政府管理经济的做法。当时中国的领导集体这样做，是完全可以理解的。假定当时不向苏联学习，那向谁学习呢？机器从苏联买，专家从苏联聘，这就是中国走上计划经济的必然性，之所以现在不能轻易地说“当时怎么选了这样一条路？”是因为当时有当时的情况。

计划经济体制的实行，虽然顺应了当时的国际国内政治形势，但使中国长期停滞在“既不富，也不强”的状态。再加上“十年动乱”，到20世纪中叶，中国已进入国民经济濒临崩溃的困难境地。

以邓小平为核心的中国共产党第二代领导集体，深入中国实际，参照第二次世界大战结束以来西方发达国家继续推进工业化、现代化的经验，提出了建立中国特色社会主义的理论和改革思路。在思想路线上，重温“实事求是”的原则，在全国范围内展开“实践是检验真理的唯一标准”的大讨论，正确地评价改革开放之前的三十年，提出了改革开放的大方针，从而中国开始了以“富强”为目标的新的历史进程。这也是习近平同志最近常说的“我们既要看过去，也要认真总结过去”，过去有过去时代的特点，但忘掉中国前三十年是怎么“站起来”的，是不行的，既要懂得“站起来”的经过，也要懂得“富起来”的经过，“富强富强，又富又强”，这是我们应该从过去得出的好经验。

邓小平指出，从总体上看，20世纪80年代世界正处于和平与发展的时期，中国一定要抓紧这个机会，使经济进一步发展。为此，中国应加快改革和开放的步伐。改革，是指对不适应生产力发展的计划经济体制进行改革；开放，是指要向西方发达国家学习一切科学技术的新成就和成功的经验，使中国经济的发展能跟上世界的步伐，进入富强的行列。正是在中国特色社会主义理论的指导下，中国的经济发展从20世纪90年代初开始，转入了快车道。中国人民的生活水平也在经济改革和发展过程中由温饱状态进入小康阶段。在这段时间内逐渐接近了富强的目标。从实践中，中国人普遍认识到，没有改革和开放，中国不会取得如此巨大的成就——举世瞩目的成就。

中国共产党第十八次全国代表大会和中共十八届三中全会对中共十一届三中全会（1978年召开）以来35年的改革开放作了总结，指出当时的基本任务是全面深化改革，高举中国特色社会主义伟大旗帜，进一步解放思想，解放和发展社会生产力，解放和增强社会活力，坚决破除各方面体制机制弊端，努力开拓中国特色社会主义事业更加广阔的前景。在中共十八大以来的历次讲话中，习近平同志提出了民族复兴的战略思想，围绕着新中国如何在世界舞台成功崛起、中华民族如何在新的历史条件下胜利更新等重大问题进行了论述。这是对中国实现“富强”目标的新的阐述。

根据习近平同志的阐述，为什么强调“成功崛起”而没有使用“和平崛起”的概念，是因为“和平崛起”要依赖国际的和平形势，并不是中国一个国家走和平发展道路就能实现的。如果世界上别的国家不让中国和平发展，中国和平崛起的愿望无法实现，中国核心利益被践踏，中国决不会因此而屈服，中国将为捍卫国家利益而坚决斗争，这样，中国仍将“成功崛起”，但并非仅限于“和平崛起”。“成功崛起”取决于自己，“和平崛起”取决于国际形势。

从这里，我们对“富强”目标的理解就深入了。“富强”始终是同民族复兴大业结合在一起的，“富强”包含在中华民族复兴的伟大战略之中。“富强”是我们的愿望，和平发展也是我们的愿望，但这都必须符合国家的核心利益。离开了民族复兴大业，“富强”是谈不上什么时候可以实现的。

二、两大历史任务和中国人民的不懈追求

当我们着眼于实现“富强”目标的时刻，我们一定不能忘记历史赋予中国人民的两大任务。一个任务是争取民族独立、人民解放，另一个任务是实现国家富强、人民富裕。中国人民革命事业的第一代领导集体和第二代领导集体所致力的，正是带领全国各族人民为实现这两大历史任务而不懈奋斗。这就是中国共产党的历史发展的主题和主线。

在上述两大历史任务中，民族独立、人民解放是前提。没有民族独立，没有人民解放，无论是国家富裕还是人民富裕都依然是一种愿望，无法实现。这清楚地告诉我们没有第一代领导集体的共同努力，团结一致，民族独立和人民解放是实现不了的。中国各族人民之所以牢记以毛泽东为核心的第一代领导集体的丰功伟绩，正因为他们争取和实现民族独立和人民解放的事业为我们奠定了基础。

我们同样不会忘记以邓小平为核心的第二代领导集体的丰功伟绩。试想，在经历了“十年动乱”之后，在国民经济濒临于崩溃之际，幸亏在第二代领导集体的率领下，拨乱反正，坚持实事求是原则，使中国走上了改革开放的道路，既明确了中国特色社会主义的道路是我们前进的方向，又带领中国各族人民大踏步地赶上了时代前进的步伐，为全面建成小康社会，进而建成社会主义现代化国家奠定了基础。

实际上，从 1979 年起，在改革开放方针的指引下，中国已开始进入双重转型阶段。双重转型指的是体制转型和发展转型的结合或重叠。体制转型就是从计划经济体制转向社会主义市场经济体制。发展转型就是从传统的农业社会转向工业社会、现代化社会。在这里强调一下，所有西方发展经济学中，虽然是厚厚的一本书，但实际上它考察的是发展

转型。西方发展经济学产生于第二次世界大战快结束时——1944 年左右，一些西方经济学家认识到战后可能有一批殖民地附属国会独立，走上发展中国家道路。发展中国家是由农业社会走向工业社会，所以发展经济学主要从这方面进行探讨。比如要解决资本问题，而发展中国家资本不足；土地分配问题，而以前是资本主义国家在统治；人才问题、对外贸易问题，而以前是出口一些当地种植园产品、土地产品。发展经济学家没有想到过双重转型问题。

因此，双重转型的结合或重叠是没有前例的。从 1979 年到 21 世纪最初的 10 年，中国在改革开放的进程中，也就是在中国经济双重转型的进程中，积累了一些经验。这些经验可以归结如下：

第一，在中国经济的双重转型中，重点是体制转型，且是以体制转型牵动发展转型。这是因为，计划经济体制对中国经济的束缚和限制是全面的，如果不打破计划经济体制的束缚和限制，中国不仅不可能实现传统农业社会向工业社会的转变，而且中国转型成为现代化国家的目标也是无法实现的。

所有的发展中国家由农业社会向工业社会转型的过程中，都是不可能走回头路的。因为它们摆脱的是前资本主义的生产方式，在西方经济学的引导下，建设资本主义城市，进入资本主义道路，除了地主没人想回到前资本主义社会，过被奴役的生活。所以，走得慢是一回事，但不可能倒退。然而中国的体制转轨是有可能倒退的，这也是为什么一定要解放思想。之所以 20 世纪 80 年代产生那么激烈的争论，一直到邓小平 1992 年春天南方谈话后中国才定下来，接着召开十四大，把社会主义市场经济定为目标，是因为当时在争论计划经济的好处，苏联还没有解体。但实际上计划经济体制对进一步工业化是一种障碍。80 年代的改革开放是不容易的，80 年代是一个探索的年代，各种言论交锋的年代。到了 90 年代，十四大正式提出社会主义市场经济体制是目标，这是巨大的变化。

第二，经济增长的同时改善民生。改善民生是缩小城乡居民收入差距和缩小地方收入差距的重要途径。根据中国的实际情况，尤其要关心就业问题。这是因为，农村劳动力大量向沿海和城市转移是转型时期不可回避的现象。宏观经济政策目标中，就业是重中之重。

第三，必须不断自主创新，促进产业升级。在双重转型中，要不断提高企业的竞争力，即提高企业竞争力的核心是鼓励自主创新。同时，产业升级也离不开企业的自主创新。

第四，产权改革是最重要的改革，也是必不可少的改革。在双重转型中，必须把产权清晰化、明确化放在改革的首位。无论对现有的企业、新建的企业，还是对城乡居民来说，产权模糊不清，投资主体不明确，都是有碍于经济活力的增长的。对广大农民来说，土地权益和住房产权都需要确定，而且确权工作在农村应当落实到户。这既有利于保障农民的合法权益，也能使农民获得财产性收入，用于改善生活，调动农民扩大再生产和创业的积极性。

第五，大力发展民营经济，鼓励建立更多的中、小、微企业。应当认识到，民营经济是社会主义经济的重要组成部分。在双重转型过程中，大力发展民营经济，鼓励建立更多的中、小、微企业，不仅是为了缓解就业压力，更主要是为了调动民间的积极性，调动民间资本的潜力，让民间资本发挥更大的作用。

第六，城镇化是今后若干年内最有潜力的投资机会。在中国双重转型阶段，城镇化首先是一场体制的转型，即城镇化旨在破除城乡二元体制，包括城乡二元户籍制度，使农民户籍与城镇户籍合而为一，这样就能使农民充分享受到改革开放的成果，城乡居民权利平等。城镇化也是一场持续促进投资增长和消费增长的绝好机会，它将对中国经济的持久繁荣起着带动、引领作用。通过城镇化，农民不再是一种身份，而成为一种职业。中国将会涌现大量掌握先进农业技术又善于经营的家庭农场主和多种形式的农民专业合作社，中国的农业现代化和农业产业化也将在这个过程中实现。

以上所概括的就是中国双重模型的特征，也是中国从计划经济体制转向社会主义市场经济体制，从传统农业社会转向工业社会、现代化社会的必经之路。

2013 年召开的中共十八届三中全会通过了《中共中央关于全面深化改革若干重大问题的决定》,《决定》指出“实践发展永无止境，解放思想永无止境”。我们正面临着新形势和新任务，为此必须在新的历史起点上全面深化改革。据我个人学习《决定》后的体会，有两点是至关重要的。它直接影响今后改革的全局。其中，一是市场在资源配置中起决定性作用的论述，二是提出要积极发展混合所有制的论述，现将我的体会阐述如下。

首先，关于市场在资源配置中起决定性作用。

有关政府还是市场在资源配置中起决定性作用的问题，学术界历来有三种基本观点：一是政府在资源配置中起决定性作用，二是政府和市场共同在市场资源配置中起决定性作用，三是市场在资源配置中起决定性作用。三种观点多少年来一直争论不休。

上述第一种观点，即认为政府应在资源配置中起决定性作用，已被历史证明是低效率的，其结果必定是资源配置失调，产品质量低下，浪费资源，并压制了公众的积极性和主动性。上述第二种观点，即认为政府和市场共同在市场资源配置中起决定性作用，也被历史证明是无效率的。这是因为，一旦政府对资源配置进行直接的干预，市场是不可能同政府平起平坐的，市场必将退缩，甚至失去其应有的作用。另一缺陷在于：这可能是理论家的一种理想，实际上是难以做到“政府和市场共同在资源配置中起决定性作用的”，因为政府是强势，市场处于劣势，政府必然会依靠自己的强势地位，处处取市场而代之。

只有上述第三种观点，即认为市场应在资源的配置中起决定性作用，才符合市场经济规律。关键在于政府和市场之间的界限如何正确地划分。政府应当做好政府该做的事情，市场则做自己可以做的事情。市场做得不好、做不了或不愿做的事，由政府来做，这样，政府和市场之间的界限就清楚了。那么，什么是市场做不好或做不了的事情呢？比如说，公共产品的供给（国防、司法、治安、义务教育、社会保障等）、区域均衡发展、个人收入分配协调、宏观经济调控、稀缺物资的分配、社会经济发展规划，等等。什么是市场不愿做的事情呢？例如社会效益虽大，但经济效益较小，甚至接近于零的事情。像基础理论研究而并非应用科学研究，市场一般是不愿从事的。

政府和市场的界限划清之后，政府和市场的分工就明确了。当市场在资源配置中起决定性作用之后，政府实际上仍起着引领、规划、监督等方面的作用。政府的这些作用并不等于政府取代了市场在资源配置中的决定性作用，而是使市场在资源配置中的决定性作用发挥得更好，使市场的效率得以不断提高。

由此可见，市场在资源配置中起决定性作用的提出，是社会主义经济理论的重大创新。

下面再谈谈我在学习《决定》之后的第二个体会，即关于积极发展混合所有制的论述的体会。我认为这也是社会主义经济理论的一个重大创新，因为我们长时期以来对经济采取简单化的两分法，似乎非东即西，非红即白，非公即私，而不了解客观上往往存在着广阔的中间地带，即公私兼有的混合所有制经济，而且即使在公有制之中或在私有制之中，也还存在不同的形式。

为什么当前迫切需要发展混合所有制经济？让我们从资源配置效率的概念谈起。在经济学中，生产效率一直是人们关注的重点。生产效率指的是投入产出之间的关系：有投入，才有产出；如果投入减少，产出能维持原状，或者，如果产出增加，而投入能维持原状，都表明生产效率提高了，因此，生产效率是必须重视的。20 世纪 30 年代以后，尤其是第二次世界大战结束后，经济学中出现了第二种效率概念，这就是资源配置效率。资源配置效率是指：如果投入为既定的，以不同方式配置资源，将会有不同的效率，因此资源配置效率实际上比生产效率更重要。生产效率主要以微观经济的角度来进行分析，而资源配置效率则不仅适用于微观经济单位的分析（如一个企业内部如何提高资源配置效率），更适合于从宏观经济的角度来分析效率问题。也就是说，只有从宏观经济层面上把资源激活，使资源配置更合理、更有效，才能使资源配置的效率不断提升。

资本的实力不在于资本存量的多少，而在于资本的控制力大小。假定某家国有独资公司的资本存量为1,000亿元，百分之百为国有资本，那么国有资本的控制力只是1,000亿元。在股权分散的条件下，如果25%的资本就能相对控股，国有资本的控制力将增为4,000亿元，这就是国有资本控制力的成倍扩大。所以说，建立混合所有制企业并在这个过程中减持国有股，不是国有资产的流失，而恰恰是国有资本重新配置、优化配置的一种方式，是提高国有资本配置效率的一个步骤。

有人担心"建立和发展混合所有制经济是一种'国退民进'的行为"。这种说法是不正确的。说"民进"，是对的；说"国退"，却不符合实际，因为我们并不死死盯着某一个竞争性行业中的具体国有企业，而是以国有资本存量的盘活、激活和国有资本配置效率的提高为着眼点。不妨设想一下，国有资本目前的存量有多少万亿元。资源被低效率使用，甚至闲置不用，这都是损失，所以，提高国有资本的配置效率非常重要。走混合所有制道路，把国有资本搞活，应当是"国进"而不是"国退"，应当是"国进民也进"，而不是"国退民进"。

需要着重指出的是，发展混合所有制经济的关键在于建立完善的公司法人治理结构，而不仅仅是投资主体的多元化或公司的股份化。一家国有企业通过改制而成为多元投资主体的股份制企业，甚至成为上市的股份公司，这至多只能被认为在混合所有制经济的道路上迈出了第一步，不要以为这样一来它就成了独立自主的市场主体。如果公司法人治理结构尚未建立，或只是名义上建立了公司法人治理结构，实际上法人治理结构既不完善，又不规划运作，以致形同虚设，那就不符合现代企业制度的要求，因此公司还必须继续深化改革，使股东会、董事会、监事会正常发挥作用，总经理聘任制、任期制、责任制也要落到实处。

关于当前的混合所有制经济的进展，还遇到一个实际障碍，即无论是国有企业一方还是民营企业或民间投资者一方，都存在着这种或那种疑虑，从而在组成混合所有制企业的过程中不敢轻言参股。民营企业或民间投资者担心自己的企业或投资被强有力的国企大企业吞并，国有企业的负责人则不敢主动地同民营企业商议合组新公司等事项，害怕以后被审查，担心有人说“贱卖国有资产”“导致国有资产流失”“有受贿嫌疑”，从而“多一事不如少一事”，以免遭到怀疑。其实，这可能有三个原因：一是法律法规还不健全，在国有企业和民营企业商议过程中会遇到法律法规不健全的状况而引起怀疑；二是对中央的方针和政策措施不了解或领会不深，因此“疑”字当头，怕犯错误；三是现实生活中成功的案例不多，使国有企业负责人往往不知道从何着手，所以一遇到困难就退缩了。从这些情况可以了解到，在今后一段时间内，有必要加快相关法律法规的制定和公布，有必要认真学习中央的方针和政策措施，吃透十八届三中全会《决定》的精神。此外，还有必要在中央有关部门联合工商界搞成一些发展混合所有制的成功案例，用这些成功案例推动改革的进程。

三、论贫穷不是社会主义

邓小平同志曾经提出：“社会主义的本质是解放生产力，发展生产力，消灭剥削，消除两极分化，最终达到共同富裕。”关于社会主义的特点，邓小平同志认为：“社会主义的特点不是穷，而是富”；“贫穷不是社会主义，发展太慢也不是社会主义”；“社会主义必须摆脱贫穷。”邓小平同志 1978 年 9 月 16 日在听取吉林省委常委汇报工作时说：“按照历史唯物主义的观点来讲，正确的政治领导的成果归根到底要表现在社会生产力的发展上，人民物质文化生活的改善上。如果在一个很长的历史时期内，社会主义国家生产力发展的速度比资本主义国家慢，还谈什么优越性？”邓小平同志对社会主义的本质、社会主义的特点的上述论述，清楚地告诉我们，既然贫穷不是社会主义，那么消除贫困现象，让国家富强和人民富裕必将成为社会主义建设的主要任务，否则社会主义制度的优越性如何表现出来？

改革开放以来，我们一直在两个重大问题上进行深入的探讨。一是为什么贫困现象会长期存在？深层次的原因究竟是什么？二是怎样消除贫困现象，怎样使广大的低收入家庭摆脱贫困，走上逐渐富裕的道路？现在，可以把改革开放 30 多年来我们对这两个重大问题的探讨的收获汇报如下：

第一，在新中国成立后这么多年来，贫困现象为什么会长期存在？

改革开放以来，北京大学师生曾多次到中西部地区，尤其是乌蒙山区、武陵山区、秦巴山区和祁连山区进行调研，发现最贫困的是这些山区农民。这些农民不仅收入微薄，生活困难，而且他们同城市居民之间的收入差距在长时间内有扩大的趋势。为了说明他们贫困的原因，有必要从经济学中的三种资本概念谈起。这三种资本是：物质资本、人力资本和社会资本。

（一）物质资本。物质资本是货币转化而来的。货币投入转化为生产资料，转化为住房。有了住房，可以安居下来，生活安定。但城市居民和农民在物质资本方面的差距却难以缩小，甚至有扩大的趋势。

以土地和房产来说，城里的土地是国有的，祖传的房屋有产权，可以用于抵押。城里人想创业，房屋一抵押，一笔钱就到手了，可以用于投资作坊、商店，小本经营就开办了，创业也就开始了。而农民则不一样，土地是集体所有的，实际上农民没有产权，除改革试验区以外，农民自己的房屋不能用来抵押，承包的土地也不能抵押。农民没有物质资本，只能长期生活于贫困之中。

（二）人力资本。按照经济学的定义，人力资本是由体现在人身上的技术、知识、智慧和经验所构成。人力资本的形成有多种途径，最重要的是靠教育。一个人进入各级各类学校，学到了知识、技术，才能增加人力资本。工作以后，继续学习，积累了经验，自身素质提高了，这也意味着人力资本的增加。但问题在于教育资源的配置是非均匀的。城里的学校，投资多，经费足，师资好，设备也齐全。农村的孩子上学，学校差，设备差，师资力量又不足，这样，农民的孩子受教育的条件显然不如城里人的孩子。这必然影响农村年轻人的就业、收入状况和未来的就业前景、收入前景。

（三）社会资本。这里所谈的社会资本是一种无形的资本，是人际关系。一个人有没有社会资本，有多少社会资本，是很重要的。农民的社会资本要比城里人的社会资本少得多。城里人，要想闯荡市场，自己创业，总有熟人，什么“亲戚的亲戚”“朋友的朋友”，都会帮一把，拉一把。只要你人缘好，又勤奋，又讲信用，总有出路。农民却不能这样，他们的熟人少，亲戚同自己一样也住在乡下，与市场无缘。特别是住在山沟里的农民，谁也不认识，对市场经济谁也不熟悉，一旦踏进了市场，有什么社会资本可利用？这样，城乡居民的收入差距不可能不扩大。

正因为城里人和农民无论在物质资本方面、在人力资本方面，还是在社会资本方面都有很大的差距，所以城乡收入之比在改革开放之后会越来越大，是不奇怪的。

北京大学师生在一些贫困山区进行调研后发现，“能人外迁，弱者沉淀”的现象十分普遍。“能人外迁”是指：在这些贫困山区，村里凡是有本事的人，与城里有关系的人，都进城了，做工的做工，开作坊的开作坊，做买卖的做买卖。留在农村的是老弱病残。如果他们还在农村种地，产量低，收入少，连生活都难以持续，于是就出现了“老人无人赡养”“病人无人照顾”“儿童无人抚育”等一系列社会问题。

第二，怎样消除贫困现象，使这些低收入的农民摆脱贫困，逐渐走上富裕的道路？国家对贫困地区、山区、西南西北自然条件差的地区加大扶贫救济的力度，无疑是重要的。中央政府和各级地方政府近年来正在这样做，也取得了不少成绩，这也是有目共睹的。但更重要的农村改革措施就是土地确权。

（一）土地确权

土地确权是当前中国新一轮农村改革的开始。从20世纪50年代后起，由于计划经济体制的确立，户籍分化为城市户籍和农村户籍，城乡二元体制形成了，城乡也就被人为地割裂开来。80年代初，当全国都在积极推广农村家庭承包制，调动农民生产的积极性，并为乡镇企业的兴起和农业劳动力外出务工创造条件时，城乡二元体制仍然存在，二元户籍也没有改变。当时的改革重心正在从农村向城市转移，国有企业体制改革（承包制还是股份制）成为全社会关注的热点。这显然是主要的改革部署。相对而言，农村的改革被忽视了、耽误了，主要原因是当时农村进一步改革的必要性未受重视。

直到进入21世纪，集体林权制度改革启动，这起到了重要的示范作用。集体林权落实到户，林权证发到林农手中，这就是土地确权。林权可以抵押，林农可以自办家庭林场，也可以在自愿的基础上组建林业合作社，林区经济活了，林农的积极性被调动起来。集体林权改革的成就使农村新一轮的改革受到启示和激励。于是，由此展开了农村土地确权。

据全国政协经济委员会调研组在浙江某市的调研，当地农民热烈拥护土地确权工作的开展，首先是认定土地确权之后可以确实保护农民的财产权益。要知道，在土地集体所有的名义下，农民承包的土地和宅基地以及宅基地上的房屋（不管是祖辈留下的房屋，还是近年来农民自己花钱建造的房屋）都不被承认是自有的房屋，更不必说经过自己多年劳动而已经日益肥沃的承包农田了。政府和大企业如果决定拆房占地，农田承包户只好听从安排，让出承包地和宅基地，眼睁睁地看着宅基地上的老房新房一起被拆除。而农民所得到的补偿费，则远远低于市场价格。这就使各地几乎都有抗占地、抗圈地、抗强拆民居的事件的发生。

因此，在中国农村，作为试验的土地确权对农民来说最重要的，就是使农民的财产权益得到保障。土地确权后，农民就具有三权三证。

三权是：农民承包土地的经营权、农民宅基地的使用权、农民在宅基地上自建住房的房产权；三证是：农民承包土地经营权证、农民宅基地使用权证、农民在宅基地上自建住房的房产证。农民的三权三证是受到法律保护的。有了法律的保护，任何人或单位都不得随意占有农民的承包地、宅基地和宅基地上的房屋。如果要征用农民的土地和拆迁农民的房屋，必须严格按照法定程序行事，需要以农民作为一方，政府或政府同意下的企事业单位作为另一方的双方协商，按双方同意的价格成交，以合同为据。这样，农民的心里就踏实了，因为他们的权益就得到了维护。

（二）土地流转

土地流转是农民土地经营权、使用权的一种体现。近年来，土地流转已经在中国广大农村逐渐推广，或转包，或租赁，或委托经营，或土地折股加入农民事业合作社、工商企业、农业企业，等等。一个需要严格遵守的条件是不改变土地使用方向，目的是不让本来有限的耕地或农村建房用地改作他用。一些外出务工、开店开作坊、经营商业的农村居民认为，与其让自己的承包土地闲置或由留守农村的老人以低效率方式自种自收自销，还不如进行土地流转，从而可以取得更多的收入。

据北京大学师生在一些省市的调研，发现从事土地流转的农民普遍存在的一个顾虑，就是心里不踏实，即久而久之，流转出去的承包地还属不属于自己？他们以为，这些转包或租赁的土地、委托经营的土地甚至折股入社的土地，将来能不能照常收取转包费和租金？能不能收回自营？他们之所以特别看重农村的土地确权工作，正是因为土地确权后三权三证到手了，心里有了底线，不再担心产权化为乌有了。这样，土地确权与土地流转结合在一起了，农民放心了，土地流转的面积也就逐年扩大。

（三）农民收入增加和乡城收入距离缩小

我们在浙江嘉兴市作了调查。土地确权以后，农民收入增长幅度很大，城乡收入距离明显缩小了。嘉兴市的土地确权工作已顺利结束，据市里初步测算，土地确权以前，嘉兴市的城市人均收入与农村人均收入之比为 3.1∶1；土地确权之后，城市人均收入与农村人均收入之比为 1.9∶1。城乡人均收入之比的变化，不是因为城市人均收入下降了，而是因为农村人均收入上升了。我们在嘉兴市所属的平湖市就这个问题进行深入一步的调查，发现当地农村人均收入增长的原因大体如下。

一是土地确权以后，农民的财产权明确了，生产经营的信心大增，他们的积极性被充分调动起来，潜力得以发挥。

二是通过土地流转，农民不仅获得了转包费、租金，而且纷纷外出务工或经营小本生意，收入增多了。

三是农民在宅基地上，拆旧屋，建新房，一般有四层，自己住两层，出租给外地来开店的客人两层（包括一楼的店面），收入增长很快。

四是有些务农有专长的农民，通过土地流转，建立家庭林场、家庭饲养场，走规模经营道路，增加了收入。

五是一些农民参加了农民专业合作社，既有工资收入（在合作社内担任一定的工作，如管理、耕种、养殖），又有股份分红的收入。

由此看来，土地确权的确是让农民致富和缩小城乡收入差距的有效方式。

（四）农业产业化

今后谁来种田？人们提出这样的问题，主要考虑到这样两个情况，一是前面已经提到的：农村中的青壮年纷纷外出打工或经商去了，只有老弱病残才继续种田，难道今后中国的农业就靠这些人？二是从事农业收入太低，谁愿意种田?

实际上，要用发展的眼光，要从改革的角度来思考这个问题。一种新的现象正在中国农村涌现，这就是：想种田、种好田的，大有人在，现在已经露出苗头。至少有以下三种人是积极准备从事农业，并准备引领中国农业走上产业化道路的。哪三种人?家庭农场主，农民专业合作社社员，农业企业家。

先说家庭农场主，他们是农村中的一些能人、种植或养殖能手，有些人通过土地流转已走上规模经营道路。家庭农场主在中国农村中是新生力量，他们是新式农民。经过户籍制度的改革以后，二元户籍制度已经一元了。这些家庭农场主，通过农业机械化的耕作和收获，劳动生产率大大提高，他们是实现农业生产化的主要力量，他们自身的收入也会随着家庭农场的进一步发展而提高。

再谈农民专业合作社，他们是农民们在村里的能人带头之下而聚集在一起的，是按照正规方式组织起来的。农民把土地折股加入到合作社，根据当地的土质、气候条件、水利灌溉状况和交通便利程度而种植适当的作物。我们曾在重庆市的梁平县、长寿区、江津区考察过柑橘、西瓜、茶叶、蔬菜专业合作社，发现参加合作社的农民积极性很高，收入增长较快。只是由于这些合作社新创立不久，资金较少，一是有待于农村金融机构予以扶持，二是设法组织联社，扩大规模，扩大营销。

最后谈一谈农业企业。这里所说的农业企业主要是指以农业为经营方向的民营企业。它们带资本下乡，带技术下乡，以租赁等方式从农民那里租到土地，从事农业生产和经营。经营的范围因地而异，但都是国内外市场所需要的农业产品。它们有自己的技术队伍，又有自己的营销渠道。当地的农民把土地租给这些农业企业后，愿意外出打工的就外出打工，土地的租金成为他们的收入的一部分，不愿意外出打工的就同这些农业企业签订合同，领取工资，成为合同工，生活有较大的改善。主要的问题是农民所出租的土地必须不改变使用方向，不得用于房地产业或工业。

由此看来，一支新型的农业生产队伍正在中国广大的农村逐渐成长起来，这是中国农业的希望。多年以来困扰着我们的中国农业生产率低、农民收入少、城乡收入差距大、“能人外迁、弱者沉淀”等现象，将随着土地确权、农业产业化和现代化、二元户籍制度的一元化等改革措施的推进而逐渐变化。可以设想，只要务农者的收入增长了，农村和农民也都会以崭新的面貌呈现在我们的面前。至于下一代的农家子弟是不是必定从事农业生产呢？那就很难说了。农民的孩子是不是一定留在农村，一定务农呢？那也说不定。随着教育资源配置的均衡化，农村的学校将大大改善，农村的孩子听其自愿，他愿到哪个行业工作，由他们自己做主。如果农民的孩子愿意继承父业，做一个新型的家庭农场主，那就必须具备足够的资格，因为充当家庭农场主是要经过资格考试的。土地可以流转，流转出去的土地的主人难道会把土地转包给一个种田不精、农业技术不精的人吗？让农业技术能手来经营，流转土地的主人才会放心。他们是有选择的。目前在江苏、浙江、上海一带，已经出现这种选择转包人、选择承租者的现象了。

只有广大农民走上了致富之路，我们才能真正领会当初邓小平同志所说的“贫穷不是社会主义”这句名言的真正含义。

四、“两个一百年”的奋斗目标和“中国梦”的实现

中国的成功崛起是一个漫长的历程。从1840年鸦片战争算起，到2014年已经174年了。中国从一个受到列强欺侮、羞辱的积贫积弱的国家成为一个既“站起来”又“富起来”的国家，其间有多少仁人志士为此呕心沥血，甚至献出了宝贵的生命。然而，我们在民族复兴和强国富民的进程中还有不少路要走。“两个一百年”是中国共产党第十八次全国代表大会提出的奋斗目标，同“中国梦”相辅相成。“两个一百年”

是指：

第一个一百年，即到2021年中国共产党成立一百年时，全面建成小康社会的目标一定能够实现。

第二个一百年，即到2049年新中国成立一百年时，中华民族伟大复兴的梦想一定能够实现。

党的十八大召开不久，习近平同志在参观《复兴之路》展览时提出和阐释了“中国梦”。习近平同志指出：“每个人都有理想和追求，都有自己的梦想。现在，大家都在讨论中国梦，我认为，实现中华民族伟大复兴，就是中华民族近代以来最伟大的梦想。”他阐述了“中国梦”的内涵：“这个梦想，凝聚了几代中国人的心愿，体现了中华民族和中国人民的整体利益，是每一个中华儿女的共同期盼”，这个梦的“核心内涵是中华民族伟大复兴”，也就是说，“在新的历史时期，中国梦的本质是国家富裕、民族振兴、人民幸福”，它“承载着全体中华儿女的共同向往，昭示着国家富强，民族振兴、人民幸福的美好前景。”

为了实现这“两个一百年”的奋斗目标，为了实现中华儿女共同的“中国梦”，现阶段有哪几项工作是必不可少的？据我最近一段时间在一些省市的调查、分析，认为有以下四项：一是转变经济发展方式；二是树立新常态的观念；三是按公平和效率并重的原则推进城镇化；四是争取实现最大的制度红利——社会和谐红利。现分别论述如下。

（一）转变经济发展方式

在今后一段时间内，西方发达国家鉴于2008年以来频繁发生的国际金融危机的教训，都把提高自主创新活力，以创新驱动经济发展，实现工业化、现代化和信息化的融合作为努力的方向。这对我们有很大的启示。

回顾20世纪50年代中国经济发展的历程，可以清楚地看到中国经济发展实际上尚未摆脱粗放型增长的老路，结果在自主创新方面落后于西方发达国家。比如说，原材料和能源消耗率高于西方发达国家一大截。再以制造业来说，有两个明显的例证。一个例子是：到20世纪末，我们在传统电视机制造方面已经居于世界前列，但对于新型电视机却没有给予足够的重视，结果，进入21世纪后，国际上新型电视机普遍替代了传统电视机，我们丢掉了不少市场，于是激起我们紧跟快赶，十年之后才使情况有所好转。另一个例子是：到20世纪末，我们已经在国际照相机制造业方面处于世界领先地位，同样地，进入21世纪以后，数码照相机取代了传统照相机，相形之下，我们又落后了一大步，不得不迎头赶上。这两个例子都表明，经济发展方式必须以自主创新为主，必须毫不动摇地走创新驱动发展的道路，否则我们难以实现世界工业强国之梦，也无法占领国际制造业市场的制高点。

与此同时，我们应当把推行绿色低碳生产方式作为转变经济发展方式的重要方向。在工业化和现代化实现过程中，一定要推动工业文明、现代文明和生态文明的协调发展，力求做到生产过程清洁化和资源利用高效化，尽可能减少废水、废气、废渣的排放，构建节约、清洁、安全、低碳的绿色生产体系。这样才能实现经济和社会的可持续发展。

（二）树立新常态的观念

以往长时期内中国的GDP高增长率既来自粗放型、数量型的经济发展方式，又来自廉价劳动力的大量使用和不可再生资源的无限制使用，因此在经济高速增长的同时我们付出的代价十分巨大。付出的代价是什么？简要地说，一是经济结构的不合理，二是资源消耗过多，三是劳动生产率低下，四是生态环境遭较大破坏，五是某些产业和某些产品生产的产能过剩严重。除此之外，还有一个显著的弊病，即为了达到预定的高增长率目标而错过了国内调整结构和改革不合理体制的最佳时机。

从世界上已经工业化的国家的经济增长过程来说，一个国家短期内可以实现较高的经济增长率，但增长高峰期一过，增长速度将不可避免地降低而变为适度增长。对中国来说，近年来经济增长率的适度降低，是符合经济规律的。关键是：7% 左右，甚至 6.6%—7% 的增长率，依然属于高速范围内，在全世界依然处于前列。换言之，只要今后保持有增长质量的增长率，同结构调整方向相适应的增长率，有利于区域协调发展的增长率，是正常的、符合中国国情的。为此，宏观经济调控的方式要相应地调整，要稳中有序，稳中有结构调整，就行了。这就是新常态。经济不要大升大降，不要大起大落，宏观经济调控应重在微调、预调，这就是保持新常态所必需的。

在这里，有必要说明一下为什么国内一些经济学家建议把 GDP 增长目标改变为预测值（预期值）。理由是：政府（包括中央政府和地方各级政府）下达硬性 GDP 增长目标会产生以下四个弊病：

第一，硬性 GDP 增长目标的制定和下达，往往成为各级政府的压力，它们不顾客观经济形势已经变化，仍为维持既定经济增长目标的实现而竭尽全力，结果导致经济增长质量下降，导致资源浪费和成本上升，并使结构进一步不合理。

第二，硬性 GDP 增长目标的制定和下达，还将导致产能过剩和政府负债增多，使下一步的经济结构调整更加困难。

第三，硬性 GDP 增长目标的制定和下达，会迫使宏观经济调控重新走上摇摆不定的老路，使宏观经济调控以微调、预调为主的方针难以兑现。

第四，硬性 GDP 增长目标的制定和下达，是不符合中共十八届三中全会有关发挥市场在资源配置中起决定作用的原则的，很容易导致行政干预的强化，导致市场规律的破坏。

总之，在当前的世界主要经济体中，我国是唯一制定硬性 GDP 增长目标的主要经济体。其他主要经济体先后都已改为预测短期 GDP 的增长率，并根据经济运行状况而经常修改经济增长预测值，以免被动。所以，我国也应当适时把GDP增长由硬指标改为软指标（即每年或每季度调整预测值），有利于经济较稳定的增长，把经济工作的重心转到调整结构和提高经济增长质量方面来。

（三）按公平和效率并重的原则推进城镇化

迄今为止，中国的城镇化率还不到40%。尽管按照城镇常住居民统计，城镇常住居民人数已占城镇全部人口的50%以上，但这不足为凭，因为包括农民工及其配偶、子女和所赡养的老人都仍然是农村户籍，他们无法享受城市户籍所给予的社会保障和权利。他们的子女仍无法在城镇义务教育的学校上学，他们也享受不了城镇廉租房、低价房等优待。这就是城镇化过程中必须及早解决的二元户籍问题。

根据国家有关部门的建议，城乡二元户籍的解决途径大体上分两种：一是大城市（尤其是特大型城市）所采取的积分制，即按每个农民工的学历、经历、在城市中的工作年限、获得各种奖励的情况等，汇总计分，达到一定积分后就可以转为城市户籍。这是一种留住农民工中有一定技术专长的人才不致外流的好办法。计分后，即使尚未达到可以转为城市户籍的标准，但他们已有盼头。二是在城市中工作存在的对农民就业、子女上学、医疗、住房等方面的歧视，必须取消。市民身份是一致的，不再区分谁住在城区可以得到照顾，谁住在农村权利少于市民等现象。

在城镇化过程中，一定要反复向城镇和农村干部说明这样一点，即应以“人的城镇化”为目标，而不能再像过去那样，只讲街容街貌，马路越宽越好，楼房越高越多，讲铺张，讲排场，城市之间互相攀比，政府债务却不予考虑，这样下去怎么得了！这是违背城镇化原意的，一定要制止这种专做表面文章的所谓“城镇化”。

城镇化所需要的资金如何筹集？这又是一个需要认真对待的问题。即使一定程度的负债，也应当精打细算，节约使用。不要指望上级政府会为城镇化所欠下的债务保底兜底。靠出卖土地来维持地方政府的路子已经越来越窄了，甚至可以说已经走到了尽头，难以继续走下去。因此，在城镇化过程中必须及早筹划城镇公共设施经费的供给问题。一种可行的办法是借鉴某些西方国家的经验，设立城市公用事业投资基金，把中央政府、地方政府和金融机构三方的力量结合起来，以发行长期投资债券的办法，吸引民间资本共同参加城镇建设。这应该是可行的。

（四）争取实现最大的制度红利——社会和谐红利

当我们谈到制度红利时，通常想到的就是市场体制可以带来传统计划体制下不可能实现的有关制度调整方面的好处，如资源配置效率提高、生产单位和劳动者积极性的上升、对外开放所带来的好处，等等。这些都属于制度红利之列。此外，当我们谈到制度发展方式，也会想到由粗放型增长转变为集约型增长、由只看重数量的扩张制度转变为重视经济增长所带来的好处，等等。这些也属于制度红利之列。然而不能忘记，最大的制度红利是什么？最大的制度红利是社会和谐红利。

一些拉丁美洲国家为什么在进入中等收入国家行列后，会发生经济停滞、社会动荡不安、国内贫富差距日益严重从而落入所谓“中等收入陷阱”呢？各国具体情况不同，不可一概而论，但有一点是相同的，即社会极不和谐。社会不和谐突破了一定的界限，是这些国家落入所谓“中等收入陷阱”的主要原因。

对我们来说，社会和谐的实现应当说是同我们中国特色社会主义制度紧密地联系在一起的。社会和谐是我们的制度优越性的表现。实际上，我们现在所进行的一系列改革都是使我们得以有步骤地实现社会和谐的前提。例如，城乡二元户籍的改革，使城乡居民的权利平等和机会平等；社会保障体制的改革，使城乡居民的社会保障待遇基本一致；政府主持并推行的山区农村的扶贫计划，使这些农村中的穷人或者得到救助，或者学到了致富的技能，或者被介绍到外地做工；还有大力发展职业技术教育，使得年轻的农村子弟学到了本领，既便于寻找就业途径，又便于自行创业。所有这些，都有助于社会和谐的实现。

还应当注意到，现代中国社会中第三次分配正越来越引起社会的关注。第三次分配是相对于第一次分配和第二次分配而言的。市场主导的分配是第一次分配，是指在市场发挥调节作用之下，参加工作或进行投资的人，按市场规律取得自己的那一份收入。但由于每个人获得的收入多少不一，总会形成收入的差距，而且收入差距过大是不利于社会和谐的，于是就会第二次分配。第二次分配是政府主导下的收入分配，是指政府依据法律、法规和规章制度、政策等进行收入调节。总的来说，对于收入少的人征收个人所得税、企业所得税等，对于财产多的人征收财产税（如房产税），对于贫困户则给予津贴、补助等。政府通过收入的调节来缩小社会上的收入差距。通过第二次收入分配，每个人的收入都成为税后收入，而穷人不仅不用缴纳所得税、财产税，而且还能得到政府发给的津贴或补助。

第二次收入调节以后，社会上还存在收入分配。这时就进入第三次分配。第三次分配通常是指基于道德力量作用的收入再分配，包括社会公益事业把人们捐赠的钱财用于帮助低收入家庭，也包括人们自愿从事的帮助低收入家庭脱贫的捐献，如帮助孤寡老人、病人、残疾人、儿童，还包括人民自愿提供各级各类学校的奖学金，等等。此外，在发生洪水、地震、泥石流、长期干旱的地区救灾活动中，也会有不少人或向慈善机构捐献，或自行向受灾群众捐款，这些都属于第三次分配的范畴。根据西方发达国家的经验，第三次分配的捐款数额是逐渐扩大的。中国也有相同的趋势，相关的法律法规应日益完善。

第二次分配和第三次分配在促进社会和谐方面的作用显然是不容低估的。但对于以市场调节为主导的第一次分配，同样有必要加以关注。这里不妨举两个例子来说明。

一是劳动力市场的情况。要知道，目前中国劳动力市场买方（雇主）和卖方（受雇者）的力量极不对称，因为雇主通常是企事业单位而受雇者（包括农民工）通常是单个的寻求职业的人，双方站在地位不平等的境地，吃亏的常常是受雇者。如果劳动力市场上出现的是供大于求的格局，受雇者在受压抑后只好忍气吞声。雇主拖欠工资的现象也常有发生。中国的各级工会近年来已经关注这些情况了，正积极参与劳资谈判和劳资纠纷事件的妥善解决。这是可喜的现象，希望工会组织能扩大自己在这方面的影响。

二是农牧民销售自产农牧业产品的情况。在这里，如果单个的农牧民面对的是农产品大采购商，那么农牧民作为农牧业产品的供给方同大的农产品采购商，双方势力的强弱是明显的：单个农牧民是弱方，农产品采购商是强方。农牧民作为供给方同农产品采购者作为需求方，不可能按照市场均衡价格成交，而常常会被压低价格，从而农牧民在初次分配中得到的收入就减少了。怎样纠正这种状况？参照西欧一些发达国家的经验，保护农牧民利益的一种可行的办法是农牧民在组成农牧民合作社的基础上再组成联社，可以是紧密型的（即扩大为大型农牧业合作社），也可以是松散型的（即生产仍由各个农牧民合作社从事，而销售则统一经营）。这些联社实力雄厚，规模庞大，有自己的车队、船队、码头和仓库，有自己的营销渠道，能直接同国内外的大型超市签订供销合同，从而可以得到较多的收入。看来，农民专业合作社组成联社，在中国是可以逐步实现的。

总之，在中共十八大和十八届三中全会决定的指引下，社会和谐是会实现的。因为制度的优越性是决定性的因素，全面深化改革为我们实现社会和谐，获得社会和谐红利提供了条件。而且，社会和谐是没有止境的，社会和谐红利的涌现也没有止境。为了“两个一百年”的奋斗目标和“中国梦”的实现，让我们共同努力吧！

（原载北京大学党委宣传部编：《铸魂：社会主义核心价值观十二讲》，北京大学出版社 2017 年版）